Grammatik in der Schule

Tabea Becker · Corinna Peschel · Elvira Topalović

# Grammatik in der Schule

Eine Einführung

 J.B. METZLER

Tabea Becker
Deutsches Seminar
Universität Hannover
Hannover, Deutschland

Elvira Topalović
Germanistische Sprachdidaktik
Universität Paderborn
Paderborn, Deutschland

Corinna Peschel
School of Education
Bergische Universität
Wuppertal, Deutschland

ISBN 978-3-476-06009-9   ISBN 978-3-476-06010-5 (eBook)
https://doi.org/10.1007/978-3-476-06010-5

Die Deutsche Nationalbibliothek verzeichnet diese Publikation in der Deutschen Nationalbibliografie; detaillierte bibliografische Daten sind im Internet über https://dnb.d-nb.de abrufbar.

© Springer-Verlag GmbH Deutschland, ein Teil von Springer Nature 2025

Das Werk einschließlich aller seiner Teile ist urheberrechtlich geschützt. Jede Verwertung, die nicht ausdrücklich vom Urheberrechtsgesetz zugelassen ist, bedarf der vorherigen Zustimmung des Verlags. Das gilt insbesondere für Vervielfältigungen, Bearbeitungen, Übersetzungen, Mikroverfilmungen und die Einspeicherung und Verarbeitung in elektronischen Systemen.
Die Wiedergabe von allgemein beschreibenden Bezeichnungen, Marken, Unternehmensnamen etc. in diesem Werk bedeutet nicht, dass diese frei durch jede Person benutzt werden dürfen. Die Berechtigung zur Benutzung unterliegt, auch ohne gesonderten Hinweis hierzu, den Regeln des Markenrechts. Die Rechte des/der jeweiligen Zeicheninhaber*in sind zu beachten.
Der Verlag, die Autor*innen und die Herausgeber*innen gehen davon aus, dass die Angaben und Informationen in diesem Werk zum Zeitpunkt der Veröffentlichung vollständig und korrekt sind. Weder der Verlag noch die Autor*innen oder die Herausgeber*innen übernehmen, ausdrücklich oder implizit, Gewähr für den Inhalt des Werkes, etwaige Fehler oder Äußerungen. Der Verlag bleibt im Hinblick auf geografische Zuordnungen und Gebietsbezeichnungen in veröffentlichten Karten und Institutionsadressen neutral.

Einbandabbildung: © vejaa / Stock.adobe.com

Planung/Lektorat: Ferdinand Pöhlmann
J.B. Metzler ist ein Imprint der eingetragenen Gesellschaft Springer-Verlag GmbH, DE und ist ein Teil von Springer Nature.
Die Anschrift der Gesellschaft ist: Heidelberger Platz 3, 14197 Berlin, Germany

Wenn Sie dieses Produkt entsorgen, geben Sie das Papier bitte zum Recycling.

# Inhaltsverzeichnis

| | | |
|---|---|---|
| 1 | **Einführung** | 1 |

## I  Grundlagen

| | | |
|---|---|---|
| 2 | **Grammatik in der Diskussion** | 7 |
| 2.1 | Was ist Grammatik? | 12 |
| 2.2 | Wissen und Können | 19 |
| 2.2.1 | Wissen über Sprache(n) | 20 |
| 2.2.2 | Reflexionsfähigkeit über Sprache | 22 |
| 2.2.3 | Werkzeug zum Arbeiten an Sprache | 24 |
| 2.2.4 | Sprachliches Können: Grammatische Fähigkeiten | 26 |
| 2.2.5 | Sprachliches Können: Textuelle Fähigkeiten | 28 |
| 2.3 | Grammatisches Lernen | 29 |
| | Literatur | 31 |
| 3 | **Grammatik in Form und Funktion** | 35 |
| 3.1 | Was bedeutet Formorientierung? | 36 |
| 3.2 | Was bedeutet Funktionsorientierung? | 40 |
| 3.3 | Formen und Funktionen im Zusammenspiel | 47 |
| 3.4 | Formen, Funktionen und sprachliche Richtigkeit | 51 |
| 3.5 | Formen und Funktionen in der Sprachvermittlung | 53 |
| 3.6 | Formen und Funktionen im Sprachvergleich | 55 |
| | Literatur | 59 |

## II  Zentrale Dimensionen

| | | |
|---|---|---|
| 4 | **Grammatik im Spracherwerb** | 65 |
| 4.1 | Frühkindlicher Grammatikerwerb | 66 |
| 4.2 | (Vor-)schulischer Grammatikerwerb | 71 |
| 4.2.1 | Erwerb der Nominalgruppe | 74 |
| 4.2.2 | Erwerb der Verbalgruppe | 75 |
| 4.2.3 | Ausbau syntaktischer Fähigkeiten | 78 |
| 4.2.4 | Erwerb textueller Fähigkeiten | 78 |
| 4.2.4.1 | Verweismittel | 80 |
| 4.2.4.2 | Verknüpfungsmittel | 82 |
| 4.3 | Sprachverstehen und Sprachverarbeitung | 84 |
| | Literatur | 85 |
| 5 | **Grammatik und Mehrsprachigkeit** | 89 |
| 5.1 | Implizites und explizites Lernen | 90 |
| 5.2 | Mündlichkeit und Schriftlichkeit | 92 |

| | | |
|---|---|---|
| 5.3 | Grammatiken vergleichen | 95 |
| 5.4 | Grammatiken transferieren | 100 |
| 5.5 | Grammatiken in der Interaktion | 103 |
| | Literatur | 107 |

| | | |
|---|---|---|
| **6** | **Grammatik und Sprachbewusstheit** | **111** |
| 6.1 | Beispiele für Aspekte von Sprachbewusstheit | 112 |
| 6.2 | Konzepte von Sprachbewusstheit | 116 |
| 6.2.1 | Dimensionen von Sprachbewusstheit | 116 |
| 6.2.2 | Sprachbewusstheit und Wissensarten | 119 |
| 6.2.3 | Sprachbewusstheit von Lehrkräften | 120 |
| 6.3 | Ausprägungen von Sprach(en)bewusstheit | 122 |
| 6.3.1 | Bewusstheit auf einzelnen sprachlichen Ebenen | 122 |
| 6.3.2 | Sprachbewusstheit und Mehrsprachigkeit | 125 |
| 6.4 | Entwicklung von Sprachbewusstheit | 127 |
| 6.4.1 | Sprachbewusstheit in der Spracherwerbsforschung | 127 |
| 6.4.2 | Kompetenzmodelle in Leistungsstudien | 129 |
| 6.5 | Sprachbewusstheit in Curricula und Lehrwerken | 131 |
| 6.5.1 | Sprachbewusstheit in den Bildungsstandards | 131 |
| 6.5.2 | Sprachbewusstheit in Kernlehrplänen | 132 |
| 6.5.3 | Sprachbewusstheit in Lehrwerken | 134 |
| | Literatur | 137 |

## III Rahmenbedingungen

| | | |
|---|---|---|
| **7** | **Grammatik und Kompetenzen** | **143** |
| 7.1 | Nationale Bildungsstandards | 144 |
| 7.2 | Kompetenzbereiche und Kompetenzstufen | 146 |
| 7.3 | Grammatik in den Bildungsstandards | 151 |
| 7.4 | Grammatik in Lehrplänen und Schulbüchern | 155 |
| 7.5 | Grammatische Termini | 158 |
| 7.6 | Aufgaben für grammatisches Lernen | 160 |
| | Literatur | 163 |

| | | |
|---|---|---|
| **8** | **Grammatisches Lernen in Szenarien** | **167** |
| 8.1 | Szenario 1: Grammatik entdecken | 169 |
| 8.2 | Szenario 2: Grammatikgespräche | 172 |
| 8.3 | Szenario 3: Grammatische Proben | 175 |
| 8.4 | Szenario 4: Grammatisches Üben | 179 |
| | Literatur | 183 |

## IV Praxisvorschläge

| | | |
|---|---|---|
| **9** | **Fokus: Wort** | **189** |
| 9.1 | Über Wörter nachdenken | 193 |

# Inhaltsverzeichnis

| | | |
|---|---|---|
| 9.1.1 | Was ist ein Wort? | 194 |
| 9.1.2 | Ein Wort oder mehrere Wörter? | 195 |
| 9.2 | **Wörter in Gedichten gebrauchen** | 197 |
| 9.2.1 | Elfchen schreiben | 198 |
| 9.2.2 | Haikus schreiben | 200 |
| 9.3 | **Wörter (neu) bilden und sortieren** | 201 |
| 9.3.1 | Wörter mit Wortfamilien bilden | 201 |
| 9.3.2 | Wörtersortiermaschinen nutzen | 202 |
| | Literatur | 207 |

| | | |
|---|---|---|
| **10** | **Fokus: Wortgruppe** | 209 |
| 10.1 | **Wortgruppe und Sprachvergleich** | 214 |
| 10.1.1 | Grammatik in Bilderbüchern vergleichen | 215 |
| 10.1.2 | Grammatik mit Sprachlandschaften erforschen | 218 |
| 10.2 | **Wortgruppe und Rechtschreiben** | 222 |
| 10.2.1 | Treppengedichte kennenlernen | 223 |
| 10.2.2 | Komma bei Wortgruppen setzen | 226 |
| 10.3 | **Wortgruppe und Sprachverstehen** | 228 |
| 10.3.1 | Sprachliche Verständigung untersuchen | 229 |
| 10.3.2 | Grammatik in Poesie erforschen | 231 |
| | Literatur | 233 |

| | | |
|---|---|---|
| **11** | **Fokus: Satz** | 237 |
| 11.1 | **Erste Zugänge zum Satz** | 241 |
| 11.2 | **Felderstrukturen in der Praxis** | 243 |
| 11.2.1 | Das Satzwürfelspiel (Primarstufe) | 244 |
| 11.2.2 | Der Satzbus (Primarstufe) | 245 |
| 11.2.3 | Der Satzbus (Sekundarstufe I) | 246 |
| 11.3 | **Verbvalenz und Satzglieder** | 246 |
| 11.3.1 | Sprachliche Pannen | 247 |
| 11.3.2 | Diskussionen im Internet | 248 |
| 11.4 | **Sätze analysieren** | 250 |
| 11.4.1 | Kommas setzen mit Satzkönigen | 250 |
| 11.4.2 | Social-Media-Texte untersuchen | 251 |
| | Literatur | 253 |

| | | |
|---|---|---|
| **12** | **Fokus: Text** | 255 |
| 12.1 | **Referenzketten bilden: referentielle Kohärenz als Lerngegenstand** | 259 |
| 12.2 | **Konstruktionen als Lerngegenstand** | 262 |
| 12.2.1 | Konstruktionen für die Grundschule: Erzählungen | 263 |
| 12.3 | **Sprachlich Handeln beim Texteschreiben** | 265 |
| 12.4 | **Generatives Schreiben** | 267 |
| 12.4.1 | Generatives Schreiben in der Grundschule: Kindergedichte | 268 |
| 12.4.2 | Generatives Schreiben in der Sekundarstufe | 270 |
| | Literatur | 271 |

# Einführung

Eine Sprache ohne Grammatik ist keine Sprache. Ohne Grammatik könnten wir nicht über Sprache sprechen, und Vergangenes oder Zukünftiges, Erlebtes oder Erhofftes ließe sich auch nicht ausdrücken. Und hätten wir dieses Buch ohne Grammatik schreiben können? Auch nicht! Denn selbst die *leerzeichensindbereitsgrammatik*, aber auch die Großschreibung ist Grammatik. Manche könnten es natürlich schön finden, dass es keine Grammatik gibt, denn dann gäbe es auch keine *fela*. Und wenn einige von Grammatik als einem Übel sprechen, könnten sie auch dies nicht ohne Grammatik – und wir könnten sie dann auch nicht vom Gegenteil überzeugen.

Im Deutschunterricht hat Grammatik deswegen zu Recht einen **besonderen Stellenwert**: Sie ist expliziter Teil des Kompetenzbereichs *Sprache und Sprachgebrauch untersuchen* und kann zum einen als eigenständiger Lerngegenstand auf den Ebenen *Wort*, *Satz*, *Text* und *Gespräch* vermittelt werden – entsprechend den Bildungsstandards möglichst in ihrer Funktion. Zum anderen ist Grammatik aber auch integrativ modellierbar, d. h. sie lässt sich auch mit anderen Kompetenzbereichen verbinden: Schüler/innen könnten z. B. die sprachliche Gestaltung ästhetischer Texte oder die Wirkung verschiedener grammatischer Mittel im szenischen Spiel untersuchen. Bei beiden Zugängen ist das Ziel die **Entwicklung von Sprachbewusstheit**, sei es als grammatisches Wissen und Können oder als sprachlich-reflexive bzw. metasprachliche Fähigkeiten.

Aufgrund dieses hohen Stellenwertes verwundert es nicht, dass Grammatik und ihre Vermittlung im Unterricht ein in der Deutschdidaktik viel diskutierter Gegenstand ist. Zwei Aspekte wurden in den letzten Jahren dabei besonders in den Blick genommen: Erstens geht es um die Frage, welche Bedeutung Grammatik und im weiteren Sinne die Sprach(en)bewusstheit für die sprachlichen Handlungs- und Verstehensfähigkeiten von Schüler/innen haben (z. B. beim Schreiben und Lesen oder beim Erzählen, Berichten, Begründen). Zweitens wird die Passung von Sprach*erwerb* und Sprach*vermittlung* verstärkt thematisiert: Es geht um Fragen des schulischen Grammatikerwerbs, der von Lehrer/innen begleitet, initiiert und unterstützt wird, und zwar auch in mehrsprachigen Lernsettings. Dabei wird Grammatik mit Blick auf die jeweiligen Erwerbs- und Lernprozesse, aber auch Erwerbsmechanismen und -kontexte, sprachliche **Formen und Funktionen** sowie sprachreflexiven Potentiale behandelt. Drei zentrale Dimensionen sind damit genannt, die diese Einführung in das Thema *Grammatik in der Schule* besonders prägen werden: **Spracherwerb**, **Mehrsprachigkeit** und **Sprachbewusstheit**.

**Unser Anliegen** Uns ist bekannt, dass Grammatik nicht als beliebter Lerngegenstand bei Schüler/innen gilt, was in mehreren Studien dokumentiert ist (vgl. ▶ Kap. 2). Dennoch oder gerade deshalb wollen wir eine Art Reset vornehmen und mit den theoretischen, vor allem aber mit den praktischen Kapiteln einen neuen Anlauf wagen, Schüler/innen und Lehrkräften Grammatik und grammatisches Lernen (wieder) schmackhaft(er) zu machen. Unter **grammatischem Lernen** verstehen wir nicht nur das *Wissen* um sprachliche Strukturen und das explizite Lernen von grammatischen Termini (wie von den Bildungsstandards gefordert), sondern auch das grammatische *Können* und das implizite grammatische Lernen, das im Rahmen des Erwerbs distanzsprachlicher, literater Sprachstrukturen und in der Auseinandersetzung mit Text(mustern) etwa beim Erzählen, Beschreiben und Begründen geschieht. Diesem weiten Verständnis von grammatischem Lernen folgend, ist dem frühkindlichen und schulischen Spracherwerb ein eigenes Kapitel gewidmet, ebenso dem Aspekt der Mehrsprachigkeit. Denn sprachliches und grammatisches Lernen finden nicht nur in einer Sprache oder der Standardsprache statt, sondern auch im Dialekt, in einer *Heritage-* oder einer Fremdsprache. Zusammenführen lassen sich diese beiden Aspekte durch die dritte bedeutsame Dimension: die Sprach(en)bewusstheit.

**Unser Konzept**   Wir haben uns bewusst für den Titel *Grammatik in der Schule* entschieden: Gestärkt werden soll damit sowohl die Perspektive von Schüler/innen als auch von Lehrer/innen und damit die Unterrichtspraxis. Eine Gelingensbedingung für guten Unterricht ist, dass nicht nur Lernende, sondern in einem ersten Schritt auch die Lehrenden den Lerngegenstand durchdringen. Der Band hat damit auch den Anspruch, die Grammatikkenntnisse angehender und praktizierender Deutschlehrkräfte zu vertiefen. Die Einführung orientiert sich am Forschungsdiskurs der Wissenschafts(teil)disziplinen Grammatik- und Deutschdidaktik und – mit Blick auf unsere drei zentralen Dimensionen Spracherwerb, Mehrsprachigkeit und Sprachbewusstheit – auch an Forschungsergebnissen affiner Fächer wie der Spracherwerbs- und Mehrsprachigkeitsforschung und der Entwicklungspsychologie. Deutlich wird das nicht zuletzt in den Ausführungen zu den Praxisvorschlägen, in denen immer wieder grundlegende Forschungsliteratur aufgegriffen wird.

**Gliederung**   Das Buch gliedert sich in vier Teile, betitelt mit „Grundlagen", „Zentrale Dimensionen", „Rahmenbedingungen" und „Praxisvorschläge".
- Im ersten Teil werden Grundlagen für die späteren Kapitel gelegt: Er bietet nach einer Problematisierung der gesellschaftlichen und schulischen Relevanz von Grammatik, sprachlicher Normen und möglicher Lernziele eine Gegenüberstellung der beiden viel diskutierten Zugänge **Form und Funktion** und plädiert für ihre grundsätzliche Verbindung.
- Im zweiten Teil geht es vor allem um die Perspektive der Schüler/innen: Wie erwerben Kinder und Schüler/innen grammatische Phänomene? In welchem Zusammenhang stehen Grammatikerwerb und **Mehrsprachigkeit**? Und welche Formen und Ausprägungen bzw. Konzepte und Modelle von Sprachbewusstheit können unterschieden werden?
- Im dritten Teil geht es um curriculare und methodische Rahmenbedingungen: Wo genau ist Grammatik und Grammatisches in **Bildungsstandards** und länderspezifischen Lehrplänen verortet? Welche Bedeutung hat Grammatik in Lehrwerken? Und wie lassen sich in der Grammatikdidaktik kontrovers diskutierte „Methoden des Grammatikunterrichts" in Form von **Szenarien** grammatischen Lernens neu denken? Hier werden verschiedene methodische Zugänge durchgespielt und exemplarisch illustriert.
- Und schließlich: Im vierten Teil wird die Praxis fokussiert. Vorgestellt werden Unterrichtsvorschläge und -ideen für die Primar- und Sekundarstufe, die sich schwerpunktmäßig mit den grammatischen Kategorien **Wort**, **Wortgruppe**, **Satz** und **Text** beschäftigen. Exemplarisch werden aus den genannten Bereichen solche Ideen und Vorschläge thematisiert, die – bei Bedarf mit Modifikationen – als Best-Practice-Beispiele für grammatisches, sprachlich-reflexives Lernen fungieren könnten.

**Abb. 1.1** Drei der sieben freien Künste (Vorhalle des Freiburger Münsters)

**Grammatik als Leuchtstab** In der Vorhalle des Freiburger Münsters sind die sieben freien Künste dargestellt (*septem artes liberales*), also die im Altertum und im Mittelalter gewürdigten Wissenschaften, darunter auch die *Grammatica* (vgl. Abb. 1.1). Sie ist links im Bild, verkörpert durch eine Jungfrau mit einer Rute in der Hand, zu ihren Füßen zwei Kinder. Während das eine Kind liest, wird dem anderen Kind mit einer Rute gedroht.

Dieser Jahrtausende alten Vorstellung, die heute zuweilen noch bestehen könnte, möchten wir uns entgegenstellen und ersetzen die „Rute" der Grammatik durch einen Leuchtstab, mit dem wir Sprache beleuchten und durchdringen können. In diesem Sinne wünschen wir uns: Grammatik soll begeistern und Spaß machen!

# Grundlagen

Inhaltsverzeichnis

Kapitel 2     Grammatik in der Diskussion  – 7

Kapitel 3     Grammatik in Form und Funktion  – 35

# Grammatik in der Diskussion

## Inhaltsverzeichnis

2.1　Was ist Grammatik? – 12

2.2　Wissen und Können – 19

2.3　Grammatisches Lernen – 29

　　　Literatur – 31

© Springer-Verlag GmbH Deutschland, ein Teil von Springer Nature 2025
T. Becker, C. Peschel, E. Topalović, *Grammatik in der Schule*,
https://doi.org/10.1007/978-3-476-06010-5_2

**Kritik** Klagen über die Art und Weise, wie Grammatik in der Schule vermittelt wird, sind nicht neu: Bereits in den 1970er Jahren veröffentlichten Wolfgang Boettcher und Horst Sitta ein Buch mit dem Titel *Der andere Grammatikunterricht* (1978), in dem sie nicht nur massive Kritik an der gängigen Unterrichtspraxis üben (sie führen thesenartig über 20 Kritikpunkte an, 1978: 38 f.), sondern sich auch radikal von den traditionellen Formen der Grammatikvermittlung abkehren wollen. Die Thematisierung von Grammatik sollte nur noch da stattfinden, wo sie unmittelbar an Handlungszusammenhänge zu knüpfen ist: in konkreten Unterrichtssituationen und auf eine Weise, wie es sich dann aus dieser Unterrichtssituation heraus ergäbe. Wenn wir die heutige Unterrichtspraxis betrachten, spielt dieser sogenannte situative Grammatikunterricht (vgl. dazu ▶ Abschn. 8.2) wohl kaum eine große Rolle, so überzeugend die damals vorgebrachten Argumente auch waren.

Man kann über die Gründe hierfür nur spekulieren; aber vermutlich hat es doch die meisten Lehrkräfte überfordert, grammatische Aspekte oder Probleme, die in einer Unterrichtssituation oder einer Schreibsituation entstanden, aus dem Stegreif im Unterricht zu thematisieren, zumal ein solcher Unterricht natürlich nicht wirklich curricular zu verankern oder nach einer logischen Progression aufzubauen ist. Eine Lehrkraft möchte nun mal ihren Unterricht planen können und es muss dafür eine systematische Basis geben.

Jedenfalls betitelt mehr als zwei Jahrzehnte später Werner Ingendahl sein didaktisches Konzept *Sprachreflexion statt Grammatik* (1999) und fordert damit eine Abkehr vom Grammatikunterricht. Gleich im ersten Kapitel, welches mit „Notlage" überschrieben ist, nennt er eine ganze Reihe von kritischen Punkten und zitiert z. B. Heringer, der dem Grammatikunterricht eine „skandalöse Zwecklosigkeit" attestiert (ebd.: 1).

**Traditionelle Vorstellungen** Auch wenn fast 50 Jahre vergangen sind seit der Zeit, als man begann, den systematischen Grammatikunterricht grundsätzlich in Frage zu stellen, greifen heute wohl die meisten wieder auf Altes und (scheinbar) Bewährtes zurück. Das zeigt nicht zuletzt ein Blick in aktuelle Sprachbücher, in denen nach wie vor eine meist traditionelle Vorstellung von grammatischem Lernen durchscheint, auch wenn diese gerne mit modernen Begriffen wie *integrativ* oder *funktional* geschmückt werden. Ähnliches gilt für viele der neueren curricularen Papiere zum Deutschunterricht. Etiketten wie *funktional* oder *integrativ* kommen zwar in den Texten vor – sie werden jedoch für den Deutschunterricht nicht weiter ausgeführt bzw. mit Leben gefüllt und sind daher eher Lippenbekenntnisse. Beispielaufgaben und Terminilisten vermitteln den Eindruck eines sehr traditionellen Verständnisses von Grammatikvermittlung (vgl. Peschel 2011).

Mit dieser Einführung sollen Impulse gesetzt werden, um Grammatik in der Schule aus ihrer – wie jüngst von Björn Rothstein (2019) kritisiert – eher rezeptiven und selektiven und in Traditionen erstarrten Haltung herauszuhelfen. Diese Erstarrung in Lehr- und Lerntraditionen stellt möglicherweise die größte Herausforderung für grammatisches Lernen dar. Ein erstes Anliegen wird es daher sein, diese Lehr- und Lerntraditionen genau zu analysieren und die kritischen Punkte herauszuarbeiten.

Als eine solche Lehrtradition kann man die Thematisierung der Kategorie *Prädikat* betrachten. Sie sei als ein Beispiel dafür diskutiert, wie hartnäckig sich Lehr- und Lernformen in der Unterrichtspraxis halten können, obwohl die Art und Weise, wie das Prädikat in Schulbüchern behandelt wird, bereits vielfach kritisiert worden ist (z. B. Ossner 2012; Granzow-Emden 2019). Meist wird in erster Linie auf semantische Kriterien, z. B. als Tätigkeitswort, abgehoben, was für eine linguistische Bestimmung unzureichend ist (vgl. Hlebec 2014).

Die folgenden Beispiele stammen aus Sprachbüchern für die Klassenstufen 3, 4 und 5:

► **Beispiel**

Im *Bausteine Sprachbuch 3* erfahren die Kinder über das Prädikat:
„Das Prädikat ist ein Satzglied. Es antwortet auf die Frage ‚Was tut…?' oder ‚Was tun…?'"
Als Beispielsatz wird angegeben:
*Quiesel zaubert ein Würstchen aus dem Hut.*
Die oben vorgeschlagene Frageprobe wird exemplarisch wie folgt angegeben:
*Was tut Quiesel? Zaubern.*
Aus: *Bausteine Sprachbuch 3* (2015: 137) ◄

Das Prädikat des Beispielsatzes lautet allerdings *zaubert;* und das ist ein nicht trivialer Unterschied, da ein Prädikat ja immer mindestens aus einem finiten Verb bestehen muss. Der hier gegebene Infinitiv stellt zwar eine pragmatisch akzeptable Antwort dar, aber ist eben nicht das Prädikat. Die syntaktische Kategorie kann jedoch nur im Rahmen ihrer syntaktischen Realisierung sinnvoll bestimmt werden. Mögliche weitere Antworten wären außerdem: „Quiesel zaubert", „er zaubert" oder „er zaubert ein Würstchen aus dem Hut". Diese Antworten führen wiederum nicht dazu, das Prädikat zu isolieren und somit als solches zu identifizieren. Die eigentlich zielführende Antwort: „zaubert" dagegen stellt keine pragmatisch akzeptable Antwort dar. Die Probe würde also nur funktionieren, wenn man pragmatisch inakzeptable Sätze produziert. In beiden anderen Fällen, also sowohl, wenn man die Antwort „er zaubert" als auch die Antwort „zaubern" generiert, wären weitere Operationen durchzuführen, um zu dem gewünschten Ergebnis zu gelangen. Problematisch in der Anwendung wäre diese Frageprozedur zudem bei nicht belebten oder grammatischen Subjekten oder wenn das Prädikat nicht im Präsens steht. Dies zeigt, dass sich entgegen dem, was in den Sprachbüchern unterstellt wird, das Prädikat unter keinen Umständen isolieren lässt.

» „Es schneite den ganzen Tag. Was tut es? Schneien/Es schneit."

Keine der beiden möglichen Antworten stellt das isolierte Prädikat dar.

Auch in der Sekundarstufe wird an diesem Verfahren festgehalten. Im folgenden Beispiel aus einem Sprachbuch für Klasse 5 wird das Prädikat erklärt im Themenbereich „Satzglieder erkennen und bestimmen".

► **Beispiel**

*Prädikat*
*Es informiert darüber, was passiert oder was getan wird. Du erfragst es*:
**Was tut jemand?** *oder* **Was geschieht?**
*Das Kind spielt. Es regnet.*
Aus: *Deutsch kompetent* 5 (2019: 334)

Dem Problem, dass das Subjekt nicht belebt sein muss oder es sich um ein grammatisches Subjekt handeln kann, versucht man hier mit einer Erweiterung der Frageprobe zu begegnen. Diese Erweiterung lässt aber nicht nur die Frageprobe dadurch komplexer werden, dass man es jetzt mit zwei verschiedenen Fragen zu tun hat, sondern verschärft auch die Problematik. Schließlich kann die Frage „Was geschieht?" pragmatisch und grammatisch angemessen nur beantwortet werden mit „Es regnet". Der Infinitiv als Antwort, wie er in dem Beispiel oben vorgeschlagen worden war, stellt hier keine Option dar: Es regnet. Was geschieht? *Regnen. (Der Asterisk wird in der Linguistik genutzt, um eine ungrammatische oder sprachlich unangemessene Form zu markieren.) ◄

Die Beispielliste ließe sich noch beliebig fortsetzen, denn die Was-tut-Probe wird in fast allen Lehrwerken der 3., 4. und 5. Klasse aufgeführt. Granzow-Emden, der sich diese und andere Fragemethoden genauer angesehen hat, kommt zu einem sehr kritischen Urteil:

» „Die Fragemethode ist [...] eine von außen angelegte Methode, die zur grammatischen Analyse nicht taugt und die die Sprache zuweilen verbiegt. Mit Hilfe der Fragemethode finden keine richtigen Sprachhandlungen statt, da weder die Lernenden noch die Lehrenden wirklich wissen wollen, was sie da fragen. [...] Die mit einem Automatismus angewandten Frageprozeduren sind unmittelbar auf ganz bestimmte Einheiten gerichtet, die mit einem fachspezifischen grammatischen Vokabular bezeichnet werden, das seinerseits aber in Form von bloßen terminologischen Etiketten zum einen nur wenig zur Sprachbewusstheit der Schüler beitragen und zum anderen durch die hier deutlich werdende Fragwürdigkeit der Methode an sich bei den Schülerinnen und Schülern nur Verunsicherung hervorrufen dürfte. Sie erfahren lediglich, dass sie nach einer unter pragmatischen Gesichtspunkten unsinnig erscheinenden Fragerei auch nicht mehr wissen als vorher." (Granzow-Emden 2006: 102 f.)

**Im Bereich der Wortbildungsmorphologie** sind typischen Syntheseübungen weit verbreitet, die ebenfalls gelegentlich zu dysfunktionalen sprachlichen Handlungen führen, obwohl vorgegeben wird, die Sprachproduktion zu fördern. Beliebt sind sie bereits im Primarbereich, wir finden sie aber auch noch am Ende der Sekundarstufe I. Als Beispiel sei hier eine Übung aus dem *Deutschbuch* (Cornelsen) Klasse 8 (S. 149) herangezogen, die in das Thema „Fremdwörter im Gebrauch" eingegliedert ist und innerhalb einer Unterrichtsstunde bearbeitet wurde:

▶ **Beispiel**

*Explosion funktionieren montieren Demonstrant informieren blamieren*

Bildet zu den Wörtern weitere Ableitungen und Zusammensetzungen. Schreibt die Neubildungen mit den passenden Suffixen auf:
- für Verben: *-ieren*
- für Nomen: *-(t)ion, -eur, -age, -ismus, -är, -ive, -er/in, -ant/-ent...*
- für Adjektive: *-iv, -al, -(i)ell, -(a)bel*  ◄

Neben erwartbaren „richtigen" Lösungen wie *Information, Funktion* oder *Montage* nannten die Achtklässler auch: *Blameur, funktionativ, informabel*. Das zeigt, dass den Schülerinnen und Schülern die morphologische Synthese grundsätzlich selbst bei Fremdwörtern problemlos gelingt. Dies entspricht dann zwar der expliziten Aufgabenstellung: „Bildet ... Zusammensetzungen", stellt aber keine Herausforderung an ihre Fähigkeiten. Zu vermuten ist allerdings, dass den Lehrbuchautoren nur solche Bildungen als Lösungen vorschwebten, die auch lexikalisiert sind. Schließlich sind die Fremdwort-Suffixe nur sehr begrenzt produktiv.

> **Definition**
>
> **Produktiv** nennt man die Fähigkeit, die Präfixe, Suffixe und andere Wortbildungselemente haben können, jeweils neue Wörter zu bilden. Die verschiedenen Elemente können unterschiedlich produktiv sein. Während z. B. *mäßig* heute vor allem in der Jugend- und Umgangssprache hoch produktiv ist (*hammermäßig, unimäßig, leistungsmäßig*), gilt dies für andere weit weniger: Das Suffix *-tum* kommt fast nur in lexikalisierten Wörtern vor (*Reichtum, Eigentum*), ebenso das Präfix Ge (*Gestirn, Gerede, Gebüsch*), es kann aber begrenzt auch für Neubildungen genutzt werden (als Verbderivation: *Geskype, Getanze*).

Ob aber die Bildungen lexikalisiert sind oder nicht, lässt sich nur über den Abgleich mit vorhandenem Wortschatzwissen überprüfen oder eben, wie in der betreffenden Unterrichtsstunde von der Lehrerin vorgeschlagen, mittels eines Wörterbuchs. Ähnlich wie in den ersten beiden Beispielen gilt auch für diese Übung, dass die thematisierten sprachlichen Fähigkeiten die **Voraussetzung** für das erfolgreiche Lösen der Aufgabe darstellen und daher nicht das **Lernziel** sein können.

**Grammatikwissen im Studium** Diese Art Grammatikunterricht in Schule (und Hochschule) wird verantwortlich gemacht für die Ergebnisse folgender Studien: Habermann (2013) verglich die Leistungen von Studierenden mit denen von Achtklässler/innen (Gymnasium) in vier Grammatik-Kompetenzbereichen, wobei die Studierenden sich als nur geringfügig besser erwiesen, was sie als „alarmierend" wertete. Auch nach einer Studie von Schäfer und Sayatz (2017) scheint der gegenwärtig praktizierte Unterricht nicht besonders nachhaltig. Sie legten Germanistikstudierenden Grammatikaufgaben aus 7. bis 10. Klassen vor. Lediglich 3 % gelang eine vollständige oder nahezu vollständige Lösung. Der Fortschritt im Studium selbst hatte praktisch keinen Einfluss auf die Lösungsfähigkeiten, was bedeutet, dass das Grammatikwissen – zumindest soweit es Gegenstand der Tests war – während des Germanistikstudiums auch nicht weiter aufgebaut wurde. Dieses Ergebnis gibt Anlass zu einer ganzen Reihe von Fragen: Sind die Inhalte des traditionellen Grammatikunterrichts zu anspruchsvoll, um erfolgreich gelöst werden zu können? In der Studie wurde nicht erhoben, ob die Aufgaben überhaupt von Schüler/innen richtig bearbeitet werden. Dass sie in einem Deutschbuch stehen, bedeutet schließlich nicht unbedingt, dass sie auch mehrheitlich richtig gelöst werden können. Der Vergleich in der Studie von Habermann hatte ergeben, dass Studierende zumindest besser als Achtklässler/innen abschneiden (umgerechnet in Schulnoten erreichten diese einen Durchschnittswert von lediglich 3,19). Das Problem könnte also ein grundlegendes sein: Aufgaben und Wissen im Bereich Grammatik sind so komplex und anspruchsvoll, dass sie die Fähigkeiten der meisten Menschen übersteigen. Weiterhin ließe sich fragen, ob die Studierenden zwar in der Schulzeit die Aufgaben hätten beantworten können, Grammatikwissen aber so flüchtig ist, dass es sich bis zum Erreichen des Studiums wieder zu großen Teilen abgebaut hat. In Bezug auf das Studium wäre nun auch zu fragen, ob entweder die hochschuldidaktische Ausbildung versagt hat oder ob die Inhalte zu basal sind, als dass sie Teile des Studiums wären. Sollte dies der Fall sein, müsste man kritisch weiter fragen, wie es sein kann, dass fehlendes grammatisches Grundlagenwissen unentdeckt bleibt, oder sich fragen, ob es sich gar nicht um wirklich grundlegende Kenntnisse handelt. Letztlich ist aber auch nicht von der Hand zu weisen, dass es sich um einen Teufelskreis handeln könnte, wie ihn einige beschwören, so z. B. Boettcher (1994: 170):

> „Grammatikunterrichtsgeschädigte Schüler werden Lehrerstudenten, studieren Grammatik, geprägt von ihrer schulischen Sozialisation, und unterrichten, beladen mit dieser Hypothek, als Lehrer Grammatik."

## 2.1 Was ist Grammatik?

Um diesen Fragen nachzuspüren, ist es wichtig, sich den in die Kritik geratenen Lerngegenstand Grammatik näher anzusehen. Bei den eingangs geschilderten problematischen Praxisbeispielen drängt sich der Verdacht auf, dass sie ein Konzept davon vermissen lassen, was Grammatik eigentlich ist bzw. wozu sie nötig ist. Es überwiegen Formalismen, das Auswendiglernen von Termini sowie mechanische, sinnentleerte Handlungen, die zu den „richtigen" Ergebnissen führen sollen. Wir müssen also zunächst fragen: Was verstehen wir eigentlich unter Grammatik und was davon braucht man wofür?

Eine naheliegende Antwort lautet: Grammatik ist das „strukturelle Regelsystem" (Bußmann 2002: 259) einer Sprache oder wie es David Crystal noch anschaulicher formuliert: „Grammar is the business of taking a language to pieces, to see how it works" (2004: 10). Das trifft es zwar schon sehr schön; das Problem, welches hiermit verbunden ist und auf das vielfach in der Sprachdidaktik hingewiesen wird, hat Andreas Krafft so zusammengefasst: „Vielen Lehrer/inne/n und fast allen Schüler/inne/n ist offenbar nicht bewusst, dass die Regeln der Sprachverwendung, wie sie im Grammatikunterricht vermittelt werden, der Handlungspraxis nicht vorgeschaltet, sondern nachträgliche Beschreibungen sind" (Krafft 2014: 150). Denn diese nachträglichen Beschreibungen, seien sie in Form einer Grammatiktheorie oder in Form einer „systematischen Beschreibung der formalen Regularitäten einer natürlichen Sprache" (Bußmann 2002: 260), werden von Sprachwissenschaftler/innen verfasst und diese orientieren sich naturgemäß am Sprachgebrauch. Dieser Sprachgebrauch stellt aber immer nur einen kleinen Ausschnitt dar. Wenn man den Blick historisch oder auch regional und sozial erweitert, erweist es sich schnell als äußerst schwierig, von einem einheitlichen Sprachgebrauch zu sprechen. Vor allem der historische Blick kann überaus aufschlussreich sein und es empfiehlt sich für alle, die sich mit Grammatik beschäftigen wollen, diesen von Zeit zu Zeit einzunehmen.

> **Beispiel**
>
> Ein Schüler hat geschrieben: *Die Kinder haben zum Abschied gewunken*. Der Lehrer aber meint, dass *gewunken* falsch sei und es *gewinkt* heißen müsse. Der Schüler versteht das zwar nicht, denn sein Sprachgefühl – und etwas anderes hat er ja nicht – sagt ihm, dass *gewinkt* komisch klingt, aber er schweigt. Wer hat nun recht: der Schüler oder der Lehrer? Zunächst einmal müssen wir das Problem genauer identifizieren. Es geht um das Partizip II des Verbs *winken*. Hier existieren offensichtlich mehrere Möglichkeiten, ein Partizip zu bilden. Tatsächlich gibt es eine, bei der der Verbstamm (*wink-* oder *lach-*) von einem Wortbaustein (oder auch Morphem, das Zirkumfix genannt wird) umgeben wird nach dem Muster: ge-X-t, also *ge-wink-t*, *ge-lach-t*. Das ist die regelmäßige oder schwache Bildung (Flexion). Es gibt aber auch die Möglichkeit, dass Partizipien unregelmäßig gebildet werden: *ge-gang-en*, *ge-stritt-en*, *ge-wunk-en*. Hier verändert sich systematisch der Stammvokalbuchstabe und das Partizip endet auf *-en*; das ist die starke Verbflexion.
>
> Doch wer entscheidet nun, welche Möglichkeit die „richtige" ist? Man könnte in einer Grammatik nachschauen, wo je nach Ausgabe die schwache (in älteren Grammatiken) oder die starke bzw. beide (in jüngeren Grammatiken) empfohlen wird. Das verlagert allerdings letztlich nur die Frage: Was steht wann in einer Grammatik? Werfen wir also einen Blick auf die Sprachgeschichte: „Das Verb *winken* [...] schwankt in seiner Flexionsklasse [...] seit ca. dem 16. Jh. Es flektiert im Ahd. [Althochdeutschen] schwach und im Mhd. [Mittelhochdeutschen] finden sich erste stark flektierende Partizipformen" (Engel 2017: 63). Möglicherweise streiten sich also Lehrkräfte und Schüler/innen bereits seit 500 Jahren um die „richtige" Form. Auf der IDS-Webseite „Grammatik in Fragen und Antworten" wird zum Thema „*Gewinkt* oder *gewunken*?" von einem „Siegeszug" der starken Form gesprochen (▶ https://grammis.ids-mannheim.de/fragen/76, 07.07.2025), was tatsächlich ungewöhnlich ist, weil mehrheitlich starke zu schwachen Formen wechseln (zu diesem „Sonderfall" *gewunken* vgl. auch Eisenberg 2020: 429).
>
> Die Flexionsklassenschwankung des Verbes *winken*, und damit die Tatsache, dass es nicht in allen Flexionsformen entweder der starken oder der schwachen Flexion zuzuordnen ist, ist also kein Problem eines Schülers von heute, sondern Sprachwandel (vgl. Topalović/Elspaß 2008). Über die Gründe für diese Entwicklung lassen sich nur Vermutungen anstellen (z. B. wegen der Analogien zu *gesunken*, *getrunken* etc.), die uns hier zu weit führen würden, wenngleich es sich möglicherweise für eine Deutschstunde lohnen könnte, gemeinsam mit den Schüler/innen darüber nachzudenken (zu den sprachreflexiven Möglichkeiten von „Sprachgeschichte in der Schule" vgl. z. B. Jäger/Böhnert 2018). ◄

Mit diesem Beispiel soll ein Bewusstsein dafür geschaffen werden, dass die Grammatik einer Sprache nichts Statisches, Fixierbares ist, sondern sich über die Zeit, aber auch von Sprecherin zu Sprecher verändern kann. Wenn man diese Sprache beschreiben will, muss man notgedrungen so etwas wie eine Momentaufnahme erzeugen. Zumindest sollte das zunächst der wissenschaftliche Anspruch sein: zu beschreiben, was ist. Am Ende steht dann eine sogenannte deskriptive Grammatik, also eine Grammatik, die ein bestehendes Sprachsystem beschreibt. Diese Momentaufnahme kann aber durchaus, wie in unserem Beispiel, „unscharf" geraten, wenn es Varianten oder Zweifelsfälle gibt (vgl. dazu auch ▶ Abschn. 3.4). Der Dudenverlag sieht dafür unter dem Titel „Sprach-

> **Zur Vertiefung**
>
> **Sprachliche Normen als soziales Phänomen**
> Der Soziologe Pierre Bourdieu sagt Folgendes über Grammatik: „Die Grammatik, ohnehin immer implizit normativ, ist die Verwirklichung jener Grundfunktion aller Ideologie, die in der Verabsolutierung des Relativen und der Legalisierung des Willkürlichen besteht. Keine noch so ostentativ wissenschaftliche Grammatik ist hiervon ausgenommen, wenn sie vergisst, dass die Sprache Mittel und Objekt eines Klassenkampfes ist, in dem gewöhnlich Inhaber des Monopols auf die Aneignungsinstrumente den maximalen symbolischen Profit aus ihrem distinktiven Gebrauch dieses ‚Gemeinguts' ziehen" (2017: 53). Am praktischen Beispiel ließe sich dieser Standpunkt so veranschaulichen: Wenn wir heute jemandem vorwerfen, er spreche schlechtes Deutsch (*isch bin größer wie du*), meinen wir damit eigentlich, dass er nicht so spricht, wie die gebildete obere Mittelschicht, also die Teile der Bevölkerung, die sozial dominieren, die „Herrschenden". Bourdieu argumentiert, dass dadurch, dass man sich die Ressource Sprache, nämlich die „korrekte" Sprache, nur durch Teilhabe an sozial distinguierten Umfeldern (reiche Familie, höhere Schulbildung) erschließen kann, die Sprache die sozialen Unterschiede manifestiert. Eine Legalisierung des Willkürlichen ist damit insofern gegeben, als die Maßstäbe, die dadurch entstehen, nicht durch das grammatische System selbst zu begründen sind. Denn ob wir einen Vergleich mit den Wörtchen *wie* oder *als* vornehmen, ist eine zu einem gewissen Grade beliebige Konvention, die regional und historisch stark variiert (wer sich in die spannende Geschichte dieser beiden Wörtchen vertiefen möchte, sei an Eggs (2006) verwiesen). Auch die sogenannte Koronalisierung (also *isch* statt *ich*) kommt in einigen deutschen Dialekten vor, z. B. dem Hessischen, und unterliegt ebenso regionalen und historischen Variationen. So sind weder ein Laut an sich noch ein bestimmtes Wort an sich gutes oder schlechtes Deutsch, grammatikalisch richtig oder falsch. Vielmehr ist es die Art des Gebrauchs, und dieser wird eben von der „herrschenden Klasse" geprägt und verteidigt, und zwar in der Weise, dass man sich das „gute Deutsch" einerseits nur unter hohem sozioökonomischem Aufwand aneignen kann; andererseits eben auch durch die „Verabsolutierung", also das Suggerieren, es gäbe eben eine objektiv richtige und gute Grammatik.

liche Zweifelsfälle", die nicht etwa nur Randphänomene sind, ein ganzes „Wörterbuch für richtiges und gutes Deutsch" vor (vgl. Duden-Zweifelsfälle 2021).

Eine Linguistin dürfte im heutigen Verständnis also nicht einfach Setzungen vornehmen und bestimmte Formen als „richtig" oder „falsch" bezeichnen (obwohl das immer wieder gefordert wird und einige Linguist/innen es natürlich dann auch tun). Damit würde sie schließlich Wertungen vornehmen. Das kann sie aber nur dann tun, wenn es eine Norm gibt, auf die sie sich beziehen kann. Normen bestehen jedoch nicht sui generis, sondern sie werden innerhalb einer sozialen Gemeinschaft explizit (wie etwa Orthographie) oder implizit erzeugt. Sie sind damit ein soziales Phänomen.

## 2.1 · Was ist Grammatik?

**Sprache ohne Grammatik?** Dass sprachliche Konventionalisierungsprozesse und damit die grammatischen Strukturen von sozialen Faktoren beeinflusst werden, bedeutet aber gerade nicht, dass Grammatik beliebig ist und dass Tor und Tür für Sprachverfall, Sprachchaos oder „anything goes" geöffnet wird. Schließlich ist Grammatik das, was Sprache im Kern ausmacht. Eine Sprache ohne Grammatik wäre keine Sprache, denn sie wäre nicht verständlich. Winifred Bauer (1998) macht mit einem Gedankenexperiment deutlich, dass „some languages have no grammar" ein Alltagsmärchen ist. Gäbe es nämlich eine Sprache, sie nennt sie „Spelitzian" (Spelitzianisch), die ohne Grammatik auskäme, so würde das zunächst bedeuten, dass es auch unmöglich wäre, in Spelitzianisch einen Fehler zu machen. Denn um einen Fehler zu machen, muss es eine Regel geben, gegen die man verstoßen kann. Das klingt zwar erst mal verlockend; sie führt den Gedanken aber weiter: Ohne Grammatik ließe sich nicht auf Vergangenheit oder Zukunft verweisen, es ließe sich keine Unterscheidung zwischen Wortarten vornehmen, es gäbe keine Verben, keine Nomen, keine Adjektive. Es gäbe keine Wortendungen, keine Funktionswörter wie Präpositionen oder Konjunktionen, die Stellung der Wörter im Satz wäre beliebig usw. Es ließen sich dann nur noch Äußerungen denken wie „Hund Ball Spiel Mann Garten". Differenziertere Bedeutungen wie: „Der Hund und der Mann spielen im Garten Ball" wären nicht auszudrücken, vor allem aber wäre z. B. diese Bedeutung nicht zu unterscheiden von der folgenden: „Im Garten spielte ein Mann mit einem Hundeball". Dieses Gedankenspiel schafft ein Bewusstsein dafür, welche Phänomene einer Sprache überhaupt dem Bereich Grammatik zuzuordnen sind. Schrift gäbe es dann nämlich auch nicht, zumindest keine Alphabetschrift. Hierzu müssen abstrakte Lautklassen gebildet werden (Phoneme), die Schriftzeichen (Graphemen) systematisch zugeordnet werden, es müssten also auch Regeln und Kategorien gebildet werden und damit ist auch die Schrift ein Fall für die Grammatik.

**Das Lateinische als Grammatiksprache?** Könnte aber, so fragt Bauer weiter, das Spelitzianische weniger Grammatik haben als andere Sprachen, z. B. das Lateinische (1998: 81)? Auf die Frage, welche Sprache hat „viel" Grammatik, würden sicher die meisten Menschen die Antwort „Latein" geben. Denn das Lateinische, so scheint es zumindest allen, die in der Schule lateinische Deklinationen und Konjugationen pauken mussten, hat sehr viel Grammatik. In der Tat ist das Lateinische eine Sprache mit reichhaltiger Morphologie, es ist eine sogenannte flektierende Sprache. So verfügt es nicht nur über die vier Kasus wie im Deutschen, sondern kennt auch noch einen fünften, den Ablativ, und sechsten, den Vokativ. Wie im Deutschen tragen die Nomen eines der drei Genera, wodurch sich zahlreiche Typen unterschiedlicher Deklinationsklassen ergeben. Auch die Verben werden aufwändig konjugiert, so dass ein Verb über hundert Wortformen annehmen kann. Eine reichhaltige Morphologie entspricht möglicherweise dem, was wir als prototypisch für Grammatik ansehen. Das aber, was im Lateinischen über die Morphologie ausgedrückt wird, kann in anderen Sprachen genauso ausgedrückt werden:

> **Beispiel**
>
> Betrachten wir die folgenden drei Sätze in Lateinisch, Deutsch und Englisch:
>
> *Puella puerum amat. Das Mädchen liebt den Jungen. The girl loves the boy.*
>
> Alle drei drücken die gleiche Bedeutung aus, nutzen hierzu aber die grammatischen Möglichkeiten auf unterschiedliche Weise. Um die Verteilung der Rollen, also wer der Liebende und wer der Geliebte ist, kenntlich zu machen, dient im Lateinischen ausschließlich die Flexion und nicht die Satzstellung. Eine Satzstellung wie *Amat puerum puella* wäre zwar unüblich, aber genauso verständlich, da puella eine Nominativendung aufweist und puerum eine Akkusativendung. Im Deutschen wäre *Den Jungen liebt das Mädchen* ebenso möglich, da auch hier nicht nur über die Flexion, sondern vor allem auch durch den Artikel die Rollen erkennbar sind. Nicht möglich ist *Das Mädchen den Jungen liebt*. Denn in Aussagesätzen ist für das Deutsche die Verbzweitstellung obligatorisch. Und bei *Liebt den Jungen das Mädchen* handelt es sich um eine Anordnung, die ausschließlich Fragecharakter hat. Damit wird die Rollenzuweisung im Deutschen teils über die Flexion, also grammatische Morpheme am Wort (in wenigen Fällen), teils über selbstständige grammatische Morpheme, die Artikel, und über die Satzstellung enkodiert.
>
> Im Englischen schließlich ist die Anordnung *The girl the boy loves* ebenfalls nicht grammatisch. Aber auch *The boy loves the girl* wird problematisch, da es sich zwar um eine mögliche Anordnung handelt, diese aber mit einer anderen Rollenzuschreibung einhergeht. Die Rollenzuweisung erfolgt im Englischen praktisch nicht über die Morphologie, sondern fast ausschließlich über die Syntax, d. h. die Position im Satz; es wird nicht am Wort selbst markiert und auch die grammatischen Morpheme tragen wenig Information.
>
> Die Rollenzuschreibung ist somit in allen drei Sätzen und damit in allen drei Sprachen gleichermaßen möglich. Wir haben also gleich viel Grammatik, sie ist nur ganz unterschiedlich verpackt. ◄

Die Beziehungen der Wörter im Satz, Morpheme, Funktionswörter, aber auch Aspekte der lautlichen Ebene unterliegen Strukturen und Kategorien und umfassen damit das, was sich als Grammatik bezeichnen lässt. Verständigung in einer Sprache ist deswegen möglich, weil Sprecher dieser Sprache einer bestimmten Struktur eine bestimmte einheitliche Funktion und Bedeutung zuordnen. Um eine Grammatik zu besitzen, ist eine Sprache auch nicht darauf angewiesen, dass diese in Form eines verschrifteten Kodex vorliegt, dass es also eine Grammatik im Sinne eines Grammatikbuches gibt. Wir haben weiter oben schon darauf hingewiesen, dass die Kodifizierung dem Sprachgebrauch nachgeschaltet ist. Bauer schließt ihr Gedankenexperiment mit den Worten:

> » „If Spelitzian is a language, it has a highly complex grammatical system, involving some combination of devices like word order, inflections, particles and intonation. A language without any grammar is a contradiction in terms." (1998: 84)

Jede Sprache verfügt also, um als eine solche zu gelten, über eine Grammatik. Dabei kann Grammatik viele Erscheinungsformen annehmen, sie kann aus vielen „devices" bestehen. Wer nun genau gelesen hat, dem ist vielleicht aufgefallen, dass meist von *Strukturen* die Rede war, im allgemeinen Bewusstsein aber Grammatik wohl eher als *Regeln* einer Sprache verstanden wird.

**Regeln oder Strukturen?** In der eingangs gegebenen Definition wurde der Ausdruck „strukturelles Regelsystem" gebraucht. In der Tat hängt die Frage, ob man eher von Regeln oder eher von Strukturen einer Grammatik spricht, davon ab, welche theoretische Vorstellung man von Grammatik hat. Hier lassen sich nämlich sehr grob zwei grundsätzlich verschiedene Ansätze ausmachen: In der generativen Grammatik etwa geht man davon aus, dass Sprache aus einem Lexikon, also einer bestimmten Menge an Wörtern, und einem Bündel an Regeln besteht. Mithilfe der Regeln können die Wörter zu einer unendlichen Menge von Sätzen zusammengefügt werden. Die Grammatik existiert also gewissermaßen aus sich heraus, sie erschafft sich quasi selbst, daher die Bezeichnung „generativ". Die Regeln sind zurückzuführen auf angeborene universelle Prinzipien: die Universalgrammatik. Der geistige Vater dieses Ansatzes ist der amerikanische Linguist Noam Chomsky, der in den 1950er Jahren die sogenannte „generative Transformationsgrammatik" entwarf, die er in den folgenden Jahrzehnten immer weiterentwickelte und modifizierte. Die Universalgrammatik soll die Grundlage für die grammatischen Systeme aller Sprachen dieser Welt ausmachen. Jede Sprache verfügt über ein auf universellen Prinzipien basierendes System fester beschreibbarer Regeln, wenngleich diese Beschreibung zuweilen sehr komplex und abstrakt ausfällt. Charakteristisch für diesen Ansatz ist zudem, dass Wörter und Regeln unabhängigen Modulen im Gehirn zugeordnet und damit auch unabhängig gelernt, gespeichert und verarbeitet werden.

**Die Konstruktionsgrammatiker** dagegen verstehen Grammatik als ein letztlich individuell konstruiertes und rekonstruiertes System, in dem strukturelle Aspekte mit Bedeutungsaspekten verwoben sind, also keine klare Trennung zwischen Wörtern und Regeln zu ziehen ist. Zudem wird eben nicht davon ausgegangen, dass ein festes System an Regeln besteht, es werden lediglich Strukturen und Schemata angenommen, die beim Sprechen ausgebildet werden. Die Konstruktionsgrammatik wird zwar meist eng verbunden mit dem Namen George Lakoff, versammelt aber mehrere unterschiedliche Ausprägungen unter sich, wie die *Cognitive Grammar* von Ronald Langacker (1991) (zu den verschiedenen Theoriebildungen vgl. Ziem/Lasch 2013). Michael Tomasello entwarf eine Theorie dazu, wie eine solche Grammatik im Spracherwerbsprozess entsteht. In seinem Buch *Constructing a Language* (2005) beschreibt er, wie der Mensch mithilfe seiner angeborenen kognitiven Möglichkeiten und weiteren humanspezifischen Fähigkeiten und Verhaltensweisen Sprache erwirbt. Wir werden darauf in ▶ Kap. 4 vertiefend eingehen.

Bis heute stehen diese beiden Strömungen der Generativen Grammatik und der Konstruktionsgrammatik nebeneinander, ohne dass entschieden worden wäre, ob einem dieser Ansätze der Vorrang zu gewähren sei. Wir möchten daher zwar das Bewusstsein für die Differenzierung zwischen Regeln und Strukturen schärfen, aber weiterhin mit beiden Termini operieren, zumal selbst in der Spracherwerbsforschung die Verwendung des einen oder anderen Fachausdrucks nicht immer automatisch eine Zuordnung zu einer der beiden Strömungen impliziert, dies umso mehr, als im Forschungsdiskurs auch hybride Theorien stark gemacht werden (vgl. Rohlfing 2019). Im Rahmen der Erwerbs- und der Lernforschung in Bildungskontexten dominieren gegenwärtig konstruktivistische Zugänge, daher werden wir diese auch verstärkt in unsere Ausführungen einbeziehen.

**In der Spracherwerbsforschung** ist es Konsens, dass ein Kind Sprache implizit, eigenaktiv und selbstgesteuert mittels ihm angeborener Lernfähigkeiten aus dem Input und der Interaktion mit der Umwelt erschließt (vgl. Szagun 2013). Auch in der Zweit- und Fremdsprachforschung ist man skeptisch geworden, was den Erfolg von Instruktion und expliziten Merksätzen anbelangt (vgl. Diehl et al. 2000).

Ein zentrales Anliegen dieses Bandes ist es daher, einem großen Missverständnis vorzugreifen und das Verhältnis von grammatischem Können (also eine Sprache sprechen) und grammatischem Wissen (also diese beschreiben und benennen können) zu beleuchten. Denn, so warnt Ursula Bredel (2013: 98): „Einer der vielleicht schwerwiegendsten Irrtümer der Sprachdidaktik [...] besteht darin, dass dieses Verhältnis auf den Kopf gestellt wird und Schüler/innen über Merksätze (knowing that) zum regelgerechten Sprechen oder Schreiben (knowing how) angeleitet werden sollen." Diese im traditionellen Grammatikunterricht dominante Vorstellung, das Wissen um sprachliche Kategorien erzeuge auch sprachliches Können, wird also zunehmend kritisch gesehen. Vor allem gilt dies, wenn das grammatische Wissen weitestgehend unter formalen Aspekten und im Dienst einer terminologischen Fixierung vermittelt wird. So kann es schwerlich „in Funktion" sein (ausführlicher in ▶ Kap. 3).

Die Frage, was denn unter Grammatik zu verstehen ist, lässt sich also sicher nicht ohne Weiteres beantworten. Um dennoch für die weiteren Überlegungen über eine einheitliche begriffliche Grundlage zu verfügen, sollen Arbeitsdefinitionen gelten:

> **Definition**
>
> Vielfach zitiert wird bei der Frage, „Was heißt Grammatik?", die Einteilung von Gerhard Helbig; sie soll auch an dieser Stelle die grundlegende Arbeitsdefinition bilden und gleichzeitig die Vielschichtigkeit des Ausdrucks aufzeigen.
> 1. Eine **Grammatik A**: das dem Objekt Sprache selbst innewohnende Regelsystem, unabhängig von dessen Erkenntnis und Beschreibung durch die Linguistik;
> 2. Eine **Grammatik B**: die wissenschaftlich-linguistische Beschreibung des der Sprache innewohnenden Regelsystems, die Abbildung der Grammatik A durch die Linguistik;
> 3. Eine **Grammatik C**: das dem Sprecher und Hörer interne Regelsystem, das sich im Kopf des Lernenden beim Spracherwerb herausbildet, auf Grund dessen dieser die betreffende Sprache beherrscht, d. h. korrekte Sätze und Texte bilden, verstehen und in der Kommunikation verwenden kann. (Helbig, 1981: 49)
>
> Ergänzen ließe sich diese Zusammenstellung durch
> 4. Eine **Grammatik B'**: das Buch, in welchem eine Zusammenstellung und linguistische Beschreibung einer Sprache veröffentlicht ist.
>
> Weiterhin gilt festzuhalten: Grammatiken A, B und C decken sich zwar weitgehend, aber nicht vollständig. Während Grammatik A nur auf der Oberfläche erscheint, ist Grammatik C ausschließlich verinnerlicht. Beide sind daher schwer greifbar.

## 2.2 Wissen und Können

> „Unsere pedantische Lehrsucht bemüht sich fortwährend, die Kinder das zu lehren, was sie allein viel besser lernen, übersieht aber dasjenige, was wir allein sie lehren können."
> Jean-Jacques Rousseau (1712–1778), Emile ou de l'education, zitiert nach Scheuerl (1992: 52)

Im vorangegangenen Kapitel wurden das Festhalten an Unterrichtstraditionen und die unzureichende Konzeption von Grammatik thematisiert und damit zwei Gründe vorgestellt, warum Grammatikvermittlung ein so umstrittener Bereich ist. Ein weiterer seit langem bestehender Streitpunkt ist die Frage nach den Lernzielen (z. B. Klotz 1996: 2). Es ist unmittelbar einsichtig, dass diese Frage eine ganz zentrale Frage darstellt, da von ihrer Beantwortung abhängt, was überhaupt im Zusammenhang mit grammatischem Lernen zu thematisieren ist. Aus diesem Grund soll diese Diskussion gleich zu Beginn aufgerollt werden und zunächst losgelöst von der Darstellung der Bildungsstandards und Lehrpläne, die in ▶ Kap. 7 erfolgen wird. Unter anderem soll dies die Basis bilden für einen möglichen kritischen Blick hierauf.

Um nun die sehr komplexe Diskussion etwas zu strukturieren, wurden in Anlehnung an eine Zusammenstellung von Peter Eisenberg (2013) fünf Bereiche definiert, entlang derer die zentralen Argumente für die Beschäftigung mit Grammatik zusammengetragen werden sollen. Dabei berücksichtigt diese Zusammenstellung einerseits Vorschläge und Positionen (z. B. Ossner 2007; Gallmann 2021), die in den letzten Jahren in die Diskussion eingebracht wurden; andererseits soll aber auch auf einer übergeordneten Ebene eine Systematik dessen erstellt werden, was grundsätzlich denkbar wäre. Es soll benannt werden, „was denn genau an Zielvorstellungen im Raume steht" (Braun 2013: 17).

**Lernziele** Macht man sich also Gedanken darüber, welche Lernziele mit grammatischem oder weiter gefasst mit sprachlichem Lernen erreicht werden sollen, so lässt sich zunächst mit Eisenberg (2013) das **sprachliche Können**, das „knowing how" nennen. Ob allerdings und wenn ja, in welchem Maße das sprachliche Können dem Wissen *über* Sprache vorgeschaltet ist, ist eine der dringlichsten Fragen, die die Grammatikdidaktik gegenwärtig umtreiben (vgl. hierzu auch Gornik 2014). In diesem Zusammenhang spielt auch der Aspekt der **Sprachbewusstheit** eine wichtige Rolle (vgl. ▶ Kap. 6). Mit Blick auf den Erwerb von Sprachbewusstheit bestehen jedoch noch zahlreiche offene Fragen: Was ist die Voraussetzung dafür, dass man sich sprachliche Zusammenhänge bewusst machen kann? Welche kognitiven und sprachlichen Fähigkeiten sind hierfür nötig? Was bedeutet überhaupt Sprachbewusstheit? Ist Sprachbewusstheit erst Folge sprachlicher Lernprozesse und nicht deren „Auslöser"? Soll sich der Deutschunterricht auch dem „knowing how", also dem sprachlichen Können, verschreiben, müssen Aspekte des Spracherwerbs berücksichtigt werden (vgl. dazu ▶ Kap. 4).

Es muss demnach geklärt werden, welche Voraussetzungen überhaupt gegeben sein müssen, damit ein „knowing that", also das **sprachliche Wissen**, sinnvoll vermittelt werden kann. Darüber hinaus müsste geklärt werden, *welches* sprachliche Wissen Gegenstand des Unterrichts werden soll. Schließlich ließe sich aus der mittlerweile beträchtlichen Themenbreite der Sprachwissenschaft einiges an Gegenständen finden.

Das, was bislang als für den Unterricht relevant ausgewählt wurde, umfasst nur einen kleinen Bereich. Wie wir in ▶ Kap. 7 noch sehen werden, besteht bezüglich curricularer Vorgaben vor allem die Problematik, dass die Auswahl der Gegenstände nicht vor einem theoretischen Hintergrund erfolgt. Weiter oben konnten wir aber festhalten, dass Grammatik zunächst einmal nur als abstraktes implizites System besteht, das sich eigentlich nicht theoriefrei beschreiben lässt.

In Bezug auf Sprachwissen unterteilt Gallmann (2021) in „autonomes Wissen" und „Hilfswissen". Während er unter autonomem Wissen Aspekte wie Varietäten, Sprachwandel und grammatische Kategorienbildung fasst, nennt er unter Hilfswissen verschiedenste Aspekte, die unterschiedliche Zielbereiche fokussieren: Orthographie, Schreiben, Lesen, sprachliche Normen, Deutsch als Zweit- und Fremdsprache (2021: 54 ff.). Ähnlich konzipiert es auch Christian Braun, wenn er von „Primär- und Sekundärnutzen" (2013: 32) spricht: Der Primärnutzen, den er für relativ stabil hält, ergibt sich aus einer fachlich-wissenschaftlichen Perspektive heraus und umfasst dabei ungefähr das, was wir unter 1. und 3. beschreiben. Weniger geklärt ist der Sekundärnutzen, bei dem Grammatik „als Hilfsmittel für bzw. im Dienste von anderen Interessen eingesetzt wird" (Braun 2013: 32).

Aus dieser Diskussion ergeben sich mögliche Lernbereiche: Wissen über Sprache(n), Reflexionsfähigkeit über Sprache, Werkzeug zum Arbeiten an Sprache und sprachliches Können. Diese werden im Folgenden kurz skizziert.

## 2.2.1 Wissen über Sprache(n)

Ein erstes erklärtes Ziel des Grammatikunterrichts, wie es etwa Menzel und Eisenberg im Rahmen ihrer *Grammatik-Werkstatt* (1995) fordern, kann es sein, Wissen über Sprache aufzubauen und Sprache als System in den Blick zu nehmen (so Ossner 1993; Gallmann 2021). Wie der Chemie- oder der Biologieunterricht Wissen über biologische bzw. chemische Zusammenhänge und Phänomene vermittelt, sollte – so wird argumentiert – der Grammatikunterricht theoretisches Wissen über sprachliche Zusammenhänge und sprachliche Strukturen vermitteln. Eine übergeordnete Funktionalität wird dabei nicht immer eingefordert. Im Vordergrund steht im Rahmen dieser Positionen der Aufbau von Fachwissen. „Dieses Wissen ist ein Wissen darüber, wie das funktioniert, wenn wir sprechen, lesen, schreiben und zuhören – es ist ein Meta-Wissen, auch explizites Wissen genannt." (Netzband 2016: 14). Mechthild Habermann geht sogar noch etwas weiter, wenn sie postuliert: „Zu verstehen, wie die Grammatik einer Sprache funktioniert, heißt, zu verstehen, wie unser sprachlich verfasstes Denken funktioniert" (Habermann 2013: 23).

Wissen um seiner selbst willen zu vermitteln ist sicher eine legitime Motivation. Entscheidende Voraussetzung hierfür sollte aber sein, dass dieses Wissen dem sprachwissenschaftlichen Forschungsstand entspricht und von fachwissenschaftlich aktuellen Theorien fundiert wird.

Genau darin dürfte allerdings die Herausforderung für dieses Lernziel liegen. Denn wie weiter oben gezeigt wurde, ist zumindest, was den Stand der Lehrwerke anbelangt, hier Misstrauen geboten (so z. B. Bredel 2021; Gallmann 2021). Stellt man das Wissen an sich als Lernziel heraus, müsste die Auswahl der Wissensinhalte auch darauf abgestimmt werden. Es müsste sich um *Wissenswertes* handeln. Was dies im Rahmen des Bereiches Grammatik sein könnte, ist bisher aus unserer Sicht nicht zufriedenstellend bearbeitet worden. Schließlich gibt es eine ganze Reihe von im weiten Sinne grammatischen Inhalten, die nur wenig Eingang in den traditionellen Grammatikunterricht gefunden haben, z. B. die Phonologie, das Feldermodell oder historische und pragmatische Aspekte. Bei anderen Inhalten, die üblicherweise Gegenstand des tradtionellen Grammatikunterrichts waren, wäre dann die Frage erlaubt, inwieweit diese tatsächlich „wissenswerte" Inhalte repräsentieren. Denn mit welchem Erkenntnisgewinn ist z. B. das Bestimmen von Konsekutiv- oder Konditionalsatz verbunden?

**Begriffswissen** Ein reines Begriffswissen ohne funktionale Einbindung wird von vielen Sprachdidaktiker/innen kritisch gesehen: „Das Anhäufen von Fachbegriffen kann keinen Wert an sich darstellen" (Ossner 1993: 324). Es wird angemahnt, dass Wissen über Sprache allzu leicht zum schematischen Termini-Lernen führen kann. So gab bereits Mitte der 1990er Jahre Klotz zu bedenken: „Wesentlich [...] dürfte die geprüfte Auswahl von Sprachwissensgebieten sein, die des bewußten Lernens bedürfen, damit sie im Sinne eines Sprachangebots dem lernenden und schreibenden Schüler bewußt zur Verfügung stehen" (Klotz 1996: 260). Auch die Bildungsstandards lehnen die Nutzung von Termini „im Sinne eines isolierten Vokabelwissens" (BS-Sek-I 2022: 37) ab und fordern eine Einbettung in einen „funktionalen Zusammenhang" (ebd.) ein. Wie aber ein solches funktional anwendbares Begriffswissen aussieht und wie man es sich aneignet, bleibt dabei offen. Hinzu kommt, dass gerade, was die Wahl der Terminologie anbelangt, es nicht unerheblich ist, wozu der Terminus oder die Kategorie gebraucht wird.

Granzow-Emden (2019) betont dagegen, dass der Grammatikunterricht gerade nicht unmittelbar auf den Sprachgebrauch abziele, sondern vor allem auf das grammatische Wissen: „Der Grammatikunterricht führt zu *Kenntnissen* über Sprache und kann einen bewussten Sprachgebrauch einleiten" (ebd.: 17).

**In lernpsychologischer Hinsicht** kann eine Trennung zwischen sprachlicher Handlung und sprachlichem Wissen sicherlich eine Herausforderung darstellen. Schließlich ist theoretisches, abstraktes Wissen, das nicht in Handlungszusammenhänge eingebunden und für sie nutzbar gemacht werden kann, in der Regel eher „träges" Wissen und entsprechend widerspenstig in der Vermittlung. Auch ist seine Halbwertszeit dann recht gering: Entsprechend den Studien, die in ▶ Abschn. 2.1 dargestellt wurden, können bereits Studierende viele Inhalte des Grammatikunterrichts nicht mehr angemessen wiedergeben und einordnen.

**Mehrsprachigkeit** Mehrere Untersuchungen legen nahe, dass die in Schulklassen in der Regel vorhandene Mehrsprachigkeit beim Aufbau von Wissen über Sprache(n) ein wichtiger Faktor sein kann. Sprachvergleiche bieten hier ein breites Feld, um Einsichten in Formen und Funktionen von Sprache(n) und ihrer Teilsysteme zu gewinnen (vgl. hierzu etwa die Arbeiten von Oomen-Welke 2010; Lütke 2014). Sie sind eine gute Möglichkeit, den Sinn und die Notwendigkeit von Sprachbetrachtung(en) auch für jüngere Schüler/innen deutlich zu machen und bieten allen ein Feld für sprachforschende Tätigkeiten. Beim grammatischen Lernen liegt das Potential, sich weit mehr an die sprachlichen Realitäten in den Klassen anzunähern, als dies in der Regel bislang geschieht (zur Mehrsprachigkeit vgl. ▶ Kap. 5).

Umstritten sind letztlich auch das Verhältnis zu anderen Lernbereichen und die Sukzession. Wissen im Bereich Grammatik wird einerseits im Sinne einer fachlichen Expertise als Basis z. B. für die kritische Sprachbetrachtung eingefordert: „Ein wesentliches didaktisches Ziel der kritischen Sprachbetrachtung im Grammatikunterricht ist es, solches Laienwissen bei Schülerinnen und Schülern durch Expertenwissen zu ersetzen, indem sie Ansätze und Methoden der kritischen Sprachbetrachtung im Bereich der Grammatik kennenlernen und Strategien erwerben, ihr metasprachliches Urteilsvermögen auf dem Fundament linguistisch begründeter Ansätze der sprachlichen Angemessenheit aufzubauen" (Kilian 2013: 68). Andererseits wird postuliert: Die „höchste Phase des Grammatikerwerbs umfasst schließlich die Ausbildung einer Terminologie" (Netzband 2016: 14). Eine solche Ausbildung einer Terminologie stellt unzweifelhaft einen zentralen Aspekt dieses Lernbereichs dar; versteht man sie aber als Abschluss des Lernprozesses, so hätte dies nicht zuletzt eine massive Umstrukturierung der gegenwärtigen Lernprogression zur Folge.

## 2.2.2 Reflexionsfähigkeit über Sprache

Die meisten Sprachdidaktiker/innen dürften mit Eisenberg übereinstimmen, wenn er die Notwendigkeit betont, „Sprachreflexion" und „Grammatikunterricht" zusammenzubringen (2013: 10). So einheitlich diese Position also grundsätzlich ist, so vielfältig dürfte sie in ihrer Nuancierung sein. Denn in diesem Bereich sind schon die Begrifflichkeiten sehr heterogen. Zu der Vielzahl an Termini (Sprachreflexion, Sprachbetrachtung, Sprachbewusstheit, Sprachbewusstsein, Nachdenken über Sprache usw.) kommt hinzu, dass diese einerseits ganz unterschiedlich verwendet werden, andererseits für dieselbe Sache ein anderer Terminus genutzt wird. Dadurch wird die Diskussion deutlich erschwert, und auch die Abgrenzung zu den anderen Lernbereichen lässt sich nicht leicht vornehmen.

**Dem Spracherwerb inhärent** Einige Konzeptionen sehen in der Reflexionsfähigkeit über Sprache eine dem Spracherwerb inhärente Fähigkeit. Der Grammatikunterricht soll anknüpfen an die „natürlichen" Sprachbetrachtungen der Kinder und die Aufgabe haben, „Sprachreflexionen der Kinder aufzugreifen und zu nutzen, um zum einen die Sprachreflexionsfähigkeit im Hinblick auf die Entwicklung einer wachen analytischen Haltung gegenüber Sprache zu fördern und zum anderen durch Betrachtung und Kategorisierung von Sprache Wissensbestände über Sprache systematisch aufzubauen und weiterzuentwickeln" (Bien-Miller 2016: 5).

Im Weiteren soll die Vielfältigkeit der Positionen durch einige Zitate illustriert werden:

> „Ziel des Grammatikunterrichts ist es demnach, eine Bewußtheit einer Tätigkeit zu erwerben, die bereits ausgeführt werden kann, ein knowing that zu einem knowing how aufzubauen. Warum? Über beide Wissensarten zu verfügen ist Teil professionellen Kön-

nens, das nicht nur in der Ausführung von Tätigkeiten besteht, sondern auch in deren gezielter Planung und Bewertung." (Ossner 1993: 325 f.)

„Das Ergebnis einer funktional orientierten schulischen Beschäftigung mit Sprache ist keine wissenschaftliche Grammatik im Sinne einer Grammatik B (wissenschaftlich-linguistische Beschreibung des Regelsystems TB), sondern die Bewußtwerdung einer Grammatik C (internes Regelsystem TB)." (Ossner 1993: 335)

„Der Primärsprachenunterricht soll [...] zum sprachlichen Handeln [...] und zum Nachdenken über die Bedingungen dieses Handelns anleiten". (Ivo 1975: 101, zitiert nach Klotz 1996: 23)

„Diagnose und Verbalisierung eigener Sprachbeobachtungen sind zwei wichtige sprachliche Fähigkeiten, die durch Grammatikunterricht gefördert werden sollten; er kann dies nur, wenn er Schülern nicht primär grammatische Kenntnisse als Produkt vermittelt, sondern den Prozeß der Gewinnung von Kenntnissen sichtbar macht." (Boettcher/Sitta 1978: 158)

**Die Bedeutung von Sprachbewusstheit** für den Erwerb schriftsprachlicher und textueller Fähigkeiten wird ebenfalls an vielen Stellen betont. So sieht Klotz (1996), der den Terminus „Sprachbewusstsein" gebraucht, darin eine wichtige Grundlage für die Entwicklung von Schreibfähigkeiten und Textgestaltungskompetenz. „Sprachbewusstsein" wiederum entstehe unter anderem im Rahmen der Auseinandersetzung mit grammatischen Themen. Aber auch der Schreibvorgang liefere wichtige Impulse für die Entwicklung von „Sprachbewusstsein", so dass Klotz hier von einem wechselseitigen Befruchten ausgeht und „die Schreibdidaktik in gleicher Weise der Grammatikdidaktik zuarbeiten kann wie umgekehrt" (Klotz 1996: 257). Entscheidend sei es hierfür, eine „Wechselbeziehung zwischen Handeln und Erkennen" (Klotz 1996: 257) herzustellen, was insbesondere durch funktionalen Grammatikunterricht ermöglicht würde. An anderen Stellen heißt es: „Mit dem Schriftspracherwerb wird auch Sprach- und vor allem Grammatikreflexion auf eine neue Ebene gehoben, denn für das Texteverfassen und -überarbeiten ist bewusste Sprachbetrachtung von großer Bedeutung." (Bien-Miller 2016: 5). Oder auch Gornik: „Der Grammatikunterricht hilft bei der Entwicklung eines Gefühls für schriftsprachliche Norm" (Gornik 2016: 8).

Gornik schlägt überdies den Bogen zum sprachlichen Wissen, wenn sie definiert: „Am Ende des Lernprozesses steht, dass die Schülerinnen und Schüler Auskunft geben können über die sprachlichen Formen und ihre Funktion(en), dass sie sich also metasprachlich ausdrücken können und Fachtermini sinnvoll – mit Begriffswissen verbunden – benutzen. Eine terminologisch perfekte Äußerung über Sprache, also ein Sprechen über Sprache mit Fachbegriffen, kann als Endphase der Entwicklung betrachtet werden." (Gornik 2016: 9).

Damit wird auch deutlich, dass sich die jeweiligen Konzepte von Sprachreflexion vor allem auch darin unterscheiden, ob dies *Ausgangs- oder Endpunkt* der Beschäftigung mit Grammatik darstellt.

## 2.2.3 Werkzeug zum Arbeiten an Sprache

Um über Sprache zu sprechen, braucht man in Fachtermini gebundene Kategorien und Konzepte. Dieses findet seine Analogie in anderen Fachwissenschaften. Ausdrücke wie *Prädikat*, *Kompositum* oder *Adverb* können nötig sein, um über Sätze oder Texte in Bezug auf ihre Struktur zu sprechen. Die Vermittlung fachlicher Konzepte wird daher als eine wichtige Aufgabe des grammatischen Lernens gesehen. Dieses Wissen ist dann das Werkzeug für das Erforschen und Thematisieren von Sprache *und* Literatur.

> ▶ **Beispiel – Gedichtanalyse**
>
> Ohne die Möglichkeit, die Wortart Adjektiv zu benennen, lässt sich kaum wirklich auf eine differenzierte Weise über Hölderlins „Hälfte des Lebens" sprechen.
>
> **1. Hälfte des Lebens (Friedrich Hölderlin)**
> Mit gelben Birnen hänget
> Und voll mit wilden Rosen
> Das Land in den See,
> Ihr holden Schwäne,
> Und trunken von Küssen
> Tunkt ihr das Haupt
> Ins heilignüchterne Wasser.
>
> Weh mir, wo nehm' ich, wenn
> Es Winter ist, die Blumen, und wo
> Den Sonnenschein,
> Und Schatten der Erde?
> Die Mauern stehn
> Sprachlos und kalt, im Winde
> Klirren die Fahnen.

Um dieses Gedicht zu analysieren, sollte man nicht nur Adjektive bestimmen und beschreiben können, sondern auch ihre Leistungen und Funktionen einordnen können. Schließlich würde man hervorheben wollen, dass trotz der relativen Kürze der Verse recht viele Adjektive genutzt werden, und zwar neben eher üblichen (gelb, wild) auch poetische (hold) und neu gebildete (heilignüchtern). Man würde weiterhin erwähnen, dass die zweite Strophe dagegen ohne attributive Adjektive auskommt, allerdings zwei ungewöhnlich gebrauchte adverbiale aufweist (sprachlos, kalt) usw.

Zur Analyse von Goethes „Zauberlehrling" wiederum sollten Satzstrukturen benannt werden können. Welche Position nimmt das Prädikat hier ein und welche Wirkung entsteht daraus?

> **2. Der Zauberlehrling (Johann W. von Goethe), Auszug**
> Hat der alte Hexenmeister
> sich doch einmal wegbegeben!
> Und nun sollen seine Geister
> auch nach meinem Willen leben.

> Seine Wort und Werke
> merkt ich und den Brauch,
> und mit Geistesstärke
> tu ich Wunder auch. ◄

„Wo Sprache komplex wird, können grammatische Untersuchungen erhellend sein und das Verstehen von Sprachlichem befördern. Wenn es um die Verstehensmöglichkeiten und Interpretationen literarischer Texte geht, steckt in der grammatischen Analyse ein Potential, das in Schule und Studium noch viel zu wenig genutzt wird." (Granzow-Emden 2019: 17)

Dieses Potential betont auch Landgraf (2020) in einem sehr gut ausgearbeiteten Versuch, sprachliches und literarisches Lernen stärker zusammenzuführen: Sprachbetrachtungen können helfen im „verstehens- und sprachfördernde(n) Umgang mit Schwierigkeiten bei der Rezeption literarischer Texte" (2020: 69).

**Fremdsprachenunterricht** Hilfreich ist diese Art des Fachwissens auch für den Fremdsprachenunterricht, wenn nicht unbedingt des Englischen so doch des Lateinischen, Französischen oder Spanischen. Da dieser Unterricht sehr oft mit grammatischen Kategorien und Termini operiert, kann es durchaus förderlich sein, diese bereits im Deutschen, zumindest in ähnlicher Form, verfügbar zu haben.

Voraussetzung hierfür ist ein Unterricht, in dem diese Begrifflichkeiten und Konzepte nicht nur in Form von Fachwissen vermittelt werden, sondern der diese auch tatsächlich als fachliche Werkzeuge einsetzt und einfordert. Das Problem, dass grammatisches Wissen nur totes Wissen sei, wäre hierdurch überwunden. Die Schüler/innen wären gefordert, ihr grammatisches Wissen regelmäßig einzubringen, zu vertiefen und auszudifferenzieren. Grammatisches Wissen ist dann nicht Selbstzweck, sondern es wird funktionalisiert. Einerseits stellt dies insofern eine Herausforderung dar, als eine gewisse Verfügbarkeit die Voraussetzung für die Nutzung ausmacht. Andererseits gerät das grammatische Wissen dadurch möglicherweise auch auf eine positive Weise aus dem Fokus. Da dann nicht mehr das Wissen an sich das Lernziel ist, sondern nur seine Anwendbarkeit, lässt sich mit diesem Wissen etwas entspannter umgehen. Für die Analyse von Hölderlins Gedicht z. B. mag ein relativ vages Konzept von Adjektiv ausreichen.

**Terminologisches Wissen** Zu bedenken ist aber unbedingt, was weiter oben schon erwähnt wurde, dass nämlich differenziertes terminologisches Wissen möglicherweise erst den Endpunkt eines Lernprozesses darstellt, sicher aber einen relativ anspruchsvollen Lerngegenstand. So konstatiert Ossner: „Begriffe sind also das Ergebnis einer intensiven Auseinandersetzung mit einem Gegenstand. Im Begriff wird diese Beschäftigung verdichtet." (Ossner 1993: 332).

Heller/Morek (2012) sehen im Rahmen der Entwicklung bildungs- und fachsprachlicher Kompetenzen zwischen den Wissensinhalten und der begrifflichen Fassung eine wichtige Wechselwirkung. Empirisch näher beleuchtet wurde dieser Lernprozess jedoch bislang noch wenig. In einer Untersuchung von Otten (2021) konnte nachgewiesen werden, dass die Nutzung von Fachtermini bei der Bearbeitung sprachlicher Phänomene sehr stark schulformenbezogen ist. Während Gymnasiast/innen bis zur

Oberstufe immer häufiger Fachausdrücke einsetzen, werden diese in der Hauptschule von Siebtklässler/innen gar nicht und später auch nur sehr vereinzelt genutzt. Von Brisanz ist dieses Ergebnis insofern, als sich in einer weiteren Studie (Becker/Otten 2020) abzeichnet, dass gerade mit der Verwendung von Fachausdrücken auch eine sachgerechte Erfassung der sprachlichen Phänomene einhergeht. Hier zeigt sich einmal mehr, wie komplex die Beziehung zwischen sprachlichem Wissen und sprachlichem Handeln ist.

### 2.2.4 Sprachliches Können: Grammatische Fähigkeiten

Neben dem sprachlichen Wissen ist es aber auch das sprachliche Können, das als mögliches Lernziel genannt wird. Man kann sicher davon ausgehen, dass in den meisten Sprachbüchern die Aufgaben und Übungen auch auf das sprachliche Können abzielen.

> ▶ **Beispiel**
>
> Im Rahmen der Beschreibung der Wortart Präposition wird im Lehrwerk Deutsch kompetent für Klasse 5 angegeben, welche Präposition welchen Kasus fordert:
>
> *Präpositionen, die immer den Akkusativ fordern: für, durch, ohne, wider, gegen* usw.
>
> Außerdem wird auch ein Merkreim angeführt:
>
> > *Mit, nach, von, zu, aus, seit, bei*
> > *verlangen stets Fall Nummer drei.*
> > *Für, durch, ohne, um, gegen, wider*:
> > *Schreibe stets im vierten Falle nieder.*
> > Aus: *deutsch.kompetent* 5 (2012: 276)
>
> Sowohl die Auflistung der Rektion gängiger Präpositionen als auch ein solcher Merkreim implizieren, dass neben einem Benennungswissen auch das sprachliche Können der Schüler/innen im Sinne des „richtigen Umgangs" mit Präpositionen Lernziel darstellt. Inwiefern dies eine geeignete Unterstützung des sprachlichen Könnens darstellt, ist allerdings eine andere Frage. In der neuesten Lehrwerksausgabe von 2019 findet sich zwar noch die Auflistung der Rektion, der Merkreim allerdings fehlt. ◀

In den Lehrwerken bleibt es im Rahmen von Aufgaben oder Übungen zwar oft unklar, ob *sprachliches Können* oder *sprachliches Wissen* Lernziel sein soll. Dennoch ist unstrittig, dass auch die sprachlichen Fähigkeiten als solche im Rahmen des Unterrichts ausgebaut werden sollen. Argumente für den Bedarf liefert nicht zuletzt die Spracherwerbsforschung. Zwar wurden die Spracherwerbsprozesse von Kindern und Jugendlichen im Schulalter in der Forschung lange Zeit eher vernachlässigt. Mittlerweile liegen aber eine ganze Reihe von Studien vor, die belegen, dass der Spracherwerb auch am Ende der Grundschulzeit noch nicht abgeschlossen ist (s. auch ▶ Kap. 4). An dieser Stelle sei bereits darauf hingewiesen, dass z. B. Passivkonstruktionen, Präpositionalphrasen oder das Präteritum die Kinder sprachlich stark fordern. Vor allem

Kinder aus bildungsfernen Elternhäusern oder Kinder mit noch geringen Kenntnissen der Zweitsprache Deutsch sind in hohem Maße darauf angewiesen, dass ihnen die Schule ausreichend Lerngelegenheiten bietet. Schon allein der viel beschworenen Bildungsgerechtigkeit wegen darf das sprachliche Können nicht aus dem Blick geraten. Bliebe es allein auf das Zusatzangebot eines Förderunterrichtes angewiesen, würde das nicht nur die Lerngelegenheiten stark einschränken, sondern auch einen unerwünschten Selektionsmechanismus stützen. Deutschunterricht, der den Anforderungen an die heutige Gesellschaft angepasst ist, muss es sich leisten, die sprachlichen Fähigkeiten der Schüler/innen selbst in den Blick zu nehmen, und zwar auf eine Weise, die tatsächlich zur Ausdifferenzierung der sprachlichen Handlungsfähigkeit führt.

**Der Anspruch,** dass die Beschäftigung mit Grammatik auch die Entwicklung sprachlicher Fähigkeiten unterstützt, ist nicht neu. So postulierten bereits Boettcher/Sitta: „Grammatikunterricht fördert die Sprachfähigkeit der Schüler, indem er vorrangig Situationen bietet, in denen Schüler über ihre eigene – und dann auch fremde – Sprachverwendung nachdenken und sprechen: Metakommunikation ist der Prototyp von ‚grammatischer Reflexion'" (Boettcher/Sitta 1978: 158). Dort findet sich auch eine konkretere Vorstellung, auf welche Weise dies bewirkt werden könnte: „Grammatisches Wissen fungiert [...] als *korrigierende* und *kompensierende* Steuerung eigenen sprachlichen Handelns, wo sich dieses als (noch) nicht ausreichend erweist für das Verstehen und Produzieren sprachlicher Äußerungen/Texte" (Boettcher/Sitta 1978: 154). Wiederholt weisen sie darauf hin, dass das Grammatikwissen das sprachliche Handeln steuern könne. Sie setzen damit auf die Bewusstmachung sprachlicher Prozesse. Empirisch klären lässt sich dieser Zusammenhang aber nur schwerlich, wie sie selbst eingestehen. Dies hat zwar in erster Linie auch einfach forschungsmethodische Ursachen. Die Probleme, die sich hier auftun, scheinen aber bislang unüberwindbar. So muss auch gegenwärtig weitgehend ungeklärt bleiben, ob und inwiefern grammatische Kenntnisse für das sprachliche Können förderlich sind (vgl. auch Feilke/Tophinke 2016).

**Erwerbsprozesse** Umgekehrt aber kommen aktuelle Studien immer wieder zu der Erkenntnis, dass der Erwerbsprozess und damit der sprachliche Könnensstand für die Unterrichtskonzeption keine Rolle spielt. Andreas Bittner stellt in Bezug auf die Vermittlung von Verben fest:

» „Die Vermittlung der deutschen Verbflexion in diesen Unterrichtsbüchern orientiert sich eben nicht am aus dem Erwerb, aus dem ‚Können' einer Sprache resultierenden sprachlichen (Vor-)Wissen, sie knüpft demzufolge auch nicht an diesem an und hat auch nicht den tatsächlichen Gebrauch vor Augen." (Bittner 2013: 95).

Will man also dem Anspruch gerecht werden, grammatisches Lernen mit sprachlichem Lernen zu verknüpfen, gilt es zunächst, zu ermitteln, wann welche sprachlichen Lernprozesse überhaupt stattfinden. Weiterhin müssen Konzepte entwickelt und erprobt werden, die diese Art des Lernens ermöglichen.

## 2.2.5 Sprachliches Können: Textuelle Fähigkeiten

Ein letzter Aspekt, der immer wieder intensiv diskutiert wird, ist die indirekte Kompetenzförderung durch grammatisches Lernen. Benannt wird hier in erster Linie das Texteschreiben. Durch grammatisches Lernen, so die Hoffnung, ließe sich auch die Fähigkeit, sprachlich anspruchsvolle komplexe Texte zu produzieren, quasi indirekt fördern. Die Schreibfähigkeiten selbst sind dann zwar nicht direktes Lernziel, es sollen jedoch sprachliche Kompetenzen vermittelt werden, die wiederum als Basiskompetenzen für das Texteschreiben dienen sollen. Ob das aber tatsächlich geleistet werden kann, selbst wenn man von einem sehr weit gefassten Verständnis des grammatischen Lernens ausgeht, ist bislang noch weitgehend unklar.

**Die Förderung von Schreibfähigkeiten** gelingt durch den sog. traditionellen Grammatikunterricht nachweislich eher weniger. Für den englischen Sprachraum ergibt eine Auswertung entsprechender Studien, „that there is no evidence of any beneficial impact of grammar teaching on writing instruction" (Myhill 2018: 7). Gemeint ist hier ein traditioneller Grammatikunterricht, der sich sogar negativ auf Schreibfähigkeiten auswirken kann (vgl. Philipp 2012). Auch für den deutschen Sprachraum ist die Lage uneindeutig. Zwar sind in den letzten Jahren zumindest vereinzelt Studien entstanden, die durchaus belegen, dass die Thematisierung konkreter sprachlicher Mittel und Strukturen, wie sie für bestimmte sprachliche Handlungen funktional sind, die Schreibfähigkeiten unterstützen können (z. B. Hochstadt 2015; Myhill 2018; Ocheduska-Aden 2018). Jedoch bilanziert Ann Peyer ihre Diskussion seiner Rolle bei der Förderung von Schreibfähigkeiten kritisch: „Der Beziehungsstatus von Grammatikunterricht und Schreiben bleibt kompliziert" (2020: 33).

Auch die Hoffnung, dass das Wissen um grammatische Zusammenhänge oder generell metasprachliches Wissen hinreicht, um „den sprachlichen Kompetenzerwerb nachhaltig zu beeinflussen" erweist sich nach Unterholzner und Müller (2023: 24) als trügerisch, sofern es nicht „gezielt um kognitive Strategien erweitert" wird.

Als Voraussetzung für eine positive Wirkung gilt, dass die Thematisierung entsprechender sprachlicher Mittel und Strukturen auch schon mit Blick auf ihre Anwendung z. B. in zu schreibenden Texten geschehen sollte (Myhill 2018). Um zu erfassen, welche Wirkungen lexikogrammatische Mittel auf welche Weise entfalten, müssen Schüler/innen diese an Texthandlungen und Prozeduren rückbinden können (Feilke/Tophinke 2016: 10). Dabei wird deutlich, dass eine Begrenzung grammatischer Inhalte auf die Größen Wort und Satz wenig sinnvoll ist, will man einen Zusammenhang zum Lesen und Schreiben verdeutlichen. Hier ist der Text die angemessen in den Blick zu nehmende Größe: Sprache kommt außerhalb schulischer Kontexte im Wesentlichen in Texten vor und sollte auch in diesen betrachtet werden. Auf diese Weise kann grammatisches Lernen auch stärker an die Sprachwirklichkeit der Schülerinnen und Schüler heranrücken und es entsteht möglicherweise eine positive Wechselwirkung. Diese Hoffnung drückt Granzow-Emden aus: „Vermittelt über die Schrift kann auch der mündliche Sprachgebrauch von den grammatischen Kenntnissen profitieren" (Granzow-Emden 2019: 18). Er gibt aber einschränkend zu bedenken, dass solche Bewusstmachungsprozesse Zeit brauchen und dass es vorübergehend sogar zu Rückschritten oder Verunsicherung kommen könne.

**In gegenwärtigen Positionen** wird oft sehr entschieden vertreten, dass kommunikative Fähigkeiten, insbesondere schriftliche, auf das Wissen um und den bewussten Umgang mit grammatischen Mitteln angewiesen sind:

> „Ohne Wissen um die Wirkungsweise grammatikalischer Elemente können wir nicht sinnvoll, d. h. (sprach)bewusst, kommunizieren – weder mündlich noch schriftlich. Die Kompetenz sowohl des Verfassens als auch des Verstehens von Texten wird wesentlich durch die Kenntnis der grammatikalischen Mittel und deren Funktion bestimmt. Denn durch die Wahl entsprechender grammatischer Strukturen werden bestimmte Informationen transportiert, die auf den ersten Blick, da sie unterschwellig wirken, nicht sichtbar sind" (Habermann 2010: 7).

Auch Peyer fordert als wichtige Basis zur Förderung der Schreibfähigkeit, dass Schüler/innen „ausbaufähiges Wissen über sprachliche Strukturen und Funktionen" (2020: 32) vermittelt wird und dass sie „vertraut werden mit grundlegenden syntaktischen Strukturen" (2020: 32).

Zusammenfassend kann als eine wichtige zukünftige Aufgabe der Grammatikdidaktik benannt werden, zu bestimmen, wie grammatisches Lernen überhaupt gestaltet werden müsste, damit es auch prozedurales Wissen und sprachliches Können befördert.

## 2.3 Grammatisches Lernen

Ausgehend von den obigen Ausführung, ist unser Verständnis von grammatischem Lernen ein weites, das nicht nur das *Wissen* um sprachliche Strukturen und das explizite Lernen von grammatischen Termini umfasst, sondern auch das grammatische *Können* und das implizite grammatische Lernen. Dieses geschieht im Rahmen des Erwerbs distanzsprachlicher, literater Sprachstrukturen und in der Auseinandersetzung mit Text(mustern) etwa beim Erzählen, Beschreiben und Begründen.

Gegenwärtig dürften die Themen und Lernbereiche, die tatsächlich in der Schulpraxis virulent sind, noch im Wesentlichen den traditionell etablierten entsprechen. Köpcke und Ziegler stellen fest:

> „Im Kern haben sich die Inhalte des Grammatikunterrichts kaum verändert: Wortarten, Satzglieder und Satzarten stehen nach wie vor im Mittelpunkt. Ob diese Gegenstände aber kompetenzfördernd sind und welche grammatischen/sprachlichen Gegenstände sonst Kompetenzförderung bewirken und warum sie das tun oder tun sollten, ist empirisch und konzeptionell für die meisten Bereiche der Grammatik eher unzureichend geklärt." (Köpcke/Ziegler 2013: 2)

Es steht also noch einiges an sprachdidaktischer empirischer Unterrichtsforschung aus, um Genaueres darüber sagen zu können, für welche Lernziele sprachlicher Fähigkeiten grammatisches Lernen förderlich sein kann und wie er dazu beschaffen sein muss.

**Lernziel Sprachbewusstheit** Ganz sicher besteht ein zentrales Lernziel im reflektierten, bewussten Umgang mit den kommunikativen Möglichkeiten. Die Vermittlung und das Verfügbarmachen dieser Möglichkeiten sind wichtige Aufgabe des Deutschunterrichts. Grammatisches Lernen ist dann ein Aspekt eines Unterrichts, den wir eher als Sprach-

denn als Deutschunterricht bezeichnen möchten. Schließlich ist eine weitere Charakteristik der modernen Gesellschaft, dass sie multilingual ist. Wenn die Konzeption des Unterrichts aber von Personen ausgeht, die einsprachig mit einem Standarddeutsch aufwachsen, dann dürfte diese Konzeption an der Mehrheit der heutigen Schülerschaft vorbeigehen.

Die Frage nach dem Wozu des Grammatikunterricht muss und wird wohl noch lange weiter diskutiert werden. Aus unserer Sicht bestehen die Anforderungen der modernen Gesellschaft wohl eher weniger im Faktenwissen. Zumindest aber sollten hier die möglichen Wissensinhalte noch einmal ganz neu überlegt werden.

**Die Perspektive der Schülerinnen und Schüler** soll als Ausblick ebenfalls noch berücksichtigt werden. Im Rahmen einer Interview-Studie von Oomen-Welke und Bremerich-Vos nach ihren Interessen im Bereich Sprache befragt, nannten die Jugendlichen Themengebiete wie Geheimsprachen, Sprachen vergleichen, Dialekte untersuchen.

» „Als Ergebnis lässt sich festhalten, dass die großen Fragen der Sprachlichkeit für Jugendliche sehr interessant sind. Terminologie und Operationen sind es offenbar weniger. Zu einem Teil bestimmt die Schriftlichkeit das Konzept von Sprache (‚Ein Wort besteht aus Buchstaben.'). Semantische und lautliche Aspekte sind bedeutsam, formale kaum." (Oomen-Welke/Bremerich-Vos 2016: 224)

In einer weiteren eigenen nicht-repräsentativen Stichprobe befragten wir Kinder einer vierten Klasse, was sie an Sprache interessieren würde. Die folgende Antwort ist nur exemplarisch, spiegelt aber die am häufigsten genannten Aspekte wider, die im Wesentlichen auch mit der Erhebung von Oomen-Welke und Bremerich-Vos übereinstimmen:

▶ **Beispiel**

*Wenn ich Sprache untersuchen würde, würde ich untersuchen:*
*Wie Babys sprechen lernen,*
*Warum man ...,*
*Andere Sprachen.*

Mädchen, Klasse 4 (eigenes Datum) ◀

In jedem Fall sollte die obige Zusammenstellung als Plädoyer dafür gelesen werden, dass Wissen über Sprache und das Lernziel Grammatik weit mehr sind als das, was bisher üblicherweise im Deutschunterricht vorkommt. Bislang bleiben viele Chancen und Lerngelegenheiten, die sich rund um Sprache und Grammatik bieten, ungenutzt.

**Homo grammaticus** Mit dieser Zusammenstellung von möglichen Lernbereichen sollen in dieser Einführung drei Schwerpunkte gesetzt werden: Spracherwerb, Sprachbewusstheit und Mehrsprachigkeit. Den Spracherwerb eingehender zu thematisieren gebietet der Lernbereich des sprachlichen Könnens. Nur wenn auch Erwerbswege und

Erwerbsmechanismen, die zum „homo grammaticus" führen, angemessen berücksichtigt werden, kann diesem Lernbereich Rechnung getragen werden. Hinzu kommt, dass Lernziele und Lerngegenstände auch noch kaum mit der kognitiven Entwicklung des Kindes abgeglichen worden sind. Es soll also die sprachliche und kognitive Entwicklung des Kindes in Bezug gesetzt werden zu grammatikdidaktischen Fragen. Weiterhin gilt, dass sowohl sprachliches Können als auch sprachliches Wissen in der heutigen multilingualen und kulturellen Gesellschaft unter dem Gesichtspunkt Mehrsprachigkeit aufgegriffen werden müssen. Sprachbewusstheit schließlich kommt die Rolle eines Schlüsselbegriffs in der Diskussion um Sprachunterricht zu. Bewusstwerdungsprozesse anzustoßen ist nicht zu Unrecht eines der wichtigsten Erziehungsziele überhaupt.

In den nachfolgenden Kapiteln werden wir zwar auch explizit auf Grammatikunterricht verweisen, folgen aber gemäß den obigen Ausführungen dem Konzept des **„Grammatischen Lernens"** (vgl. Feilke/Tophinke 2016), das nicht nur den Spracherwerbsaspekt stark macht, sondern auch als sowohl explizites als auch implizites Lernen umfassend gesehen werden kann.

## Literatur

Bausteine Sprachbuch 3 (2015) = Acker, Katharina/Bauch, Björn/Dirzus, Ulrike/Greven, Matthias/Hinze, Gabriele/Isack, Alexandra/Schmidt, Hans-Peter (2015): *Bausteine. Sprachbuch 3*. Braunschweig: Westermann.

Bauer, Winifried (1998): Some languages have no grammar. In: Laurie Bauer/Peter Trudgill (Hg.): *Language Myths*. London: Penguin, S. 77–84.

Becker, Tabea/Otten, Tina (2020): Explizierbarkeit und Verbalisierbarkeit sprachlichen Wissens von Schülerinnen und Schülern der Sekundarstufen I und II. In: Ann Peyer/Benjamin Uhl (Hg.): *Sprachreflexion – Handlungsfelder und Erwerbskontexte*. Berlin: Peter Lang, S. 57–83.

Bien-Miller, Lena (2016): Grammatikunterricht als Sprachbetrachtung. In: *Grundschule Deutsch* 51, S. 4–7.

Bittner, Andreas (2013): Grammatischer Wandel – (Wandel) in der Grammatikdidaktik und im Grammatikunterricht? In: Klaus-Michael Köpcke/Arne Ziegler (Hg.): *Schulgrammatik und Sprachunterricht im Wandel*. Berlin: De Gruyter, S. 83–100.

Boettcher, Wolfgang (1994): Grammatiksozialisation in Schule, Hochschule und Referendarausbildung. In: *Beiträge zur Lehrerbildung* 12(2), S. 170–186.

Boettcher, Wolfgang/Sitta, Horst (1978): Der andere Grammatikunterricht. München: Urban & Schwarzenberg.

Bourdieu, Pierre (2017): *Sprache. Schriften zur Kultursoziologie I*. Berlin: Suhrkamp.

Braun, Christian (2013): Zur Konzeptualisierung des Grammatikbegriffs. Ein diachroner Zugang. In: Klaus-Michael Köpcke/Arne Ziegler (Hg.): *Schulgrammatik und Sprachunterricht im Wandel*. Berlin: De Gruyter, S. 17–34.

Bredel, Ursula (2013): *Sprachbetrachtung und Grammatikunterricht*. Paderborn: UTB.

Bredel, Ursula (2021): Grammatikunterricht ohne Grammatik – Fehlkonstruktionen der Schulgrammatik am Beispiel der Satzgliedbestimmung und die Folgen für die Lehrerbildung. In: Sandra Döring/Daniela Elsner (Hg.): *Grammatik für die Schule*. Hamburg: Buske, S. 71–84.

BS-Sek-I (2022) = *Bildungsstandards für das Fach Deutsch Erster Schulabschluss (ESA) und Mittlerer Schulabschluss (MSA)* (Beschluss der Kultusministerkonferenz vom 15.10.2004, i.d.F. vom 23.06.2022). Sekretariat der Ständigen Konferenz der Kultusminister der Länder in der Bundesrepublik Deutschland. Berlin/Bonn. https://www.kmk.org/fileadmin/Dateien/veroeffentlichungen_beschluesse/2022/2022_06_23-Bista-ESA-MSA-Deutsch.pdf (Zugriff: 24.12.2023)

Bußmann, Hadumod (2002): *Lexikon der Sprachwissenschaft*. Stuttgart: Kröner.

Crystal, David ([3]2004): *Rediscover Grammar*. Harlow: Pearson.

Diehl, Erika et al. (2000): *Grammatikunterricht: Alles für die Katz? Untersuchungen zum Zweitsprachenerwerb Deutsch.* Tübingen: Niemeyer.

Duden-Zweifelsfälle (2021) = Hennig, Mathilde (Hg.) (2021): Sprachliche Zweifelsfälle. Wörterbuch für richtiges und gutes Deutsch. 9., überarb. und erw. Aufl. Berlin: Dudenverlag.

Deutsch kompetent 5 = Henninger, Heike (Hg.) (2012): *Deutsch kompetent 5.* Stuttgart: Klett.

Deutsch kompetent 5 = Henninger, Heike (Hg.) (2019): *Deutsch kompetent 5.* Stuttgart: Klett.

Eggs, Frederike (2006): *Die Grammatik von als und wie.* Tübingen: Narr.

Eisenberg, Peter (2013): Schulgrammatik – Sprache für Schüler, Sprachwissen für Lehrer. In: Klaus-Michael Köpcke/Arne Ziegler (Hg.): *Schulgrammatik und Sprachunterricht im Wandel.* Berlin: De Gruyter, S. 7–16.

Eisenberg, Peter (2020): *Grundriss der deutschen Grammatik. Das Wort.* Unter Mitarbeit von Nanna Fuhrhop. 5., aktual. und überarb. Aufl. Berlin: J.B. Metzler.

Eisenberg, Peter/Menzel, Wolfgang (1995): Grammatik-Werkstatt. Basisartikel Praxis Deutsch 129, S. 14–23.

Engel, Barbara M. (2017): *Flexionsklassenschwankungen starker und schwacher Verben unter Berücksichtigung der Entwicklung der Präfixverben.* Berlin: Wissenschaftlicher Verlag.

Feilke, Helmuth/Tophinke, Doris (2016): Grammatisches Lernen. In: *Praxis Deutsch,* 256, S. 4–11.

Gallmann, Peter (2021): Die Sinnfrage: Warum Grammatikunterricht? In: Sandra Döring/Daniela Elsner (Hg.): *Grammatik für die Schule.* Hamburg: Buske, S. 51–64.

Gornik, Hildegard (Hg.) (2014): *Sprachreflexion und Grammatikunterricht.* Baltmannsweiler: Schneider Verlag Hohengehren.

Gornik, Hildegard (2016): Grammatische Kenntnisse beobachten. In: *Grundschule Deutsch,* 51, S. 8–11.

Granzow-Emden, Matthias (2006): Wer oder was erschlägt man besser nicht mit einer Klappe? Kasus und Satzglieder im Deutschunterricht. In: Tabea Becker/Corinna Peschel (Hg.): *Gesteuerter und Ungesteuerter Grammatikunterricht.* Baltmannsweiler: Schneider Verlag Hohengehren, S. 87–104.

Granzow-Emden, Matthias (2019): *Deutsche Grammatik verstehen und unterrichten.* 3., überarb. und erw. Aufl. Tübingen: Narr Francke Attempto.

Habermann, Mechthild (2010): Was ist eigentlich „Grammatik"? Eine Einführung. In: Mechthild Habermann (Hg.): *Grammatik wozu? Vom Nutzen des Grammatikwissens in Alltag und Schule.* Mannheim: Dudenverlag, S. 9–14.

Habermann, Mechthild (2013): Von der Schule zur Universität. Zum Funktionswandel von Grammatik im BA-Studium. In: Klaus-Michael Köpcke/Arne Ziegler (Hg.): *Schulgrammatik* und Sprachunterricht im Wandel. Berlin: De Gruyter, S. 35–60.

Helbig, Gerhard (1981): *Sprachwissenschaft – Konfrontation – Fremdsprachenunterricht.* Leipzig: VEB VEL.

Heller, Vivien/Morek, Miriam (2012): Bildungssprache – Kommunikative, epistemische, soziale und interaktive Aspekte ihres Gebrauchs. In: *Zeitschrift für angewandte Linguistik* 57, S. 67–101.

Hlebec, Hrvoje (2014): Wie viel Sprachbetrachtung steckt im Sprachbuch? Eine Analyse von Aufgabenstellungen zur Einführung der Wortart Verb in Sprachbüchern für die Grundschule. In: Ursula Bredel/Claudia Schmellentin (Hg.): *Welche Grammatik braucht der Grammatikunterricht?* Baltmannsweiler: Schneider Verlag Hohengehren, S. 161–182.

Hochstadt, Christiane (2015): *Mimetisches Lernen im Grammatikunterricht.* Baltmannsweiler: Schneider Verlag Hohengehren.

Ingendahl, Werner (1999): *Sprachreflexion statt Grammatik. Ein didaktisches Konzept für alle Schulstufen.* Tübingen: Niemeyer.

Ivo, Hubert (1975): *Handlungsfeld: Deutschunterricht – Argumente und Fragen einer praxisorientierten Wissenschaft.* Frankfurt/M.: Fischer.

Jäger, Agnes/Böhnert, Katharina (2018): *Sprachgeschichte.* Tübingen: Narr Francke Attempto.

Kilian, Jörg (2013): Kritische Grammatik, sprachliches Lernen und sprachliche Bildung. In: Klaus-Michael Köpcke/Arne Ziegler (Hg.): *Schulgrammatik und Sprachunterricht im Wandel.* Berlin: De Gruyter, S. 61–82.

Klotz, Peter (1996): *Grammatische Wege zur Textgestaltungskompetenz: Theorie und Empirie* (Reihe Germanistische Linguistik; 171). Tübingen: Niemeyer.

Köpcke, Klaus-Michael/Ziegler, Arne (2013): *Schulgrammatik und Sprachunterricht im Wandel.* Berlin: De Gruyter.

## Literatur

Krafft, Andreas (2014): *Die Entwicklung metasprachlicher Fähigkeiten bei Kindern mit ein- und mehrsprachigem Hintergrund*. Baltmannsweiler: Schneider Verlag Hohengehren.

Landgraf, Thomas (2020): *Sprachbetrachtung im Literaturunterricht? Integration von sprachlichem und literarischem Lernen in der Sekundarstufe II*. Münster: Waxmann.

Langacker, Ronald W. (1991): *Foundations of Cognitive Grammar*. Redwood City: Stanford University Press.

Lütke, Beate (2014): Sprache und Sprachgebrauch untersuchen in der Sekundarstufe I. In: Michael Kämper-van den Boogaart (Hg.): *Deutschdidaktik. Leitfaden für die Sekundarstufe I und II*. Berlin: Cornelsen Scriptor, S. 202–234.

Myhill, Debra (2018): Grammar as a meaning making resource for improving writing. L1-Educational Studies in Language and Literature, 18, S. 1–21. https://doi.org/10.17239/L1ESLL-2018.18.04.04

Netzband, Fabiana C. (2016): Zwischen implizitem Wissen und Schulgrammatik. In: *Grundschule Deutsch* 51, S. 12–14.

Ocheduska-Aden, Sonja (2018): Sprachliches Wissen und Textqualitäten. Eine empirische Untersuchung zum Einfluss von *funktionalem Grammatikunterricht zu Konnektoren auf die Qualität argumentativer Texte und das Konnektorenwissen von Schülerinnen und Schülern*. Hildesheim: Georg-Olms-Verlag.

Oomen-Welke, Ingelore (2010): Der *Sprachenfächer. Materialien für den interkulturellen Deutschunterricht in der Sekundarstufe I*. Berlin: Cornelsen.

Oomen-Welke, Ingelore/Bremerich-Vos, Albert (2016): Sprache und Sprachgebrauch untersuchen. In: Ulrike Behrens et al. (Hg.): *Bildungsstandards Deutsch: konkret*. Berlin: Cornelsen, S. 215–246.

Ossner, Jakob (1993): Wege zur Grammatik. Ein weiterer Versuch zu der Frage: „Wieviel Grammatik braucht der Mensch?". In: Csaba Földes (Hg.): *Germanistik und Deutschlehrerausbildung*. Wien: Praesens, S. 323–339.

Ossner, Jakob (2007): Grammatik in Schulbüchern. In: Klaus-Michael Köpcke/Arne Ziegler (Hg.): *Grammatik in der Universität und für die Schule. Theorie, Empirie und Modellbildung*. Tübingen: Niemeyer, S. 161–184.

Ossner, Jakob (2012): Grammatische Terminologie in der Schule: Einladung zur Diskussion. In: *Mitteilungen des Deutschen Germanistenverbandes* 1, S. 74–90.

Otten, Tina (2021): *„So hört sich der Satzbau besser an". Eine Untersuchung metasprachlichen Wissens von Schüler/innen verschiedener Schulformen und -stufen*. Hannover: Gottfried Wilhelm Leibniz Universität.

Peschel, Corinna (2011): Die Rolle der Grammatik im Curriculum des Deutschunterrichts in der Sekundarstufe I. In: *OBST* 79, S. 79–92.

Peyer, Ann (2020): Grammatikunterricht und Schreiberfolg? Beziehungsstatus: Es ist kompliziert. In: *Der Deutschunterricht* 2, S. 25–34.

Philipp, Maik (2012): Wirksame Schreibförderung – metaanalytische Befunde im Überblick. In: *Didaktik Deutsch* 17(33), S. 59–73.

Rohlfing, Katharina J. (2019): *Frühe Sprachentwicklung*. Tübingen: Narr Francke Attempto.

Rothstein, Björn (2019): Sechs Thesen zur Grammatikdidaktik Deutsch. In: Jan Standke/Elvira Topalović (Hg.): *Deutschdidaktik 2000–2018. Debatten – Entwicklungen – Perspektiven. Mitteilungen des Deutschen Germanistenverbandes* 1, S. 35–41.

Schäfer, Roland/Sayatz, Ulrike (2017): Wie viel Grammatik braucht das Germanistikstudium? In: Zeitschrift für germanistische Linguistik 42(2), S. 221–255.

Scheuerl, Hans (Hg.) (1992): *Lust an der Erkenntnis: Die Pädagogik der Moderne*. München: Piper.

Szagun, Gisela ($^6$2013): *Sprachentwicklung beim Kind*. Beltz.

Tomasello, Michael (2005): *Constructing a language: A Usage-Based Theory of Language Acquisition*. Cambridge: Harvard University Press.

Topalović, Elvira/Elspaß, Stephan (2008): Die deutsche Sprache – ein Irrgarten? Ein linguistischer Wegweiser durch die Zwiebelfisch-Kolumnen. In: Markus Denkler/Susanne Günthner/Wolfgang Imo/Jürgen Macha/Dorothee Meer/Benjamin Stoltenburg/Elvira Topalović (Hg.): *Frischwärts und unkaputtbar. Sprachverfall oder Sprachwandel im Deutschen*. Münster: Aschendorff, S. 37–57.

Unterholzner, Franz/Müller, Hans-Georg (2023): Metakognition als Brücke zwischen sprachlichem Wissen und Können. In: *Didaktik Deutsch* 55, S. 20–38.

Ziem, Alexander/Lasch, Alexander (2013): *Konstruktionsgrammatik. Konzepte und Grundlagen gebrauchsbasierter Ansätze*. Berlin/Boston: De Gruyter.

# Grammatik in Form und Funktion

**Inhaltsverzeichnis**

3.1 Was bedeutet Formorientierung? – 36

3.2 Was bedeutet Funktionsorientierung? – 40

3.3 Formen und Funktionen im Zusammenspiel – 47

3.4 Formen, Funktionen und sprachliche Richtigkeit – 51

3.5 Formen und Funktionen in der Sprachvermittlung – 53

3.6 Formen und Funktionen im Sprachvergleich – 55

Literatur – 59

Im folgenden Kapitel werden zwei zentrale Perspektiven skizziert, die zuweilen als Gegensatzpaar aufgefasst werden: Im Fokus der grammatischen Betrachtung stehen entweder eher sprachliche Formen oder eher Funktionen, die diese Formen in verschiedenen Kontexten einnehmen können. Wir werden form- und funktionsbezogene Perspektiven zunächst getrennt voneinander betrachten. Die besprochenen Beispiele zeigen allerdings – so viel vorab – zweierlei:

1. Es gibt weder *die* formale noch *die* funktionale Sichtweise. Was unter Form oder Funktion in verschiedenen Kontexten verstanden wird, ist auch vom **theoretischen Blick** auf Grammatik und vom **konkreten Beschreibungsinteresse** abhängig – z. B. bezüglich der Rolle von Grammatik in der Schule.
2. Auch wenn sich formale und funktionale Zugänge in ihrem jeweiligen Kern unterscheiden lassen, ergeben sich zwischen diesen beiden Perspektiven Berührungspunkte, die zeigen, dass die eine ohne die andere unvollständig ist. Als problematisch wird in der jüngeren Grammatikdidaktik vor allem eine reine Formorientierung angesehen.

## 3.1 Was bedeutet Formorientierung?

**Grammatik als System formaler Regularitäten** Im ersten Kapitel sind zwei Definitionen von Grammatik als a) „strukturelles Regelsystem" und als b) „systematische Beschreibung der formalen Regularitäten einer natürlichen Sprache" (Bußmann 2002: 260) zitiert worden. Deutlich wird in beiden Definitionen ein primärer Bezug auf die **Form**seite von Sprache, deren systematische Beschreibung als Kern von Grammatik zunächst im Vordergrund zu stehen scheint. Traditionellerweise werden auch in der schulischen Beschäftigung mit Grammatik Formen – vor allem von Wörtern und Sätzen –, ihre korrekte Bildung und ihre Einbettung in sprachliche Ko(n)texte thematisiert. In der Regel konzentrieren sich formbezogene Angaben auf den Bereich der Wortarten und Satzglieder, im Besonderen auf die korrekte Bildung von Flexionsformen. Verstöße in diesen Bereichen gelten in der Schule als klassische Grammatikfehler. Deutlich wird hier eine Fokussierung auf eine bestimmte Varietät des Deutschen, nämlich auf die geschriebene Standardsprache und damit eine durchaus normative Sichtweise auf Sprache.

Wortformen sind im Rahmen des grammatischen Systems bestimmten regelhaften Veränderungen unterworfen, wenn sie in Sätze eingesetzt werden. Die Veränderung von Wörtern nach bestimmten grammatischen Kategorien wird als **Flexion** bezeichnet. Je nach Wortart wird ein Wort nach unterschiedlichen Kategorien flektiert, ein Nomen (auch: Substantiv) etwa nach Genus, Kasus und Numerus.

**Paradigmatische und syntagmatische Perspektive** Die bei einer Wortart systematisch möglichen Formen werden in grammatischen Darstellungen nicht selten als sogenanntes **Flexionsparadigma** abgebildet (s. ◘ Tab. 3.1). Dies ist im untenstehenden Beispiel das nominale Kasussystem. Die Reihenfolge der Kasus bei der Vermittlung folgt mittlerweile häufig der im Bereich Deutsch als Fremdsprache üblichen, auf den Erwerb bezogenen Reihenfolge Nominativ, Akkusativ, Dativ, Genitiv. In der traditionellen Grammatikvermittlung ist die Folge nach wie vor Nominativ, Genitiv, Dativ, Akkusativ.

## Tab. 3.1 Beispiel für ein Flexionsparadigma

**der Baum**

| Kasus | Singular | Plural |
|---|---|---|
| Nominativ | [der] Baum | [die] Bäume |
| Akkusativ | [den] Baum | [die] Bäume |
| Dativ | [dem] Baum/Baume | [den] Bäumen |
| Genitiv | [des] Baums/Baumes | [der] Bäume |

In einer solchen **paradigmatischen** Betrachtungsweise werden die sprachlichen Formen daraufhin befragt, welche von ihnen in einem bestimmten Satzkontext ausgewählt werden muss; im obigen Fall also z. B., welcher Kasus in einen bestimmten Satzkontext passt. Fragt man danach, wie Formen gemeinsam in einer bestimmten linearen oder chronologischen Reihenfolge in einem Satz bzw. einer Äußerung stehen können – wie also z. B. die Reihenfolge von „der Baum" und „blüht" sein könnte – folgt man einer **syntagmatischen** Betrachtungsweise. Es wird deutlich, dass die Betrachtung von Formen in einem solchen Rahmen auch heißt, sie zu klassifizieren und ihnen Kategorien und einen Platz im grammatischen System zuzuweisen. Formen sind in diesem Sinne also immer Träger grammatischer, paradigmatischer wie syntagmatischer Merkmale.

**Flexionsparadigmen** werden im schulischen Sprachunterricht häufig eingesetzt. Der Tenor formaler Grammatikbetrachtung ist – gerade in schulischen Kontexten – oft eher präskriptiv, also *vorschreibend*: Es geht darum, die richtigen Formen in der passenden Kombination zu zeigen. Dafür werden im Sprachunterricht Regeln vermittelt, die einen **standardsprachlich korrekten Sprachgebrauch** sichern sollen. Eine solche formal-normative Vorstellung scheint bei vielen Akteur/innen in schulischen bzw. akademischen Kontexten vorherrschend zu sein. In Befragungen hat sich gezeigt, dass beispielsweise Studierende oder Lehrende des Faches Deutsch oder einer Fremdsprachenphilologie, wenn sie nach ihrer Vorstellung von Grammatik befragt werden, zunächst vor allem an Formenbildung und Formeninventare denken. Diesen Fokus auf korrekte Formen, wenn nach der Aufgabe von Grammatik und grammatischem Lernen gefragt wird, zeigt schon die Studie von Ivo/Neuland aus dem Jahr 1991, aber auch die Befragung von Schulze aus dem Jahr 2011.

▶ **Beispiel**

„Grammatik ist für mich der Teil von Sprache, der regelt, was richtige Wortformen und Sätze sind." (Zitat aus einer eigenen Befragung in einem Seminar der Deutschlehrer/innen-Ausbildung) ◄

**Fehler und Normen** Wie in ▶ Kap. 2 dargelegt, ist aber die Frage, ob eine Form richtig oder falsch ist, in Bezug auf eine Norm zu treffen, die in einer Sprechergemeinschaft gilt. Ein Urteil kann also eigentlich nicht ohne Berücksichtigung von Variation und Phänomenen des Sprachwandels gefällt werden. Es ist demnach zu fragen, ob etwa ein standardsprachlicher, konzeptionell schriftlicher oder ein alltagsnaher, konzeptionell mündlicher **Kontext** vorliegt. Studien zeigen allerdings, dass gerade Lehrpersonen stark dazu tendieren, solche Differenzierungen wenig zu berücksichtigen und viele Dinge als Fehler zu markieren, die eher Abweichungen von standardsprachlichen Normen und/oder sprachliche Zweifelsfälle darstellen (vgl. Hennig 2012; Peschel 2009). Dass Lehrpersonen die Umsetzung eines solchen normativen Grammatikverständnisses bewusst oder unbewusst als eine ihrer zentralen Aufgaben ansehen, ist auch daran zu erkennen, dass richtige Formenbildung auch den Bereich darstellt, der etwa in Schülertexten am häufigsten markiert und kommentiert wird (vgl. Oleschko/Schmitz 2016; Sturm 2016; Peschel/Mainzer-Murrenhoff 2019, s. Beispielkasten).

▶ **Beispiel**

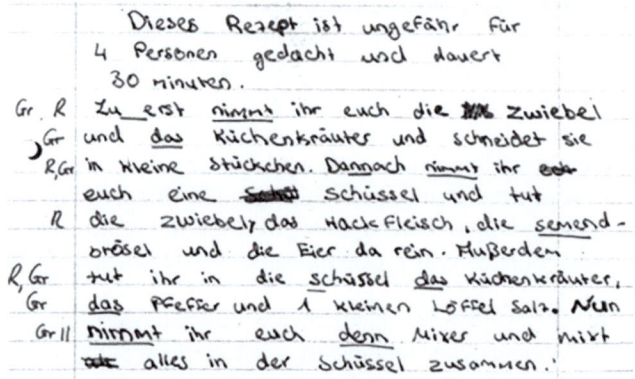

An diesem Beispiel eines korrigierten Schülertextes lässt sich erkennen, dass die Lehrperson vor allem nicht-korrekte grammatische und orthografische Formen markiert hat, aber nichts zum angemessenen Gebrauch sprachlicher Mittel oder zum Aufbau oder Inhalt des Textes angemerkt hat; auch nicht am Ende des Textes. ◂

Bei der schulischen Beschäftigung mit Grammatik geht es oft auch darum, strukturelle Systematiken aufzudecken bzw. zugänglich zu machen. Neben bloßer Korrektheit einer Form ist hier das **Durchschauen von sprachlichen Strukturmustern** zentral. Eine Kernaufgabe der Unterstützung grammatischen Lernens, auch des eher formbezogenen, sollte es demnach sein, Wissen über sprachliche Muster und über die Kombinatorik einzelner Elemente hervorzubringen. Muster betreffen nun sprachliche Formen nicht nur in ihrer paradigmatischen, sondern auch in ihrer syntagmatischen Umgebung (s. o.). Dies bedeutet, dass etwa die kombinatorischen Möglichkeiten einzelner Wörter und Wortgruppen in einem Satz im Fokus stehen.

**Feldermodell (topologisches Modell)** Prinzipiell können Visualisierungen grammatischer Formen hilfreich für das Erkennen und Verinnerlichen grammatischer Strukturen sein und illustrierend eingesetzt werden (s. dazu auch das Themenheft „Grammatische Modelle" der Zeitschrift „Der Deutschunterricht", 3/2023). Wir möchten dies für einen syntagmatischen Zugriff am Beispiel des „topologischen Satzmodells" zeigen (vgl.

## 3.1 · Was bedeutet Formorientierung?

| Vorfeld | LSK | Mittelfeld | RSK | Nachfeld |
|---|---|---|---|---|
| Jeder | hat | es sich | gewünscht. | |
| Jeder | hat | (es) sich | gewünscht, | dass die Hoffenheimer Herbstmeister werden. |
| | Hat | es sich jeder | gewünscht? | |
| Wer | hat | es sich | gewünscht? | |

◘ **Abb. 3.1** Das topologische Modell nach Wöllstein (2014: 24)

Wöllstein 2014; ◘ Abb. 3.1). Das Feldermodell (auch: *Stellungsfeldermodell, topologisches Modell* oder *topologisches Satzmodell* genannt) visualisiert zentrale Merkmale der deutschen Satzstellung, die vor allem von der Klammerstruktur des Verbs bestimmt werden. Fixpunkt in der deutschen Satzstellung, die relativ viele Freiheiten und Variationen erlaubt, ist das Verb.

Die finite Verbform *hat* steht im Aussagesatz in der linken Satzklammer (LSK), der infinite Verbteil *gewünscht* in der rechten Satzklammer (RSK). Beide spannen auf diese Weise weitere Felder für die restlichen Satzteile auf – in der Regel als „Vorfeld", „Mittelfeld" und „Nachfeld" bezeichnet. Im unmarkierten Fall nimmt das Subjekt das Vorfeld ein (siehe in der ◘ Abb. 3.1 die Sätze Z1 und Z2). Fragesätze gehorchen stellenweise anderen Stellungsregularitäten: Bei einer Entscheidungsfrage, die ein Ja oder Nein als Antwort erfordert, bleibt das Vorfeld unbesetzt und der Satz beginnt mit der linken Satzklammer (Z3). Bei einer sogenannten Ergänzungsfrage, einer Frage mit Fragewort, nimmt das Fragewort die erste Stelle des Satzes im Vorfeld ein (Z4).

Eine solche Darstellung enthält zwar auch normative Aspekte, indem sie so etwas wie eine unmarkierte, gängige Reihenfolge im Satz festlegt. Sie bietet aber vor allem Raum zur Beschreibung von **Satzstellungsvarianten**, also von Verberst-/Verbzweit- und Verbendsätzen. So könnte man den Satz Z1 derart umstellen, dass der infinite Verbteil im Vorfeld steht: „Gewünscht hat es sich jeder (aber geglaubt hat es so wirklich niemand)." Es lässt sich erkennen, dass diese Satzstellung nur in bestimmten Kontexten funktioniert und dem Wort *gewünscht* im Vorfeld eine besondere Gewichtung verliehen wird. Der Satz ist damit im Gebrauch eingeschränkter und auffälliger als etwa Z1, ohne dabei ungrammatisch zu sein. Hier zeigt sich, dass die einfache Dichotomie von grammatisch und ungrammatisch bei vielen sprachlichen Erscheinungen zu kurz greift und es aussagekräftiger ist, Grade von Auffälligkeit und Akzeptabilität anzunehmen. In diesem Sinne argumentiert etwa Köpcke (2011). Grammatikalität wie Akzeptabilität sind damit eher auf einer Skala zu betrachten.

In jüngerer Zeit werden topologische Modelle auch zum Sprachvergleich genutzt (s. ▸ Abschn. 3.6), um Gemeinsamkeiten und Unterschiede in den Stellungsregularitäten verschiedener Sprachen zu verdeutlichen (vgl. Hägi/Topalović 2010; Wöllstein/Zepter 2015; Hoffmann 2021).

Bei der Beschäftigung mit grammatischen Formen ist es also u. a. wichtig, musterhafte deutsche Sätze erkennen und bilden zu können. Hier sollte ein Ziel des grammatischen Lernens sein, dass sich die Lernenden die dargelegten Regularitäten durch Visualisierung und Systematisierung einprägen und diese so bei der Sprachrezeption wie -produktion eher zur Verfügung stehen. Wie in ▶ Abschn. 2.1 deutlich gemacht, kann nicht davon ausgegangen werden, dass eine Vermittlung expliziten grammatischen Wissens quasi automatisch zu Können führt. Man kann aber annehmen, dass eine systematische Darstellung sprachlicher Regularitäten helfen kann, die sich im Spracherwerb entwickelnden Muster zu stützen, bewusst zu machen und zu festigen.

Im oben genannten Beispiel wurde deutlich, dass eine Umstellung im Satz auch Unterschiede in der kontextuellen Passung mit sich bringt: Nicht jeder Satz passt gleich gut in seine sprachliche, textuelle Umgebung. Ebenso zeigen sich Konsequenzen für die kommunikative Gewichtung des jeweils Gesagten oder Geschriebenen (vgl. etwa Hoffmann 2021 oder Averintseva-Klisch/Peschel 2014). Durch bestimmte Positionierung erhält ein Satzteil mehr oder weniger Gewicht in einer Äußerung. Auf den ersten Blick rein formale Gesichtspunkte weisen hier also in funktionale Bereiche hinein; eine getrennte Betrachtung von Formen und Funktionen ist damit in vielen Fällen nicht ausreichend bzw. sinnvoll. Es ist zur Klärung dieses Zusammenhangs im nächsten Unterkapitel zu fragen, was das Etikett *funktional* bedeutet.

## 3.2 Was bedeutet Funktionsorientierung?

**Kritik an reiner Formorientierung**   Eine reine Orientierung an Formen ist in der grammatikdidaktischen Diskussion in den letzten Jahrzehnten immer wieder in die Kritik geraten. Besteht grammatisches Wissen nur aus Kenntnissen über richtige Formen und Regeln ihrer korrekten Kombination sowie aus **deklarativem Wissen** über terminologische Kategorien, wird es in der Regel schnell vergessen und kann nur schwer oder lückenhaft reproduziert werden. Dies zeigen zahlreiche Untersuchungen zum grammatischen Wissen von Studierenden oder Lehrenden (zuletzt Schäfer/Sayatz 2017; Topalović/Dünschede 2014; Ivo/Neuland 1991). Untersuchungen in Germanistik-Seminaren haben gezeigt, dass Studierende gerade mit der Angabe und Fassung funktionaler Aspekte grammatischer Erscheinungen große Schwierigkeiten haben und grammatische Fragen in der Regel aus einer formal-normativen Perspektive betrachten (vgl. Peschel 2009, 2012).

Dass zur Formorientierung die Berücksichtigung einer **funktionalen Perspektive** treten müsse, wurde und wird vielfach gefordert (z. B. bereits Köller 1997; Menzel 1999, Hoffmann 2021). Was allerdings unter dem Funktionsbegriff genau verstanden wird, ist durchaus heterogen. Gemeinsam ist den verschiedenen funktionalen Ansätzen, dass sie Grammatik nicht auf ein Inventar von Formen und ihre grammatisch richtige oder falsche Verwendung reduzieren wollen. Erklärtes Ziel ist es, die Rolle von Grammatik bzw. einzelner grammatischer Elemente innerhalb der menschlichen Kommunikation stärker zu berücksichtigen. Zu diesem Zweck müssen auch Funktionen von Formen beschrieben werden.

## 3.2 · Was bedeutet Funktionsorientierung?

**Funktionen in den Bildungsstandards** Eine erste mögliche Antwort auf die Frage, was mit Funktion(en) im schulischen Kontext gemeint sein könnte, geben die Bildungsstandards für das Fach Deutsch, Erster Schulabschluss und Mittlerer Schulabschluss (2022). Im Lernbereich „Sprache und Sprachgebrauch untersuchen" wird ausgeführt, dass die Schüler/innen verschiedene Formen der Kommunikation „unter funktionalen Aspekten" (BS-Sek-I (2022), S. 36) untersuchen sollen. Grammatische Fachbegriffe sollen stets „im funktionalen Zusammenhang" genutzt werden, sprachliche Formen immer im Zusammenhang mit ihren Funktionen und ihrer Leistung bei der „Konstitution von Texten und Gesprächen" beschrieben werden (ebd., S. 37). Eine funktionale Perspektive betrifft demnach u. a. die kommunikative „Leistung" grammatischer Erscheinungen und z. B. ihren Einsatz etwa bei der Textproduktion.

**Sprachimmanent und sprachfunktional** Wir wollen versuchen, uns den verschiedenen Varianten dessen, was funktional in Bezug auf Grammatik und grammatisches Lernen bedeuten kann, zunächst über eine Unterscheidung zu nähern, die Peter Eisenberg getroffen hat. Innerhalb einer funktionalen Betrachtungsweise unterscheidet er **„sprachimmanente"** von **„sprachfunktionalen"** Aspekten (Eisenberg 2020: 7). Erstere beziehen sich vor allem auf das Funktionieren von **Sprache als System**, man könnte auch sagen: auf das Zusammenspiel verschiedener sprachlicher Einheiten unterschiedlicher Ebenen und Größen im Dienste eines von den Sprechern geteilten Gesamtsystems. So spielen etwa in der Wortgruppe „den alten Bäumen" Nomen, Artikel und Adjektiv formal zusammen – hier über die Kategorien Kasus und Numerus, der allen dreien gemeinsam ist, nämlich der Dativ Plural. Sprachimmanente Aspekte von Funktion beziehen sich also auf die – auch formale – Einpassung in die umgebende Äußerung bzw. den umgebenden Text und signalisieren Zusammenhänge.

Eine solche Sichtweise von Funktion ist zumindest zu analytischen Zwecken von der zweiten, der **„sprachfunktionalen"** (ebd.), zu unterscheiden. Sie bezieht sich auf **Sprache in kommunikativen Verwendungszusammenhängen**. Unter dieser Perspektive würde man etwa betrachten, inwiefern mit bestimmten sprachlichen Mitteln sprachliche Handlungen wie etwa das Äußern einer Bitte vollzogen werden, inwiefern eine Äußerung einen Bezug zur Zeitlichkeit erkennen lässt (vgl. Köller 1997; Topalović 2015), wie Informationen in Äußerungen gewichtet werden, auf welche außersprachlichen Sachverhalte sich Äußerungen beziehen etc. Es geht also um Aspekte, die über eine innersprachliche Betrachtung des Funktionierens von Sprache als System hinausgehen.

**Beispiel Konnektoren** Diese beiden verschiedenen Aspekte von Funktionalität kann man beispielhaft an Konnektoren (z. B. Konjunktionen, Subjunktionen und Adverbien) deutlich machen, da diese sprachimmanente wie sprachfunktionale Aspekte erkennbar in sich vereinen. Sie haben einerseits die auf die interne Organisation des Sprachsystems bezogene Funktion der Verbindung von Sätzen und Satzteilen. In Lehrwerken wird die sprachimmanente Funktion in der Regel betont und gleichzeitig auf die Einheit des komplexen Satzes begrenzt. In Texten lässt sich allerdings schnell erkennen, dass Konnektoren eine verbindende und gliedernde Funktion auch für ganze Teiltexte übernehmen können. So kann beispielsweise die Konjunktion *aber* Sätze verbinden oder auch einen kompletten neuen Teiltext einleiten. Derartige textstiftende funktionale

Aspekte geraten leider immer noch selten in den schulgrammatischen Blick. Die einzelnen Konnektoren werden dann kontrastierend an meist isolierten Satzpaaren geübt.

Über die sprachimmanenten Aspekte von Funktion hinaus sind die meisten Konnektoren auch sprachfunktional gut beschreibbar. So indizieren sie in der Regel eine bestimmte inhaltliche bzw. semantische Relation zwischen den durch sie verbundenen Satz- oder Textteilen. Eine kausale Subjunktion wie *weil* wird zur Angabe einer Begründung eingesetzt, eine adversative wie *aber* zur Angabe eines Gegengrundes etc. Auch diese Funktion geht unter Umständen wiederum deutlich über den unmittelbaren Satzkontext hinaus und kann Relationierungen innerhalb des umgebenden Textes betreffen. So können beispielsweise ganze Textpassagen als Begründungen für folgende Textteile ausgewiesen werden.

▶ **Beispiel: Konnektoren in einem Schülertext**

*Beurteile die Verhaltensweise des Mannes gegenüber dem Jungen*

》 „Ich finde das Verhalten des Mannes gegenüber dem Jungen sehr böse. Denn[a] als er den Jungen weinen sieht, tut er zuerst so, als wolle er ihm helfen. Er geht zu dem Jungen hin, redet mit ihm und streichelt ihn sogar. Der Mann ist sehr hinterhältig, weil[b] er sich das Vertrauen des Jungen durch sein Verhalten erschleichen will. Als er sich das Vertrauen des Jungen erschlichen hat, fragt er ihn, ob er denn nicht lauter schreien könne. Dies tut er, weil[c] er sicher sein will, das ihm nichts passieren wird, wenn er dem Jungen auch den Rest seines Geldes klauen wird. Als er ..."

Im vorliegenden Textausschnitt eines Neuntklässlers kann man gut verschiedene Funktionen der gewählten Konnektoren erkennen. Sie verbinden Sätze – und zwar Haupt- und Nebensatz (b, c) oder zwei Hauptsätze (a), sie signalisieren aber ebenfalls das Folgen etwa einer Begründung (bei den kausalen Konnektoren *weil* und *denn* (c)). Außerdem signalisieren sie, welche sprachliche Handlung der Schüler gerade vornimmt: ob er zum Beispiel die Verhaltensweise der Figur in der gelesenen Geschichte beurteilt oder eine Begründung für sein Urteil anführt (a, b). Damit reicht die sprachimmanente wie sprachfunktionale Funktion über die Satzgrenze hinaus auf die Ebene der Teiltexte. ◀

Die genannten Differenzierungen bieten gute unterrichtspraktische Ansatzpunkte für eine angemessene Behandlung von Form-Funktions-Relationen. Eine zu starke Fokussierung auf eine sprachimmanente und in der Regel dort auch noch lediglich satzbezogene Betrachtungsweise, wie sie in Lehrwerken typisch ist, erscheint vor diesem Hintergrund als eine grob verkürzende Berücksichtigung funktionaler Aspekte grammatischer Mittel.

Die dargestellte Differenzierung sprachimmanenter und sprachfunktionaler Aspekte von Funktion hilft bei einer ersten Sortierung. Allerdings zeigen bereits die wenigen Beispiele, dass hier noch stärker differenziert werden kann und muss, besonders im Bereich der sprachfunktionalen Aspekte. Wir wollen im Folgenden einige weitere Differenzierungen darstellen, die die grammatikdidaktische Diskussion stark beeinflusst haben. Die ausgewählten Bedeutungen von Funktion tragen jeweils einen entscheidenden Teil dazu bei zu verdeutlichen, welche Rolle grammatische Formen in kognitiven und kommunikativen Verwendungszusammenhängen spielen können.

## 3.2 · Was bedeutet Funktionsorientierung?

**Verschiedene Bedeutungen von *funktional*** Im zweiten Kapitel war davon die Rede, dass es keine Sprache ohne Grammatik gibt. Man kann dieses Gedankenexperiment jetzt dahingehend fortsetzen, dass man sich überlegt, was in einer Sprache ohne Grammatik alles nicht möglich wäre: Das in ▶ Kap. 2 genannte Beispiel „Hund Ball Spiel Mann Garten" zeigt, dass man ohne Funktionswörter und Flexionsendungen in einem deutschen Satz nicht weiß, wer handelt oder mit wem etwas geschieht. Andere Sprachen können dies auch durch andere grammatische Mittel ausdrücken, etwa durch Intonation oder Satzstellung. Grammatik hat also die Aufgabe der sprachlichen Organisation von Äußerungen und der Markierung satzinterner Beziehungen. Zur Entschlüsselung des oben genannten Satzes müsste man – traditioneller grammatischer Terminologie folgend – beispielsweise wissen, was als Subjekt fungiert. Man spricht hier von **syntaktischer** oder **grammatischer Funktion** (z. B. Lehmann, o. J.). Das Etikett funktional kann sich also auf die Aufgabe sprachlicher Einheiten bei der Rollenzuweisung in Sätzen beziehen.

Genauso kann aber auch die Bedeutung des Geäußerten im Fokus stehen. Sprecher können sich mit Sprache auf Entitäten in der außersprachlichen Welt beziehen, auf Gegenstände, Sachverhalte, Eigenschaften und Vorgänge Bezug nehmen – um beim obigen Beispiel zu bleiben: etwa auf mit Hunden Ball spielende Männer. Eine solche Funktion wird in Anlehnung an den russischen Linguisten Roman Jakobson (1960) in der Regel als **referentielle Funktion** (siehe auch Lehmann, o. J.) von Sprache bezeichnet.

In Erweiterung des obigen Gedankenexperiments könnte man ohne Grammatik auch schwerlich um etwas bitten, etwas erzählen, jemanden höflich oder auch weniger höflich begrüßen etc. In mündlicher Face-to-Face-Kommunikation sorgt die Kontextgebundenheit der Kommunikation teilweise dafür, dass Äußerungen auch verstanden werden, wenn sie grammatische Fehler, unvollständige Strukturen oder überhaupt nur sehr wenige sprachliche Mittel enthalten. Hier können der gemeinsame Verweisraum der Kommunikationsteilnehmer/innen, ihre eventuelle Vertrautheit und die Möglichkeit der Hinzunahme anderer Modi des Kommunizierens (wie Gestik und Mimik) helfen. Grammatische Strukturen dienen allerdings auch hier der Vereindeutigung. In schriftlicher Kommunikation sind nuancierte sprachliche, eben auch grammatische Mittel unabdingbar. Funktional heißt also ebenso, dass Grammatik zur Realisierung sprachlicher Handlungen in der Kommunikation notwendig ist. Dementsprechend kann man hier von einer **kommunikativen Funktion** sprechen (vgl. etwa Feilke/Jost 2015).

Sprachliches Handeln in seinen verschiedenen Facetten wäre nun schwer möglich ohne geteiltes Wissen darüber, welche sprachlichen Mittel in einer Sprache zur Verfügung stehen und wie man sie in unterschiedlichen Kontexten so verwenden kann, dass kommunikative Ziele oder Zwecke erreicht werden. Das Beschreiben einer solchen Systematik ist nach handlungstheoretischer Sichtweise Aufgabe der Grammatik.

> „Sprache ist das Medium der Verständigung zwischen Menschen. Die Verständigung beruht auf der Funktionalität sprachlicher Formen, die in der Grammatik beschrieben werden. Nur insofern wir uns in diesen Formen bewegen können, können wir uns sprachlich verständigen." (Hoffmann 2021: 25)

Grammatik in diesem Sinne kann also als **System sprachlichen Handelns** verstanden werden. Man braucht es, um verstehbare Äußerungen zu produzieren, um anderen et-

> **Zur Vertiefung**
>
> **Das Organon-Modell**
> Viele funktionale und pragmatisch ausgerichtete Grammatiktheorien berufen sich für einen **handlungsorientierten Funktionsbegriff** auf den Psychologen und Sprachtheoretiker Karl Bühler, der Sprechen als Handeln begreift und den Werkzeugcharakter von Sprache betont. Dem sprachlichen Zeichen weist Bühler (1934: 55 f.) in der Kommunikation drei generelle Funktionen zu: die der Darstellung von Gegenständen und Sachverhalten (vgl. oben die referentielle Funktion bei Jakobson), die des Ausdrucks der Innerlichkeit des Sprechers und die des Appells, der auf die Steuerung des Verhaltens des Rezipienten zielt. Die drei Funktionen hat Bühler im „Organon-Modell" (1934: 56) wie folgt verortet:
>
>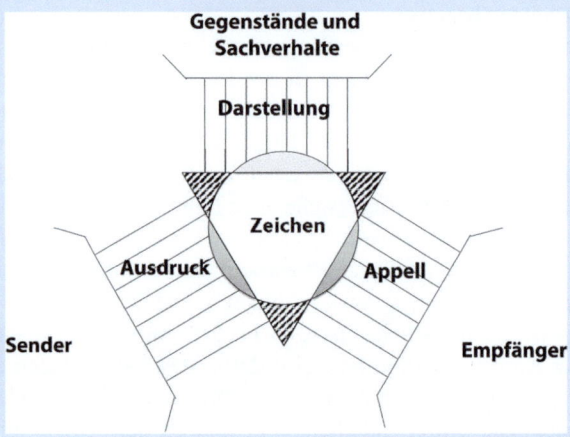

was zu erzählen, sie zu informieren oder sie um etwas zu bitten etc. Betrachtet man diese beispielhaften sprachlichen Handlungen, so wird auch deutlich, dass die Reichweite von Grammatik nicht nur einzelne Wörter und Sätze betrifft, wie es in der Schulgrammatik oft den Anschein erweckt. Als Beispiel für eine handlungsorientierte funktionale Sichtweise auf grammatische Erscheinungen mag die folgende Definition des Nomens dienen:

> „Das Nomen ... spielt die zentrale Rolle für den Bezug auf Redegegenstände (Personen, Dinge, abstrakte Objekte). Dieser Bezug wird über die Charakterisierungsleistung hergestellt. Das, worauf man sich beziehen möchte, wird als Element einer Art, Gattung, Klasse benannt oder als Individuum mit einem Namen versehen, den man immer wieder nutzen kann. Schließlich kann man sich mit einem Nomen auf eine Substanz, einen puren Stoff (bzw. ein Quantum davon) beziehen." (Hoffmann 2021: 128)

**Kommunikative Zwecke** Der Bezug der Nomina zu den Gegenständen wird durch das sprachliche Handeln etabliert; die Formen sind durch ihre kommunikativen Zwecke bestimmt. Kommunikation funktioniert dementsprechend über geteiltes Wissen der

Sprachteilnehmer/innen über Formen und ihre Funktionen. Betrachtet man die obenstehende Nomen-Definition, erkennt man, dass die in Schulen verbreitete semantische Definition der Wortart Nomen wie z. B. „Nomen bezeichnen Lebewesen, Dinge, Sachverhalte ..." durchaus einen funktionalen Zugang zur Wortart sucht, allerdings in reduzierter Form, so dass die Definition oft zu kurz greift und zu Missverständnissen führen kann (vgl. dazu Bremerich-Vos 1999).

Köller (1997) betont in seiner Variante eines auch handlungstheoretisch fundierten Funktionsbegriffs das instruktive/auffordernde Potential sprachlicher Zeichen. In diesem Sinne sieht auch Köller die Sprache als „Werkzeug" an (1997: 30).

» „Jedes sprachliche Zeichen wird als eine Anweisung des Sprechers an den Hörer verstanden, sich auf eine bestimmte Weise zu verhalten." (Köller 1997: 15).

**Kognitive Funktion** Neben dieser „organisierenden bzw. instruktiven" (ebd.) weist Köller den sprachlichen Zeichen eine **„kognitive Funktion"** zu. Er sieht Sprache als Verfahren, mit dem gedankliche Operationen vorgenommen werden. Sprachliche Zeichen können nach Köller „als konstitutive Mittel angesehen werden [...], um Vorstellungsinhalte zu objektivieren und zu vermitteln" (Köller 1997: 32). Sie sind also sprachlich gefasste Zugriffsweisen auf die Wirklichkeit.

Auch Feilke/Jost (2015: 239) betonen die kognitive Funktion von Sprache, Lehmann (o. J.) spricht von ihrer „epistemischen Funktion". Sprache muss systematische Möglichkeiten bieten, mentalen Konzepten wie etwa Temporalität oder Modalität Ausdruck zu verleihen. Hier steht im Fokus, dass Sprache mentale Zugriffsweisen auf die Wirklichkeit zur Verfügung stellt, weniger, dass man mit ihr direkt Bezug auf außersprachliche Sachverhalte nimmt, wie es der Kern der oben genannten referentiellen Funktion ist.

Aufgabe der Grammatikvermittlung wäre nach dieser Sichtweise, das Repertoire an sprachlichen Mitteln zu systematisieren, die für bestimmte mentale Konzepte und kognitive Operationen zur Verfügung stehen. Dies sind beispielsweise für das oben genannte Konzept der Temporalität nicht nur Tempusformen des Verbs, sondern auch Temporaladverbien wie *gestern*, temporale Subjunktionen wie *während* oder präpositionale Phrasen wie *vor einer Woche*. Ein weiteres Beispiel ist das Konzept der Kausalität. Auch hier gibt es verschiedene grammatische Mittel, mit denen kausale, also eine Begründung enthaltende Relationen ausgedrückt werden können: Subjunktionen wie *weil* oder *da*, Adverbien wie *deshalb* oder *daher*, Präpositionen wie *wegen*, Wortgruppen wie *aus diesem Grund* ... Eine funktionale Sichtweise kann also dazu führen, dass man sprachliche Elemente zusammen betrachtet, die traditionellerweise nur getrennt in den Blick kommen, weil sie formal unterschiedlichen Kategorien angehören.

**Verschiedene Ansätze** Es lässt sich festhalten, dass funktionale Perspektiven in vielen neueren grammatikdidaktischen Ansätzen eine zentrale Rolle spielen. Wie diese allerdings genau ausgeprägt sind, hängt von unterschiedlichen Schwerpunkten der linguistischen und didaktischen Ansätze ab. (**Funktional-)Pragmatische Ansätze** beziehen den Funktionsbegriff vor allem auf sprachliches Handeln bzw. eine kommunikative Funktion von Sprache. Grammatik bietet in dieser Sichtweise Möglichkeiten des strukturierten sprachlichen Handelns, die auf geteiltem Wissen von Sprecher und Hörer bzw.

**Tab. 3.2** Abgrenzungen und Überschneidungen verschiedener Funktionsbegriffe

| Funktion | Bezugsaspekte | Beispiel | Mögliche Überschneidung |
|---|---|---|---|
| sprachimmanente | innersprachliche Organisation; Sprachsystem | Kongruenz | grammatische Funktion, alternative Bez.: metasprachliche Funktion |
| sprachfunktionale | außersprachliche Wirklichkeit; Bedeutung, Sprachgebrauch, Kommunikation | | referentielle Funktion; kommunikative Funktion |
| grammatische/ syntaktische | grammatische Organisation von Wortgruppen, Sätzen und Texten | Verbindung von Teilsätzen | sprachimmanente Funktion, alternative Bez.: metasprachliche Funktion |
| referentielle | außersprachliche Wirklichkeit; Bedeutung | Benennungen von Gegenständen, Sachverhalten, Handlungen ... | sprachfunktionale Funktion, Ausdrucksfunktion Alternative Bez.: semantische Funktion |
| kommunikative | sprachliche Kommunikation, Sprachgebrauch | jemandem etwas mitteilen; jemanden um etwas bitten | sprachfunktionale Funktion appellative Funktion |
| kognitive | mentale Operationen, logische Verknüpfungen | Verknüpfungen von Aussagen durch Konnektoren | sprachfunktionale Funktion |
| handlungsbezogene | sprachlicher Handlungen; Sprachgebrauch | eine Begründung liefern, eine Bitte äußern | sprachfunktionale Funktion |

Schreiber und Leser beruhen. Eher **kognitiv ausgerichtete Ansätze** betonen die Rolle von Sprache bei der Produktion und Rezeption von Denkprozessen und Zusammenhängen sowie der mentalen Verarbeitung von Wirklichkeit. Es ist kein Widerspruch, anzunehmen, dass die Grammatik auch Mittel und Prinzipien enthalten muss, die vor allem für die interne Strukturierung von Äußerungen zuständig sind, um einzelne sprachliche Elemente miteinander in Beziehung zu setzen. Dies entspricht einer syntaktischen bzw. grammatischen Funktion. Diese sind durchaus mit kommunikativen und kognitiven Facetten der Funktion vereinbar (vgl. oben die Ausführungen zu den Konnektoren). Ein systembezogener und ein funktionaler Blick auf Sprache sind etwa in der systemisch-funktionalen Grammatik stark aufeinander bezogen. Der Übersichtlichkeit halber sind die verschiedenen funktionalen Facetten in Tab. 3.2 gegenübergestellt. Dies soll kein gegenseitiges Ausschließen und keine völlige Trennschärfe der Facetten implizieren.

## Zur Vertiefung

**Kommunikative Funktionen nach Jakobson**

Eine der einflussreichsten und differenziertesten Darstellungen funktionaler Aspekte von Sprache stammt von Roman Jakobson (1960/1971: 147) (s. u.). Anders als Bühler (1934) unterscheidet er sechs Funktionen. Von einem ähnlichen Ausgangspunkt wie bei Bühler ist eine Funktion auf den Sender einer sprachlichen Nachricht und den Ausdruck von dessen Befindlichkeit bezogen (emotive Funktion), eine auf den Empfänger und die Wirkung, die der Sender bei ihm hervorzurufen hofft (konative Funktion). Die referentielle Funktion bezieht sich auf die Bezüge zum außersprachlichen Kontext (s. o.), die phatische Funktion auf die Aufgabe von Sprache, Kontakt zwischen Sprecher/innen herzustellen und aufrechtzuerhalten. Zwei Funktionen beziehen sich direkt auf die materielle Seite von Sprache selbst: die poetische, in der die Gestalt von Sprache selbst zum Thema wird, und die metasprachliche, die ein Sprechen über und Kommentieren von Sprache erlaubt. Die letzten beiden Funktionen spielen beim schulischen Sprechen über Sprache oft eine große Rolle. Die poetische Funktion ist häufig im Unterricht Thema, wenn es um die sprachliche Gestaltung literarischer Texte und die damit verbundene Wirkung geht. Dass Sprache auch die Funktion hat, damit über Sprache sprechen zu können (> metasprachliche F.), steht im Zentrum grammatischen Lernens und ist zentral für den Auf- und Ausbau von Sprachbewusstheit (s. ▶ Kap. 6). Die folgende Visualisierung vereint zwei grafische Darstellungen aus Jakobson (1960/1979).

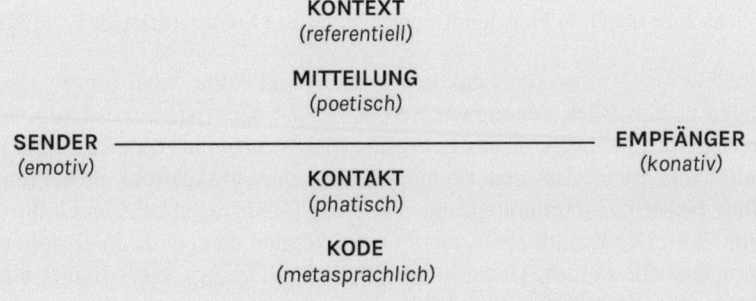

## 3.3 Formen und Funktionen im Zusammenspiel

Die vorrangige Frage ist nun nicht, ob für die Schule eine formale oder eine funktionale Perspektive auf Grammatik die sinnvollere sei. Ein Entweder-Oder würde jeweils zentrale Aspekte grammatischen Lernens vernachlässigen (vgl. Feilke/Tophinke 2016). Wie oben bereits angedeutet, macht es wenig Sinn und ist auch kaum noch Gegenstand neuerer grammatikdidaktischer Diskussion, Grammatik rein formal zu betrachten. Eine völlige Beschränkung auf funktionale Aspekte ist aber ebenso wenig ausreichend, da sprachliches Handeln nur dann erfolgreich sein kann, wenn Sprecher/innen einer Sprache auch ein geteiltes Repertoire an Formen zur Realisierung sprachlicher Handlungen zur Verfügung haben. Nur so wird ein treffender und differenzierter Sprachgebrauch möglich. Ein solches Repertoire mag bei manchen Schüler/innen schon zu großen Teilen vorhanden sein, mit Sicherheit ist es aber noch ausbaufähig – und viele (nicht nur neu zugewanderte) Schüler/innen müssen noch mehr oder weniger große Bereiche des Formeninventars erwerben. Diese Formen werden allerdings im Sinne gebrauchsbasierter Lerntheorien immer in bestimmten Kontexten bzw. Situationen und in Verbindung mit entsprechenden Funktionen gemeinsam erworben (vgl. Behrens 2011; Tomasello 2005). Solche **Form-Funktions-Einheiten** werden aus dem sprachlichen Input, den das Kind bekommt, aufgenommen und im Laufe der Entwicklung über Analogieprozesse zu Mustern generalisiert. So filtern Kinder beispielsweise aus ihrem sprachlichen Input heraus, dass eine Konstruktion „Form von haben plus ge-Verbstamm-t" wie in *ich habe gekauft* verwendet wird, um von Dingen zu erzählen, die man getan hat. Dieser Abstraktionsprozess geschieht vermutlich sowohl auf der Basis formaler wie funktionaler Aspekte bzw. wird genau durch das Erkennen regulärer Zusammenhänge zwischen Formen und Funktionen befördert. Der Erwerb von Grammatik und Lexikon kann in diesem Sinne als ein auf den gleichen Mechanismen beruhender Abstraktionsprozess angesehen werden. Die so herauskristallisierten Form-Funktions-Einheiten werden in der grammatiktheoretischen Diskussion als „Konstruktionen" bezeichnet (siehe Behrens 2011).

Formale Aspekte grammatischer Mittel sollen also nicht außer Acht gelassen werden, sie stehen aber immer in Relation zu ihren Funktionen – oder wie Schmidt bereits 1973 schreibt:

> „Das Wesen der funktionalen Sprachbetrachtung besteht darin, daß sie grundsätzlich immer beide Pole der Form-Funktion-Korrelation im Auge behält." (Schmidt 1973, 32)

**Das Verhältnis von Formen und Funktionen** kann und sollte dabei immer aus beiden Richtungen in den Blick genommen werden: Es ist nach wie vor wichtig, auch die Formen zu berücksichtigen, die als Lerngegenstände curricular verankert sind. Das bedeutet allerdings nicht, dass man sie nicht sowohl in ihrer Auswahl, ihrer Progression wie in ihrer bisherigen terminologischen Fixierung hinterfragen kann und sollte (s. auch ▶ Abschn. 7.5). Die Funktionen dieser Formen können dann (z. B. in Texten) erarbeitet bzw. untersucht werden. Genauso zentral ist es allerdings, die – immer noch eher vernachlässigte – Perspektive von der Funktion aus einzunehmen. Es wäre dann entsprechend die Frage zu stellen, mit welchen Formen eine bestimmte Funktion wie und in welchem Kontext realisiert werden kann. Um die Beschäftigung mit Grammatik stärker an die Sprachwirklichkeit der Schüler/innen anzubinden und die Sinnhaftigkeit grammatischen Lernens zu verdeutlichen, erscheint diese Perspektive sogar der günstigere Weg.

Bei der Frage danach, von welchen Funktionen dabei auszugehen wäre, kann man weniger auf tradiertes und abgestimmtes Inventar zurückgreifen, auch wenn hierzu inzwischen durchaus einige Arbeiten verschiedener theoretischer Provenienz existieren (Hoffmann 2014; Buscha/Freudenberg-Findeisen 2007; Köller 1997; Gunkel et al. 2017; siehe auch den Überblick in Hennig 2018). Eine solche Funktion könnte einer funktional-pragmatischen Ausrichtung zufolge etwa das Fortführen eines im Text konstituierten Themas sein. Die Felder-Grammatik nimmt beispielsweise semantische Felder als funktionale Ausgangspunkte der Zuordnung entsprechender sprachlicher

## 3.3 · Formen und Funktionen im Zusammenspiel

Formen an, etwa Grund-Folge oder Wunsch. In der eher kognitiv ausgerichteten Funktionalen Grammatik von Köller (1997) wäre z. B. Temporalität ein funktionaler Ausgangspunkt. Der Text als grammatische Größe eignet sich offenbar für einen solchen Perspektivwechsel – hin zu einer Blickrichtung von der Funktion bzw. den Funktionen aus zu den entsprechenden Formen – besonders gut. Textbezogene grammatische Aspekte zeigen sprachliche Mittel kontextualisiert und sollten daher dringend noch stärker in der grammatischen Betrachtung berücksichtigt werden.

Die IDS-Grammatik Zifonun et al. 1997 erhebt die oben skizzierte **doppelte Perspektive** – einmal von den Funktionen, einmal von den Formen aus – zum Leitprinzip grammatischer Betrachtung (ähnlich auch Granzow-Emden 2019). Auch Hoffmann betont die Vereinbarkeit formaler und funktionaler Blickwinkel:

> „Eine Sprache verstehen heißt: sie in ihrem systematischen Aufbau, der Funktionen in Formen verstehbar macht und Verständigung erlaubt, zu begreifen. Die Zusammenhänge in der Grammatik der Sprache sind systematisch zu erarbeiten." (Hoffmann 2021: 14)

Formale Einheiten sollten also immer in ihren Funktionen transparent gemacht werden.

**Befragungen von Schüler/innen zu grammatischen Mitteln** zeigen allerdings, dass es bei der Zusammenschau von Formen und Funktionen oft hapert. Neben einer deutlichen Fokussierung auf Formen machen viele Schüler/innen zwar durchaus den Versuch, auch funktionale grammatische Aspekte zu (re-)produzieren, doch kommt es dabei oft zu Verkürzungen, wie das folgende Beispiel zeigt.

> ▶ **Beispiel: Funktionales grammatisches Wissen von Schüler/innen**
>
> In der 9. Klasse einer Realschule sollten die Schüler/innen das Leben einer Bürgerlichen Familie von 1920 mit dem einer heutigen vergleichen. Aus einem anonymisierten Text wurden alle Konnektoren entfernt. Die Schüler/innen sollten die Lücken im Text füllen und wurden gefragt, was passiert, wenn man die Lücken frei lässt.
>
> > Die Lebenswelt um 1920 war härter und viele Menschen waren durch fehlende Elektronik noch nicht ganz so verwöhnt. Das Anstandsgefühl innerhalb der Gesellschaft war größer und die Umgangsformen höflicher. Die Frauen wurden im Gegensatz zur heutigen Zeit nicht für voll genommen ...
> > Heute ___*weil*___ sind die meisten Leute ohne Elektronik aufgeschmissen
> > Die Menschen heute leben freier und auch die Rollenverteilung ist ofz individuelle verteilt.

Eine Schülerin hat in die Lücke 1 das Wort *weil* eingetragen (ursprüngliche Füllung: *hingegen*). Dies macht hier allerdings weder syntaktisch noch semantisch Sinn. Die versuchte Erklärung der Schülerin zeigt zwar Benennungswissen, aber auch, dass eine spezifisch funktionale Betrachtung des eingesetzten Wortes gar nicht in den Betrachtungshorizont kommt. Eine Funktion wird nur der Wortart „Konjunktion" als solcher zugeschrieben; dies wiederum nur auf eine syntaktische Funktion innerhalb des Satzes bezogen.

„Der Satz würde sich nicht verändern, wenn man das Wort *weil* nicht einsetzen würde. Denn Konjunktionen verbinden nur den Hauptsatz und den Nebensatz." Weiterhin ist zu erkennen, dass eine Differenzierung zwischen Konjunktionen (gleichordnend) und Subjunktionen (unterordnend) nicht vorgenommen wird, Konjunktion also als Oberbegriff für beides verwendet wird. ◄

Die große Mehrheit der befragten SchülerInnen benennt markierte Konjunktionen schnell und sicher mit eben diesem Terminus. Als Funktion wird zunächst eher sprachimmanent argumentiert: Konjunktionen verknüpfen Haupt- und Nebensatz – was ja nur auf die subordinierenden Konnektoren, also auf Subjunktionen zutrifft. Die Relationen zwischen Formen und Funktionen können offenbar nur in deutlich verkürzter Form wiedergegeben werden. Eine mögliche Ursache für die Ergebnisse der genannten Studie (Peschel 2006) könnte darin liegen, dass die Schüler/innen keine konsequent funktionale Beschäftigung mit Grammatik erlebt haben. Dass auch Studierende der Germanistik zwar viele grammatische Termini, dabei aber wenig zusammenhängendes, gar funktionales grammatisches Wissen präsentieren, zeigt Granzow-Emden (2019) in einer aktuellen Befragung zur Kategorisierung von Haupt- und Nebensätzen.

Ein weiterer guter Bereich für die Verdeutlichung von Form-Funktions-Zusammenhängen ist die sogenannte **Informationsstruktur** oder – in pragmatischer Terminologie – **kommunikative Gewichtung** (Musan 2010; Hoffmann 2014). Mittels Informationsstrukturierung werden Informationen in Sätzen und Texten dem Kommunikationszweck entsprechend gewichtet. Die beiden Sätze

1a. *Anna hat am Montag ein Buch verloren.*
1b. *Das Buch hat Anna am Montag verloren.*

unterscheiden sich zunächst durch die Satzstellung. *Das Buch* steht im zweiten Satz an der ersten Stelle und erhält damit eine besondere Betonung (s. o.). Je nach Kontext geht es eventuell gerade um ein bestimmes Buch oder es wird mit etwas anderem verglichen:

1c. *Das Buch hat Anna am Montag verloren. Die anderen Unterlagen sind aber noch da.* (Beispiel in Anlehnung an Averintseva-Klisch/Peschel 2014).

Für einen weiteren Unterschied sorgt die Verwendung des bestimmten Artikels in Satz (1b), der das Buch als dem Leser/Hörer bereits bekannt kennzeichnet. In mündlicher Sprache kommt als weiteres Merkmal für die Markierung der Informationsstruktur noch die Betonung hinzu: Zentrale Aspekte können besonders betont werden. Man erkennt hier gut die oft sehr enge Verbindung eher formaler Aspekte wie etwa der Satzstellung mit funktionalen Aspekten wie der Gewichtung der Inhalte.

**Das Zusammenspiel von Formen und Funktionen** darf man sich nicht als Zusammenstellung von ein-eindeutigen Relationen vorstellen; in den seltensten Fällen hat eine Form nur eine Funktion bzw. gibt es zum Ausdruck einer Funktion nur eine Form. Dies zeigen auch die beiden hier gewählten Bereiche: Ein bestimmter Konnektor kann je nach Kontext verschiedene Funktionen erfüllen, zumindest verschiedene funktionale Facetten bedienen. Vom umgekehrten Blickwinkel aus gibt es zur Realisierung einer Funktion in der Regel verschiedene sprachliche Mittel. Wie oben gezeigt, stehen zur Gewichtung von Informationen sowohl die Satzstellung, die Betonung als auch weitere lexikalische und syntaktische Mittel zur Verfügung (z. B. Links-Ausklammerung: *Das Buch, das hat Anna schon gestern verloren.*). Zur Versprachlichung zeitlicher/temporaler Aspekte beispielsweise dienen nicht nur Tempora sondern auch Adverbien.

Eine der wichtigsten Aufgaben der Unterstützung grammatischen Lernens mit dem Ziel des Ausbaus der Sprachbewusstheit ist: umfassende **Einblicke in Form-Funktions-Zusammenhänge** zu ermöglichen, die systematisch erkennen lassen, welche Formen welchen kommunikativen Zwecken dienen und welche Funktionen erfüllen können. Ein solcher Unterricht kann dazu dienen, das sprachliche Repertoire zu erweitern. Nur wer auch feine formale wie vor allem funktionale Differenzierungen kennt bzw. erkennt, kann beim Lesen und Zuhören auch die Feinheiten wahrnehmen und beim Sprechen und beim Schreiben treffend aus einem großen sprachlichen Repertoire wählen. Treffendes Formulieren – und das Sprechen darüber – ist eine Frage der verfügbaren Mittel und der entsprechenden Auswahlmöglichkeiten und damit unbedingt eine Frage der Grammatik. Weiterhin kann Wissen über Form-Funktions-Zusammenhänge auch dazu dienen, diese in verschiedenen Sprachen zu vergleichen bzw. an einer Sprache erworbenes analytisches Wissen in modifizierter Form auf andere Sprachen zu übertragen.

Damit soll nicht einem bloßen Auswendiglernen von Regeln und Termini das Wort geredet sein. Dass dies nicht zwangsweise, wahrscheinlich nicht einmal bevorzugt, zu größerem sprachlichen Können führt, ist in der Sprachdidaktik bereits mehrfach angemahnt worden (siehe etwa Bredel 2013). Viel eher geht es darum, eine Vorstellung vom grammatischen Repertoire einer Sprache zu gewinnen – und davon, was dieses leisten kann.

## 3.4 Formen, Funktionen und sprachliche Richtigkeit

Der formalen Perspektive auf Grammatik ist oben ein Fokus auf die Entscheidung, ob eine sprachliche Form richtig oder falsch ist, zugeschrieben worden. Es soll nun gezeigt werden, dass eine solche Entscheidung auch unter formalen Gesichtspunkten nicht immer eindeutig zu fällen ist, auch wenn in manchen Grammatiken und in Sprachlehrwerken strikte Normformulierungen zu finden sind. Das liegt auch daran, dass Normen von der Sprachgemeinschaft festgelegt werden und nicht in allen Situationen in gleicher Weise vorliegen (s. ▶ Kap. 1). Sie befinden sich außerdem im Wandel. Eine aktuelle linguistische und sprachdidaktische Tendenz, die dieser Vorstellung Rechnung trägt, ist die **Beschäftigung mit grammatischen Zweifelsfällen** (vgl. etwa die entsprechenden Themenhefte der Zeitschriften Linguistik Online 2003, Deutschunterricht 1/2012). Dies lässt sich etwa am Beispiel der Nominalflexion verdeutlichen. Nomen werden in der Regel bestimmten Flexionsklassen zugeordnet (siehe Duden-Grammatik 2022; Köpcke 2005; Eisenberg 2020), die bestimmte Kasusendungen tragen. Offenbar gibt es hier aber Wandel- und Übergangserscheinungen, die dann Doppelformen mit sich bringen, die in den neueren Auflagen etwa der Duden-Grammatik auch beide angeführt werden. Köpcke (2005) zeigt für verschiedene Sprechergruppen (Kinder, Studierende) eine deutliche Tendenz, die Deklinationsendung bei bestimmten Nomen (den sogenannten „schwachen" Maskulina) wegzulassen. So verwenden viele junge Proband/innen etwa das Nomen *Prinz* im Akkusativ ohne Endung: „Die Prinzessin küsste den Prinz" (Köpcke 2005). Thieroff (2003) zitiert ein ähnliches Beispiel, in dem das – ursprünglich schwache – Substantiv *Pilot* die dieser Flexionsklasse im Dativ eigentlich zugeordnete Endung *-en* nicht trägt: „Mike gibt seinem Pilot das Zeichen zur Beschleunigung." (Frankfurter Allgemeine Zeitung, 15.10.2001, S. 2, zitiert aus Thieroff 2003). Wie in ▶ Kap. 2 bereits dargelegt, weichen in solchen Fällen eher normativ geprägte Meinungen über *richtige Formen* und wissenschaftliche Beschreibung durchaus manchmal voneinander ab.

**Zweifelsfälle** In der Sprache tun sich viele Fälle auf, in denen die Entscheidung, welche Form nun die richtige ist, nicht eindeutig zu treffen ist und/oder gar nicht getroffen werden muss. Es ist dies ein weiteres Argument dafür, darüber nachzudenken, ob eine binäre Unterscheidung in grammatische und nicht grammatische Formen des Deutschen in allen Fällen angemessen ist (s. o.). Neuere Arbeiten empfehlen eher eine skalare Anordnung mit unterschiedlichen **Graden von Akzeptabilität** (etwa Köpcke 2011; Turgay 2017 spricht hier von Gradienz). So könnte man in den zitierten Fällen sicherlich Bedingungen beschreiben, unter denen eine Form mehr oder weniger angemessen ist. Dies kann etwa vom Formalisierungsgrad der kommunikativen Situation abhängig sein: Handelt es sich um einen sehr formalen, schriftsprachlichen Kontext, etwa ein Schreiben in einem juristischen Kontext oder eine Klassenarbeit, oder eher um einen weniger formalen, etwa einen Brief an eine der Schreiberin bekannte Person. In manchen Fällen existieren aber auch schlicht zwei Formen – zumindest eine Zeit lang – quasi als gleichberechtigte Varianten. Als solche sind sie dann meist auch in Regelwerken, etwa dem Duden, ausgewiesen.

Bei den oben genannten Zweifelsfällen handelt es sich vor allem um Form-Varianten, die keinen funktionalen oder bedeutungsbezogenen Unterschied nach sich ziehen. Unter Umständen unterscheiden sich die konkurrierenden Formen in ihrer regionalen Verbreitung oder danach, inwiefern sie bei verschiedenen Sprechergruppen als standardsprachlich gelten (vgl. hierzu etwa die Diskussion um den Unterschied zwischen *gewinkt* und *gewunken*, z. B. in den Beiträgen in Hennig/Müller 2009). Daneben gibt es auch Zweifelsfälle, in denen oft für austauschbar gehaltene Varianten auch semantische bzw. funktionale Unterschiede nach sich ziehen, die erst einmal nur schwer zu identifizieren und noch schwerer zu benennen sind. Beispielsweise begründet die Wahl zwischen *reden von* und *reden über* einen Bedeutungsunterschied, ebenso die zwischen *leiden an* und *leiden unter* (vgl. dazu Peschel 2012). Beides lässt sich unter Umständen erst erkennen, wenn man sich – etwa in Korpusanalysen – anschaut, womit sich die jeweiligen Varianten kombinieren lassen. So kollokiert *leiden an* etwa fast ausschließlich mit Bezeichnungen für Krankheiten.

Solche Phänomene und ihre oft feinen Unterschiede lassen sich spätestens in der Sekundarstufe gewinnbringend auch mit Schüler/innen untersuchen. Zweifelsfälle erweisen sich damit, vor allem in höheren Klassen, als geeigneter Anlass zur **Reflexion** der Form-Funktions-Relation(en) in der Grammatik. Sie führen dazu, dass der Sprachgebrauch überhaupt erst ins Bewusstsein rückt, deautomatisiert und unter Umständen hinterfragt wird. Im Praxisteil haben wir Beispiele für ein solches entdeckendes und Sprachbewusstheit förderndes Lernen an der Nahtstelle von Form und Funktion zusammengetragen.

Die Beispiele verdeutlichen damit aber auch noch einmal, dass eine rein formbezogene Grammatik-Betrachtung zwangsläufig zu kurz greifen muss. Die Funktion sprachlicher Mittel gehört genuin zur Grammatik hinzu, da sich sonst kaum Ausreichendes über die Einsatzmöglichkeiten der Formen sagen lässt. Ziel des grammatischen Lernens ist eben nicht nur korrekte Form-Verwendung, sondern muss auch ein funktional adäquater Sprachgebrauch sein. In der Schule sollte dabei das Repertoire für die Ausübung sprachlicher Handlungen, wie es sich im Spracherwerb entwickelt, beschrieben, aber auch systematisch ausgebaut werden.

## 3.5 Formen und Funktionen in der Sprachvermittlung

Die bislang angeführten Beispielanalysen lassen vermuten, dass funktionale Aspekte beim grammatischen Lernen in der Schule eine eher untergeordnete Rolle spielen. Im Folgenden soll exemplarisch gezeigt werden, inwiefern funktionale Aspekte in Curricula und Lehrwerken behandelt werden.

**Bildungsstandards** In den Bildungsstandards findet der Terminus *funktional* durchaus Verwendung, vor allem in den Ausführungen zum domänenspezifischen Kompetenzbereich „Sprache und Sprachgebrauch untersuchen" (vgl. dazu ▶ Kap. 7). Im Teilkompetenzbereich „Wörter und Sätze" in den Bildungsstandards für den Mittleren Schulabschluss (BS-Sek-I 2022) heißt es: *Die Schülerinnen und Schüler*
- nutzen Wörter, Wendungen und Formulierungsmuster funktional und erweitern ihren Wortschatz, [...]
- ermitteln den funktionalen Beitrag von Wörtern verschiedener Wortarten zum Aufbau von Sätzen,
- unterscheiden zentrale grammatische Mittel hinsichtlich ihrer Struktur und ihrer Funktion im sprachlichen Handeln (z. B. Tempus, Modus, Genus verbi; Genus, Numerus, Kasus; Komparation). (ebd.: 40)

Es lassen sich Bezüge zu verschiedenen funktionalen Aspekten erkennen: referentielle/semantische, grammatische und kommunikative Funktionen werden angesprochen und scheinen zunächst noch etwas unsystematisch gereiht. Ein funktionaler Schwerpunkt ist neben einem auch vorhandenen Fokus auf (korrekten) Formen durchaus erkennbar, auch wenn seine Konturierung recht vage und stellenweise uneinheitlich bleibt.

> ▶ **Beispiel: Darstellung von Pronomen in Lehrwerken**
> Zur Konkretisierung werfen wir einen Blick auf mögliche funktionale Betrachtungsweisen grammatischer Erscheinungen in einem verbreiteten Lehrwerk (s. o.), unter anderem in Nordrhein-Westfalen und Baden-Württemberg. Das Beispiel zeigt einerseits, wie sinnvoll eine Berücksichtigung funktionaler Aspekte grammatischer Mittel sein kann. Es ist wichtig, dass Schüler/innen die rückverweisende und kohärenzstiftende Funktion der dritten Person des Pronomens kennen. Die Duden-Grammatik gibt die Funktion wie folgt an: „Mit den Formen der 3. Person (er, sie, es; sie) wird vornehmlich anaphorisch (rückweisend) auf Personen, Dinge und Sachverhalte Bezug genommen." (Gallmann in Duden-Grammatik 2016: 264). Diese Funktion ist im folgenden Lehrwerksausschnitt aber eher aus den nebenstehenden

Beispielen zu erschließen, als dass sie korrekt im Text genannt würde. In diesem lassen sich mehrere Verkürzungen erkennen, die dazu führen, dass die Funktion des sprachlichen Mittels nur ansatzweise oder sogar falsch zum Ausdruck kommt. Wichtig ist der Hinweis auf die notwendige Kongruenz in Kasus, Numerus und Genus zwischen Pronomen und vorausgehender nominaler Einheit – also eher ein Aspekt der syntaktischen Funktion. Schlicht falsch ist, dass Personalpronomen Lebewesen oder Dinge bezeichnen, sondern sie beziehen sich auf bereits durch andere sprachliche Mittel bezeichnete Referenten. Sie sind damit auch keine Stellvertreter von Nomen oder ersetzen diese, sondern beziehen sich zurück auf nominale Gruppen. Zudem gilt dies nur für Pronomina der dritten Person, nicht aber für die der ersten und zweiten Person, die die Funktion haben, Sprecher und Hörer zu bezeichnen. Die Darstellung hier suggeriert allerdings, dass die Pronomen aller Personen die gleiche Funktion hätten.

**KOMPETENZBOX**

**Personalpronomen verwenden**

| Merkmale | Beispiele |
|---|---|
| Personalpronomen bezeichnen **Lebewesen** oder **Dinge**. Sie können **Stellvertreter** für Nomen sein. | *Der Flötenfisch ist ein Raubfisch.* *Er ist ein Raubfisch.* |
| Sie stehen im selben **Kasus, Numerus** und **Genus** wie das Nomen, das sie ersetzen. | *Die Flötenfische sind Raubfische.* *Sie sind Raubfische.* *Das Seepferdchen ist kein Raubfisch.* *Es ist kein Raubfisch.* |
| Bei Personalpronomen bestimmt man außerdem die Person. | 1. Person: ich (Singular) – wir (Plural) 2. Person: du (Singular) – ihr (Plural) 3. Person: er/sie/es (Singular) – sie (Plural) |

Aus: *Deutsch kompetent* 5 (2019: 167) ◄

Im Beispiel lassen sich wichtige Ansätze erkennen, Pronomen nicht nur über ihre Formen einzuführen, sondern Einblicke in das funktionale Potential, etwa ihre Möglichkeiten zur Herstellung des Textzusammenhangs, zu geben. Leider bringen diese Ansätze noch grobe funktionale Verkürzungen und Vermengungen verschiedener funktionaler Komponenten mit sich. Darüber hinaus suggerieren viele Lehrwerke es als ein Ideal, in Texten Wiederholungen nominaler Gruppen zu vermeiden und diese so oft wie möglich durch Pronomina wiederaufzunehmen.

Bereits der Terminus Pronomen mag seinen Teil zu einer verkürzten Sichtweise auf die Funktionen der so bezeichneten sprachlichen Mittel beitragen. Er ist ein gutes Beispiel dafür, dass mit grammatischen Termini oft versucht wird, formale und funktionale Aspekte der so klassifizierten sprachlichen Ausdrücke zu integrieren. Dass dies gerade in Bezug auf eine adäquate Fassung der Funktion schwierig ist, ist bereits verschiedentlich diskutiert worden (z. B. in Granzow-Emden 2019). Auch beim Terminus Pronomen sieht man die Schwierigkeiten deutlich: Pronomen nehmen nicht Nomen, sondern Nominalgruppen wieder auf und sie stehen auch nicht für diese. Und dies gilt eben auch nicht für alle sprachlichen Erscheinungen, die unter diesem Terminus gefasst werden, sondern nur für die der dritten Person. Hier werden also sprachliche Erscheinungen unter einem Terminus zusammengefasst, die zwar syntaktische Eigenschaften gemeinsam haben, nämlich die Tatsache, dass sie dekliniert werden und dass sie, im Unterschied zu Artikeln, allein satzgliedfähig sind, sich aber in der Funktion deutlich unterscheiden. Vorschläge, die Erscheinungen stärker von einer gemeinsamen Funktion her zu benennen und so z. B. für die Personalpronomen der dritten Person den Terminus Anapher zu wählen, sind in der Diskussion (vgl. hier die Diskussion zur grammatischen Terminologie in ▶ Abschn. 7.5).

**Tempora in Lehrwerken**  Auch die Tempora sind ein Bereich, in dem die Relationen von Formen und Funktionen und ihre Vermittlung oft diskutiert werden. Am folgenden Lehrwerksausschnitt lässt sich beispielsweise gut erkennen, dass eine Gleichsetzung bzw. 1-zu-1-Zuordnung von „Zeitformen" und „Zeitstufen" (so in den Bildungsstandards) suggeriert wird, die so im besten Fall verkürzend ist.

> ▶ **Beispiel**
>
> Topalović macht bezogen auf dieses Beispiel unter anderem darauf aufmerksam, dass mit „heute Nachmittag" auf etwas Zukünftiges verwiesen wird, das Prädikat aber im Tempus Präsens steht. Die Kopplung der Temporaladverbien „heute", „morgen" und „gestern" an die Tempora Präsens, Futur, Präteritum suggeriert eine Zusammengehörigkeit, die im Deutschen so nicht vorliegt. Zuletzt ist das Präteritum als Tempus funktional in formellen Kontexten oder als Fiktionalitätsmarker in Phantasiegeschichten, nicht aber für das Erzählen eigener Erlebnisse wie im hier aufgespannten Kontext (vgl. Topalović 2015: 256 f.).

2   In dem Text treten drei Zeitstufen auf. Schreibe den Text ab und kennzeichne mit verschiedenen Farben: Was ist **Gegenwart**, was **Vergangenheit** und was ist **Zukunft**?

3   Schreibe einen kurzen Text darüber, was du heute Nachmittag machst. Schreibe in der Gegenwart. Setze den Text anschließend in die Vergangenheit und in die Zukunft.

Aus: Jo-Jo Sprachbuch 4 (2008: 99)  ◄

Aspekte des Verhältnisses von Formen und Funktionen in der Vermittlung werden sowohl in ▶ Kap. 8 zu den Szenarien als auch bei den Unterrichtsvorschlägen im Praxisteil (▶ Kap. 9 bis 12) wieder aufgenommen und spielen dort eine große Rolle.

## 3.6  Formen und Funktionen im Sprachvergleich

Werden Sprachen – beispielsweise in der Schule – verglichen, gibt es verschiedene Möglichkeiten bzw. Ausgangspunkte des Vergleichs. Er kann eher aus einer formalen oder eher aus einer funktionalen Perspektive aus vorgenommen werden. Beide zu Beginn des Kapitels genannten Einschränkungen bezüglich der möglichen Zuordnung(en) formaler und funktionaler Aspekte gelten auch hier: Weder gibt es die eine Bedeutung von Funktion oder funktional, noch sind formale und funktionale Perspektive immer gänzlich trennbar. So berücksichtigen auch Sprachvergleiche kaum jemals nur formale oder nur funktionale Aspekte.

**Sprachvergleiche auf stärker formaler Basis** sind etwa solche, die das in ▶ Abschn. 3.1 dargestellte topologische Modell nutzen, um **syntaktische Stellungsregularitäten** von Sprachen zu vergleichen (siehe dazu etwa Wöllstein/Zepter 2015). Es kann beispielsweise gezeigt werden, dass im Türkischen im Unterschied zum Deutschen keine Verbklammer existiert; das Verb hat im Türkischen typischerweise Endstellung (Hoffmann 2014).

Die **Satzstellung** betreffende didaktisch-methodische Vorschläge unterbreitet auch Oomen-Welke (2000) für den Sprachvergleich, vor allem in der Grundschule. So lässt sie die Kinder einer Klasse etwa eine Entscheidungsfrage wie „Sprichst du Deutsch?/Sprechen Sie Deutsch?" in verschiedenen Sprachen vergleichen und untersuchen, a) was eine Entscheidungsfrage ausmacht und b) ob und wie sich die Sprachen in ihrer Art der Realisierung unterscheiden. Die Kriterien des Vergleichs werden mit den Schüler/innen zunächst induktiv erarbeitet: Verglichen werden zum Beispiel Anzahl und Position der Wörter, das Vorkommen zusätzlicher Frage- oder Stützwörter, Intonation oder Satzzeichen.

Da sich durch unterschiedliche Stellungsvarianten auch verschiedene Möglichkeiten der Gewichtung von Informationen im Satz ergeben, ist bereits eine solche Betrachtung streng genommen keine rein formale, sondern beinhaltet auch funktionale Aspekte. So können Sprachen auch unter dem Gesichtspunkt der **Informationsstruktur** oder kommunikativen Gewichtung verglichen werden. Hier ist dann zu untersuchen, mit welchen grammatischen Mitteln Sprachen verschiedene Teile von Sätzen als besonders wichtig, als kommunikativ besonders relevant, als neu (oder eben bereits bekannt) markieren. Wie am topologischen Modell bereits gezeigt, kann eine besondere Gewichtung von Informationen beispielsweise durch die Satzstellung erreicht werden. Weitere Möglichkeiten sind die Kombination mit hervorhebenden lexikalischen Mitteln und – für die mündliche Sprache – Aspekte der Betonung (vgl. zu einer kontrastiven Betrachtung der Möglichkeiten der Gewichtung etwa die Beiträge von Hoffmann und Basch im Band von Averintseva-Klisch/Peschel 2014).

**Kategoriale Vergleiche** Eine weitere Möglichkeit des sprachvergleichenden Arbeitens ist das Ausgehen von einzelnen grammatischen Kategorien (Roche 2001 spricht hier von einem „kategorialen Ansatz"). Im Zentrum steht beispielsweise eine Kategorie wie das Tempus Präteritum, der Plural des Nomens oder der Konjunktiv. Unter einem eher formalen Gesichtspunkt lässt sich nun untersuchen, welches **Formeninventar** verschiedene Sprachen für die Realisierung dieser Kategorie auf welche Art und Weise nutzen, wie genau also beispielsweise der Plural des Nomens in den jeweiligen Sprachen gebildet wird. Unterrichtspraktisch kann eine solche sprachkontrastive Betrachtung durchaus erhellend sein, weil sie ein gewisses Erklärungspotential für Sprachlernende, durchaus aber auch für Sprachlehrende bietet. So ist beispielsweise das Formenrepertoire für die Bildung des Plurals im Deutschen stark ausdifferenziert: Es existieren verschiedene Endungen, die zusätzlich in einigen Fällen mit einem Um-

## 3.6 · Formen und Funktionen im Sprachvergleich

laut des Stammvokalbuchstaben kombiniert werden (*Hund > Hunde; Kind > Kinder, Hut > Hüte, Land > Länder* ...). Auch ein endungsloser Plural wie bei *Segel* ist möglich. Man kann sich gut vorstellen, dass ein solch formal differenzierter Bereich fehleranfällig sein kann – dies mag besonders für Sprachlerner/innen bzw. Sprecher/innen einer anderen Erstsprache gelten, deren System zur Kennzeichnung des Plurals deutlich weniger verschiedene Formen aufweist, wie etwa das nur zwei (absolut systematisch verteilte) Plural-Endungen kennende Türkisch.

Auch bei kategorialen Vergleichen können aber durchaus auch funktionale Aspekte mit hineinspielen. Vergleicht man zum Beispiel die Kategorie des Konjunktivs in verschiedenen Sprachen (etwa Rothstein 2010 und die Beiträge in Rothstein 2018), so lassen sich neben Gemeinsamkeiten und Unterschieden in der formalen Realisierung auch solche möglicher **Verwendungskontexte** und Aspekte des funktionalen Spektrums ausmachen. In welchen kommunikativen Situationen und zu welchen Zwecken genau werden Konjunktive in verschiedenen Sprachen verwendet? Stellt man eine solche Frage, hat man bereits funktionale Fragestellungen im Blick. Sprachvergleichend lässt sich im Unterricht gut über die Angemessenheit der Verwendung bestimmter Formen für bestimmte funktionale Zwecke diskutieren.

Solche kategorialen Sprachvergleiche lassen sich leichter (oder eigentlich: sinnvollerweise nur) bei Sprachen vornehmen, bei denen diese überwiegend formalen Ähnlichkeiten auch vorliegen bzw. erkennbar sind, um beim obigen Beispiel zu bleiben: bei Sprachen, die eben einen Konjunktiv oder eine unmittelbar vergleichbare grammatische Kategorie ausbilden. Hier kommen etwa die klassischen Schulfremdsprachen in Frage. Ein solcher Ansatz ist daher zwar für die möglichen zu vergleichenden Teilbereiche spannend und vielversprechend, (für die Nutzung der Mehrsprachigkeit in der Klasse) allerdings in zweifacher Hinsicht begrenzt: einmal durch die mögliche Anzahl und Nähe der Vergleichssprachen und einmal durch die in Frage kommenden sprachlichen Teilbereiche.

Zu beachten ist weiterhin, dass nicht zwingend davon auszugehen ist, dass in verschiedenen Sprachen das gleiche gemeint ist, wenn eine gleiche oder ähnliche Kategorienbezeichnung (etwa: Subjekt oder eben Konjunktiv) verwendet wird.

**Konzeptuelle Vergleiche**   Anders als kategoriale Ansätze gehen „konzeptuelle Ansätze" des Sprachvergleichs (vgl. Roche 2001) eher von **kommunikativen Absichten** bzw. Intentionen von Sprechenden aus. Grundlage des Vergleichs sind dann beispielsweise kognitive Konzepte der Zeit oder des Raumes. Konzeptuelle Ansätze haben gegenüber kategorialen zwei Vorteile: Zum einen bieten sie die Möglichkeit, Sprachen über formale Ähnlichkeiten hinaus sozusagen in ihren funktionalen Grundlagen und auf Basis von Aussageabsichten zu vergleichen. Zum anderen lassen sich Sprachen so auch in einem Erwerbsstadium beschreiben, in dem die Sprecher/innen eventuell noch nicht über das volle Formenrepertoire einer Sprache verfügen. Damit ist eine solche Art des Sprachvergleichs für die Arbeit mit Sprachlernenden besonders geeignet.

Ein Beispiel für einen Sprachvergleich auf konzeptueller Basis wäre etwa ein Ansatz, der das Konzept der Temporalität (nicht die Kategorie Tempus) ins Zentrum stellt. Hier lässt sich bereits im Grundschulalter mit den Lernenden besprechen oder gemeinsam herausfinden, welche sprachlichen Mittel zum Ausdruck von Zeitlichkeit im Deutschen, aber auch in anderen Sprachen zur Verfügung stehen (vgl. etwa Topalović 2015, s. o.). Neben den verschiedenen Tempora, also etwa dem Präteritum zum Ausdruck von Fiktionalität, kommen hier für das Deutsche beispielsweise (temporale) Adverbien wie *gestern* zum Tragen, Subjunktionen wie *während*, aspektuale oder auf die Aktionsart bezogene Markierungen (wie etwa in *verblühen*) oder andere sprachliche Mittel wie Wortgruppen (*vor drei Tagen*). Das Chinesische beispielsweise verfügt über Zeitnominale (siehe Schlobinski 2012: 22).

Ähnlich könnte man auch die sprachlichen Mittel vergleichen, die verschiedene Sprachen zum Ausdruck **räumlicher Relationen** bieten. Das Deutsche hat hier beispielsweise die Möglichkeiten, räumliche Verhältnisse über Präpositionen wie *über* oder *vor* auszudrücken. Auch Wortgruppen wie *an der Seite von* oder Adverbien wie *links* oder *daneben* können im Deutschen diese Verortung leisten. Das Türkische hat – im Vergleich dazu – keine Präpositionen und nutzt etwa Kasusendungen zum räumlichen Relationieren oder einzelne Postpositionen, die an das Nomen gehängt werden (vgl. Selmani 2011).

Ein Nachteil von Vergleichen auf konzeptueller Basis ist, dass man hier – im Unterschied zu Vergleichen auf kategorialer Basis – (noch) nicht auf ein tradiertes Set an Vergleichsgrößen zurückgreifen kann. Es gibt also noch kein allgemein geteiltes Set an zentralen kognitiven Konzepten oder sprachlich ausgedrückten Funktionen, das man quasi automatisch als Ausgangspunkt nehmen kann. Während Systeme grammatischer Kategorien schon eine sehr lange Beschreibungstradition haben, gibt es zu der Frage, welches die funktionalen Aspekte sind, auf deren Basis man Sprachen vergleichen kann, erst seit einigen Jahrzehnten einige vielversprechende Arbeiten unterschiedlichen Zugriffs und unterschiedlicher theoretischer Prägung.

**Vergleiche pragmatischer Aspekte** Im Rahmen etwa der funktional-pragmatischen Grammatikschreibung werden Aspekte wie die Gewichtung von Informationen im Satz (und im Text), der Koordination von Aussagen oder die Möglichkeiten zum Ausdruck räumlicher Relationen in verschiedenen Sprachen verglichen (z. B. Hoffmann 2014; Grießhaber 1999). Etwas allgemein-pragmatischer können sprachliche Möglichkeiten zum Ausdruck von Höflichkeit oder Varianten von Begrüßungen in verschiedenen Sprachen miteinander verglichen werden (siehe dazu etwa die Materialien von Oomen-Welke im „Sprachenfächer", 2010 ff.). Auf einer solchen funktionalen Basis lassen sich auch Sprachen vergleichen, die sich hinsichtlich Sprachtyp und Baugesetzlichkeiten sehr deutlich unterscheiden.

Ein Vorteil des Ausgehens von Funktionen oder von sprachlichen Handlungen liegt gerade in heterogenen Lerngruppen darin, dass für gleiche oder ähnliche sprachliche Handlungen verschiedene und verschieden komplexe sprachliche Realisierungsmöglichkeiten angeboten und thematisiert werden. Auf diese Weise kann das jeweilige Sprach(en)repertoire a) bewusst gemacht und b) erweitert werden. Sprachvergleichen kommt somit eine zentrale Rolle für den **Auf- und Ausbau von Sprachbewusstheit** zu (vgl. Wildemann et al. 2020; siehe dazu und zum Verhältnis von Sprachbewusstheit und Mehrsprachigkeit das ▶ Kap. 6). Vergleiche anhand funktionaler Aspekte vorzunehmen, scheint ein vielversprechender und dem grammatischen Lernen angemessener Weg zu sein. Damit dies systematischer als bislang üblich passieren kann, sind allerdings noch weitere linguistische wie didaktische Ausarbeitungen zu den Vergleichsgrößen nötig.

# Literatur

Averintseva-Klisch, Maria/Peschel, Corinna (2014): *Aspekte der Informationsstruktur für die Schule*. Baltmannsweiler: Schneider Verlag Hohengehren.
Behrens, Heike (2011): Grammatik und Lexikon im Spracherwerb: Konstruktionsprozesse. In: Stefan Engelberg/Anke Holler &Kristel Proost (Hg.): *Sprachliches Wissen zwischen Lexikon und Grammatik*. Berlin/Boston: De Gruyter, S. 375–396.
Bredel, Ursula (2013): *Sprachbetrachtung und Grammatikunterricht*. Paderborn: Schöningh.
Bremerich-Vos, Albert (1999): *Zur Praxis des Grammatikunterrichts*. Freiburg: Fillibach.
BS-Sek-I (2022) = *Bildungsstandards für das Fach Deutsch Erster Schulabschluss (ESA) und Mittlerer Schulabschluss (MSA)* (Beschluss der Kultusministerkonferenz vom 15.10.2004, i.d.F. vom 23.06.2022). Sekretariat der Ständigen Konferenz der Kultusminister der Länder in der Bundesrepublik Deutschland. Berlin/Bonn. https://www.kmk.org/fileadmin/Dateien/veroeffentlichungen_beschluesse/2022/2022_06_23-Bista-ESA-MSA-Deutsch.pdf (Zugriff: 24.12.2023)
Bühler, Karl (1934): *Sprachtheorie: Die Darstellungsfunktion der Sprache*. Jena: Gustav Fischer.
Buscha, Joachim/Freudenberg-Findeisen, Renate (2007): *Felddgrammatik in der Diskussion. Funktionaler Grammatikansatz in Sprachbeschreibung und Sprachvermittlung*. Frankfurt a.M.: Peter Lang.
Bußmann, Hadumod (2002): *Lexikon der Sprachwissenschaft*. Stuttgart: Kröner.
Der Deutschunterricht = Dürscheid, Christa (Hg.) (2012): Orthographische und grammatische Spielräume. In: *Der Deutschunterricht 1*.
Deutsch kompetent 5 = Henninger, Heike (Hg.) (2019): *Deutsch kompetent 5*. Stuttgart: Klett.
o. V. (2022). *Duden. Die Grammatik*. 10., völlig neu verfasste Aufl. Berlin: Dudenverlag.
Eisenberg, Peter (2020): *Grundriss der deutschen Grammatik*. Stuttgart: Metzler.
Feilke, Helmuth/Jost, Jörg (2015): Sprache und Sprachgebrauch reflektieren. In: *Bildungsstandards aktuell: Deutsch in der Sekundarstufe II*. Braunschweig: Diesterweg, S. 236–296.
Feilke, Helmuth/Tophinke, Doris (2016): Grammatisches Lernen. In: *Praxis Deutsch 256*, S. 4–11.
Gallmann, Peter (2016). Die flektierbaren Wortarten (außer: das Verb). In: Angelika Wöllstein/Dudenredaktion (Hg.): *Duden. Die Grammatik*. 9. Auflage, vollständig überarbeitet und aktualisiert. Berlin: Dudenverlag, S. 194–394.
Granzow-Emden, Matthias (2019): *Deutsche Grammatik verstehen und unterrichten*. 3., überarb. und erw. Aufl. Tübingen: Narr Francke Attempto.
Grießhaber, Wilhelm (1999): *Die relationierende Prozedur. Zu Grammatik und Pragmatik lokaler Präpositionen und ihrer Verwendung durch türkische Deutschlerner*. Münster: Waxmann.
Gunkel, Lutz/Murelli, Adriano/Schlotthauer, Susan/Wiese, Bernd/ Zifonun, Gisela/Günther, Christine/Hoberg, Ursula (2017): *Grammatik des Deutschen im europäischen Vergleich*. Berlin: De Gruyter.
Hägi, Sara/Topalović, Elvira (2010): Klammerstrukturen im Deutschunterricht. Ansätze zu einer integrativen Grammatikdidaktik. In: *ide 2/2010*, S. 94–103.
Hennig, Mathilde (2012). Grammatische Terminologie. Einladung zur Diskussion. In: *Zeitschrift für Germanistische Linguistik* 40, S. 443–450.
Hennig, Mathilde (2018): Wie funktional sind Grammatiken des Deutschen? In: Angelika Wöllstein/ Peter Gallmann/Mechthild Habermann/Manfred Krifka (Hg.): *Grammatiktheorie und Empirie in der germanistischen Linguistik*. Berlin/Boston: De Gruyter, S. 383–407.
Hennig, Mathilde/Müller, Christoph (2009). Wie normal ist die Norm? Sprachliche Normen im Spannungsfeld von Sprachwissenschaft, Sprachöffentlichkeit und Sprachdidaktik. Kassel: University Press.
Hoffmann, Ludger (2014): Informationsstruktur und Wissen. In: Maria Averintseva-Klisch/Corinna Peschel (Hg.): *Aspekte der Informationsstruktur für die Schule*. Baltmannsweiler: Schneider Verlag Hohengehren, S. 15–52.
Hoffmann, Ludger (2021): *Deutsche Grammatik. Grundlagen für Lehrerausbildung, Schule, Deutsch als Zweitsprache und Deutsch als Fremdsprache*. Berlin: Erich Schmidt Verlag.
Ivo, Hubert/Neuland, Eva (1991): Grammatisches Wissen. Skizze einer empirischen Untersuchung über Art, Umfang und Verteilung grammatischen Wissens. In: *Diskussion Deutsch* 22, S. 437–493.
Jakobson, Roman (1960): Linguistik und Poetik. Neu abgedruckt in: Jakobson, Roman (1979). *Poetik. Ausgewählte Aufsätze*. Herausgegeben von Elmar Holenstein und Tarcisius Schelbert. Frankfurt: Suhrkamp, S. 83–121.

Jo-Jo Sprachbuch 4 = Brunold, Frido et al. (2008): *Jo-Jo Sprachbuch 4*. Berlin: Cornelsen.
Köller, Wilhelm (1997): *Funktionaler Grammatikunterricht. Tempus, Genus, Modus: Wozu wurde das erfunden?* Baltmannsweiler: Schneider Verlag Hohengehren.
Köpcke, Klaus-Michael (2005): „Die Prinzessin küsst den Prinz" – Fehler oder gelebter Sprachwandel. In: *Didaktik Deutsch*, 18, S. 67–83.
Köpcke, Klaus-Michael (2011). Grammatikalität und Akzeptabilität – Zwei für den Grammatikunterricht zentrale Begriffe verstehen lernen. In: Klaus-Michael Köpcke/Arne Ziegler (Hg.): *Grammatik – Lehren, Lernen, Verstehen. Zugänge zur Grammatik des Gegenwartsdeutschen*. Berlin: De Gruyter, S. 287–304.
Lehmann, Christian (ohne Jahr). https://www.christianlehmann.eu/ling/elements/index.php?open=funktionen.inc
Linguistik online = Klein, Wolf Peter (Hg.) (2003): Sprachliche Zweifelsfälle. Theorie und Empirie. In: *Linguistik online* 16(4).
Menzel, Wolfgang (1999): *Grammatikwerkstatt*. Stuttgart: Klett.
Musan, Renate (2010): *Informationsstruktur*. Heidelberg: Winter.
Oleschko, Sven/Schmitz, Anke (2016): Sprachliche Diversität und Themenentfaltungsmuster in Schülertexten. In Ulrike Behrens/Olaf Gätje (Hg.): *Mündliches und schriftliches Handeln im Deutschunterricht. Wie Themen entfaltet werden. Positionen der Deutschdidaktik. Theorie und Empirie*. Frankfurt a.M.: Peter Lang, S. 219–240.
Oomen-Welke, Ingelore (2000): Umgang mit Vielsprachigkeit im Deutschunterricht – Sprachen wahrnehmen und sichtbar machen. In: *Deutsch lernen* 2, S. 143–163.
Oomen-Welke, Ingelore (2010): *Der Sprachenfächer – Materialien für den interkulturellen Deutschunterricht in der Sekundarstufe I*. Berlin: Cornelsen.
Peschel, Corinna (2006). Verweismittel – Anaphorik – thematische Fortführung: ein Thema für den Grammatikunterricht? In: Carmen Spiegel/Rüdiger Vogt. *Vom Nutzen der textlinguistik für den Unterricht*. Baltmannsweilter: Schneider Verlag Hohengehren, S. 171–186.
Peschel, Corinna (2009): Grammatische Zweifelsfälle als Thema des Deutschunterrichts? Das Beispiel der ‚schwachen Maskulina'. In: Mathilde Hennig/ Christoph Müller: Wie normal ist die Norm. Kassel: University Press.
Peschel, Corinna (2012): Gebundene Präpositionen – (k)ein Bereich für Wahlmöglichkeiten und Zweifelsfälle? In: *Der Deutschunterrich* 1, S. 48–57.
Peschel, Corinna/Mainzer-Murrenhoff, Mirka (2019): Domänenspezifische Diagnose & Förderung des Schreibens – Was brauchen angehende Lehrkräfte? In: *DaF-/DaZ-/DaM-Bildungsräume: Sprech- & Textformen im Fokus*, 3. DOI https://doi.org/10.17192/es2019.0031
Roche, Jörg (2001): *Interkulturelle Sprachdidaktik*. Tübingen: Niemeyer.
Rothstein, Björn (2010): *Sprachintegrativer Grammatikunterricht*. Tübingen: Stauffenburg.
Rothstein, Björn ($^3$2018): *Sprachvergleich in der Schule*. Baltmannsweiler: Schneider Verlag Hohengehren.
Schäfer, Roland/Sayatz, Ulrike (2017): Wieviel Grammatik braucht das Germanistikstudium? In: *Zeitschrift für germanistische Linguistik* 2, S. 221–255.
Schlobinski, Peter (2012): Tempus und Temporalität. Zeit in den Sprachen der Welt. In: *Unimagazin Hannover*, 3/4, S. 20–23.
Schmidt, Siegfried J. (1973): Probleme einer Linguistik der sprachlichen Kommunikation. München: Fink.
Schulze, Kordula (2011). Brauchen Grundschullehrer grammatische Kompetenzen? – Einstellungen und Selbsteinschätzungen von Deutschlehrern. In: Klaus-Michael Köpcke / Christina Noack (Hg.): *Sprachliche Strukturen thematisieren. Sprachunterricht in Zeiten der Bildungsstandards*. Baltmannsweiler. Schneider Hohengehren, S. 27–46.
Selmani, Lirim (2011): Präpositionen im Deutschen und ihre Entsprechungen im Türkischen. In: Ludger Hoffmann/Yüksel Ekinci-Kocks (Hg.): *Sprachdidaktik in mehrsprachigen Lerngruppen*. Baltmannsweiler: Schneider, S. 53–65.
Sturm, Afra (2016): Beurteilen und Kommentieren von Texten als fachdidaktisches Wissen. In: *Leseräume* 3, S. 115–132.
Thieroff, Rolf (2003): Die Bedienung des Automatens durch den Mensch. Deklination der schwachen Maskulina als Zweifelsfall. In: *Linguistik online*, 16/4, S. 105–117.
Tomasello, Michael (2005): *Constructing a language: A Usage-Based Theory of Language Acquisition*. Cambridge: Harvard University Press.

# Literatur

Topalović, Elvira (2015): Zeitliche Verankerung im Verb – Erwerb und Entstehung didaktisch betrachtet. In: Birgit Mesch/Björn Rothstein (Hg.): *Was tun mit dem Verb? Über die Möglichkeit und Notwendigkeit einer didaktischen Neuerschließung des Verbs*. Berlin/Boston: De Gruyter, S. 251–281.

Topalović, Elvira/Blachut, Alisa (2023): *Grammatische Modelle. Der Deutschunterricht 3*. Hannover: Friedrich Verlag.

Topalović, Elvira/Dünschede, Susanne (2014): Weil Grammatik im Lehrplan steht? Bundesweite Umfrage zum Grammatikunterricht in der Schule. In: *Der Deutschunterricht* 3, S. 76–81.

Turgay, Katharina (2017): *Frequenz vs. Akzeptabilität. Medialitätsabhängige Abfolgetendenzen im Mittelfeld*. Trier: wvt.

Wildemann, Anja/Bien-Miller, Lena/Akbulut, Muhammed (2020): Mehrsprachigkeit und Sprachbewusstheit – empirische Befunde und Unterrichtskonzepte. In: Ingrid Gogolin/Antje Hansen/Sarah McMonagle/Dominique Rauch (Hg.): *Handbuch Mehrsprachigkeit und Bildung*. Berlin/Heidelberg: Springer VS, S. 119–123.

Wöllstein, Angelika (2014): *Topologisches Satzmodell*. Heidelberg: Winter.

Wöllstein, Angelika/Zepter, Alexandra (2015): Wie und warum unterscheiden sich die Wortabfolgen in Sätzen? In: Angelika Wöllstein (Hg.): *Das topologische Modell für die Schule*. Baltmannsweiler: Schneider Verlag Hohengehren, S. 239–266.

Zifonun, Gisela/Hoffmann, Ludger/Strecker, Bruno (1997): *Grammatik der deutschen Sprache*. Berlin: De Gruyter.

# Zentrale Dimensionen

Inhaltsverzeichnis

Kapitel 4  Grammatik im Spracherwerb – 65

Kapitel 5  Grammatik und Mehrsprachigkeit – 89

Kapitel 6  Grammatik und Sprachbewusstheit – 111

# Grammatik im Spracherwerb

**Inhaltsverzeichnis**

4.1 Frühkindlicher Grammatikerwerb – 66

4.2 (Vor-)schulischer Grammatikerwerb – 71

4.3 Sprachverstehen und Sprachverarbeitung – 84

Literatur – 85

© Springer-Verlag GmbH Deutschland, ein Teil von Springer Nature 2025
T. Becker, C. Peschel, E. Topalović, *Grammatik in der Schule*,
https://doi.org/10.1007/978-3-476-06010-5_4

Im vorigen Kapitel sind wiederholt Fragen aufgeworfen worden, die den Erwerb sprachlicher Strukturen in den Blick nehmen. Im gegenwärtigen deutschdidaktischen Diskurs ist die Thematisierung entsprechender Erwerbsprozesse ein integraler Bestandteil, insbesondere dann, wenn es um die Frage der Passung von Spracherwerb und Sprachvermittlung geht. Folgende Fragestellungen werden aufgeworfen:
- Welche Entwicklungen lassen sich beim Grammatikerwerb beobachten?
- Welche Mechanismen spielen eine Rolle für die Aneignung sprachlicher Strukturen?
- Und vor allem: Welche der Lernprozesse sind für das Schulalter relevant und was wissen wir über spezifische Lernprozesse in Bezug auf einzelne grammatische Erscheinungen?

In diesem Kapitel soll daher der Frage nachgegangen werden, wie sich Kinder und Jugendliche grammatische Fähigkeiten und damit Fähigkeiten, die grundlegend sind für alle Lernbereiche vom Sprechen und Zuhören, über Schreiben und Lesen bis hin zur Sprach(en)bewusstheit, im Laufe der Schulzeit aneignen. Interessant wäre hierbei natürlich auch die Frage, inwiefern sprachliche Fähigkeiten durch schulische Vermittlung unterstützt werden können. Da jedoch viele Studien – und hier gerade auch Längsschnittstudien – nicht ausdrücklich zwischen Kindern im Vorschulalter und Kindern im Schulalter differenzieren, wird nach den zu erwerbenden Phänomenen unterschieden und nicht nach Altersstufen. Lediglich der frühkindliche Grammatikerwerb erfährt eine gesonderte Betrachtung, da zu Erwerbsprozessen bis zum Alter von drei Jahren besonders viele Studien vorliegen. Es soll also zunächst betrachtet werden, wie grammatische Fähigkeiten im Kindesalter überhaupt erworben werden.

## 4.1 Frühkindlicher Grammatikerwerb

Schon im Mutterleib wird eine Sensibilität für sprachliche Strukturen ausgebildet. Ein Neugeborenes ist bereits in der Lage, das rhythmische Betonungsmuster seiner Muttersprache zu erkennen. In einer Studie zeigten sechs Monate alte deutschsprachige Säuglinge eine Präferenz für trochäische Zweisilber mit betonter Haupt- und unbetonter Nebensilbe. Tatsächlich ergab eine Analyse der Sprachdatenbank CHILDES, „dass annähernd 90 % aller zweisilbigen Wörter, die in den transkribierten Äußerungen an das Kind gerichtet waren, ein trochäisches Betonungsmuster aufweisen" (Höhle 2005: 18). Dieser an das Kind gerichteten Sprache (KGS), die ja den Großteil des sprachlichen Inputs ausmacht, kommt eine besondere Funktion zu. Die ersten Strukturmerkmale, die das Kind in den frühen Lebensmonaten wahrnehmen und unterscheiden kann, befinden sich also auf der prosodischen Ebene. Die Wahrnehmung von Silbenmustern hilft auch beim Erkennen von Wortgrenzen oder anders gesagt bei der Segmentierung des Lautkontinuums: eine wichtige Voraussetzung, um sich die grammatischen Strukturen einer Sprache auf Wort- und Satzebene zu erschließen (vgl. Höhle 2019).

**Erste Wörter** Mit dem ersten Geburtstag können die meisten Kinder ihre ersten Wörter sprechen. Diese haben meist noch eine sehr einfache Struktur und bestehen aus einfachen Zweisilbern. Es dauert dann aber oft mehrere Monate, bis sie anfangen, diese

## 4.1 · Frühkindlicher Grammatikerwerb

Wörter zu Sätzen zu kombinieren (vgl. Szagun 2016). Im Übrigen ist die Sprachwahrnehmung der Sprachproduktion in der Regel weit voraus. Dies gilt auch und vor allem für den Bereich der Morphologie.

**Versuch zur morphologischen Verarbeitung** Interessant ist folgender Versuch, der mit 20 Monate alten Kindern durchgeführt wurde: Ihnen wurden verschiedene Sätze vorgespielt, die sie nachsprechen sollten. Dabei bestand die eine Hälfte der Sätze aus Pseudowörtern, die aber grammatische Morpheme enthielten. Die andere Hälfte der Sätze enthielt nur Pseudowörter, die lediglich je aus derselben Anzahl an Silben bestanden, z. B. *Pete gorpa ko wug*. Die Wiederholung dieser Sätze gelang den Kleinkindern meist vollständig. Die Sätze, die grammatische Morpheme enthielten, wie z. B. *Jeff reshes the pag*, wurden dagegen in der Regel folgendermaßen wiederholt: *Jeff resh peg* (Gerken et al. 1990, zitiert nach Karmiloff-Smith/Karmiloff 2002). Die kleinen Versuchspersonen hatten also offensichtlich die Morpheme bei der Verarbeitung „herausgerechnet" und bei der Reproduktion nur die lexikalischen Elemente berücksichtigt. Für die Forscherinnen ist dieses Ergebnis ein Beleg dafür, dass die Morpheme tatsächlich verarbeitet werden, was aber zu einem *processing overload* führt, der verhindert, dass diese Morpheme auch wieder produziert werden können. Nach Karmiloff-Smith/Karmiloff (2002: 99) machen derartige Versuche deutlich: „What children say – and fail to say – is not always a good indicator of their grammatical competence."

**Stufen des Erwerbs** An konkreten Daten transkribierter Gespräche lassen sich die Stufen des Erwerbs gut nachvollziehen. Im ersten Beispiel ist das Kind 21 Monate alt; es produziert in dem gezeigten Transkript zunächst Einwortäußerungen. Die produzierten Wörter werden im Rahmen spezifischer phonologischer Prozesse systematisch vereinfacht.

> ▶ **Beispiel**
>
> Kind (1;9 Jahre ANA) und Mutter (MOT) beim Spielen (aus Szagun 2016: 67)
>
> MOT: was ist das?
> ANA: tika [=tiger].
> MOT: ein zebra ganz genau.
> ANA: zepa [=zebra].
> MOT: ein zebra.
> ANA: das?
> MOT: und das is ein tiger. ◀

**Die ersten Flexionsmorpheme** tauchen ab 18 Monaten auf. Die Kinder markieren meist zuerst den Plural, z. B. *Kinder*, *Äpfel*, *Babys*, und das Genus am Artikel, z. B. *das Eis*, *die Tür*, *eine Kuh* (vgl. Szagun 2016: 80). Danach kommen auch Verb- und Kasusmarkierungen dazu (*der kommt, ich gehe, den Zaun, auf'm Kopf*) (ebd.: 80). Auch Partizipien werden früh gebraucht, jedoch noch lange in der schwachen Konjugation übergeneralisiert (z. B. *geesst*, *gefliegt*). Bis zum Alter von 30 Monaten können die Personenmarkierungen am Verb dann mit einem Korrektheitsgrad von 90 % als voll erworben gelten.

> **Zur Vertiefung**
>
> **Pluralerwerb**
>
> Der Erwerb der Pluralformen ist nicht nur ein vergleichsweise langer Prozess, er stellt auch einen zentralen Diskussionsgegenstand in der Kontroverse der Erwerbstheorien dar. Um dies näher zu beleuchten, wollen wir zunächst auf das Phänomen an sich kurz eingehen: Für die Markierung des Numerus besteht im Deutschen keine einfache Regel wie z. B. im Englischen, wo bis auf sehr wenige Ausnahmen das Suffix -s angefügt wird.
>
> Im Deutschen stehen mehrere Suffixe zur Verfügung: -e (*Hunde*), -(e)n (*Affen, Bären*), -er (*Kinder*), -s (*Autos*) und das sogenannte Nullmorphem (*Eimer*). Zudem kann zu manchen Suffixen auch ein Umlaut treten (*Hände, Hühner, Äpfel*). Dadurch ergeben sich acht Regularitäten, welche allerdings nicht in der gleichen Häufigkeit vorkommen. Der *er*- oder der *s*-Plural sind z. B. viel seltener als der *n*-Plural. Es mag daher nicht verwundern, dass Kinder vergleichsweise lange brauchen, bis sie sich diese Formen angeeignet haben, und dass zudem auch noch viele Übergeneralisierungen auftauchen. Für Theorien zum Spracherwerb ergibt sich nun die Herausforderung zu erklären, dass das sprachlernende Kind dieses komplexe System doch irgendwann meistert, obwohl es hier eben nicht auf „Regeln" zurückgreifen kann.
>
> Szagun geht davon aus, dass Kinder sich den Plural als „ein System multipler Regularitäten" (2016: 95) erschließen, indem sie „sich an den wiederkehrenden Mustern der Kombination von Lautmustern des Wortausgangs am Nomen und Pluralallomorph und der Kombination von Genuszugehörigkeit, Wortausgang und Pluralallomorph" orientieren (ebd.).

**Der Erwerb der Nominalflexion** ist etwas komplexer. Bei den Genusmarkierungen sind nur anfänglich fehlerhafte Formen zu beobachten, bereits mit „36 Monaten werden Artikel zu 90 % korrekt gebraucht" (Szagun 2016: 81). Bei der Pluralmarkierung, die im Deutschen recht komplex ist (vgl. Vertiefung), kann man von einem äußerst lang anhaltenden Erwerbsprozess sprechen, der auch bei Vierjährigen noch nicht abgeschlossen ist.

Noch komplexer gestaltet sich der Erwerb des Kasus, der typischerweise die Reihenfolge Nominativ, Akkusativ, Dativ, Genitiv hat. Denn selbst bei Kindergartenkindern liegt eine hohe Abweichungsquote vor, die Kasus zielsprachlich zu verwenden (beim Dativ bis zu 45 %, vgl. Szagun 2016: 81).

Während der indefinite Artikel oft noch keine Akkusativmarkierung hat (*der andere mann hat ein kinderwagen*; Beispiel nach Szagun 2016: 81), gebrauchen Kinder statt des Dativs häufig den Akkusativ, vor allem beim definiten Artikel der Neutra und Maskulina (*ich war heute in'n kindergarten* (5 Jahre, Eigenbeleg)). Die längere Erwerbsdauer in diesen Fällen kann damit begründet werden, dass die auditive Diskriminierung des Inputs anforderungsreicher ist. In beiden Fällen handelt es sich um akustisch schwer wahrzunehmende Lautsegmente: In der Umgangssprache wird der indefinite Artikel *einen* meist in der zweiten Silbe als Sonorant (Konsonant als Silbenkern) realisiert ([ainn]) und daher leicht als einsilbig wahrgenommen (vgl. Dahmen/

Weth 2017). Auch die definiten Artikel *dem* und *den* sind in der umgangssprachlichen Realisierung nicht leicht zu unterscheiden.

**Syntaktische Strukturen**   Nach der Phase der Zwei-Wort-Sätze beginnt das Kind, Drei- und Mehrwort-Sätze zu äußern. Die für das Deutsche charakteristische Verbzweitstellung taucht bereits mit 18 Monaten auf und wird schnell erworben (*Opa kommt nis* (21 Monate, Eigenbeleg)). Dies gilt auch für die Klammerstruktur, deren Aneignung sich zwischen 24 und 34 Monaten vollzieht (*da hab is eine katze malt* (26 Monate, Eigenbeleg)).

Das Kind im zweiten Beispiel unten ist ein Jahr älter (33 Monate) als das Kind im Beispiel oben, und ist nun in der Lage, vollständige grammatische Sätze zu produzieren. Dies führt die erstaunliche Tatsache vor Augen, dass sich der Grammatikerwerb in Bezug auf morpho-syntaktische Grundstrukturen in relativ kurzer Zeit vollziehen kann.

> ▶ **Beispiel**
>
> Kind (2;9 Jahre FAL) und Projektmitarbeiterin (GIS) unterhalten sich (aus Szagun 2016: 67 f.)
>
> FAL: hat der auch ein körbchen?
> GIS: nee, der will gar kein körbchen.
> FAL: nein. Ham die katzen auch ein körbchen?
> GIS: die geh'n überhaupt nich in'n körbchen.
> FAL: aber ich hab ein buch mal (g)eseh'n.
> FAL: da war eine katze in körbchen mal. ◀

Allerdings verdecken überblicksartige Darstellungen den Blick auf die Tatsache, dass der Weg, der zu solchen Zielstrukturen führt, von den Kindern oft individuell beschritten wird. So produzierte ein Kind wiederholt Strukturen wie: *habis apfel e'esst* (2;9 Jahre, Eigenbeleg) für die intendierte Zielstruktur *ich habe einen Apfel gegessen*. Was hier scheinbar nach „Stellungsfehler" aussieht, lässt sich dadurch erklären, dass das Kind die sog. Wackernagel-Position, also die schwach betonte Position unmittelbar nach der linken Satzklammer, als agglutiniertes Morphem interpretiert. Mit anderen Worten: Es interpretiert das Pronomen als Verbanhängsel. Derartige Phasen dauern zwar meist nur kurz, sie sind aber ein Hinweis darauf, dass die Erwerbswege individuell verlaufen (vgl. auch Szagun 2016: 82).

Wie syntaktische Strukturen über die Jahre aufgebaut werden, lässt sich an der folgenden Übersicht nach Tracy (2008) ablesen, in der der Syntaxerwerb nicht in Stufen, sondern in Meilensteinen modelliert wird. Sie orientiert sich dabei an der Satzklammer (vgl. zum Feldermodell ▶ Kap. 11), die sich sehr gut eignet, um die Erwerbsprogression im Sinne eines Ausbaus von rechts nach links nachzuzeichnen.

**Nebensatzstrukturen**   stellen im Hinblick auf syntaktische Lernbereiche eine gewisse Herausforderung dar. Sie erfordern einiges an komplexem grammatischem Wissen, da sie nicht nur relativ lange sprachliche Einheiten umfassen können, sondern auch

## Zur Vertiefung

**Meilensteine des Spracherwerbs**

In Bezug auf die Entwicklung von Satzstrukturen definiert Tracy verschiedene Meilensteine, die Kinder sukzessive durchlaufen:

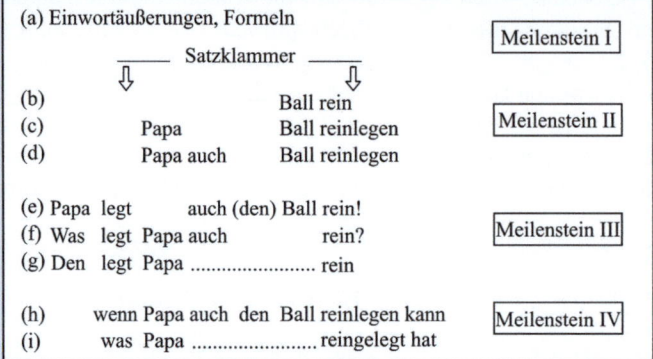

Nach den Einwortäußerungen (Meilenstein I) werden in Meilenstein II zunächst Mittelfeld und rechte Satzklammer besetzt, meist mit Verben im Infinitiv oder Verbpartikeln. In Meilenstein III rutschen die Vollverben in die V2-Position und werden flektiert; auch das Vorfeld kann besetzt werden einschließlich Subjekt-Verb-Kongruenz. Die Produktion von Nebensätzen mit Verbendstellung kennzeichnet dann Meilenstein IV.

eine spezifische Anordnung erfordern. Dennoch sind solche Nebensatzstrukturen einschließlich der Verbendstellung schon vor dem dritten Geburtstag zu beobachten. Auch ist die Verbstellung jeweils in Haupt- und Nebensatz in hohem Maße korrekt. Die ausnehmend geringe Abweichungsquote rührt möglicherweise daher, „dass Kinder, von Zweiwortäußerungen an, eine Verbendstellungsregel beherrschen und diese dominiert" (Szagun 2016: 83).

**Entwicklungsfaktoren** Von besonderem Interesse für didaktische Fragestellungen ist es, welche Faktoren oder Mechanismen die Entwicklung der Grammatik einer Sprache in dieser frühkindlichen Phase begünstigen. Neben allgemeinen kognitiven Fähigkeiten des Kindes (vgl. Szagun 2016: 202) konnte eine ganze Reihe weiterer Aspekte bestimmt werden, die eine wichtige Rolle für die Entwicklung grammatischer Fähigkeiten spielen:

**Wortschatz** Zunächst ist es der Wortschatz des Kindes, der gleichsam als Zündung und Motor für die grammatische Entwicklung gesehen werden kann, denn der Zusammenhang zwischen dem Anstieg des Wortschatzes und der grammatischen Komplexität ist empirisch gut belegt. Erst ab einer gewissen kritischen Masse von ca. 200–300 Wörtern beginnt auch die Grammatik sich auszubilden (vgl. Szagun 2016: 200). Klann-Delius

(2016: 38) hebt als „Bedingung des Grammatikerwerbs" den Erwerb „von Wörtern mit relationalen Bedeutungen (Verben, Adjektiven etc.)" hervor, der in einer Querschnittsstudie von Bates et al. (1994) diskutiert wird.

**Input-Qualität** Wesentlich sind weiterhin Quantität und Qualität des sprachlichen Inputs, den das Kind erhält. Mit der Qualität des Inputs ist gemeint, dass der Input konsistente, komplexe und systemkonforme Strukturen enthält. In diesem Zusammenhang wird vor allem auf die Bedeutung der Schrift- und Bildungssprache hingewiesen. Zahlreiche Studien kommen zu dem Schluss, dass Literacy-Erfahrungen wie z. B. das dialogische Bilderbuchlesen und Erzählkontexte nicht nur einen Einfluss auf die Sprachentwicklung von Kindern haben, sondern auch auf den späteren schulischen Erwerb von „Bildungssprache" (für einen Überblick vgl. Lonigan/Whitehurst 1998; Quasthoff et al. 2014). Familiale und vorschulische Erfahrungen mit konzeptioneller Schriftlichkeit, zu denen u. a. Kinderlyrik, Geschichtenerzählen, Bilderbuchlesen und Vorlesen gezählt werden, wirken sich entsprechend auch auf den schulischen Schriftspracherwerb aus (vgl. Topalović/Drepper 2019).

**Input-Quantität** Dass Kinder, die eine Sprache erwerben sollen, diese auch in ausreichendem Maße rezipieren müssen, ist gut nachvollziehbar. Dieser Zusammenhang ist in der Forschung unstrittig, obwohl über die geforderte Menge keine Einigkeit herrscht. Einer vielzitierten Studie von Hart/Risley (1995) zufolge besteht hier außerdem ein Zusammenhang mit dem familialen Hintergrund. Die Langzeitstudie mit 42 Familien zeigte, dass der **Umfang der Wörter**, welche in Familien mit hohem sozioökonomischen Status an Kinder gerichtet wurde, um 30 Millionen Wörter höher lag als bei Familien mit niedrigem sozioökonomischem Status. Von doppelt so vielen Wörtern im Wortschatz von Kindern mit höherem sozioökonomischem Status sprechen auch Weinert/Ebert (2013). Allerdings zeigt Rowe (2012) in ihrer Längsschnittstudie, dass die Quantität des Inputs als Erklärung für Wortschatzunterschiede nicht ausreicht: „Nach diesen Ergebnissen ist es [...] weniger der sozioökonomische Status der Familie als der **Konversationsstil**, der zwischen Eltern und Kindern gepflegt wird" (Rohlfing 2019: 297). Die Entwicklung der Sprachzentren im Gehirn wird also nicht nur von der Quantität des Inputs beeinflusst, sondern auch von der Quantität – und Qualität – der sprachlichen Interaktionen zwischen Kind und Erwachsenem (z. B. Romeo et al. 2018). Relevant für die Grammatikentwicklung ist es daher auch, sich mit seinem Kind zu unterhalten, also nicht nur *zu* seinem Kind zu sprechen, sondern *mit* ihm. Bereits die Forschungen von Jerome S. Bruner aus den 1980er Jahren betonen die Bedeutung interaktiver, in eine „kulturelle Matrix" eingebundener Formate (Bruner 2002), was sich auf schulische Erwerbsprozesse übertragen lässt.

## 4.2 (Vor-)schulischer Grammatikerwerb

Wir haben uns zunächst auf die frühkindliche Phase des Grammatikerwerbs konzentriert und in diesem Zusammenhang deutlich gemacht, dass die wesentlichen Grundstrukturen des Deutschen von Kindern in der Regel in den ersten drei Lebensjahren gemeistert werden. Entsprechend konzentriert sich auch das Gros der Untersuchun-

> **Zur Vertiefung**
>
> **Die Sprachzentren im Gehirn**
> Wie und wo Grammatik in unserem Gehirn genau verarbeitet wird, lässt sich gegenwärtig noch nicht eindeutig festlegen. Außerdem gibt es unterschiedliche Auffassungen über das Zusammenarbeiten der unterschiedlichen sprachlichen Bereiche im Gehirn. Manche Ansätze gehen davon aus, dass es relativ fest umrissene Areale gibt, die modulartig unterschiedliche Bereiche wie Semantik, Morphologie und Syntax verarbeiten. Andere Ansätze gehen von einer stärkeren Vernetzung aus. In jedem Fall hat die neurolinguistische Forschung aber verschiedene Gehirnareale definieren können, die unterschiedliche Aufgaben übernehmen. Grundsätzlich übernimmt bei den meisten Menschen die linke Gehirnhälfte einen großen Teil der Sprachverarbeitung. Dort befinden sich – jeweils benannt nach ihren Entdeckern – das Broca-Zentrum und das Wernicke-Zentrum. Erkenntnisse über die Arbeitsweise dieser beiden Areale konnten in erster Linie aus Studien an Aphasie-Patient/innen gewonnen werden. Ist das Wernicke-Areal durch einen Tumor oder einen Schlaganfall beeinträchtigt, haben die Personen oft Schwierigkeiten bei der Wortfindung und beim allgemeinen Sprachverständnis. Sie produzieren zwar einigermaßen grammatische Äußerungen, diese sind aber oft formelhaft und semantisch leer. Bei Beeinträchtigung des Broca-Areals wiederum ist der sogenannte Telegrammstil typisch. Dies kann als Hinweis interpretiert werden, dass einige für die Grammatik zentralen Prozesse im Broca-Areal verarbeitet werden.

gen zum Spracherwerb auf diese Zeit. Es ist aber natürlich unmittelbar einsichtig, dass eine Dreijährige in ihrer Sprachkompetenz noch weit entfernt ist von einer erwachsenen Sprecherin. Daraus lässt sich ableiten, dass noch einiges an Lernprozessen durchlaufen wird, bevor die Erwachsenen- oder auch Zielsprache erreicht wird. Für unsere grammatikdidaktische Perspektive ist vor allem von Interesse, welche Entwicklungen auf den vorschulischen und den schulischen Lernabschnitt entfallen. Kemp und Bredel kommentieren jedoch: „Die gesamte Entwicklung der morphologisch/syntaktischen Basisqualifikation bei schulpflichtigen Kindern ist weitestgehend noch *terra incognita*" (Kemp/Bredel 2008: 102).

**Der Begriff der Bildungssprache** ist in diesem Zusammenhang in den letzten Jahrzehnten aufgekommen und prägt aktuelle bildungswissenschaftliche wie fachdidaktische Diskussionen (vgl. ▶ Abschn. 5.2). Mit Eintritt in die Institution Schule bekommt die sprachliche Entwicklung der Kinder neue, ganz spezifische Impulse. Und oft führt gerade das, was diese Sprache der Schule und der Bildung ausmacht, zu Herausforderungen im Spracherwerbsprozess. Die Kinder müssen im Verlauf ihrer schulischen Sozialisation ihre Sprachfähigkeiten in der Weise ausdifferenzieren, dass sie in der Lage sind, die komplexen kognitiven und sozialen Anforderungen der Institution zu meistern. Allerdings wird dieses Konzept sehr unterschiedlich definiert und vielfach kritisch gesehen, vor allem in Bezug auf die Beschreibung durch und damit eventuell Reduktion auf for-

## 4.2 · (Vor-)schulischer Grammatikerwerb

male Oberflächenmerkmale und die Gefahr einer normativen Interpretation als Garant für erfolgreiche Schulbildung.

> **Definition**
>
> Mit **Bildungssprache** ist ein bestimmter Ausschnitt sprachlicher Kompetenz bezeichnet. Gemeint ist ein formelles Sprachregister, d. h. eine Art und Weise Sprache zu verwenden, die bestimmte formale Anforderungen beachtet. Sehr grob charakterisiert, kann man sagen, dass Bildungssprache auch dann, wenn sie im Mündlichen vorkommt, an den Regeln des Schriftsprachgebrauchs orientiert ist. Besonderes Gewicht besitzt das Register im Bildungskontext: Es wird bei Lernaufgaben, in Lehrwerken und anderem Unterrichtsmaterial verwendet; es wird in Prüfungen und Unterrichtsgesprächen eingesetzt (Gogolin/Lange 2011: 111).

Nach dieser Definition ist zentral, dass bestimmte, für Bildungssprache charakteristische sprachliche Merkmale im Dienste von spezifischen (Mikro-)Funktionen stehen (z. B. Objektivierung, Verdichtung, Entpersonalisierung). Dazu gehören beispielsweise Passivkonstruktionen, Funktionsverbgefüge und Fachtermini (vgl. Reich 2008). Entscheidend ist, dass es sich um eine Sprachform handelt, die erst im Rahmen des Kontakts mit schriftlicher Sprache und der schulischen Bildung erworben wird und nicht im alltäglichen Spracherwerb. Das Konzept der *Schriftsprache* weist daher zahlreiche Ähnlichkeiten zu dem der Bildungssprache auf. Während der Terminus *Bildungssprache* eher die Wichtigkeit dieser Sprachform für Bildungsprozesse und in den entsprechenden Institutionen betont, verweist der Terminus *Schriftsprache* (auch im Sinne konzeptioneller Schriftlichkeit) stärker auf die Wichtigkeit schriftsprachlichen Inputs und die entscheidende Rolle dieser Sprachform in schriftlichen, formellen Kontexten.

**Linguistische Beschreibungsebenen** Die Darstellungen des Erwerbs komplexerer grammatischer Strukturen wurden den üblichen linguistischen Beschreibungsebenen entsprechend unterteilt in Nominalgruppe und Verbalgruppe und die Ebenen Satz und Text. Während der Fokus auf der Sprachproduktion liegt, soll auch ein kleiner Exkurs Fragen der Sprachverarbeitung berühren. Dass diese Einteilung gewählt wurde, ist in erster Linie der besseren Darstellbarkeit geschuldet. Es soll nicht implizieren, dass sich der Erwerb modular entlang dieser Beschreibungsebenen vollzieht. Im Gegenteil gehen wir eher von konstruktionsgrammatischen Zugängen aus.

**Konstruktionsgrammatik** In der sogenannten gebrauchsbasierten Spracherwerbsforschung geht man davon aus, dass Kinder Sprache vor allem zu Beginn des Erwerbs nicht nur segmentieren, sondern auch holistisch verarbeiten, und zwar in Form ganzer Äußerungseinheiten (vgl. Tomasello 2005). Sie orientieren sich dabei eher an den kommunikativen Intentionen, die mit den Äußerungen verbunden sind. Der Erwerbsprozess wird innerhalb solch konstruktivistischer Ansätze (vgl. auch Behrens 2009) so modelliert, dass Kinder über den Input „nach und nach mit unterschiedlichen, aber ähnlichen Realisierungsvarianten einer Konstruktion konfrontiert [werden], die sie zueinander in Beziehung setzen" (Becker et al. 2023: 42). Das bedeutet, der verbale Input hat Eigenschaften, „die es dem Kind erleichtern, Konstruktionen durchs Nachahmen aufzugreifen und in ersten Sprachproduktionen lediglich an ausgewählten Stellen (sogenannte *slots*) zu verändern" (Rohlfing 2019: 29). Neben solchen variablen slots bestehen die Konstruktionen aus fixen Elementen (frames) (vgl. Tomasello 2005). Ein solches stellt etwa die Form *Da ist X* dar, wobei X für den slot steht, der mit verschiedenen Elementen (*der Ball, die Mama* etc.) gefüllt werden kann. Im Verlaufe des Spracherwerbs meistern die Kinder immer komplexere Konstruktionen. Als grundlegend für die Aneignung wird der sprachliche Input gesehen, der in bedeutsamer sozialer Interaktion stattfindet.

### 4.2.1 Erwerb der Nominalgruppe

Bei den ersten Wörtern, die ein Kind lernt, handelt es sich meist um Nomen. Auch im frühen Wortschatz bilden sie die dominante Wortart. Während aber das Genus der Nomen früh erworben wird, dauert der Erwerb des Kasus länger. Auf den Numerus wurde bereits in ▶ Abschn. 4.1 eingegangen, denn durch seine multiplen Regularitäten stellt er eine besondere Herausforderung für den Erwerb dar. Kasus, Genus und Numerus werden in Wortgruppen erworben, z. B. in Nominalgruppen (***Die kleinen Tiger** sind so niedlich*) oder Präpositionalgruppen (*Das Haus steht **auf einem grünen Hügel***).

**Die Nominalgruppe** kann im Deutschen sehr komplex ausfallen und stellt damit eine gewisse Herausforderung dar: nicht nur dadurch, dass sie sehr umfangreich werden kann, sondern auch dadurch, dass Wörter der Nominalgruppe in der Regel dem Kasus des nominalen Kerns angepasst werden müssen (vgl. Becker et al. 2023). Bei den weiteren Wörtern handelt es sich meist um Determinierer (z. B. Artikel) und um Attribute (z. B. Adjektive). Vor allem die Attribute können nun ebenfalls wieder recht komplex werden. Sie bestehen zuweilen selbst aus einer Partizipialgruppe, die wiederum eine Nominalgruppe enthalten kann, wie der folgende Satz aus einem Kinder- und Jugendbuch illustriert (Beispiel 4):

> „(…) aber schließlich saßen wir alle nebeneinander auf gelben Kunststoffhockern in einem blaugrünen, von kaltem Licht erfüllten Gang."
> Rico, Oskar und das Herzgebreche (Steinhöfel 2009: 236)

Das Partizip *erfüllten* ist ebenso wie das Adjektiv *blaugrünen* Attribut zu *Gang*, enthält aber selbst eine Präpositionalgruppe mit einem Adjektivattribut. Das als Attribut gebrauchte Partizip tritt in Kasuskongruenz mit dem Bezugsnomen *Gang*. Das Nomen *Licht* der Präpositionalgruppe richtet sich mit seinem Adjektivattribut nach der Präposition *von*. Es gilt also nicht nur, das Nomen in seiner Form an den geforderten Kasus anzupassen, sondern möglicherweise auch weitere Wörter, wobei das jeweilige Flexionsmorphem noch nicht einmal formgleich sein muss (**des** klein**en** Mädchen**s**). Weiterhin muss berücksichtigt werden, welcher Kasus überhaupt gefordert ist und von welchem sprachlichen Element er gefordert wird.

**Präpositionalgruppen** Im Deutschen stellen daher vor allem solche Präpositionalgruppen ein große Herausforderung dar, die sekundäre Präpositionen beinhalten, wie *entgegen, gemäß, laut, während*. Hier besteht nämlich oft zusätzlich die Unsicherheit, welchen Kasus die jeweilige Präposition fordert. Viele dieser Präpositionalphrasen gehören aus diesem Grund in die Gruppe der sprachlichen Zweifelsfälle. Studien mit erwachsenen Sprechern zeigen, dass hier große Unsicherheit oder zumindest Unterschiede im Sprachgebrauch bestehen (vgl. Becker 2011a). Im Rahmen einer kleinen unveröffentlichten Erhebung in einer achten Gesamtschulklasse konnten wir beobachten, dass ein großer Teil der Schüler/innen erhebliche Schwierigkeiten mit der Rektion der Präpositionalgruppe hatte. Belastbare Zahlen liegen darüber hinaus aber nicht vor.

### 4.2.2 Erwerb der Verbalgruppe

In Bezug auf das Verb sind nicht nur Personalformen, sondern auch verschiedene Tempora, zwei Modi (Indikativ und Konjunktiv) und zwei Genera Verbi (Aktiv und Passiv) zu erwerben. Morphologisch relativ komplex verhalten sich zudem die irregulären Verben und die Präfixverben.

Grundsätzlich werden die Personalformen im Präsens, das Paradigma von *haben* und *sein* und reguläre Partizipien in den ersten drei Lebensjahren recht zuverlässig gemeistert (vgl. Kemp/Bredel 2008). Hier liegt die Herausforderung zunächst bei den irregulären, also den starken Verben. Es lässt sich beobachten, dass auch Vier- und Fünfjährige die Partizipien starker Verben noch regelhaft bilden. Erst mit Schuleintritt verschwinden diese Übergeneralisierungen (z. B. *\*geschwimmt* für *geschwommen*, *\*gefliegt* für *geflogen*). Obwohl das Perfekt eigentlich die morphosyntaktisch komplexere Verbform ist – sie besteht aus Hilfsverb und mehrsilbigem Partizip –, findet es sich deutlich früher im Sprachgebrauch des Kindes als das Präteritum. Präteritale Formen werden lediglich bei hochfrequenten Verben wie *haben, sein, geben, kommen, stehen, wissen, dürfen, können, müssen, wollen* gebraucht (vgl. Hennig 2000: 181), u. a. also bei Modal- und Hilfsverben (vgl. Behrens 1993). Diese Beobachtung verdeutlicht, dass der Input eine große Rolle spielt. Tatsächlich nutzen wir in der Alltagssprache sehr viel häufiger Präsens und Perfekt als das Präteritum, das ein prototypisches Tempus der Schriftlichkeit ist.

**Vollverben** werden auch zu Beginn des Grundschulalters noch nicht vollständig beherrscht, vielmehr erstreckt sich ihr Erwerb bis ans Ende der Grundschulzeit (vgl. Kieferle 2006). Unsicherheiten in der Konjugation starker Verben konnten selbst in der Sekundarstufe noch dokumentiert werden (vgl. Müller/Tophinke 2015: 58). Speziell für das Präteritum mag die Ursache für den sehr langen Erwerbszeitraum wohl weniger in der morphologischen Komplexität liegen. Denn es gibt eindeutig je nach Verbtypen unterschiedliche Erwerbszeiträume. So werden bei Vollverben die Perfektformen früher erworben, bei den Modal- und Hilfsverben aber die Präteritumformen (vgl. Behrens 1993). Allerdings werden Erwerbsverläufe und -mechanismen der starken und schwachen Flexionsformen in der Forschung kontrovers diskutiert, wobei mittlerweile relativ unstrittig ist, dass der Erwerb der starken Flexionsformen auf einen reichhaltigen Input angewiesen ist. Hier spielt also die Tatsache eine Rolle, dass das Präteritum in der Alltagssprache wenig gebraucht wird. Eine wichtige Quelle für sprachlichen Input stellt vornehmlich die literarische Sprache dar. In Geschichten und Märchen, aber auch in Bilderbüchern wird überwiegend das Präteritum genutzt. Die jeweiligen Erwerbsverläufe und deren Kontext fassen Topalović/Uhl folgendermaßen zusammen:

> „Bis zur Einschulung ist den Sprecher/innen vor allem der mündlich-konversationelle Sprachgebrauch zugänglich, bei dem Präsens und Perfekt überwiegen. Erst mit Eintritt in die Schriftlichkeit bzw. mit ersten Literalitätserfahrungen [...] kommen Kinder dann vermehrt mit präteritalen Formen in Kontakt, was wiederum Einfluss auf den sprachlichen Output der Kinder hat." (Topalović/Uhl 2014a: 31)

Ein Zusammenhang zwischen dem Erwerb des Präteritums und der Vorlese- bzw. Lesehäufigkeit ist daher naheliegend und wurde von Kieferle (2006) empirisch belegt. Stark (2016) konnte in einer Studie zur Vorleseinteraktion ebenfalls die wichtige Input-Funktion für den Präteritumerwerb dokumentieren. Durch die zunehmende Auseinandersetzung mit literaler und literarischer Sprache (vgl. Dehn et al. 2011) entfaltet sich auch die Verwendung des Präteritums im Schriftlichen in der Regel im Verlauf der Primarstufe. Die Differenzierung, insbesondere der irregulären Verbformen, dauert häufig bis zum Übergang in die Sekundarstufe an (vgl. Topalović/Uhl 2014), auch wenn z. B. Drittklässler/innen in ihren Fantasieerzählungen schon einen recht versierten Umgang zeigen (Naugk 2018). In Bezug auf die Produktion präteritaler Verben könnte zudem eine Rolle spielen, dass übergeneralisierte Formen morphologisch meist wenig salient, also sprachlich weniger gut wahrnehmbar sind, zumindest im Vergleich zum Perfekt. Denn die Form *ich habe gelacht* wird trotz des nicht stark flektierten Stammes von drei indizierenden Elementen (Morphemen) gestützt; die Form *ich lachte* dagegen nur von einem. Dies mag im Übrigen auch ein Grund für den umgangssprachlich geringen Gebrauch des Präteritums sein.

**Bei Passivkonstruktionen** handelt es sich um Formen, die im Sprachgebrauch von Kindern relativ spät auftauchen, erst ab vier Jahren werden sie häufiger gebraucht (vgl. Abbot-Smith/Behrens 2006; Grimm 1973). Auch das Verstehen von Passivsätzen stellt Kinder noch lange vor Herausforderungen. In Versuchen, in denen Kinder bei der Interpretation der Sätze syntaktische Informationen dekodieren müssen und sich nicht auf semantische verlassen können, zeigte sich, dass erst Grundschulkinder beginnen, diese zu meistern (vgl. Becker 2006; im Überblick Kemp/Bredel 2008). Wie bei Verstehenstests deutlich wurde, tendieren Kinder dazu, das Element im Satz als Agens zu interpretieren, das als erstes auftaucht und generell agensfähig ist, unabhängig von anderen syntaktisch-morphologischen Informationen. Diese „Agent-first"-Strategie kommt besonders zum Tragen, wenn es sich um Konstruktionen mit reversiblen Elementen handelt. Sätze wie „*Die Mutter küsst den Vater*" sind hochgradig reversibel, da sowohl Mutter als auch Vater theoretisch als Agens, also als Küssende auftreten können. In „*Die Mutter isst den Apfel*" dagegen kann semantisch nur die Mutter die Rolle des Agens übernehmen. Der Satz ist also irreversibel in der Rollenzuschreibung. Kinder zeigen daher eine höhere Verstehensleistung bei Sätzen wie „*Der Apfel wird von der Mutter gegessen*" als bei Sätzen wie „*Der Vater wird von der Mutter geküsst*".

Klann-Delius (2016: 40) hebt hervor:

> „Die Konstituentenstruktur des Passiv und die richtige Zuordnung der thematischen Rollen sind erst mit 9 Jahren etabliert [...]. Auch Satzkonstruktionen, die allein aufgrund der Kasusmarkierung anzeigen, wer Agens und wer Patiens ist (*Den Tiger jagt der Mann*), werden erst in diesem Stadium beherrscht."

## 4.2 · (Vor-)schulischer Grammatikerwerb

Nur wenige Studien verfolgen den Passiverwerb über die Schuleingangsphase hinaus, obwohl dem Passiv gerade auch in der Sekundarstufe insofern Bedeutung zukommt, als es ein prominentes Charakteristikum der Bildungssprache vorstellt (im Überblick Philipp/Efing 2018: 206). Befunde einer Studie von Becker (2006) deuten darauf hin, dass Grundschulkinder beim Verstehen von reversiblen Passivsätzen noch erhebliche Schwierigkeiten haben, aber auch, dass die Verstehensleistung deutlich von semantisch-konzeptuellen Aspekten beeinflusst wird (z. B. Belebtheit). Reversible Passivkonstruktionen sind allerdings selbst in bildungssprachlichen Texten selten.

**Konjunktiv** Bereits im frühen Kindesalter ist der Konjunktiv II relativ präsent in der kindlichen Sprache, und zwar vor allem im Rahmen des kindlichen Rollenspiels (Knobloch 2001). Typisch sind hier Formen wie in folgender Äußerung:

» *"Das wäre jetzt wohl unser Haus, und du wärst die Mutter"* (Knobloch 2001: 68).

Knobloch dokumentiert den Konjunktiv in einem Spracherwerbskorpus 3- bis 7-Jähriger (Rigol-Korpus) vor allem auf der Instruktionsebene des Symbol- und Fiktionsspiels (vgl. Knobloch 2001: 73). Ebenso findet er sich in „sprachlich über- und mehrfachcodierten relativ festen Wendungen" (ebd.: 77) des Typs: „Wenn ich größer wär, hätt ich mir die ausgesucht" (ebd.: 76). Über den Erwerb des Konjunktiv I ist praktisch nichts bekannt. In den Daten von Knobloch findet er sich nicht (vgl. ebd.: 81). Knobloch argumentiert aber, dass die Funktion, die der Konjunktiv II in der Kindersprache übernimmt, der Funktion des Konjunktiv I in der Erwachsenensprache nahekommt, nämlich der Redewiedergabe. In einer Studie zu Fantasieerzählungen bei Drittklässler/innen belegt Naugk (2018) den Gebrauch von Formen des Konjunktivs, der sich jedoch als sehr individuell erweist.

Einige Beobachtungen, die sich beim Präteritum machen lassen, scheinen auch auf den Konjunktiv übertragbar. So finden sich fast ausschließlich Modalverben sowie *haben* und *sein*. Im Übrigen wird die *würde*-Umschreibung genutzt. Vollverben im Konjunktiv II sind äußerst selten. Dabei ist der Konjunktiv erwerbstheoretisch besonders interessant, da er in der gesprochenen Sprache als flexivische Form oder als Konjunktiv I kaum vorkommt und eher für die Schriftsprache typisch ist. Es besteht daher für das Sprache lernende Kind wenig Gelegenheit, sich die Formen des Konjunktivs anzueignen und zu automatisieren. Knobloch beschreibt dies so: „Der flexivische Konj. hängt in der Luft, weil er allein schriftsprachlich tradiert werden muß und nicht an der schriftinduzierten Reanalyse primärer Automatismen andocken kann" (Knobloch 2001: 83). Er vermutet weiter, dass der Erwerbsweg vor allem über die Wortebene, nicht über die Morphologie verläuft, da der flexivische Konjunktiv ebenso selten ist, wohingegen die typischen frühen Verwendungen die hätte-wäre-würde-Formen nutzen. Diese Formen sieht er daher als „Einstiegsmuster" „in die höher grammatikalisierten nicht-indikativischen Modalitäten" (ebd.: 88). Er vermutet schließlich, dass „der flexivische Konj. in der Schriftsprache gewissermaßen von der Erwerbsdynamik abgeschnitten ist und als schulisch vermittelte ,Bildungsform' mehr schlecht als recht überlebt" (ebd.: 89).

## 4.2.3 Ausbau syntaktischer Fähigkeiten

Mit zunehmenden Fähigkeiten im Bereich der Verbal- und der Nominalgruppe ist auch der weitere Ausbau syntaktischer Kompetenzen zu erwarten. Eine erste sehr breit aufgestellte Studie für den deutschsprachigen Bereich stammt aus den 1970er Jahren. Auf Basis umfangreichen Datenmaterials konnte Gert Rickheit (1975) zeigen, dass Kinder mit zunehmendem Alter syntaktische Strukturen in Quantität und Qualität weiter ausbauen. Während mit Beginn der Grundschulphase ein größeres „Repertoire an Satzbauplänen" (Rickheit 1975: 220) genutzt wird und hypotaktische Strukturen weiter ausdifferenziert werden (z. B. durch einen Anstieg des Nebensatzgebrauchs (ebd.: 222)), kommt im weiteren Verlauf vor allem der quantitative Ausbau hinzu. Die Entwicklungsschritte sind jedoch oft nur minimal. Der Erwerb syntaktischer Strukturen vollzieht sich – nachdem in den ersten drei Lebensjahren die syntaktischen Basiskompetenzen recht schnell und meist problemfrei aufgebaut wurden – über einen sehr langen Zeitraum, so dass konkrete Entwicklungsstufen kaum auszumachen sind. Hervorzuheben ist außerdem ein weiteres zentrales Ergebnis der Studie: Den größten Einfluss auf die syntaktische Struktur der kindlichen Äußerung hat nicht etwa Geschlecht, sozioökonomischer Status (Rickheit spricht von „Schichtzugehörigkeit") oder eben das Alter, sondern die Thematik, über die gesprochen wird. Ob ein Grundschulkind einen komplexeren oder einen einfacheren Satz produziert, hängt also in erster Linie davon ab, ob es etwas *erzählt* (größte Komplexität) oder etwas *beschreibt* (geringste Komplexität) (ebd.). Dies zeigt auch eine aktuelle Untersuchung von Drepper (2022) zum schriftlichen Erzählen von Zweitklässler/innen (n = 95): Fiktive Bildimpulse, die eher zum Erzählen anregen, führen zu einem „vorstellungsverankernden" (komplexeren) Sprachgebrauch, imaginäre Impulse, die eher zum Beschreiben anregen, zu einem „wahrnehmungsverankernden" (weniger komplexen) Sprachgebrauch, und zwar unabhängig von den vorschulischen Literacy-Erfahrungen. Goschler (2017), die schriftliche Erzählungen von Drittklässler/innen (n = 264) untersucht, kommt zu dem Ergebnis, dass sich die syntaktische Komplexität in Texten von Schüler/innen mit L1 Deutsch und von Schüler/innen, die neben Deutsch noch weitere Sprachen sprechen (z. B. Russisch, Türkisch, Polnisch), nicht signifikant unterscheidet (vgl. ebd.: 73). Dass sich im Bereich der Syntax relativ robuste Strukturen ausbilden, belegt auch eine Studie „im diachronen Vergleich" von Steinig et al. (2009), die Texte von Viertklässler/innen aus den Jahren 1972 und 2002 ausgewertet haben.

Damit stabilisiert sich die Erkenntnis, dass Medialität und Modalität der Äußerung größeren Einfluss auf die syntaktische Komplexität üben als Aspekte wie Bildungshintergrund. Sie ist nicht nur für sprachdiagnostische Fragestellungen, sondern auch für Vermittlungsaspekte von einiger Relevanz.

## 4.2.4 Erwerb textueller Fähigkeiten

Ein wichtiger Lernbereich im Spracherwerb, der leicht aus dem Blick gerät, ist der Text. Die Fähigkeit, sprachlich zusammenhängende Texte zu produzieren – seien sie mündlich oder schriftlich – wird vor allem im Schulalter weiter ausgebaut. Es soll zunächst beispielhaft skizziert werden, was derartige Fähigkeiten überhaupt umfassen.

## 4.2 · (Vor-)schulischer Grammatikerwerb

Der folgende mündlich erzählte Anfang einer Fantasiegeschichte stammt von einer Drittklässlerin.

> **▶ Beispiel**
>
> Datenkorpus „Kinder lernen erzählen" (Becker 2011b)
>
> ```
> das kleine MÄDchen und das große pfERD. es wAR einmal ein GROßes
> pferd und   ein KLEInes MÄDchen. das GROße pfe:rd musste JEden
> tag auf dem acker helfen. ä::hm; (1.5) des kleine MÄDchen aber
> musste (-) no:ch (-) musste noch in den KINdergarten. ä::h,
> (1.5) ((räuspert sich)) als aber das kleine MÄDchen eines ta:ges
> (-) HÖ::Rte, also MITHörte, dass=äh (-) ihr VA:ter und ein mA:NN
> bespra::chen (-) ä:hm (.) EI:::nen (-) TRAKtor zu KAU:::fen (-)
> und das PFE:rd soll WEGkommen, (1.0) ging sie in ihr ZIMmer
> und WEI:Nte. ◄
> ```

Schon die ersten Sätze dieser Erzählung lassen erkennen, dass es sich um eine zusammenhängende Geschichte handelt. Auch wer die Protagonisten sind und wie sie zueinander stehen, wird schnell klar. Dadurch entsteht der Eindruck einer bereits recht „textgewandten" Erzählerin.

**Kohärenz** Ein zentrales Merkmal von Textqualität ist die Kohärenz, also der inhaltliche Zusammenhang eines Textes. Produzenten eines Textes müssen den Zuhörer/innen oder Leser/innen die Möglichkeit geben, den Zusammenhang des Gehörten bzw. Gelesenen (re-)konstruieren zu können. Wenn Schüler/innen lesen lernen oder anders gesagt Leseverständnis auf Wort-, Satz- und Textebene entwickeln, spielen die sog. lokale und globale Kohärenz eine wichtige Rolle. Im Mehrebenenmodell des Lesens von Rosebrock/Nix (2014) gehören sie zur Prozessebene und markieren hierarchieniedrige und hierarchiehohe Prozesse. Dies stellt Anforderungen an die sprachliche (grammatische) Beschaffenheit des Textes.

**Kohäsion** Bestimmte sprachliche Mittel erzeugen in besonderer Weise Textualität oder Texthaftigkeit an der sprachlichen Oberfläche, die sogenannte Kohäsion. Heringer (2001) sieht diese sprachlichen Mittel als „Brücken" für die Leser/innen. Grammatik ist somit auch eine Angelegenheit der Größe Text. Da es in diesem Kapitel um Grammatikerwerb geht, soll auch die grammatische Seite der Kohärenz, die Kohäsion, im Zentrum der Ausführungen stehen.

> **Definition**
>
> **Kohärenz** ist der inhaltliche bzw. thematische Zusammenhang eines Textes. Zwischen Äußerungen und Teiltexten eines Textes bestehen inhaltliche (logische) Beziehungen auf verschiedenen Ebenen. Diese Beziehungen können, müssen aber nicht an der sprachlichen Oberfläche des Textes deutlich gemacht werden.

> Diesen sprachlich explizierten Zusammenhang bezeichnet man als **Kohäsion** (oder: grammatische Kohärenz, so z. B. Brinker 2010), die entsprechenden sprachlichen Elemente als Kohäsionsmittel.

Die in der Definition recht deutliche Grenzziehung zwischen Kohärenz und Kohäsion gelingt in der tatsächlichen Beschreibung von Textzusammenhangsphänomenen nicht immer so klar. Dies liegt zum einen an einem uneinheitlichen Umgang mit der Terminologie. Oft ist übergreifend von Kohärenz die Rede, sowohl wenn die inhaltliche als auch wenn die formale/grammatische Ebene gemeint ist. Der zweite Grund ist, dass gerade in einigen erwerbsbezogenen Studien genau das Zusammenspiel der Ebenen interessant ist. Im Zentrum stehen dabei oft Fragen nach dem Erwerb der Kohäsionsmittel – und zwar unter rezeptiver Perspektive (wann werden welche Mittel wie verstanden) und produktiver (ab wann können Kinder bestimmte Kohäsionsmittel adäquat in eigenen Äußerungen und Texten einsetzen). Da diese Kohäsionsmittel dann häufig in Bezug auf die Art von inhaltlichem Zusammenhang bzw. inhaltlicher Relation untersucht werden, die sie signalisieren (*weil* z. B. signalisiert eine begründende, also kausale Relation etc., s. u.), sprechen viele Forscher/innen dann von (z. B. kausalen) Kohärenzrelationen.

Innerhalb der Kohäsionsmittel unterscheidet man in der Regel zwischen zwei Großgruppen: Verweismitteln und Verknüpfungsmitteln, die in spezifischer Weise zur Vernetzung von Texten beitragen.

#### 4.2.4.1 Verweismittel

Mit Verweismitteln kann sich der Textproduzent auf etwas bereits im Text Eingeführtes und Benanntes, einen Referenten, zurückbeziehen. Neben dem sich traditionell auf diese Gruppe der Kohäsionsmittel beziehenden Terminus „Verweismittel" findet man für die Formen des Rückbezugs auf bereits Genanntes auch den – allerdings nicht einheitlich gebrauchten – Terminus „Anapher". In funktional-pragmatischen Arbeiten sind damit lediglich die Formen von *er, sie, es* in den verschiedenen Kasus und Numeri gemeint, also die traditionellen Personalpronomen (ähnlich auch in der IDS-Liste der grammatischen Termini, in der den Personalpronomen der dritten Person die Funktion Anapher zugeschrieben wird). Consten/Schwarz-Friesel verwenden demgegenüber einen deutlich weiteren Anaphern-Begriff, der verschiedene Arten von sprachlichen Ausdrücken umfasst, die etwas bereits Eingeführtes wieder aufnehmen (2007: 266). Im folgenden Beispiel übernimmt diese Aufgabe das Personalpronomen *er*, das den Rückbezug auf *ein König* ermöglicht.

▶ **Beispiel**
(a) Es war einmal **ein König**. **Er** hatte drei wunderschöne und sehr freche Töchter.
(b) Es war einmal **ein König**. **Der König** hatte drei wunderschöne und sehr sittsame Töchter.
(c) *Es war einmal **der König**. **Ein König** hatte drei wunderschöne und sehr sittsame Töchter.
(d) Es waren einmal **ein König, ein Kaufmann** und **ein Bettelmann**. Er hatte drei wunderschöne und sittsame Töchter. ◀

Wie in b ist im nachfolgenden Satz auch eine Fortführung mit *der König* möglich (siehe b), da der definite Artikel in der Regel dazu verwendet wird, auf etwas bereits Eingeführtes und somit der Leserin Bekanntes zu verweisen. Im ersten Satz steht hingegen der unbestimmte Artikel, der die Funktion hat, einen neuen Referenten einzuführen. Aus diesen Gründen würde auch ein Beginn mit einem definiten und eine Fortführung mit einem indefiniten Artikel wie in Beispiel c als inkohärent wahrgenommen. Nicht immer sind Rückbezüge mit Pronomen eindeutig. Im Beispiel d könnte sich das *er* theoretisch auf alle drei im ersten Satz genannten Personen beziehen – auch wenn laut Heringer (2001) Leser/innen dazu neigen, das Pronomen in solchen Fällen auf den zuletzt benannten Referenten (hier: den Bettelmann) zu beziehen.

**Der Erwerb von Verweismitteln** scheint eine komplexe und längerfristige Angelegenheit zu sein. Einige ältere Studien zum Erwerb von Verweismitteln (meist Pronomina) im mündlichen Sprachgebrauch belegen, dass sehr junge Kinder zunächst hauptsächlich deiktisch, also zeigend gebrauchte Pronomina für das Referieren benutzen (Berman/Slobin 1994), eine Geschichte also etwa beginnt mit: „Der ging in den Garten." Erst ab einem Alter von vier Jahren werden auch regelmäßig Nominalgruppen für die Bezeichnung der Referenten verwendet. Diese sind zunächst meist definit; ab einem Alter von etwa 6 Jahren verfügen Kinder dann zunehmend über indefinite Wortgruppen zur Referenteneinführung (Becker 2011b).

**Für den schriftlichen Sprachgebrauch** zeigt Vogt (2006), dass indefinite Referenteneinführungen erst ab der dritten Klasse regelmäßig zu finden sind. Bachmann (2002) verzeichnet zwischen dem 8. und 10. Schuljahr eine steigende Anzahl angemessen verwendeter Personalpronomen. Peschel (2006) kann noch an Texten aus dem 9. Schuljahr nachweisen, dass Schüler/innen verschiedene Schwierigkeiten mit der Herstellung referentieller Kohärenz haben. So werden Pronomen verwendet, deren Zuordnung zu vorher eingeführten Referenten unklar bzw. mehrdeutig ist (wenn ein *er* beispielsweise auf mehrere vorher genannte Personen beziehbar ist). In einigen Fällen treten Kongruenzfehler auf, das verwendete Pronomen passt also in Genus, Kasus oder Numerus nicht zu der nominalen Gruppe, die es wiederaufnehmen soll (vgl. Beispiel).

> ▶ **Beispiel**
>
> Im folgenden Text bezieht sich ein Neuntklässler mit dem Pronomen *ihr* (statt *sein*) auf die Nominalgruppe *jeder Mensch* zurück:
>
> »   „*In der heutigen Lebenswelt arbeiten auch die Frauen. Außerdem gibt es auch Frauen, die alleine für das Geld und die Kinder sorgen. Heutzutage kann jeder Mensch egal ob männlich oder weiblich selbst entscheiden wie <u>ihr Leben</u> später aussieht.*" ◀

**Die Verwendung von Verweismitteln** untersuchen in jüngster Zeit auch Musan/Noack (2014) in einem Korpus aus 366 Grundschultexten in einem unechten Längsschnitt über vier Jahre (Musan/Noack bezeichnen Verweismittel in kognitiver Tradition als „Mittel der referentiellen Kohärenz", s. o.). Im Fokus steht vor allem die Entwicklung pronominaler Bezüge. Bis ins 4. Schuljahr hinein zeigen sich Auffälligkeiten in den Texten. So tauchen plötzlich neue Referenten in Texten auf, die definit, also mit einem bestimmten Artikel eingeführt werden. Oder eine Viertklässlerin setzt etwa in einer Geschichte über die Erlebnisse in den Osterferien die Erzählung einer Episode um einen Leihhund völlig unvermutet fort: „Ich war mit Mama und Papa auf **dem** Frühlingsfest" (Musan/Noack 2014: 122). Der bestimmte Artikel hat aber in der Regel die Funktion, bereits eingeführte und den Leser/innen bekannte Referenten zu bezeichnen. Bei Lesenden wird also eine Suchbewegung ausgelöst, die nicht zum Ziel führen kann. Andere Referenten werden ohne erkennbaren Grund überhaupt nicht mehr genannt. Solche und ähnliche Probleme bei der Herstellung von Kohäsion und Kohärenz nehmen nach der Studie von Musan/Noack (2014) sogar vom 1. zum 2. Schuljahr noch zu und halten sich dann recht stabil über die Grundschulzeit.

**Fazit** Insgesamt zeigen alle Studien hier eine lange Dauer des Erwerbs von Verweismitteln vor allem in Texten. Eine mögliche Erklärung könnte sein, dass es für einen angemessenen Gebrauch notwendig ist, das Wissen der Rezipient/innen antizipieren zu können. Das legt die Vermutung nahe, dass der Erwerb von komplexen kognitiven Faktoren wie etwa der Fähigkeit zur Übernahme der Leserperspektive beeinflusst wird. Dies dürfte auch hohe Anforderungen an Wege der Vermittlung pronominaler Bezüge auf funktionaler wie formaler Ebene stellen.

#### 4.2.4.2 Verknüpfungsmittel

Die kohäsionserzeugenden Mittel der zweiten Gruppe, die Verknüpfungsmittel, dienen dazu, eine nachfolgende Äußerung an den vorangehenden Text anzuknüpfen. Hauptvertreter sind hier Konnektoren (Subjunktionen wie *weil, als, wenn* und Konjunktionen wie *und, denn, aber* etc.) und bestimmte Adverbien wie *danach, deshalb etc*. Während die oben genannten Verweismittel obligatorisch sind, können Verknüpfungsmittel auch weggelassen werden. Ein Satzpaar wie: *„Ich war heute zu spät zum Seminar. Auf der A43 war wieder Stau."* wird von vielen Hörer/innen oder Leser/innen auch ohne ein verknüpfendes *weil* oder *deshalb* verstanden, die eine kausale, also begründende, Relation ausdrücken. Für die grammatische Vollständigkeit sind Verknüpfungsmittel in der Regel also nicht obligatorisch, nicht immer sind allerdings die inhaltlichen Bezüge so klar wie im obigen Beispiel. Das Satzpaar: *„Ich komme heute nicht zum Seminar. Heute ist Statistik Thema."* lässt sich ohne das Vorhandensein eines expliziten Verknüpfers sowohl kausal lesen – *„Ich komme nicht, weil heute Statistik Thema ist."* (Das Thema langweilt mich schon immer.) – oder auch adversativ: *„Ich komme nicht, obwohl heute Statistik Thema ist."* (Das Thema interessiert mich brennend.). Während im mündlichen Sprachgebrauch Gestik, Mimik und Intonation Klarheit schaffen könnten, welche Relation intendiert ist, können im schriftlichen Sprachgebrauch Mehrdeutigkeiten durch Verknüpfungsmittel vermieden werden.

**Erwerbsbezogene Aspekte von Verknüpfungsmitteln** werden bereits seit einiger Zeit untersucht. Generell scheinen hier zwei Untersuchungsinteressen im Fokus der Forschung zu stehen: Erstens die eher auf Rezeption bezogene Frage, wie und wann im Erwerbsverlauf verschiedene Kohärenzrelationen (s. o., also etwa die Relation der Kausalität zwischen zwei Aussagen) verstanden werden und ob bzw. wie spezifisch sie dazu mit Kohäsionsmitteln ausgedrückt sein müssen, und zweitens die eher auf Produktion bezogene Frage, welche Verknüpfungsmittel wie und wann in Schülertexten verwendet werden.

**Kohärenzrelationen**  Für die Rezeption von Kohärenzrelationen hat sich gezeigt, dass sie scheinbar davon abhängig ist, um welche Relation es sich handelt. Bereits in den 1980er Jahren legten Bloom et al. (1980) dar, dass additive und kausale Relationen offenbar früher erworben werden als adversative und temporale Relationen. Becker/Musan (2014) kommen zu einem ähnlichen Ergebnis und zeigen Erwerbsverläufe beim Textverstehen über kausale, additive, adversative und temporale Kohärenzrelationen. Ob es Kindern gelingt, die zum Text gestellten Fragen zu beantworten, hängt allerdings nicht nur von der Kohärenzrelation selbst und der Explizitheit ihrer Markierung ab, sondern auch vom Schultyp, den das jeweilige Kind besucht. Dies legt die Vermutung nahe, dass schulische Bildung auf den Erwerb tatsächlich Einfluss nimmt.

**Kohäsionsmarker**  Es ist umstritten, ob Kohärenzrelationen besser bzw. schneller verstanden werden, wenn sie explizit durch Kohäsionsmittel (z. B. durch Konnektoren) markiert werden. Schmitz et al. (2016) zeigen, dass gerade schwache Leser/innen nicht davon profitieren, dass temporale Relationen in Texten durch explizite Kohäsionsmarker ausgedrückt werden. Schülergruppen bekamen Textvarianten vorgelegt, in denen die Relationen durch den Einsatz temporaler Kohäsionsmittel explizit gemacht wurden, und solche, in denen die Leser/innen die Beziehungen erschließen mussten. Anschließende Fragen zum Text konnten für die kohäsivere Textvariante nicht generell besser beantwortet werden. Sie halfen nur starken Leser/innen. Es wird vermutet, dass hier das Vorwissen eine große Rolle spielt (vgl. Schmitz et al. 2016), sowohl über den Textinhalt wie über die eingesetzten Kohäsionsmittel. Eine weitere Studie von Schmitz (2016) deutet demgegenüber darauf hin, dass die Erhöhung von Mitteln der globalen Kohäsion eines Textes (also etwa die Themenmarkierung über Absätze hinweg, der verstärkte Einsatz von Konnektoren, Zusammenfassungen) im Verbund die Textverständlichkeit generell verbessern und zum Leseverstehen beitragen.

**Verknüpfungs- und Verweismittel**  Auch die zweite der oben genannten Fragen nach dem Einsatz von Verweismitteln in Schülertexten wird schon seit einiger Zeit erforscht. So konstatieren August/Faigel 1986, dass die Anzahl der in Schülertexten eingesetzten Verknüpfungsmittel über den Verlauf der Sekundarstufe zunächst zunimmt, dann ab Ende der Sekundarstufe I aber wieder abnimmt. So werden beispielsweise kausale Relationen mit fortschreitendem Alter stärker durch Präpositionalgruppen mit *wegen* realisiert oder bleiben sprachlich implizit und werden damit nicht mehr mit syntaktischen Mitteln (wie etwa durch mit *weil* eingeleitete Nebensätze) ausgedrückt. Feilke (1996) bescheinigt der beobachteten Entwicklung im Einsatz satzverknüpfender Mittel daher eine „Bewegung aus der Syntax heraus". Eine neuere Untersuchung von Langlotz (2014) kann dieses Ergebnis nicht bestätigen, sondern zeigt eher einen Anstieg und eine Ausdifferenzierung von Junktionen als syntaktische Verknüpfungsmittel in Schülertexten über die Sekundarstufe I hinweg in Abhängigkeit von der geforderten Sprachhandlung. So benötigen Schüler/innen für argumentierende Texte andere Junktionen als für erzählende. Der Erwerb von Verknüpfungsmitteln kann somit auch als Prozess einer funktionalen Ausdifferenzierung gesehen werden. Eine Ursache für abweichende Ergebnisse könnte aber auch darin liegen, dass die sich beim Texteschreiben offenbarenden Fähigkeiten eben sehr produktabhängig sind, wie sich ja bereits in der oben erwähnten Studie von Rickheit (1975) gezeigt hatte.

**Benennungswissen** Nach einer Befragung von Peschel (2005) verfügen Neuntklässler/innen zwar über solides Benennungswissen im Bereich der Konnektoren, können aber den benannten Erscheinungen nur sehr eingeschränkt eine grammatische Funktion zuweisen. Beispielsweise wird Konjunktionen die Funktion zugeschrieben, Haupt- und Nebensätze zu verbinden, dies wird aber gerade aus einem Beispiel abgeleitet, in dem zwei Sätze mit *und* verbunden sind. In Texten setzen die Schüler/innen nur ein sehr begrenztes Repertoire an Verknüpfungsmitteln mit recht breiter bzw. vager Funktion ein. Auf Fragen nach etwaiger Austauschbarkeit z. B. von *weil, da, denn, deshalb etc.* und nach möglichen Bedeutungsunterschieden reagieren sie zu großen Teilen ratlos (ebd.: 120 f.).

**Fazit** Der Erwerb von Verknüpfungsmitteln zieht sich – zumindest bis zu einem gewissen Grad an Ausdifferenzierung – wie der der Verweismittel bis quasi ans Ende der Schulzeit hin. Eine didaktische Konsequenz für die Schule müsste daher sein, den Erwerb von Kohäsionsmitteln generell in ihrer Breite und vor allem mit stärkerem Blick auf die Funktionen dieser Mittel in Texten intensiver zu unterstützen statt nur den (ggf. überdehnten) Gebrauch einiger weniger Formen.

## 4.3 Sprachverstehen und Sprachverarbeitung

Obwohl darüber weniger bekannt ist, ist gerade auch vor dem Hintergrund schulischer Vermittlung sehr relevant, wie Kinder Sprache verstehen und verarbeiten. Dass die Forschungslage hier eher spärlich ist, ist sicher vor allem darin begründet, dass zur Erforschung der Verarbeitungsprozesse von Sprache ein viel höherer methodischer Aufwand zu betreiben ist als zur Erforschung der Produktion. Während Unterschiede in der Sprachproduktion eines Fünfjährigen und eines Erwachsenen auch von einem Laien wahrgenommen werden können, lassen sich Unterschiede in der Sprachrezeption nur mittels ausgefeilter Untersuchungsdesigns aufdecken.

**Verarbeitungsmuster** Im familiären und schulischen Alltag der heranwachsenden Kinder fällt es nicht auf, wenn diese eine sprachliche Äußerung anders verarbeiten und wenn doch, so wird es meist mangelndem Hörverstehen oder mangelndem allgemeinen Verständnis zugeschrieben. Auch sind den Erwachsenen alternative Verarbeitungsarten und -möglichkeiten oft nicht einmal bewusst. Die meisten halten den folgenden Satz für eindeutig zu verstehen:

» *„Ele bringt Hasi ein Päckchen und Dino einen Brief."* (Bryant 2006: 128)

Tatsächlich hat er aber zwei mögliche Lesarten, da es sich um eine elliptische Konstruktion handelt, bei welcher zudem bei „Dino" der Kasus nicht markiert ist. Der Satz lässt sich nämlich in die folgenden zwei unterschiedlichen Bedeutungen auflösen:

(9a)  Der Ele bringt dem Hasi ein Päckchen und er bringt dem Dino einen Brief.
(9b)  Der Ele bringt dem Hasi ein Päckchen und der Dino bringt dem Hasi einen Brief.

In a) sind die beiden Verbalphrasen koordiniert, in b) der Satz, oder anders ausgedrückt wird in a) „*der Ele bringt*" ausgelassen und in b) „*bringt dem Hasi*".

Die Beispiele stammen aus einer Studie von Doreen Bryant (2006), bei der sie untersuchte, wie Kinder verschiedener Altersgruppen (insgesamt vier Gruppen von 4–10 Jahren) elliptische Satzstrukturen verstehen und verarbeiten. Mittels ihres komplex angelegten Versuchsdesigns weist sie nach, dass Vorschulkinder Sätze wie das obige Beispiel mit großer Mehrheit im Sinne von b) verarbeiten. Mit zunehmendem Alter gehen die Kinder dann allmählich zu der Lesart a) über, der Erwachsenenlesart. Bryant erklärt diesen Befund damit, dass Kinder bei der Verarbeitung von Sätzen stärker auf eine semantische Repräsentationsebene zurückgreifen und nicht so sehr syntaxbasiert vorgehen (ebd.: 149). Erst ab dem Alter von sechs Jahren beginnt ein „grundlegender Wandel in der Sprachverarbeitung" (ebd.: 151): „Die semantische Strategie der Propositionsverknüpfung wird aufgegeben zugunsten syntaktischer Verarbeitungsmechanismen" (ebd.: 151). Studien dieser Art machen deutlich, dass sich der Spracherwerbsprozess nicht nur auf der „Oberfläche" vollzieht, sondern dass auch die weniger zugänglichen Schichten der Wahrnehmung und der Rezeption Veränderungen unterliegen. Zudem stärken sie ein Bewusstsein dafür, dass gerade mit Schuleintritt eine Lebensphase beginnt, in der die Kinder ihre Sprache und ihre sprachlichen Fähigkeiten grundlegend umstrukturieren und reorganisieren.

**Bezüglich der rezeptiven Fähigkeiten** im Bereich syntaktischer Strukturen lässt sich die Studie von Tina Otten (2021) heranziehen. Sie untersuchte das metasprachliche Bewusstsein von Sekundarstufenschüler/innen. Dort zeigte sich, dass im Vergleich zu anderen morpho-syntaktischen Abweichungen Verstöße gegen die Verbstellung im Nebensatz am häufigsten wahrgenommen wurden. Allerdings konnten deutliche Unterschiede beobachtet werden je nach besuchter Schulform. Ebenso ließ sich nachweisen, dass sich die Wahrnehmung bezüglich der Verstöße auch altersabhängig entwickelt. Das kann als Hinweis dafür gelesen werden, dass selbst in diesem relativ stabilen Bereich auch bei Sekundarstufenschüler/innen die Entwicklung noch nicht abgeschlossen sein muss.

## Literatur

Abbot-Smith, Kirsten/Behrens, Behrens (2006): How known constructions influence the acquisition of other constructions: the German passive and future constructions. In: *Cognitive Science* 30 (6), S. 995–1026.
Augst, Gerhard/Faigel, Peter (1986): *Von der Reihung zur Gestaltung. Untersuchungen zur Ontogenese schriftsprachlicher Fähigkeiten von 13–23 Jahren.* Frankfurt a.M.: Peter Lang.
Bachmann, Thomas (2002): *Kohäsion und Kohärenz: Indikatoren für Schreibentwicklung.* Innsbruck: Studienverlag.
Bates, Elizabeth et al. (1994): Developmental and stylistic variation in the composition of early vocabulary. In: *Journal of Child Language* 21. S. 85–121.

Becker, Tabea (2006): Erwerb und Verarbeitung komplexer grammatischer Strukturen bei Grundschulkindern. Ein Vergleich zwischen ein- und zweisprachigen Kindern. In: Tabea Becker/Corinna Peschel (Hg.): *Gesteuerter und ungesteuerter Grammatikerwerb*. Baltmannsweiler: Schneider Verlag Hohengehren, S. 156–173.

Becker, Tabea (2011a): „Entgegen des Trends": Erwerb, Rektion und Didaktik von Präpositionen. In: Köpcke, Klaus-Michael/Noack, Christina (Hg.): *Sprachliche Strukturen thematisieren*. Baltmannsweiler: Schneider Verlag Hohengehren, S. 199–217.

Becker, Tabea ($^5$2011b): *Kinder lernen erzählen*. Baltmannsweiler: Schneider Verlag Hohengehren.

Becker, Angelika/Musan, Renate (2014): Leseverstehen von Sachtexten: Wie Schüler Kohärenzrelationen erkennen. In: Maria Averintseva-Klisch/Corinna Peschel (Hg.): *Aspekte der Informationsstruktur für die Schule*. Baltmannsweiler: Schneider Verlag Hohengehren, S. 129–154.

Becker, Tabea/Hagemeier, Carolin/Michel, Anke (2023): Wortgruppe. In: *Der Deutschunterricht* 3, S. 38–48.

Behrens, Heike (1993): *Temporal reference in German child language. Form and function of early verb use*. Zutphen: Koninglijke Woehrmann.

Behrens, Heike (2009): Konstruktionen im Spracherwerb. In: *Zeitschrift für Germanistische Linguistik* 37, S. 427–444.

Berman, Ruth A./Slobin, Dan I. (1994): *Relating events in narrative. A crosslinguistic developmental study*. Hillsdale: Erlbaum.

Bloom, Lois et al. (1980): Complex sentences: Acquisition of syntactic connectives and the semantic relations they encode. *Journal of Child Language* 7(2), S. 235–261.

Brinker, Klaus (2010): *Einführung in die Textlinguistik*. Berlin: Erich Schmidt Verlag

Bruner, Jerome ($^2$2002): *Wie das Kind sprechen lernt*. Bern: Huber.

Bryant, Doreen (2006): Die Verarbeitung ambiger Koordinationen bei Kindern und Erwachsenen. In: Tabea Becker/Corinna Peschel (Hg.): *Gesteuerter und ungesteuerter Grammatikerwerb*. Baltmannsweiler: Schneider Verlag Hohengehren, S. 128–153.

Consten, Manfred/Schwarz-Friesel, Monika (2007). Anapher. In: Ludger Hoffmann (Hg.): *Deutsche Wortarten*. Berlin/New York: De Gruyter, S. 265–292.

Dahmen, Sylvia/Weth, Constanze (2017): *Phonetik, Phonologie und Schrift*. UTB.

Dehn, Mechthild/Merklinger, Daniela Merklinger/Schüler, Lis (2011): *Texte und Kontexte. Schreiben als kulturelle Tätigkeit in der Grundschule*. Seelze: Friedrich.

Drepper, Laura (2022): *Ebenen des Narrativen in Bildimpulsen und Erzähltexten : Eine empirische Studie über Wirkungspotentiale von Bildern auf schriftliche Erzählfähigkeiten in der Grundschule*. Tübingen: Narr Francke Attempto.

Feilke, Helmuth (1996). Die Entwicklung der Schreibfähigkeiten. In: Hartmut Günther/Otto Ludwig (Hg.): *Schrift und Schriftlichkeit. Writing and its Use*. 2. Halbband. Berlin: De Gruyter, S. 1178–1191.

Gerken, Lou A. et al. (1990): Function morphemes in young children's speech perception and production. In: *Developmental Psychology* 27, S. 204–216.

Gogolin, Ingrid/Lange, Imke (2011): Bildungssprache und durchgängige Sprachbildung. In: Sara Fürstenau/Mechtild Gomolla (Hg.): *Migration und schulischer Wandel: Mehrsprachigkeit*. Wiesbaden: VS Verlag für Sozialwissenschaften, S. 107–128.

Goschler, Juliana (2017): Syntaxerwerb bei ein- und mehrsprachigen Grundschüler/innen: eine quantitative Untersuchung. In: *Zeitschrift für Angewandte Linguistik* 66, S. 59–77.

Grimm, Hannelore (1973): *Strukturanalytische Untersuchung der Kindersprache*. Bern: Huber.

Hart, Betty/Risley, Todd R. (1995): *Meaningful Differences in the Everyday Experiences of Young American Children*. Baltimore: Brooks.

Hennig, Mathilde (2000): *Tempus und Temporalität in geschriebenen und gesprochenen Texten*. Tübingen: Niemeyer.

Heringer, Hans-Jürgen (2001): *Lesen lehren lernen: eine rezeptive Grammatik des Deutschen*. Tübingen: Niemeyer.

Höhle, Barbara (2005): Der Einstieg in die Grammatik. Spracherwerb während des ersten Lebensjahres. In: *Forum Logopädie* 6(19), S. 16–21.

Höhle, Barbara (2019): Die Rolle des Trochäus im Spracherwerb. In: Doris Tophinke/Elvira Topalović/Katharina Rohlfing (Hg.): *Sprachstrukturelle Modelle. Konvergenzen theoretischer und empirischer Forschung. Mitteilungen des Deutschen Germanistenverbandes* 4, S. 376–381.

## Literatur

Karmiloff-Smith, Annette/Karmiloff, Kyra (2002): *Pathways to language*. Cambridge: Harvard University Press.

Kemp, Robert F./Bredel, Ursula (2008): Morphologisch-syntaktische Basisqualifikation. In: Konrad Ehlich et al. (Hg.): *Referenzrahmen zur altersspezifischen Sprachaneignung*. Berlin: BMBF, S. 77–102.

Kieferle, Christa (2006): Was wissen Dritt- und Viertklässler über die Bildung von Vergangenheitsformen? – Eine Analyse. In: Tabea Becker/Corinna Peschel (Hg.): *Gesteuerter und ungesteuerter Grammatikerwerb*. Baltmannsweiler: Schneider Verlag Hohengehren, S. 75–86.

Klann-Delius, Gisela ($^3$2016): *Spracherwerb. Eine Einführung*. Stuttgart: Metzler.

Knobloch, Clemens (2001): Wie man den „Konjunktiv" erwirbt. In: Helmuth Feilke/Klaus-Peter Kappest/Clemens Knobloch (Hg.): *Grammatikalisierung, Spracherwerb und Schriftlichkeit*. Tübingen: Niemeyer, S. 67–90.

Langlotz, Miriam (2014): *Junktion und Schreibentwicklung*. Berlin: De Gruyter.

Lonigan, Christopher J./Whitehurst, Grover J. (1998). Relative efficacy of parent and teacher involvement in a shared-reading intervention for preschool children from low-income backgrounds. In: *Early Childhood Research Quarterly* 13(2), S. 163–290.

Müller, Astrid/Tophinke, Doris (2015): Verben als Lerngegenstand in der Sekundarstufe I: Was wissen Schülerinnen und Schüler – und was können sie wissen? In: Birgit Mesch/Björn Rothstein (Hg.): *Was tun mit dem Verb? Über die Möglichkeit und Notwendigkeit einer didaktischen Neuerschließung des Verbs*. Berlin: De Gruyter, S. 45–78.

Musan, Renate/Noack, Christina (2014): Pronominale Referenzmarkierungen in der Grundschule. In: Maria Averintseva-Klisch/Corinna Peschel (Hg.): *Aspekte der Informationsstruktur für die Schule*. Baltmannsweiler: Schneider Verlag Hohengehren, S. 110–128.

Naugk, Nadine (2018): *Mündliches Erzählen und konzeptionelle Schriftlichkeit. Zum Gebrauch bildungssprachlicher Elemente in Phantasiegeschichten von Grundschulkindern*. Dissertation, Martin-Luther-Universität Halle-Wittenberg. In: http://digital.bibliothek.uni-halle.de/urn/urn:nbn:de:gbv:3:4-23464

Otten, Tina (2021): *„So hört sich der Satzbau besser an". Eine Untersuchung metasprachlichen Wissens von Schüler/innen verschiedener Schulformen und -stufen*. Hannover: Gottfried Wilhelm Leibniz Universität.

Peschel, Corinna (2005): Vom Nutzen textgrammatischen Wissens für die Textproduktion – eine Untersuchung schulischen Grammatikunterrichts am Beispiel kausaler Verknüpfungsmittel. In: Corinna Peschel/Tabea Becker (Hg.). *Gesteuerter und ungesteuerter Grammatikerwerb*. Baltmannsweiler: Schneider Verlag Hohengehren, S. 105–127.

Peschel, Corinna (2006): Verweismittel, Anaphorik, thematische Fortführung – eine Frage für den Grammatikunterricht? In: Carmen Spiegel/Rüdiger Vogt (Hg.): *Textlinguistik für die Schule*. Baltmannsweiler: Schneider Verlag Hohengehren, S. 171–186.

Philipp, Maik/Efing, Christian (2018): Förderung von Sprache und Schriftsprache im Sekundarbereich. In: Cora Titz et al. (Hg.): *Konzepte zur Sprach- und Schriftsprachförderung entwickeln*. Stuttgart: Kohlhammer, S. 198–213.

Quasthoff, Uta M. et al. (2014): Die Rolle familialer Unterstützung beim Erwerb von Diskurs- und Schreibfähigkeiten in der Sekundarstufe I: FUnDuS. In: *Bildungsforschung 2020 – Herausforderungen und Perspektiven. Dokumentation der Tagung des Bundesministeriums für Bildung und Forschung vom 29.–30. März 2012, Bildungsforschung* Bd. 40, S. 271–274 (http://www.bmbf.de/pub/BMBF-Bildungsforschung_Band_40.pdf)

Reich, Hans H. (2008): *Sprachförderung im Kindergarten*. Weimar: Netz.

Rickheit, Gert (1975): *Zur Entwicklung der Syntax im Grundschulalter*. Düsseldorf: Schwann.

Rohlfing, Katharina J. (2019): *Frühe Sprachentwicklung*. Tübingen: Narr Francke Attempto.

Romeo, Rachel R./Leonard, Julia A./Robinson, Sydney T. (2018): Beyond the 30-Million-Word Gap: Children's Conversational Exposure Is Associated With Language-Related Brain Function. In: *Psychological Science* 29(5), S. 700–710.

Rosebrock, Cornelia/Nix, Daniel (2014): *Grundlagen der Lesedidaktik und der systematischen schulischen Leseförderung*. Baltmannsweiler: Schneider Verlag Hohengehren.

Rowe, Meredith L. (2012): A longitudinal investigation of the role of quantity and quality of child-directed speech in vocabulary development. In: *Child Development* 83(5), S. 1762–1774.

Schmitz, Anke (2016). *Verständlichkeit von Sachtexten. Wirkung der globalen Textkohäsion auf das Textverständnis von Schülern*. Dissertation, Bergische Universität Wuppertal, Institut für Bildungsforschung. Wiesbaden: Springer VS. https://doi.org/10.1007/978-3-658-12016-0.

Schmitz, Anke et al. (2016): Die Wahrnehmung von temporaler Textkohäsion durch Schülerinnen am Beispiel eines Sachtextes. In: *Der Deutschunterricht* 5, S. 85–90.

Stark, Linda (2016): *Vorlesen und Präteritum*. Baltmannsweiler: Schneider Verlag Hohengehren.

Steinhöfel, Andreas (2009): *Rico, Oskar und das Herzgebreche*. Hamburg: Carlsen.

Steinig, Wolfgang/Betzel, Dirk/Geider, Franz Josef/Herbold, Andreas (2009): *Schreiben von Kindern im diachronen Vergleich. Texte von Viertklässlern aus den Jahren 1972 und 2002*. Münster: Waxmann.

Szagun, Gisela (2016): *Sprachentwicklung beim Kind*. Weinheim: Beltz.

Tomasello, Michael (2005): *Constructing a language: A Usage-Based Theory of Language Acquisition*. Cambridge: Harvard University Press.

Topalović, Elvira/Drepper, Laura (2019): Nähe-Distanz als multimodaler Strukturierungsraum: Empirische Daten zum vorschulischen Schriftspracherwerb. In: Doris Tophinke/Elvira Topalović/Katharina Rohlfing (Hg.) (2019): *Sprachstrukturelle Modelle. Konvergenzen theoretischer und empirischer Forschung. Mitteilungen des Deutschen Germanistenverbandes* 4, S. 327–336.

Topalović, Elvira/Uhl, Benjamin (2014): „In der Gegenwart erzählen wir im Präsens!". In: *Die Grundschulzeitschrift* 277, S. 42–45.

Tracy, Rosemarie (2008): Linguistische Grundlagen der Sprachförderung: Wie viel Theorie braucht (und verlangt) die Praxis? In: Bernt Ahrenholz (Hg.): *Deutsch als Zweitsprache*. Freiburg: Fillibach, S. 17–29.

Vogt, Rüdiger (2006): Erzählrahmen in Geschichten von Grundschülern. In: Carmen Spiegel/Rüdiger Vogt (Hg.): *Vom Nutzen der Textlinguistik für den Unterricht*. Baltmannsweiler: Schneider Verlag Hohengehren, S. 151–170.

Weinert, Sabine/Ebert, Susanne (2013): Spracherwerb im Vorschulalter. Soziale Disparitäten und Einflussvariablen auf den Grammatikerwerb. In: *Zeitschrift für Erziehungswissenschaft* 16(2), S. 303–332.

# Grammatik und Mehrsprachigkeit

**Inhaltsverzeichnis**

5.1 Implizites und explizites Lernen – 90

5.2 Mündlichkeit und Schriftlichkeit – 92

5.3 Grammatiken vergleichen – 95

5.4 Grammatiken transferieren – 100

5.5 Grammatiken in der Interaktion – 103

Literatur – 107

© Springer-Verlag GmbH Deutschland, ein Teil von Springer Nature 2025
T. Becker, C. Peschel, E. Topalović, *Grammatik in der Schule*,
https://doi.org/10.1007/978-3-476-06010-5_5

▶ Kap. 2 hat bereits verdeutlicht, dass eine Sprache ohne Grammatik keine Sprache wäre. Oder positiv ausgedrückt: Jede Sprache, ob Deutsch, Japanisch oder Finnisch, hat eine Grammatik. Auch jede Sprachvarietät wie z. B. das Bairische oder Jugendsprachen wie das Kiez-Deutsch haben eine Grammatik. Alle Menschen erwerben im Laufe ihres Lebens also Grammatiken, im Normalfall sogar mehrere. Nicht allen ist das bewusst, weil z. B. nur von der standardsprachlichen Grammatik des Deutschen ausgegangen wird, die schulischen Fremdsprachen nicht „mitgezählt" oder Gebärden- und *Heritage*-Sprachen – als sprachlich-kulturelles Erbe (engl. *heritage*) von Familien – gar nicht erst berücksichtigt werden.

Mit welchen Grammatiken kommen also Schüler/innen in die Schule und wie bauen sie ihre grammatischen Fähigkeiten in den schulischen Fächern weiter aus? Können sie diese ausgehend von ihren jeweiligen Sprach(en)repertoires und Erwerbskontexten des Deutschen (L1, L2, L3) für Transfers nutzen? Und in welchem Zusammenhang steht Grammatik*erwerb* und Grammatik*vermittlung* – eine Frage, die auch in ▶ Kap. 4 zum Grammatikerwerb leitend war.

## 5.1 Implizites und explizites Lernen

In verschiedenen Wissenschaftsdisziplinen, die sich mit Spracherwerbs- bzw. Sprachlernprozessen beschäftigen, wird häufig zwischen „Erwerben" (engl. *acquisition*) und „Lernen" (engl. *learning*) unterschieden. Prototypisch werden diesem Gegensatzpaar Merkmale wie *ungesteuert, natürlich, unbewusst, implizit* beim Erwerben und *gesteuert, vermittelt, bewusst, explizit* beim Lernen zugewiesen (vgl. Edmondson/House 2006: 11). Die auf den ersten Blick naheliegende Vorstellung, dass man schulisch Sprache(n) lernt und außerschulisch Sprache(n) erwirbt, sei aber „schlicht falsch" (ebd.). Tatsächlich zeigen zahlreiche Studien, dass Menschen in jedem Alter sowohl implizit als auch explizit lernen, und zwar unabhängig davon, ob es sich um sprachliche Aneignungsprozesse im familiären Umfeld oder in Bildungsinstitutionen wie der Kita oder Schule handelt (vgl. z. B. Treiman/Kessler 2021). Rebuschat (2015: XIII) unterscheidet implizites und explizites Lernen wie folgt:

» „The term *implicit learning* was first used by Arthur Reber (1967) to describe a process during which subjects acquire knowledge about a complex, rule-governed stimulus environment without intending to and without becoming aware of the knowledge they have acquired. In contrast, the term *explicit learning* refers to a process during which participants acquire conscious (explicit) knowledge; this is generally associated with intentional learning conditions, e.g. when participants are instructed to look for rules or patterns."

Mit seinen experimentellen Studien konnte Reber (1967) nachweisen, dass wir grammatische Strukturen oder Musterhaftigkeiten auch nicht-intentional, d. h. unbewusst, erkennen. Vereinfacht gesagt, „suchen" wir im sprachlichen Input automatisch nach grammatischen Mustern oder Regularitäten und können diese unter Umständen auch auf andere Erwerbskontexte transferieren. Anzunehmen ist entsprechend, dass in der Schule sowohl implizit als auch explizit gelernt wird, den Lernenden und Lehrenden aber vor allem das explizite Lernen bewusst ist, weil es „sichtbar" ist, z. B. über Lernaufgaben auf Arbeitsblättern, den Input der Lehrkräfte – meist schulischen Curricula folgend – oder durch Unterrichtsgespräche über grammatische Themen. Anzunehmen ist des Weiteren, dass dieser angebotene sprachliche Input idealerweise in der „Zone der nächsten Entwicklung" (Vygotskij 2002) liegen müsste, die Lernenden also weder unter- noch überfordert werden. Schulische Lehr-Lern-Prozesse müssten somit immer adaptiv gestaltet sein, weil die sprachlichen Erfahrungen von Lernenden heterogen sind. Geht man von der *Teachability*-Hypothese aus, dann müssen Lernende „bereit" sein für die jeweiligen sprachlichen bzw. grammatischen Strukturen (vgl. Pienemann 1989). Ein Beispiel ist die zunehmende Komplexität der behandelten grammatischen Phänomene in Schulbüchern von der Primarstufe (z. B. einfaches Nomen wie *Buch*) bis zur Sekundarstufe II (z. B. Nominalgruppe mit erweitertem Partizipialattribut und attributiver Rechtserweiterung wie *das von Hartmut Rosa 2016 veröffentlichte Buch mit dem Titel „Resonanz"*).

**In der grammatikdidaktischen Forschung** wird mit Blick auf explizites grammatisches Wissen hervorgehoben, dass Lernende auch Angebote benötigen, um syntaktische Informationen zunächst implizit nutzen zu können: „Die dargestellten empirischen Daten lassen vermuten, dass sich zwischen dem 5. und 7. Schuljahr die Fähigkeit zum impliziten Erfassen syntaktischer Strukturkontraste deutlich erweitert" (Funke 2005: 314). Erfolgreicher bei der Bearbeitung der Aufgaben waren vor allem jene Schüler/innen, die auch „metasprachliche Termini zu verwenden wussten" (ebd.: 315). Mit anderen Worten: Lernende brauchen sowohl reichhaltige Angebote, um implizit grammatische Strukturen zu durchschauen, als auch eine grammatische Terminologie, um gemeinsam über Sprache sprechen zu können. Für einen erfolgreichen – vor allem sprachbildenden – Deutschunterricht kann daraus abgeleitet werden, dass Lehrkräfte auch die komplexen Zusammenhänge von (implizitem) Grammatik*erwerb* und (expliziter) Grammatik*vermittlung* kennen sollten. Binanzer/Langlotz/Wecker (2022:16) unterscheiden zwischen impliziter und expliziter Instruktion – Lehrkräfte sollten beide im Blick haben:

> „Bei der impliziten Instruktion werden die zu lernenden sprachlichen Strukturen im Sprachunterricht im Rahmen kommunikativ bedeutungsvoller Kontexte präsentiert, ohne die Aufmerksamkeit der Lernenden auf sprachliche Formen, Regeln oder Systemzusammenhänge zu lenken, in der Annahme, dass diese unbewusst aus dem sprachlichen Input abstrahiert werden. Explizite Instruktion bezeichnet hingegen die (deduktive oder induktive) Vermittlung sprachlicher Formen oder Strukturen, bei der die sprachlichen Systemzusammenhänge zur bewussten Wahrnehmung explizit thematisiert werden [...]."

Wichtig ist dabei zu beachten, dass die (Weiter-)Entwicklung grammatischer Fähigkeiten von Lernenden und die grammatische Vermittlung, die sich an nationalen Bildungsstandards und länderspezifischen Lehrplänen orientiert, zwei verschiedene Aspekte sind – trotz ihrer Schnittstellen. Eine wichtige Schnittstelle ist, dass in beiden Fällen grammatisches Wissen und Können ausgebaut wird – einerseits in Sprachhandlungskontexten, z. B. *produktiv* beim Erklären in schulischen Präsentationen oder *rezeptiv* beim Verstehen vorgelesener literarischer Werke (vgl. Belgrad/Schünemann 2011), andererseits in eigens von der Lehrkraft vorbereiteten Unterrichtseinheiten (z. B. bei der Einführung von Nebensätzen, die keine „Nebensache" sind, vgl. dazu Tophinke 2024).

## 5.2 Mündlichkeit und Schriftlichkeit

Im primären Spracherwerb lernen alle Kinder zuerst zu hören – im Sinne von hörend zu verstehen – und zu sprechen (aus inklusiver Sicht z. B. aber auch Gebärden zu verstehen und zu gebärden). Lesen und schreiben lernen Kinder meistens in der Schule. Diese Unterscheidung zwischen primärem und sekundärem Spracherwerb oder auch Schriftspracherwerb wird häufig als Unterschied von *Mündlichkeit* (gesprochene Sprache) und *Schriftlichkeit* (geschriebene Sprache) gefasst. Mit welchen Spracherfahrungen die Kinder in die Schule kommen, ist ganz unterschiedlich. Sie könnten z. B. eher standardnah, eher umgangssprachlich oder eher dialektal sprechen. Und das gilt für alle literalen Sprachen, d. h. Sprachen, die über ein Schriftsystem verfügen. Werden einem Kind z. B. Bilderbücher in der italienischen Standardsprache vorgelesen, dann kann es auf (standard)sprachlicher, literaler, literarischer und psychosozialer Ebene lernen (vgl. Becker 2014), die gesprochene Alltagssprache könnte aber Sizilianisch sein. In den grammatischen Erfahrungen deutschsprachiger Kinder kann sich Bilderbuchvorlesen z. B. im Gebrauch des Präteritums als Fiktionalitätsmarker zeigen, in der gesprochenen Alltagssprache Bairisch käme aber meist nur Perfekt vor (ebd.). Wachsen die Kinder mit unterschiedlichen Sprachvarietäten auf – die einen z. B. standardnah, die anderen umgangssprachlich – dann wird ihr Weg zum Schriftspracherwerb in der Schule unterschiedlich lang sein (vgl. dazu Röber 2009). Die Lernangebote sollten entsprechend adaptiv, d. h. an die individuellen Spracherfahrungen angepasst, gestaltet werden.

> „Anders als beim primären Spracherwerb ist der Erfolg im Schriftspracherwerb stets eine kritische Größe. Er ist deshalb abhängig von der Erfahrung literaler Praktiken in einem schriftorientierten kulturellen Umfeld (Dehn 1999); für den Erwerb konzeptioneller Schriftlichkeit gehört dazu auch die Orientierung an Einstellungsmustern und Versprachlichungsstrategien einer Distanzkommunikation, wie sie nur die Schrifterfahrung selbst zur Verfügung stellen kann. Die dafür notwendigen Erwerbsmotive können bei Schülern nicht einfach vorausgesetzt werden." (Feilke 2011: 14)

**Konzeptionelle Schriftlichkeit/Mündlichkeit** Mit der Unterscheidung von konzeptioneller Schriftlichkeit und konzeptioneller Mündlichkeit ist das einflussreiche Modell von Koch/Oesterreicher (1994) angesprochen, in dem die Konzeption als Kontinuum und das Medium als Dichotomie modelliert werden. Diesem Modell nach realisieren wir Sprache(n) *entweder* „graphisch" (medial schriftlich/wir schreiben) *oder* „phonisch" (medial mündlich/wir sprechen). Neben der Medialität ist entscheidend, welche Sprachform oder Sprachvarietät genutzt wird: Sprache der Nähe entspricht der konzeptionellen Mündlichkeit und Sprache der Distanz entspricht der konzeptionellen Schriftlichkeit. Prototypisch für die konzeptionelle Mündlichkeit ist das familiäre Alltagsgespräch (phonisch) bzw. der Brief an eine Freundin (graphisch), für die konzeptionelle Schriftlichkeit Nachrichten im Fernsehen (phonisch) bzw. Gesetzestexte (graphisch). Dazwischen liegt ein Kontinuum, auf dem unterschiedliche Kommunikationskontexte (auch Diskurs-/Textsorten) verortet werden können, die dann *eher* konzeptionell mündlich (z. B. Gespräch auf dem Pausenhof) oder *eher* konzeptionell schriftlich (z. B. Referat im Deutschunterricht) realisiert werden.

**Tab. 5.1** Vergleichende Darstellung. Beispiele für „Versprachlichungsstrategien" sind z. B. *Planungsaufwand*, *Informationsdichte* oder (sprachliche) *Komplexität*, die bei distanzsprachlichen Texten größer ist. CALP = Kognitive, akademische Sprachbeherrschung, BICS = Basale, zwischenmenschliche kommunikative Kompetenzen

| Konzeptionelle Schriftlichkeit (Sprache der Distanz) | Konzeptionelle Mündlichkeit (Sprache der Nähe) |
|---|---|
| – Distanzsprachliche Versprachlichungsstrategien | – Nähesprachliche Versprachlichungsstrategien |
| – Situationsentbundene Kommunikation (*sprachverdichtend*) | – Situationsgebundene Kommunikation (*sprachentlastend*) |
| – Literate Strukturen | – Orate Strukturen |
| – CALP (*Cognitive Academic Language Proficiency*) | – BICS (*Basic Interpersonal Communicative Skills*) |
| – Sprach(handlungs)fähigkeiten in der Fachkommunikation | – Sprach(handlungs)fähigkeiten in der Alltagskommunikation |
| – Standardsprache(n)<br>– Bildungs-/Fachsprache(n) | – Umgangs-/Alltagssprache(n) |

**Als wichtigste Aufgabe** der Schule gilt, alle Schüler/innen zur konzeptionellen Schriftlichkeit zu führen – und das gilt für jeglichen schulischen Sprachunterricht, so auch für den Fremdsprachenunterricht (z. B. Englisch oder Französisch) oder den sog. „Herkunftssprachlichen Unterricht" (z. B. Türkisch oder Italienisch). Mit anderen Worten: Schulischer Sprachunterricht versucht immer, die Sprachvarietät mit der größten kommunikativen Weite zu vermitteln, die z. B. auch in Zeitungsartikeln, Fernsehnachrichten, Schulbüchern oder (wissenschaftlicher und belletristischer) Literatur gebraucht wird; sie allein ist kodifiziert, d. h. in Grammatiken und Wörterbüchern umfassend beschrieben, und als Standardvarietät in Bildungsinstitutionen gleichsam die „Norm". Sie produktiv zu nutzen oder vor allem rezeptiv verstehen zu können, sichert die soziale, kulturelle und politische Teilhabe in demokratischen Gesellschaften. Je nach Forschungstradition wird nicht nur von konzeptioneller Schriftlichkeit gesprochen, sondern auch von „literaten Strukturen" – im Sinne von Sprachausbau nach Maas (2016) – „Standardsprache", „Bildungssprache" oder „CALP"-Fähigkeiten. Auch wenn sie nicht ganz synonym sind, zeigt die ◘ Tab. 5.1, warum sie häufig gleichsam in einem Atemzug genannt werden (vgl. dazu ausführlich Topalović/Settinieri 2023).

**Konzeptionelle Schriftlichkeit als Lernziel** Haberzettl (2014) verschränkt in der folgenden Ausführung zum einen „Bildungssprache" und „konzeptionelle Schriftlichkeit", zum anderen hebt sie hervor, welche Bedeutung sie für *alle* Lernenden haben:

» „Die entscheidende Etappe ist die Beherrschung der deutschen Bildungssprache, und damit sowohl der Ausbau des Wortschatzes als auch der Aufbau einer komplexen Grammatik, die es ermöglicht, dichte und kohärente Diskurse und Texte verschiedener Genres zu produzieren und zu verstehen. [...] Die konzeptionelle Schriftlichkeit scheint für alle Kinder und Jugendlichen mit Deutsch als L1 oder L2 eine ‚fremde' Sprache zu sein, auch wenn Kinder aus bildungsnahen Familien oft das Glück haben, schon in der frühen Kindheit an diese herangeführt zu werden." (ebd.: 13)

Auf der Basis verschiedener Studien seit 2011, in denen z. B. Lernende aus 7. Klassen semiformelle Briefe, argumentative Texte zum Handygebrauch und bildgestützte Unfallberichte geschrieben haben, kommt Haberzettl (2014) zum Schluss:

» „Die noch nicht lange geführte Debatte zum Erwerb von Bildungssprache im Kontext von Mehrsprachigkeit mag längst noch nicht abgeschlossen sein – dennoch häufen sich offenbar die Hinweise darauf, dass L2-Lerner auch diese Etappe des Spracherwerbs nicht aufgrund ihrer Mehrsprachigkeit prinzipiell schlechter bewältigen könnten als Muttersprachler [...]. Voraussetzung für den Lernerfolg [...] ist ein Bildungssystem, in dem die Hauptakteure nicht davon ausgehen, dass sich ein ausgebauter Wortschatz und komplexe grammatische Mittel ganz nebenbei ‚von selbst' entwickeln." (ebd.: 14)

„Mehrsprachigkeit" wird hier im engeren Sinne genutzt, d. h. bezogen auf *Heritage*-Sprachen, und damit äußere Mehrsprachigkeit; bei der inneren Mehrsprachigkeit sind Sprachvarietäten innerhalb eines Sprachsystems gemeint (z. B. Standardsprache Deutsch, Sächsisch als Dialekt oder Umgangssprachen). Und das ist nicht trivial, schließlich sollen *alle* Schüler/innen zur konzeptionellen Schriftlichkeit – im graphischen wie phonischen Medium – geführt werden. Wodurch zeichnet sich diese nun auf grammatischer Ebene aus?

**Grammatische Merkmale von Bildungssprache**  Stahns (2016: 45) listet in einer Synopse, die verschiedene Beschreibungsversuche der „Bildungssprache" Deutsch zusammenführt, grammatische Merkmale auf, die distanzsprachlich häufig verwendet werden:
- Nominalisierungen
- Komplexe Nominal- und/oder Präpositionalphrasen
- Komposita und Ableitungen
- Unpersönliche Konstruktionen (z. B. Passivformen)
- Präfix- und Partikelverben (bei Stahns Verben mit (nicht) abtrennbaren Präfixen)
- Konjunktivformen
- Syntaktisch komplexe Satzkonstruktionen (z. B. Partizipialkonstruktionen)

Empirische Studien deuten allerdings darauf hin, dass eine isolierte Betrachtung dieser grammatischen Formen die tatsächlichen sprachlichen Anforderungen an Lernende – etwa beim Lesen von Sachtexten oder Aufgabenstellungen – nicht einfangen können (vgl. z. B. Jost/Topalović/Uhl 2017). Zudem ist zu bedenken, dass sie immer auch Teil von Sprachhandlungen bzw. Diskurs- und Textsorten sind, mit denen sie gleichsam erworben werden und dabei auch eine bestimmte Funktion erfüllen (vgl. z. B. das Präteritum als Fiktionalitätsmarker oder die oben erwähnte komplexe, hier in einen Satz eingebettete Nominalgruppe als Einleitung in eine Rezensionsanalyse: *In der vorliegenden Rezension geht es um das von Hartmut Rosa 2016 veröffentlichte Buch mit dem Titel „Resonanz"*). Peschel (2023: 20) betont, dass für das grammatische Lernen in der Schule sowohl Formen als auch Funktionen entscheidend sind, und zwar eingebettet in Handlungskontexte:

> „In der Schule sollte dabei das Repertoire für die Ausübung sprachlicher Handlungen, wie es sich im Spracherwerb entwickelt, systematisch ausgebaut werden. Eine solche Sichtweise vertreten gebrauchsbasierte Lerntheorien, nach denen sprachliche Formen immer in bestimmten Kontexten bzw. Situationen und in Verbindung mit entsprechenden Funktionen gemeinsam erworben werden (vgl. Behrens 2011; Tomasello 2005). Solche Form-Funktions-Einheiten werden aus dem sprachlichen Input aufgenommen und über Analogieprozesse zu Mustern generalisiert. Dieser Abstraktionsprozess geschieht vermutlich sowohl auf der Basis formaler wie funktionaler Aspekte bzw. wird durch das Erkennen systematischer Zusammenhänge zwischen Formen und Funktionen befördert. Grammatisches Wissen ergibt sich demnach auch aus dem Sprachgebrauch (siehe Ziem/Lasch 2013)."

Aus Mehrsprachigkeitsperspektive sei noch einmal herausgestellt, dass in allen Schulen dieser Welt – so auch in deutschsprachigen – ein wichtiges (wenn nicht sogar das wichtigste) Lernziel gerade die jeweiligen standardsprachlichen Varietäten sind, sei es im Deutsch-, Fremdsprachen- oder im sog. „Herkunftssprachlichen Unterricht", aber auch in allen anderen schulischen Fächern. Sie haben die größte kommunikative Reichweite in einer Sprachgemeinschaft und bestimmen den Sprachgebrauch in allen öffentlichen Domänen (Verwaltung, Medien, Bildungsinstitutionen usw.). Damit sind sie grundlegend für Bildungsgleichheit sowie gesellschaftliche Partizipation.

## 5.3 Grammatiken vergleichen

Wenn man die Grammatiken verschiedener Sprachen und Sprachvarietäten miteinander vergleicht, stellt man Gemeinsamkeiten, aber auch Unterschiede fest. Gerade solch ein Vergleich verhilft oft zum Erkennen grammatischer Besonderheiten einer jeweiligen Sprache. Ein bekanntes Beispiel ist der englische Definitartikel *the* für *der, die, das* im Deutschen. Im Gegensatz zum englischen nicht-flektierenden Einheitsartikel flektiert der Artikel im Deutschen gleich nach drei Kategorien und mehreren Unterkategorien: *Kasus* (4: Nominativ/Akkusativ/Dativ/Genitiv), *Numerus* (2: Singular/Plural) und *Genus* (3: Maskulinum/Femininum/Neutrum). Im Englischunterricht muss man entsprechend nur *eine* Form erwerben, lediglich die Aussprache kann aufgrund des stimmhaften Frikativs /ð/ (besser bekannt als *tee-aitch* [tiː.eɪtʃ]) zuweilen eine Herausforderung darstellen; im deutschen Phoneminventar ist dieser Reibelaut nicht repräsentiert, so dass Lernende „Ausweichlaute" aus ihrer L1 nutzen (z. B. /d/ oder /z/ in der L1 Deutsch). Das Deutsche erweckt auch dadurch den Eindruck, eine Sprache zu sein, deren grammatische Komplexität viel höher ist als die des Englischen.

**Ein Blick auf das 6-Kasus-System** des Lateinischen oder gar das 15-Kasus-System des Finnischen zeigt, dass die vier Kasus in der deutschen Standardsprache fast schon „wenig" sind. In deutschen Dialekten gibt es sogar noch weniger Kasus, weil Dativ und Akkusativ zusammenfallen können (z. B. *mir* für *mir/mich* oder *den* für *dem/den*) oder statt des Genitivs der possessive Dativ wie bei „meinem Bruder sein Auto" gebraucht wird wie im Kiez-Deutschen (vgl. Wiese 2022: 52). Wichtig ist dabei: Beide – sowohl die standardsprachliche Genitivkonstruktion („das Auto meines Bruders") als auch die genannte nicht-standardsprachliche Dativkonstruktion – tun vor allem eines: Sie zeigen den Besitz (Possessivität) an und erfüllen damit die gleiche **Funktion**, aber mit unterschiedlichen grammatischen **Formen** (vgl. dazu ▶ Kap. 3). Die Zusammenhänge von sprachlichen bzw. grammatischen Funktionen und ihren jeweiligen Formen könnten sich beim Vergleichen von Sprachen und Sprachvarietäten als fruchtbar erweisen.

**Sprach- und damit auch Grammatikvergleiche** sind sowohl in Erwerbsprozessen als auch im sprachreflexiven Deutschunterricht zentral. So ist empirisch belegt, dass Fremdsprachenlernende Sprachen miteinander vergleichen, um sie schneller zu lernen bzw. bereits vorhandenes sprachliches Wissen auf die neue Sprache zu transferieren (vgl. z. B. Dengscherz 2019; Wildenauer-Jósza 2005). Und die nationalen Bildungsstandards für das Fach Deutsch im Primarbereich weisen im domänenspezifischen Kompetenzbereich „Sprache und Sprachgebrauch untersuchen" beim Schwerpunkt „Sprachliche Verständigung und sprachliche Vielfalt untersuchen" explizit darauf hin, dass die Schüler/innen „an ausgewählten Beispielen Gemeinsamkeiten und Unterschiede verschiedener Sprachen (u. a. Herkunftssprachen, Fremdsprachen)" (BS-Primarbereich 2022: 20) untersuchen können.

» „Mehr noch: Laut den Bildungsstandards im Fach Deutsch können die Lernenden das Nachdenken über Sprache und Sprachgebrauch nicht nur ‚zur Vertiefung ihrer Sprachbewusstheit', sondern auch ‚zur eigenen Sprachentwicklung' (vgl. BS ESA/MSA 2022, 36) nutzen. Von Sprachvergleichen könnten mit Blick auf Sprachbildung und Sprachreflexion also alle Lernenden profitieren, d. h. unabhängig von ihrem jeweiligen Erwerbskontext (L1, L2, L3)." (Topalović/Settinieri 2023: 78)

**Unterrichtspraxis** Deutschlehrkräfte können mittlerweile auf zahlreiche Lehr-/Lernmedien zurückgreifen, die sich explizit dem Vergleich von Sprachen und Sprachvarietäten widmen, zum einen auf Wortschatz- und Sprachhandlungsebene, aber auch explizit auf morphologischer (z. B. Wortbildung) und syntaktischer Ebene (z. B. Satzbau, Wortstellung) (vgl. z. B. Schader 2004; Behr 2005). Zudem können sie kontrastive Beschreibungen von Deutsch und vielen *Heritage*-Sprachen nutzen (vgl. z. B. Krifka et al. 2014). Sie bieten z. B. die Möglichkeit, Seiteneinsteiger/innen Strategien an die Hand zu geben: Welche grammatischen Strukturen der L1 und der Zielsprache Deutsch sind für Transfers geeignet? Welche Unterschiede bzw. Besonderheiten hat die deutsche Sprache im Gegensatz zur L1?

Vergleiche von Sprachen und Sprachvarietäten könnten aber auch als wissenschaftliche Lektüre in der Oberstufe im Rahmen eines sprachreflexiven Themas gebraucht werden – etwa die zahlreichen online verfügbaren „Sprachbeschreibungen" auf ProDaz (▶ http://www.uni-due.de/prodaz/sprachbeschreibung.php) oder der Atlas zur deutschen Alltagssprache (▶ http://www.atlas-alltagssprache.de) (zur unterrichtlichen Thematisierung von Sprachvergleichen vgl. ▶ Kap. 8).

▶ **Beispiel**

Gürsoy (2010) verdeutlicht in seiner „Sprachbeschreibung Türkisch" anhand von Beispielen, dass die „Basisstruktur" einfacher Sätze im Türkischen *Subjekt-Objekt-Prädikat* lautet, das Verb also am Satzende steht (wie im Lateinischen), und zwar im sog. Aussage-, Frage-

und Aufforderungssatz gleichermaßen (ebd.: 19 f.). Im Deutschen ist die Verbstellung hingegen variabel: Unterschieden werden in der Grammatikschreibung Verberstsätze (*Gehen wir ins Kino?*), Verbzweitsätze (*Wir gehen ins Kino.*) und Verbendsätze (*Sie weiß, dass wir ins Kino gehen.*). In der Sprachtypologie ist die Wortstellung vieler Sprachen dieser Welt sehr gut erforscht. Dryer (2013) unterscheidet verschiedene Wortstellungen, je nachdem, wo Subjekt (S), Objekt (O) und Verb (V) stehen. Die meisten der untersuchten Sprachen (insgesamt 1376) haben eine SOV-Stellung (564), gefolgt von Sprachen mit SVO-Stellung (488) und schließlich mit der Kategorie „No dominant order" (189), d. h. von Sprachen, die wie das Deutsche keine dominante Wortstellung haben. Der folgende Ausschnitt einer interaktiven Karte auf der Online-Plattform ▸ https://wals.info des Max-Planck-Instituts für evolutionäre Anthropologie in Leipzig gibt einen ersten Einblick, wie verschieden die Wortstellungen von Sprachen sein können (siehe unter: ▸ https://wals.info/feature/81A#2/18.0/152.9):

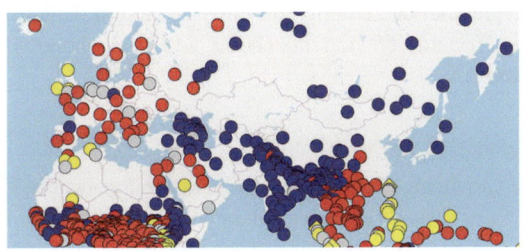

Durch Anklicken lässt sich z. B. feststellen, dass Türkisch, Baskisch und Sorbisch (eine slavische Sprache, die in der deutschen Region Lausitz gesprochen und geschrieben wird) eine SOV-Stellung haben (*blaue Punkte*), dass im Englischen, Französischen und Ukrainischen die SVO-Stellung gilt (*rote Punkte*) oder dass das Deutsche, Niederländische und Griechische über eine Wortstellung verfügen, die wechseln kann (*graue Punkte*), z. B. SVO-Stellung in deutschen Hauptsätzen und SOV-Stellung in deutschen Nebensätzen. ◂

Kenntnisse über grammatische Gemeinsamkeiten und Unterschiede in verschiedenen Sprachen stellen nicht nur wichtiges Professionswissen von Lehrkräften dar, sondern können auch zum Lerngegenstand im sprachreflexiven Deutsch- und/oder Englischunterricht gemacht werden, z. B. die WALS-Plattform in der Oberstufe. In englischen Beiträgen beschrieben und mit Karten visualisiert sind zahlreiche weitere morphologische und syntaktische Phänomene, die analysiert werden können, unter anderem die Anzahl von Genera oder Kasus – falls es diese in den jeweiligen Sprachen gibt –, die Existenz definiter und indefiniter Artikel oder die Stellung von Adjektiv und Nomen (vgl. z. B. dt. *ein großartiges Spektakel* vs. franz. *un spectacle formidable*).

**Mehrere Grammatiken erwerben**  Dass Menschen problemlos mehrere Sprachen und damit auch mehrere Grammatiken erwerben können, dürfte mittlerweile auch außerhalb der Mehrsprachigkeitsforschung bekannt sein (vgl. z. B. Müller et al. 2023; Riehl 2013; Busch 2021). Wie schnell die grammatischen Teilsysteme der jeweiligen Sprache(n) aber erworben werden, hängt unter anderem mit ihrer Komplexität und den Erwerbskontexten zusammen.

> „Je nach struktureller Verfasstheit und Durchschaubarkeit des Systems der zu lernenden Sprache stellt es dem lernenden Kind unterschiedlich schwierige Aufgaben (Lieven/Stoll 2010). Welche Strukturen wann erworben werden, variiert demnach in Abhängigkeit von der unterschiedlichen Durchschaubarkeit des Systems der zu erlernenden Sprache." (Klann-Delius 2016: 45)

Ein viel zitiertes Beispiel ist der große Unterschied zwischen deutschen und türkischen Pluralmarkierungen. Im Türkischen wird streng genommen nur *ein* Pluralsuffix gebraucht, das aufgrund der Vokalharmonie entweder *-ler* oder *-lar* lautet: bei hellen Stammvokalen (e,i,ö,ü) *-ler*, bei dunklen Stammvokalen (a,ı,o,u) *-lar*. Im Deutschen gibt es – je nach Klassifizierung – bis zu neun verschiedene Markierungsmöglichkeiten (vgl. dazu ▶ Abschn. 4.1). Dittmann (2006: 83) spricht von einem „komplizierten System der Pluralformen beim Nomen" im Deutschen, das „langsam erworben" wird.

Eine sprachvergleichende „Übung" für einen mehrsprachigkeitsorientierten Deutschunterricht schlagen Topalović/Michalak (2012: 243) ausgehend von Szagun (2006: 85) vor (vgl. Beispielbox).

▶ **Beispiel: Pluralsysteme vergleichen**

Bittet man deutschsprachige Lernende zu den in Spalte 1 genannten Kunstwörtern Pluralformen zu bilden, so nennen sie überwiegend die in Spalte 2 aufgeführten Endungen, weil sie aufgrund ihres impliziten Grammatikwissens Analogien zu möglichen Pluralmustern (Spalte 3) bilden. Um die Komplexität des deutschen Pluralsystems zu verdeutlichen, können Sprachvergleiche genutzt werden, wie z. B. mit dem Türkischen. Hier hätte man auch als Kontrastsprache Englisch nehmen können, das ebenfalls ein einfaches Pluralsystem hat; als Grundregel gilt im Englischen die Markierung des Plurals durch das Suffix *-s*. Reguläre Abweichungen ergeben sich unter anderem bei besonderen Stammendungen (vgl. z. B. engl. *box/boxes*; *city/cities*) (vgl. aber auch unregelmäßige Bildungen wie engl. *man/men*; *child/children*).

| 1. Kunstwörter im Singular | 2. Kunstwörter im Plural | 3. Analoge Pluralmuster | 4. Sprachvergleich (z. B. Türkisch) Singular – Plural |
|---|---|---|---|
| zume | zumen | Blumen | çiçek – çiçekler |
| faum | fäume | Zäune | çit – çitler |
| nerd | nerde | Pferde | at – atlar |
| dind | dinder | Kinder | çocuk – çocuklar |
| nifel | nifel | Igel | kirpi – kirpiler |
| zosa | zosas | Sofas | kanepe – kanepeler |
| darung | darungen | … | … |
| … | … | | |

◀

**Vergleiche auf morphosyntaktischer Ebene** können ebenfalls die Komplexität grammatischer Teilsysteme verdeutlichen. Die folgenden Wortgruppen (genauer: Nominalgruppen) im Singular bestehen bei den deutschen und englischen Beispielen aus *definitem*

## 5.3 · Grammatiken vergleichen

*Artikel + Adjektiv + Nomen* und bei den bosnischen/kroatischen Beispielen aus *adjektivischem Demonstrativartikel + Adjektiv + Nomen*. In diesen beiden slavischen Sprachen gibt es keinen *definiten Artikel*, stattdessen soll der Demonstrativartikel (*taj, ta, to* für *dieser, diese, dieses*) die Formenvarianz anzeigen (die gleichen Nominalgruppen gelten auch im Serbischen, allerdings in kyrillischer Schrift). Es gibt insgesamt sieben Kasus, nicht angegeben werden *Vokativ, Lokativ* und *Instrumental*. Im Englischen gibt es bei Nomina streng genommen keine Kasus. In Klammern stehen die jeweiligen Genera der Nomen, die in allen drei Beispielen entweder nicht übereinstimmen oder gar nicht vorhanden sind (im Englischen) (M = Maskulinum, F = Femininum, N = Neutrum).

| Kasus | Deutsch | Englisch | Bosnisch/Kroatisch |
|---|---|---|---|
| Nom | der blaue Himmel (M) | the blue sky | to plavo nebo (N) |
| Akk | den blauen Himmel | the blue sky | to plavo nebo |
| Dat | dem blauen Himmel | (to) the blue sky | tom plavom nebu |
| Gen | des blauen Himmels | (of) the blue sky | tog plavog neba |

| Kasus | Deutsch | Englisch | Bosnisch/Kroatisch |
|---|---|---|---|
| Nom | die rote Blume (F) | the red flower | taj crveni cvijet (M) |
| Akk | die rote Blume | the red flower | taj crveni cvijet |
| Dat | der roten Blume | (to) the red flower | tom crvenom cvijetu |
| Gen | der roten Blume | (of) the red flower | tog crvenog cvijeta |

| Kasus | Deutsch | Englisch | Bosnisch/Kroatisch |
|---|---|---|---|
| Nom | das grüne Glas (N) | the green glass | ta zelena čaša (F) |
| Akk | das grüne Glas | the green glass | tu zelenu čašu |
| Dat | dem grünen Glas | (to) the green glass | toj zelenoj čaši |
| Gen | des grünen Glases | (of) the green glass | te zelene čaše |

Allein durch einen Vergleich der jeweiligen Formen lassen sich verschiedene, überaus interessante Annahmen formulieren. Explizit angemerkt sei, dass die Schüler/innen keine dieser Sprachen tatsächlich beherrschen müss(t)en. Sie erkennen die Unterschiede anhand der strukturellen Musterhaftigkeiten. Über die reichste Morphologie verfügen die beiden slavischen Sprachen: Die (unbelebten) Nomen, Adjektive und Demonstrativartikel haben im Singular in den vier Kasus entweder drei oder vier verschiedene Flexionsendungen. Im Deutschen gibt es bei den Artikeln vier, drei oder zwei, bei den Nomen (außer *Blume*) und Adjektiven zwei verschiedene Formen und im Englischen eine einzige Form, und zwar für die gesamte Nominalgruppe. Klann-Delius

(2016: 45) bezeichnet den Kasuserwerb im Deutschen als „vergleichsweise langwierig" (abgeschlossen mit ca. 3;6), „mithin schwieriger" sei er in slavischen Sprachen wie dem Russischen oder hier eben Bosnischen/Kroatischen (sichere Beherrschung mit 6–7 Jahren), und offensichtlich einfacher sei er im Türkischen, das ein recht durchschaubares 6-Kasus-System hat (erworben mit 2 Jahren) (vgl. ebd.; vgl. dazu auch Dittmann 2006: 83). Wie im Deutschen gibt es auch in den beiden slavischen Sprachen drei Genera. Die Beispiele zeigen, dass sie bei den Nomen nicht mit den deutschen übereinstimmen müssen. Decken sich Genus und Sexus (z. B. bei *der Mann*, *die Frau*, *das Kind*), dann stimmen sie meist überein (vgl. *die Frau* (F)/*žena* (F)).

**Grammatische Komplexität** Werden Spracherwerbsprozesse als „langwierig" beschrieben, dann geht es in der Regel nicht um „Schwierigkeiten" oder „Probleme" – so nicht selten auch in der Forschungsliteratur zu finden –, sondern um eine unterschiedliche Erwerbsdauer, die z. B. beim Kasuserwerb des Deutschen größer ist als beim Genuserwerb. Vermutet wird, dass die Mehrdeutigkeit bzw. Mehrfunktionalität des deutschen Artikelsystems einen längeren Erwerbsprozess nach sich zieht: So kann die Artikelform *der* verschiedene grammatische Funktionen haben: *der* kann Nom.Sg.Mask., aber auch Dat./Gen.Sg.Fem. und Gen.Pl.Mask./Fem./Neut. sein. Lehrkräfte sollten entsprechend die Komplexität grammatischer Teilsysteme des Deutschen kennen, um z. B. im Falle eines späten L2-Erwerbs der deutschen Sprache (z. B. im jugendlichen Alter) bei ihren Schüler/innen (temporär) vorkommende Merkmale von *Interlanguages* (nicht „Fehler") besser einschätzen zu können (vgl. die Definition in ▶ Abschn. 5.4).

Unabhängig von der Sprache oder Sprachvarietät, die erworben wird, ist entscheidend, dass der Erwerb grammatischer Teilsysteme oder der Grammatiken an sich nicht losgelöst vom Wortschatzerwerb erfolgt und in Sprachhandlungskontexte eingebettet ist, vor allem aber: (Komplexe) grammatische Strukturen auf Wort-, Satz- und Textebene, die häufig mit einer sprachlichen Verdichtung einhergehen, werden auch in den verschiedenen schulischen Unterrichtsfächern sowohl (weiter) implizit als auch – je nach Lernsetting (z. B. beim *Scaffolding*) – explizit erworben, insbesondere über distanzsprachliche Texte, z. B. literarische Werke oder Fach-/Sachtexte, deren sprachliche Komplexität von der Primar- bis zur Oberstufe immer weiter zunimmt.

## 5.4 Grammatiken transferieren

**Interlanguage** In der Zweitspracherwerbsforschung hat sich bei der Frage, ob und wie die L1 Einfluss auf eine L2 nimmt, die Unterscheidung von positiven und negativen Transfers etabliert. Sie ist auch Bestandteil der einflussreichen *Interlanguage*-Hypothese, die der amerikanische Linguist Larry Selinker 1972 begründete.

> **Definition**
>
> Mit **Interlanguage** (auch: Lernersprachen, Lernervarietäten, Interimssprachen) sind temporäre sprachliche Zwischenstufen gemeint, die Merkmale der L1 und der L2, aber auch eigenständige Merkmale aufweisen und sich „auf dem Weg zu einer Zielsprache" (Riehl 2013: 382) befinden.

## 5.4 · Grammatiken transferieren

Nach Klein (2001) zeichnen sie sich „durch ein besonderes lexikalisches Repertoire und besondere morphosyntaktische Regularitäten" (ebd.: 615) aus, sie können also systematisch analysiert werden. In der Regel werden Lernersprachen im Zusammenhang mit der äußeren Mehrsprachigkeit beschrieben, sie können aber letztlich auch auf die innere Mehrsprachigkeit von Lernenden angewandt werden: „Voll entwickelte Sprachen wie Deutsch, Englisch, Latein sind einfach Grenzfälle von Lernervarietäten" (ebd.). Nicht selten heißt es im Kontext von Bildungssprachlichkeit, dass sich Kinder – noch vor der Schule – oder Schüler/innen „auf den Weg" zur konzeptionellen Schriftlichkeit machen (vgl. ▶ Abschn. 5.2).

---
**Definition**

Dimroth (2019: 32) definiert den **Transfer**, der „positive und negative Auswirkungen" haben kann, als „partielle Übertragung verfügbaren Sprachwissens auf eine neue Sprache". Unterschieden werden entsprechend positive und negative Transfers. Negative Transfers werden auch Interferenzen genannt.

---

**Negative Transfers** Dass es sprachliche Transfers gibt, kennen wir aus eigener Erfahrung, vor allem mit sog. „falschen Freunden" (entlehnt aus franz. *faux amis*), d. h. negativen Transfers: Aufgrund von Ähnlichkeiten werden Lernende beim Sprechen oder Schreiben dazu „verführt", Wortschatz und grammatische Strukturen aus der L1 auf die L2 oder eine andere Sprachvarietät zu übertragen: Bekannte lexikalische Beispiele sind etwa ital. *caldo* (*warm*, nicht *kalt*), engl. *gift* (*Geschenk*, nicht *Gift*), franz. *infusion* (*Kräutertee*, nicht *Infusion*) oder plattdt. *Deern* (*Mädchen*, nicht *Dirne*) – hier jeweils aus der Perspektive von Lernenden mit Standardsprache Deutsch als L1 betrachtet. Auf syntaktischer Ebene zeigen sich Transfers häufig bei der Wortstellung. Riehl (2013: 380) führt zwei Beispiele von zweisprachig aufwachsenden Kindern aus der Forschungsliteratur an:

---
**Grammatische Transfers**

Transferrichtung Deutsch → Englisch:
*Then is here your school.* (Statt: *Then, here is your school.*)
Übertragen wird die Verbstellung des Deutschen. („Dann <u>ist</u> hier deine Schule.")

Transferrichtung Englisch → Deutsch:
*Und das ist, was ich hab heute gemacht.* (Statt: *Und das ist, was ich heute gemacht hab.*)
Übertragen wird die Verbstellung des Englischen. ("And this is what I <u>did</u> today.")

---

▶ **Beispiel: Falsche Freunde**

„Falsche Freunde", die auf allen linguistischen Ebenen kontrastiv beschrieben werden können, kommen auch bei Redewendungen vor und werden häufig in humoristischer Weise genutzt, z. B. auf Grußkarten:

In der Regel handelt es sich dabei um buchstäbliche bzw. Eins-zu-Eins-Übersetzungen von der L1 in die L2. Im Englischen würde man stattdessen sagen können: „My English is not the best, but it works." Für weitere Beispiele vgl. Littger (2022). ◄

**Positive Transfers** Bei positiven Transfers können Lernende ihr bisheriges sprachliches Wissen – streng genommen ihr gesamtes Sprach(en)repertoire – als Strategie nutzen, um die jeweilige L2 schneller oder auch erfolgreicher zu erwerben (vgl. Edmondson/House 2006; Dimroth 2019). Das gelingt besonders gut, wenn die Sprachen der gleichen Sprachfamilie angehören und dadurch Wortschatz und Grammatik eine große Schnittstelle aufweisen. So haben viele indoeuropäische – z. B. germanische, romanische und slavische – Sprachen Perfektformen in ihrem Verbalsystem (ihre Funktion, d. h. ihr jeweiliger Gebrauch, kann allerdings unterschiedlich sein):

dt.     sie hat gesungen
engl.   she has sung
franz.  elle a chanté
bosn.   ona je pjevala

Im Hochchinesischen, einer nicht-flektierenden, analytischen Sprache, gibt es hingegen keine Tempusformen. Temporalität bzw. Aspektualität wird mit Partikeln markiert. Entsprechend kann angenommen werden, dass Lernende z. B. mit L1 Englisch das deutsche Perfekt eher erwerben werden als Lernende mit L1 Chinesisch (vgl. auch Klein 2001: 608). Tatsächlich konnte Haberzettl (2005) in einer Längsschnittstudie nachweisen, dass Kinder mit L1 Türkisch schneller die deutschen Nebensatzstrukturen mit Verbendstellung erwerben als Kinder mit L1 Russisch, wo die Grundstruktur *Subjekt-Verb-Objekt* (SVO) mit freier Wortstellung gilt (das Verb kann an jeder beliebigen Stelle stehen trotz der häufig vorkommenden Grundstruktur). Die Kinder mit L1 Türkisch konnten ihr sprachliches Wissen aus der L1 mit der Grundstruktur *Subjekt-Objekt-Verb* (SOV) auf die Verbstellung in Nebensätzen der L2 Deutsch transferieren. Erwerben Kinder zwei Sprachen gleichzeitig (doppelter L1-Erwerb, d. h. 2L1), können Transferprozesse den Erwerb grammatischer Fähigkeiten ebenfalls beschleunigen:

> „So konnten etwa Yip/Matthews (2008 [sic; 2007, ET]) zeigen, dass mit Englisch und Chinesisch aufwachsende zweisprachige Kinder schneller die *w*-Fragen im Englischen lernen als gleichaltrige monolinguale englische Kinder. Der Grund liegt darin,

dass *w*-Fragen im Chinesischen weniger komplex sind und daher auch von einsprachigen chinesischen Kindern schneller erworben werden als die englischen *w*-Fragen von einsprachig englischen Kindern. Wenn nun die bilingualen Kinder die **Kategorie der *w*-Frage** bereits aus dem Chinesischen kennen, fällt es ihnen leicht, die Struktur auch im Englischen zu erwerben. Das heißt, in diesem spezifischen Fall beschleunigt der bilinguale Erstspracherwerb sogar den Erwerb einer bestimmten grammatischen Konstruktion." (Riehl 2013: 381)

Positive Transfers spielen auch in der Interkomprehensionsdidaktik eine wichtige Rolle. Bei der **Sieben-Siebe-Methode** (vgl. z. B. Klein/Stegmann 2000; Hufeisen/Marx 2007), die das (schnelle) Leseverstehen in Fremdsprachen unterstützt, stellen syntaktische Strukturen ein wichtiges „Sieb" dar: Lesende können sich unter anderem am gleichen Satzbau orientieren, z. B. *Nominalgruppe + Verb + Nominalgruppe* in romanischen Sprachen (im folgenden Beispiel auch an der ähnlichen Lexik):

franz.   Mila aime la vie.

ital.    Mila ama la vita.

span.    Mila ama la vida.

Aber auch morphologische Entsprechungen können musterhaft transferiert werden, z. B. frequente Suffixe bei entlehnten Fremdwörtern wie:

dt.      Deriva**tion**, Organisa**tion**

ital.    deriva**zione**, organizza**zione**

franz.   dériva**tion**, organisa**tion**

## 5.5 Grammatiken in der Interaktion

In der Forschungsliteratur werden verschiedene Typen von Mehrsprachigkeit unterschieden. Wir wollen in Anlehnung an Lüdi (1996), Franceschini (2011) und Riehl (2013) vier unterscheiden, die *alle* begrifflich weit gefasst werden, und die vierte besonders betrachten:
- **Individuelle Mehrsprachigkeit**
  - Umfasst sprachlich-kommunikative (Teil-)Fähigkeiten (z. B. produktiv, rezeptiv, interaktional) eines Individuums in verschiedenen Sprachen und/oder Sprachvarietäten (z. B. auch Dialekt), d. h. äußere und innere Mehrsprachigkeit. Hierunter könnte auch die **curriculare Mehrsprachigkeit** gefasst werden, die den gesteuerten Erwerb von Fremdsprachen in Bildungsinstitutionen beschreibt, „die gesetzlich festgelegt worden sind" (vgl. Cantone 2024: 18).
- **Gesellschaftliche Mehrsprachigkeit**
  - Umfasst Mehrsprachigkeit z. B. in europäischen Gesellschaften bzw. Staaten wie Luxemburg und der Schweiz, aber auch Mehrsprachigkeit, die durch *Heritage*-Sprachen entsteht und z. B. ganze Stadtviertel sprachlich-kulturell prägen kann

(vgl. z. B. *Little Tokyo*/リトル東京 in Düsseldorf oder *Little Istanbul/Küçük Istanbul* in Mannheim).
- **Institutionelle Mehrsprachigkeit**
  - Bezieht sich sowohl auf Mehrsprachigkeit in Verwaltungen und Ämtern in gesellschaftlich mehrsprachigen Ländern oder Regionen (vgl. z. B. Kroatisch und Italienisch in Istrien; Italienisch und Deutsch in Südtirol) als auch auf Bildungsinstitutionen wie Kitas und Schulen in Deutschland (vgl. z. B. die Bedeutung der Mehrsprachigkeit in Europa- oder bilingualen Schulen unter ▶ https://www.europaschulen.nrw.de oder ▶ https://www.fmks.eu/bilinguale-angebote.html). Gesamtsprachencurricula plädieren für Mehrsprachigkeit in allen Bildungsinstitutionen von der Kita bis zur Oberstufe und Beruf und allen Fächern, einschließlich dem HSU-Unterricht – auch mit Blick auf eine „Spracherhaltsdidaktik" (vgl. dazu Gürsoy 2024; Hufeisen/Topalović 2018; Reich/Krumm 2013).
- **Diskursive Mehrsprachigkeit**
  - Bezieht sich auf Mehrsprachigkeit, die typisch für die sprachliche Interaktion von Gruppen oder zu Zweit ist (vgl. Franceschini 2011), aber auch auf den Unterricht erweitert werden kann (z. B. im Rahmen mehrsprachiger schulischer Schreib- oder Gesprächssettings).

**Diskursive Mehrsprachigkeit** Die diskursive Mehrsprachigkeit, die quer zu den anderen drei stehend verstanden werden kann, fokussiert „bilingual and multilingual interactions in groups or dyads" (Franceschini 2011: 347) vor allem in der informellen Kommunikation. Je nach Forschungstradition haben sich verschiedene Kategorien und Konzepte entwickelt. In der linguistischen Forschung stellt das *Code-Switching* eine bekannte Beschreibungskategorie mehrsprachiger diskursiver Praktiken dar. Darunter „versteht man den Wechsel zwischen zwei (oder mehr) Sprachen und Varietäten innerhalb ein und derselben kommunikativen Interaktion" (Riehl 2013: 385). Geschieht der lexikalische oder grammatische Wechsel innerhalb einer einzigen Äußerung, wird auch von *Code-Mixing* gesprochen. Die Einzelsprachen oder Varietäten werden beim Code-Switching und Code-Mixing eher als zählbare, separierbare sprachliche Entitäten (= Codes) konzeptualisiert.

> **Definition Funktionale Mehrsprachigkeit**
>
> Wurde Mehrsprachigkeit „früher häufig nur in ihrer maximalen Variante als das Beherrschen von mehreren Sprachen" (Haider 2010: 207 f.) auf L1-Niveau verstanden, werden heute auch sprachliche Teilfähigkeiten unter Mehrsprachigkeit verstanden, z. B. wenn Kinder eine Sprache mündlich verstehen, aber nicht (oder wenig) sprechen können (= **rezeptive Mehrsprachigkeit**) oder sich im Gebrauch verschiedener Sprachen nach dem Kommunikationspartner/-zweck/-ort richten (= **funktionale Mehrsprachigkeit**) (ebd.). Funktionale Mehrsprachigkeit spiegelt die Spracherfahrungen vieler Menschen wider, die ihre individuellen Sprach(en)repertoires flexibel nutzen, sei es von Lernenden in der Schule (vgl. Beispiel im Text) oder Erwachsenen im Beruf (z. B. die häufige Rezeption englischer Forschungsliteratur und den (eher) seltenen Small-Talk auf Englisch).

## 5.5 · Grammatiken in der Interaktion

**Funktionales Code-Switching** Neben dem *nicht-funktionalen* Code-Switching, der auf eher unbewussten internen Prozessen beruht und nicht-intendiert ist, ist das *funktionale* Code-Switching auch aus schulischer Perspektive besonders interessant: Wann und warum wechseln Kinder und Jugendliche ihre Codes (z. B. Nähesprache(n) auf dem Pausenhof und Distanzsprache(n) im Unterricht)? Welche sozialen – meist fluiden – Identitäten werden mit dem Wechsel konstruiert? Fokussiert auf die jeweiligen linguistischen Ebenen bei der Korpusanalyse sind grammatische Belege bekannt, bei denen Verben aus einer Sprache der Phonologie und Grammatik der anderen Sprache angepasst und in die Äußerung integriert werden. Riehl (2013: 386) zitiert folgende Beispiele aus Grosjean (2008: 161) mit den englischen Verben *to switch* und *to slash*:

1. On peut *switcher* les places?

    *Können wir die Plätze tauschen?*

2. Il a *slashé* le rideau.

    *Er hat den Vorhang zerrissen.*

Weil die „guest-words" (Gastwörter) angepasst werden, spricht Grosjean (2008) in diesen Fällen von *Ad-hoc-Entlehnungen*, gebraucht wie im Englischen wäre es ihm zufolge hingegen Code-Switching. Tatsächlich muten die Beispiele eher wie Transfers (vgl. ▶ Abschn. 5.4) an: „Ein individueller Sprecher übernimmt Elemente aus der einen Sprache und passt sie in das System der anderen Sprache ein, d. h. er schaltet nicht in die andere Sprache um, wie es der Terminus ‚Code-‚Switching' nahelegt, sondern er überträgt sprachliche Zeichen von der einen Sprache in die andere." (Riehl 2013: 386) Dies trifft auch auf das folgende Beispiel von Keim (2012: 153) zu:

3. Bizim okulda treppeler var ya.

    *In unserer Schule sind doch so Treppen.*

Das deutsche Wort *Treppe* wird syntaktisch „in die türkische Struktur eingebettet" (ebd.) und morphologisch angepasst: Entsprechend der Vokalharmonie bekommt es aufgrund des hellen Stammvokals das Pluralsuffix *-ler* (vgl. ▶ Abschn. 5.3). Am Beispiel des mehrsprachigen Erzählens konnte Keim (2012) verschiedene diskursiv-rhetorische Funktionen herausarbeiten: Neben Sprachwechsel bei Formulierungsproblemen lassen sich z. B. auch Gesprächsorganisation oder Strukturierung von Informationen als wichtige Funktionen ausmachen (vgl. ebd.: 161, hier leicht angepasst) (AY = Aynur, Ü = Übersetzung):

```
01  AY: önce birisi geldi      wolln sie in die bahn soll isch sie tragn
02  Ü   zuerst kam einer
03  AY: dedi           eh isch so nee    diyom      isch wart hier nur
04  Ü   hat er gesagt                    sage ich
```

Der Sprachwechsel gelingt nicht nur syntaktisch und morphologisch reibungslos, sondern er hat eine spezifische Funktion: Während die Sprecherin für den Rahmentext das Türkische nutzt, ist die Redewiedergabe auf Deutsch. Unabhängig von den nicht immer klar abgrenzbaren Begrifflichkeiten sollte deutlich geworden sein, dass eine mehrsprachige soziale Praxis vor allem durch Funktionalität geprägt ist (vgl. die Definition zur funktionalen Mehrsprachigkeit).

> ► **Beispiel**
>
> Wiese (2022: 51) verdeutlicht anhand des folgenden YouTube-Kommentars mit deutschen, türkischen und englischen Elementen, dass Jugendliche im Alltag mehrsprachige Ressourcen nutzen.

◄

**Translanguaging**  Ein pädagogisch-linguistisches Konzept, das mehrsprachige diskursive Praktiken explizit im schulischen Unterricht stark macht, ist *Translanguaging*.

> » „Translanguaging can be defined as a process by which students and teachers engage in complex discursive practices that include *all* the language practices of students in order to develop new language practices and sustain old ones, communicate appropriate knowledge, and give voice to new sociopolitical realities by interrogating linguistic inequality." (García/Kano 2014: 261)

Beim Translanguaging werden Sprachen und Sprachvarietäten also nicht als „clearly definable languages [...] in the mind of an individual" (Franceschini 2016: 97) modelliert, sondern als individuelles holistisches Sprach(en)repertoire verstanden, das flexibel und dynamisch genutzt werden kann.

> » „Das Repertoire wird als ein Ganzes begriffen, das jene Sprachen, Dialekte, Stile, Register, Codes und Routinen einschließt, die die Interaktion im Alltag charakterisieren. Es umfasst also die Gesamtheit der sprachlichen Mittel, die Sprecher*innen einer Sprechgemeinschaft zur Verfügung stehen, um (soziale) Bedeutungen zu vermitteln." (Busch 2021: 23)

Während Translanguaging-Konzepte in der internationalen Forschung und Lehre seit vielen Jahren etabliert sind (vgl. z. B. García/Wei 2014; Wei/Lin 2019), sind empirische Studien im deutschsprachigen Raum vergleichsweise neu und rar (für einen Überblick vgl. z. B. Budde 2019). Mehrere befassen sich mit der Frage, wann und wie professionelle Schreiber/innen, Studierende oder Schüler/innen ihre Sprach(en)repertoires im Schreibprozess nutzen (vgl. z. B. Dengscherz 2019; Gantefort/Stehr/Goltsev 2022), und zwar mit Blick auf die drei bekannten Teilprozesse *Planen*, *Formulieren* und *Überarbeiten* (vgl. Hayes/Flower 1980). In ihrem Beitrag „Mehrsprachig planen – einsprachig formulieren" kommen Gantefort/Stehr/Goltsev (2022) aufgrund ihrer Analyse des Laut-Denken-Protokolls und des Schreibprodukts einer Zehntklässlerin mit L1 Französisch und L2 Deutsch (2 Jahre Input) zu dem Schluss, dass translinguale Handlungen neben dem Aufgabenumfeld vor allem beim Teilprozess *Planen* fruchtbar sein könnten. Die Probandin übersetzt die deutsche Aufgabenstellung ins Französische und plant dann ihren Text in beiden Sprachen; mehrheitlich übersetzt sie dabei ihre französischen Gedanken ins Deutsche (vgl. „Donc, en allemand ..." = *Also auf Deutsch ...* in Zeile 9, S. 42). Das endgültige Schreibprodukt ist – wie in der Schreibaufgabe erbeten – einsprachig deutsch. Vergleichbar ist der Ansatz mit einem authentischen Beispiel aus dem Translanguaging-Guide von Celic/Seltzer (2013), der im Rahmen des New Yorker CUNY-NYSIEB-Projekts (▶ https://www.cuny-nysieb.org) entstanden ist: In einem sprachliches und fachliches Lernen integrierenden Setting (hier die Fächer Englisch und Geschichte) wurden den Lernenden auch Texte in ihren verschiedenen L1 zur Verfügung gestellt, das Schreibprodukt war aber auch hier einsprachig:

» „The end product of the unit was a report on how war affects individuals across different societies. Though the report was written and presented in English, students were encouraged to use their home languages to discuss all readings and class work. Students were also encouraged to use visuals and multimedia to support their understanding of war's effects on individuals. Students used translanguaging when reading multilingual texts, discussing their learning in their home languages, and incorporating new vocabulary into their writing." (Celic/Seltzer 2013: 56)

Tatsächlich könnte das Translanguaging-Konzept bei Lehrkräften den Blick dafür schärfen, wann es im Lehr-Lern-Prozess sinnvoll sein könnte, Schüler/innen mehrsprachige Angebote zu machen bzw. sie zu ermutigen, ihre Sprach(en)repertoires gleichsam als Lernmittel zu aktivieren, und wann der Fokus z. B. gezielt auf der Standardsprache Deutsch liegen sollte – dies umso mehr, als in der digitalen Welt gerade das Lesen nicht nur *multimodal*, sondern auch oft *multilingual* ist bzw. sein kann. Schulische Fremdsprachen wie Englisch und Französisch könnten unter Umständen auch als sog. „Brückensprachen" funktionieren (vgl. Budde 2019), z. B. bei sog. Seiteneinsteiger/innen in deutschen Schulen, die zunächst (oder auch) ihre Englischkenntnisse für das fachliche Lernen nutzen könnten, bis ihre deutschen Sprachfähigkeiten sich weiterentwickelt haben. Dies würde bedeuten, dass Lehrkräfte Mehrsprachigkeit zu ihrem professionellen Habitus machen.

## Literatur

Becker, Tabea (2014): Sprachliches und literarisches Lernen an Bilderbüchern. In: Ulf Abraham/Julia Knopf (Hg.): *BilderBücher. Band 1 Theorie*. Baltmannsweiler: Schneider Verlag Hohengehren, S. 164–174.
Behr, Ursula (Hg.) (2005): *Sprachen entdecken – Sprachen vergleichen*. Berlin: Cornelsen.
Behrens, Heike (2011): Grammatik und Lexikon im Spracherwerb: Konstruktionsprozesse. In: Stefan Engelberg/Anke Holler/Kristel Proost (Hg.): *Sprachliches Wissen zwischen Lexikon und Grammatik*. Berlin/Boston: De Gruyter, S. 75–396.
Belgrad, Jürgen/Schünemann, Ralf (2011): Leseförderung durch Vorlesen: Ergebnisse und Möglichkeiten eines Konzepts zur basalen Leseförderung. In: Brigit Eriksson/Ulrike Behrens (Hg.): *Sprachliches Lernen zwischen Mündlichkeit und Schriftlichkeit*. Bern: hep verlag, S. 144–171.
Binanzer, Anja/Langlotz, Miriam/Wecker, Verena (2022): Zur Heterogenität theoretischer Modellierungen und empirischer Operationalisierungen sprachlicher Wissens- und Vermittlungsformen. In: *Bulletin suisse de linguistique appliquée* 115(1), S. 15–21.
BS-Primarbereich (2022) = *Bildungsstandards für das Fach Deutsch Primarbereich* (Beschluss der Kultusministerkonferenz vom 15.10.2004 und vom 04.12.2003, i.d.F. vom 23.06.2022). Sekretariat

der Ständigen Konferenz der Kultusminister der Länder in der Bundesrepublik Deutschland. Berlin/Bonn. URL: https://www.kmk.org/fileadmin/veroeffentlichungen_beschluesse/2022/2022_06_23-Bista-Primarbereich-Deutsch.pdf (28.12.2024)

BS-Sek-I (2022) = *Bildungsstandards für das Fach Deutsch Erster Schulabschluss (ESA) und Mittlerer Schulabschluss (MSA)* (Beschluss der Kultusministerkonferenz vom 15.10.2004, i.d.F. vom 23.06.2022). Sekretariat der Ständigen Konferenz der Kultusminister der Länder in der Bundesrepublik Deutschland. Berlin/Bonn. URL: https://www.kmk.org/fileadmin/Dateien/veroeffentlichungen_beschluesse/2022/2022_06_23-Bista-ESA-MSA-Deutsch.pdf (28.12.2024)

Budde, Monika A. (2019): Translanguaging im Deutschunterricht in mehrsprachigen Lerngruppen: eine Methode oder mehr? In: *Der Deutschunterricht* 3, S. 17–29.

Busch, Brigitta (³2021): *Mehrsprachigkeit*. Wien: facultas.

Cantone, Katja F. (2024): Spracherhalt – ein multiperspektivisches Forschungsfeld. In: Katja F. Cantone/Helena Olfert/Laura Di Venanzio/Patrick Wolf-Farré/Tobias Schroedler/Erkan Gürsoy (Hg.): *Spracherhalt und Mehrsprachigkeit. Eine Einführung*. Tübingen: Narr Francke Attempto, S. 17–28.

Celic, Christina/Seltzer, Kate (2013): Translanguaging. A CUNY-NYSIEB Guide for Educators. New York: CUNY-NYSIEB. https://www.cuny-nysieb.org/wp-content/uploads/2016/04/Translanguaging-Guide-March-2013.pdf (01.11.2024)

Dehn, Mechthild (1999): *Texte und Kontexte. Schreiben als kulturelle Tätigkeit in der Grundschule*. Berlin: Volk und Wissen.

Dengscherz, Sabine (2019): *Professionelles Schreiben in mehreren Sprachen. Strategien, Routinen und Sprachen im Schreibprozess*. Berlin: Peter Lang.

Dimroth, Christine (2019): Lernersprachen. In: Stefan Jeuk/Julia Settinieri (Hg.): *Sprachdiagnostik Deutsch als Zweitsprache. Ein Handbuch*. Berlin: De Gruyter, S. 21–46.

Dittmann, Jürgen (2006): *Der Spracherwerb des Kindes. Verlauf und Störungen*. 2., durchges. Aufl. München: C.H. Beck.

Dryer, Matthew S. (2013): Order of Subject, Object and Verb. URL: https://wals.info/chapter/81 (Zugriff: 10.10.2024)

Edmondson, Willis J./House, Juliane (2006): *Einführung in die Sprachlehrforschung*. 3., aktual. und erw. Aufl. Tübingen/Basel: A. Francke.

Feilke, Helmuth (2011): Literalität und literale Kompetenz: Kultur, Handlung, Struktur. In: *leseforum.ch* 1, S. 1–18.

Franceschini, Rita (2011): Multilingualism and Multicompetence: A Conceptual View. In: *The Modern Language Journal 95/3. The Special Issue: Toward a Multilingual Approach in the Study of Multilingualism in School Contexts*, S. 344–355.

Franceschini, Rita (2016): Multilingualism research. In: Vivian Cook/Li Wei (Hg.): *The Cambridge Handbook of Linguistic Multi-competence*. Cambridge: Cambridge University Press, S. 97–124.

Funke, Reinhold (2005): *Sprachliches im Blickfeld des Wissens*. Tübingen: Niemeyer.

Gantefort, Christoph/Stehr, Charlotte/Goltsev, Evghenia (2022): Mehrsprachig planen – einsprachig formulieren. Translanguaging als Ressource für das Schreiben im Deutschunterricht nutzen. In: *Der Deutschunterricht* 5, S. 37–46.

García, Ofelia/Kano, Naomi (2014): Translanguaging as Process and Pedagogy: Developing the English Writing of Japanese Students in the US. In: Jean Conteh/Gabriela Meier (Hg.): *The Multilingual Turn in Languages Education. Opportunities and Challenges*. Bristol: Multilingual Matters, S. 258–277.

García, Ofelia/Wei, Li (2014): *Translanguaging, Language, Bilingualism and Education*. Palgrave Macmillan.

Grosjean, François (2008): *Studying bilinguals*. Oxford: Oxford University Press.

Gürsoy, Erkan (2010): *Sprachbeschreibung Türkisch*. URL: https://www.uni-due.de/imperia/md/content/prodaz/sprachbeschreibung_tuerkisch.pdf (Zugriff: 01.01.2024)

Gürsoy, Erkan (2024): Spracherhaltsdidaktik. In: Katja F. Cantone/Helena Olfert/Laura Di Venanzio/Patrick Wolf-Farré/Tobias Schroedler/Erkan Gürsoy (Hg.): *Spracherhalt und Mehrsprachigkeit. Eine Einführung*. Tübingen: Narr Francke Attempto, S. 173–187.

Haberzettl, Stefanie (2005): *Der Erwerb der Verbstellungsregeln in der Zweitsprache Deutsch durch Kinder mit russischer und türkischer Muttersprache*. Tübingen: Niemeyer.

# Literatur

Haberzettl, Stefanie (2014): Zweitspracherwerb und Mehrsprachigkeit bei Kindern und Jugendlichen in der Migrationsgesellschaft. In: Solveig Chilla/Stefanie Haberzettl (Hg.): *Handbuch Spracherwerb und Sprachentwicklungsstörungen. Mehrsprachigkeit*. München: Urban & Fischer, S. 3–18.

Haider, Barbara (2010): Mehrsprachigkeit. In: Hans Barkowski/Hans-Jürgen Krumm (Hg.): *Fachlexikon Deutsch als Fremd- und Zweitsprache*. Tübingen/Basel: A. Francke, S. 207 f.

Hayes, John. R./Flower, Linda S. (1980): Identifying the organization of writing processes. In: Lee W. Gregg/Erwin R. Steinberg (Hg.): *Cognitive Processes in Writing*. London/New York: Routledge, S. 3–30.

Hufeisen, Britta/Marx, Nicole (2007): *EuroComGerm – Die sieben Siebe: Germanische Texte lesen lernen*. Aachen: Shaker.

Hufeisen, Britta/Topalović, Elvira (2018): Mehrsprachige Literacy: Potentiale eines Gesamtsprachencurriculums in einer Pluralen Mehrsprachigkeitsdidaktik. In: Elisabeth Gessner/Jenny Giambalvo Rode/Horst Paul Kuhley (Hg.): *Atlas der Mehrsprachigkeit*. Leipzig: Leipziger Universitätsverlag, S. 15–29.

Jost, Jörg/Topalović, Elvira/Uhl, Benjamin (2017): Sprachsensibler Mathematikunterricht in Hauptschulen. Sprache im Fach aus Sicht von Sprachfördercoaches, Lehrkräften und Lernenden in einem BiSS-Projekt. In: Bernt Ahrenholz/Britta Hövelbrinks/Claudia Schmellentin (Hg.): *Fachunterricht und Sprache in schulischen Lehr-/Lernprozessen*. Tübingen: Narr, S. 161–182.

Keim, Inken (2012): *Mehrsprachige Lebenswelten: Sprechen und Schreiben der türkischstämmigen Kinder und Jugendlichen*. Tübingen: Narr.

Klann-Delius, Gisela (2016): *Spracherwerb. Eine Einführung*. Stuttgart: J.B. Metzler.

Klein, Horst G./Stegmann, Tilbert D. (2000): *EuroComRom – Die sieben Siebe: Romanische Sprachen sofort lesen können*. Aachen: Shaker.

Klein, Wolfgang (2001): Typen und Konzepte des Spracherwerbs. In: Gerhard Helbig/Lutz Götze/Gert Henrici/Hans-Jürgen Krumm (Hg.): *Deutsch als Fremdsprache*. Berlin: De Gruyter, S. 604–616.

Koch, Peter/Oesterreicher, Wulf (1994): Schriftlichkeit und Sprache. In: Hartmut Günther/Otto Ludwig (Hg.): *Schrift und Schriftlichkeit. Ein interdisziplinäres Handbuch internationaler Forschung*. 1. Halbband. Berlin/New York: De Gruyter, S. 587–604.

Krifka, Manfred/Błaszczak, Joanna/Leßmöllmann, Annette/Meinunger, André/Stiebels, Barbara/Tracy, Rosemary (Hg.) (2014): *Das mehrsprachige Klassenzimmer: Über die Muttersprachen unserer Schüler*. Berlin: Springer VS. https://doi.org/10.1007/978-3-642-34315-5.

Lieven, Elena/Stoll, Sabine (2010): Language. In: Marc H. Bornstein (Hg.): *The Handbook of Cultural Developmental Science*. New York: Psychology Press, S. 143–160. https://doi.org/10.4324/9780203805497

Littger, Peter (2022): Hello in the round! Der *Trouble* mit unserem Englisch und wie man ihn *shootet*. München: C.H. Beck.

Lüdi, Georges (1996): Mehrsprachigkeit. In: Hans Goebl/Peter H. Nelde/Wolfgang Wölck/Zdeněk Starý (Hg.): *Kontaktlinguistik. Ein internationales Handbuch zeitgenössischer Forschung*. Berlin/New York: De Gruyter, S. 233–245.

Maas, Utz (2016): Was wird bei der Modellierung mit Nähe und Distanz sichtbar und was wird von ihr verstellt? In: Helmuth Feilke/Mathilde Hennig (Hg.): *Zur Karriere von ‚Nähe und Distanz'. Rezeption und Diskussion des Koch-Oesterreicher-Modells*. Berlin/Boston: De Gruyter, S. 89–111.

Müller, Natascha/Kupisch, Tanja/Schmitz, Katrin/Cantone, Katja F./Arnaus Gil, Laia (2023): *Einführung in die Mehrsprachigkeitsforschung*. 4., vollständig überarb. und erw. Aufl. Tübingen: Narr.

Peschel, Corinna (2023): Formen und Funktionen beim grammatischen Lernen. In: *Der Deutschunterricht* 3, S. 15–24.

Pienemann, Manfred (1989): Is Language Teachable? Psycholinguistic Experminents and Hypotheses. In: *Applied Linguistics* 10(1), S. 52–79.

Reber, Arthur S. (1967): Implicit Learning of Artificial Grammars. In: *Journal of verbal learning and verbal behaviour* 6, S. 855–863.

Rebuschat, Patrick (2015): Introduction: Implicit and explicit learning of languages. In: Rebuschat, Patrick (Hg.): *Implicit and Explicit Learning of Languages*. Amsterdam: Benjamins, S. XIII–XXII.

Reich, Hans H./Krumm, Hans-Jürgen (2013): *Sprachbildung und Mehrsprachigkeit. Ein Curriculum zur Wahrnehmung und Bewältigung sprachlicher Vielfalt im Unterricht*. Münster: Waxmann.

Riehl, Claudia Maria (2013): Mehrsprachigkeit und Sprachkontakt. In: Peter Auer (Hg.): *Sprachwissenschaft. Grammatik – Interaktion – Kognition*. Stuttgart/Weimar: J.B. Metzler, S. 377–404.

Röber, Christa (2009): *Die Leistungen der Kinder beim Lesen- und Schreibenlernen. Grundlagen der Silbenanalytischen Methode. Ein Arbeitsbuch mit Übungsaufgaben.* Baltmannsweiler: Schneider Verlag Hohengehren.

Schader, Basil (2004): *Sprachenvielfalt als Chance. Das Handbuch. Hintergründe und 101 praktische Vorschläge für den Unterricht in mehrsprachigen Klassen.* Troisdorf: Bildungsverlag E1NS/orell füssli Verlag.

Selinker, Larry (1972): Interlanguage. In: *International Review of Applied Linguistics* 10, 219–231.

Stahns, Ruven (2016): Bildungssprachliche Merkmale von Texten und Items. Zur Operationalisierung des Konstrukts „Bildungssprache". In: *Didaktik Deutsch* 41, S. 44–55.

Szagun, Gisela (2006): *Sprachentwicklung beim Kind. Vollständig überarbeitete Neuausgabe.* Weinheim/Basel: Beltz.

Tomasello, Michael (2005): *Constructing a Language: A Usage-Based Theory of Language Acquisition.* Cambridge: Harvard University Press.

Topalović, Elvira/Michalak, Magdalena (2012): Sprachreflexion und Grammatik zwischen DaM und DaZ. In: Magdalena Michalak/Michaela Kuchenreuther (Hg.): *Grundlagen der Sprachdidaktik Deutsch als Zweitsprache.* Baltmannsweiler: Schneider Verlag Hohengehren, S. 226–250.

Topalović, Elvira/Settinieri, Julia (2023): *Sprachliche Bildung.* Tübingen: Narr Francke Attempto.

Tophinke, Doris (2024): Nebensätze. In: *Praxis Deutsch* 306, S. 4–13.

Treiman, Rebecca/Kessler, Bret (2021): Statistical Learning in Word Reading and Spelling across Languages and Writing Systems. In: *Scientific Studies of Reading* 26(2), S. 139–149.

Vygotskij, Lev Semënovič (2002): *Denken und Sprechen. Psychologische Untersuchungen.* Weinheim/Basel: Beltz. (Übersetzung des russischen Originals aus dem Jahr 1934)

Wei, Li/Lin, Angel M.Y. (2019): Translanguaging classroom discourse: pushing limits, breaking boundaries. In: *Classroom Discourse* 10(3–4), S. 209–2015. https://doi.org/10.1080/19463014.2019.1635032

Wiese, Heike (2022): Deutsch im mehrsprachigen Kontext. In: *Der Deutschunterricht* 4, S. 50–61.

Wildenauer-Jósza, Doris (2005): *Sprachvergleich als Lernerstrategie. Eine Interviewstudie mit erwachsenen Deutschlernenden.* Freiburg: Fillibach.

Yip, Virginia/Matthews, Stephen (2007): *The bilingual child: Early development and language contact.* Cambridge: Cambridge University Press.

Ziem, Alexander/Lasch, Alexander (2013): *Konstruktionsgrammatik. Konzepte und Grundlagen gebrauchsbasierter Ansätze.* Berlin/Boston: De Gruyter.

# Grammatik und Sprachbewusstheit

## Inhaltsverzeichnis

6.1  Beispiele für Aspekte von Sprachbewusstheit – 112

6.2  Konzepte von Sprachbewusstheit – 116

6.3  Ausprägungen von Sprach(en)bewusstheit – 122

6.4  Entwicklung von Sprachbewusstheit – 127

6.5  Sprachbewusstheit in Curricula und Lehrwerken – 131

Literatur – 137

© Springer-Verlag GmbH Deutschland, ein Teil von Springer Nature 2025
T. Becker, C. Peschel, E. Topalović, *Grammatik in der Schule*,
https://doi.org/10.1007/978-3-476-06010-5_6

Sprachbewusstheit ist als zentrales Lernziel des Sprachunterrichts unumstritten. In den Bildungsstandards und Kernlehrplänen des Faches Deutsch, aber auch der Fremdsprachen wird ihr durchgehend eine zentrale Rolle zugeschrieben. Was allerdings genau darunter zu verstehen ist, ist deutlich uneinheitlicher und komplexer. Eine allgemein geteilte Definition existiert bislang nicht, kann vielleicht auch gar nicht existieren. Manchmal wird Sprachbewusstheit als Disposition definiert, häufiger allerdings als Fähigkeit, genauer als Teil einer allgemeinen Sprachhandlungsfähigkeit, wie im folgenden Zitat.

> **Definition**
>
> „Einen wesentlichen Aspekt dieser Sprachhandlungsfähigkeit bildet **Sprachbewusstheit**, weit definiert als Fähigkeit, sprachliche Erscheinungen ins Bewusstsein zu rufen, sei es in Form einer reflektierten Kontrolle eigener sprachlicher Tätigkeiten oder als bewusstes Nachdenken über Sprache und ihre Gebrauchskontexte" (Bien-Miller/Wildemann 2023).

Eine solche Definition reicht an dieser Stelle erst einmal aus. Zentrale Schwerpunkte werden in ▶ Abschn. 6.2 diskutiert. Gemeinsam ist allen Ansätzen zur Sprachbewusstheit, dass sie einen Zustand der Aufmerksamkeit auf Sprache und eine (betrachtende) Distanz zum unmittelbaren Sprachgebrauch annehmen (vgl. Gornik 2022; Bredel 2013). Es lässt sich weiterhin bereits aus der kurzen Definition oben erkennen, dass Sprachbewusstheit auf der einen Seite einen direkten Bezug zu (eigenen und fremden) sprachlichen Handlungen haben kann, auf der anderen Seite mit Reflexion und Nachdenken über Sprache in Verbindung steht. Noch näher zu beleuchten ist, wie genau diese Verbindungen aussehen und auf welche sprachlichen Bezugsgrößen sich die Bewusstheit jeweils richten kann.

Eine häufig vertretene Annahme ist, dass sich die verschiedenen Erscheinungsformen und Ausprägungen von Sprachbewusstheit entwicklungslogisch erklären lassen, es sich also um ein emergentes Phänomen handelt, das sich im Zuge der sprachlichen und kognitiven Entwicklung entfaltet (in diesem Sinne etwa bereits Karmiloff-Smith 1992 oder Wildemann et al. 2018, s. auch ▶ Abschn. 6.4).

Im Folgenden sollen vier Beispiele aus unterrichtlichen und nicht-unterrichtlichen Kontexten die Bandbreite von Erscheinungen illustrieren, die unter ein Konzept von Sprachbewusstheit gefasst werden können. Ihre Diskussion zeigt erste differentielle Merkmale für eine systematische Erschließung von Sprachbewusstheit auf.

## 6.1 Beispiele für Aspekte von Sprachbewusstheit

**Beispiel 1: Selbstkorrektur** In der 1. Klasse einer Grundschule in Bozen wird folgende Äußerung einer Schülerin dokumentiert:

> „die große ist eine, ein mädchen" (Franceschini/Saxalber 2016: 34)

Das Beispiel entstammt einem Projekt zu „Sprachaufmerksamkeit und Sprachenförderung" in Südtirol, in dem es darum geht, Ausprägungen von Sprachaufmerksamkeit im

## 6.1 · Beispiele für Aspekte von Sprachbewusstheit

Unterricht einer „deutschen Schule" in Südtirol mittels Erzählinterviews zu erheben (Franceschini/Saxalber 2016). Das Beispiel zeigt eine Selbstkorrektur einer Schülerin; in diesem Fall bezogen auf das Genus des Artikels. Die Korrektur ist hier selbst- und nicht fremdinitiiert, erfolgt also aus eigenem Antrieb und nicht als Folge eines Hinweises einer anderen Person, etwa der Lehrperson. Selbstkorrekturen weisen in der Regel darauf hin, dass die vorgenommene Planung einer Äußerung sozusagen online korrigiert und in Richtung auf ein kommunikatives Ziel – sei dies etwa grammatische Korrektheit oder lexikalische Angemessenheit – hin optimiert wird (vgl. Kohlmann 1996). Auch in Fällen, in denen die Korrektur nicht explizit fremdinitiiert ist, kann es allerdings sein, dass ein institutioneller Kontext – wie im Beispiel der schulische – die Neigung zu Korrekturen bzw. den Grad der Aufmerksamkeit für die sprachliche Korrektheit im Vergleich zu privaten Gesprächen erhöht. Schüler/innen könnten also im schulischen Kontext eher zu Selbstkorrekturen neigen als im privaten.

Das in der Selbstkorrektur erkennbare sprachbezogene Wissen muss nicht verbalisierbar oder gar terminologisch fassbar sein. Beim oben genannten Beispiel ist der Terminus Artikel den meisten Schüler/innen in der ersten Klasse sicherlich noch nicht bekannt. Inwiefern bereits ein Konzept der Kategorie Genus vorliegt, lässt sich aus den Daten nicht ersehen. Ersichtlich ist allerdings die Aufmerksamkeit für die sprachliche Realisierung, genauer gesagt liegt hier der Fokus auf der (korrekten) sprachlichen Form.

**Beispiel 2: Fremdinitiierte Aussagen über Sprache**  In der 4. Klasse lesen und hören Kinder eine mehrsprachige Bilderbuchgeschichte und werden zu Sprachvergleichen angeregt:

» „Also, im Deutsch ist es anders und im Türkisch ist es auch anders. Zum Beispiel im Türkischen gibt es kein das, der.... und im Englisch gibt es nur the und im Deutsch gibt es der, die, das. Deswegen sind es auch weniger Wörter." (aus: Wildemann et al. 2016)

Die Äußerung wurde im Rahmen eines Projekts zur Sprachbewusstheit elizitiert und dokumentiert. Die Kinder wurden von der interviewenden Person explizit zu Aussagen über die im Buch verwendeten Sprachen angeregt. Es handelt sich damit also – im Unterschied zu Beispiel 1 – um eine fremdinitiierte Äußerungsform von Sprachbewusstheit, die in einer initiierten Kommunikationssituation entstanden ist und nicht um spontansprachliche Daten. Auch steht keine konkrete sprachliche Handlung im Zentrum der Aufmerksamkeit. Der bilinguale Schüler fokussiert eine bestimmte sprachliche Erscheinung: den Formenbestand der Wortart Artikel in verschiedenen Sprachen. Er spricht also *über* bestimmte sprachliche Erscheinungen. Es geht – im Unterschied zu Beispiel 1 – nicht darum, dass er sie im aktuellen kommunikativen Kontext gerade für eine sprachliche Handlung benötigt. Eher wird generell bzw. situationsübergreifend über Sprache(n) gesprochen. Für das beschriebene sprachliche Phänomen benutzt der Schüler (noch) keinen Terminus.

**Beispiel 3: Aussagen über Texte**  In einem Projekt zu Schreibprozessen zweisprachiger (und zweisprachig alphabetisierter) Schüler/innen (Peschel/Sulimova 2021) werden die Proband/innen aus 6. und 7. Klassen gebeten, Rezepte unter anderem in den Sprachen Deutsch und Russisch nach einer vorgelegten Bildfolge zu schreiben. Die jeweiligen

Schreibprozesse werden über Screen-Capturing aufgenommen und den Proband/innen anschließend als Gesprächsstimulus vorgespielt. Eine Siebtklässlerin, die in Deutsch und Russisch literalisiert ist, schreibt zunächst ein deutsches, dann ein russisches Rezept und kommentiert ihr eigenes Vorgehen beim russischen Text wie folgt:

> I: Also, wie bist du JETZT vorgegangen? #00:00:20-7#
> P02: Ich ähm bin nach derselben Struktur vorgegangen wie im Deutschen, weil ich glaube, das ist im Russischen, glaube ich, genauso, ich mein, die Struktur ändert sich ja nicht, erst die Zutaten und dann das Rezept. #00:00:43-8#
> I: Hm, war es leichter dieses Mal? #00:00:50-5#
> P02: Nein, dieses Mal wars schwerer, weil ich ähm habe nicht wirklich/ja ich brauchte die richtigen/ich hatte noch mehr Probleme mit der Formulierung, aber letzten Endes habe ich es geschafft. #00:01:14-3#
> I: Macht man das auf Russisch und auf Deutsch gleich? #00:06:55-8#
> P02: Von der Struktur her, glaube ich, schon. Aber also natürlich sind die Wörter und Buchstaben und so anders und aber ich glaube, dass ist wie, wenn ich/na, ich glaub, das ist nicht wirklich viel anders, ich glaub, da gibt es schon Gemeinsamkeiten. #00:07:22-2#

Die Schülerin zeigt hier Bewusstheit bezüglich verschiedener sprachlicher Erscheinungen und Ebenen: So kann sie Aussagen zur Textsorte „Rezept" machen. Auf diese kann sie überdies sprachvergleichend schauen. Sie kommentiert darüber hinaus die empfundene Schwierigkeit beim Schreiben der Texte in der jeweiligen Sprache und benennt die lexikalische und die orthografische Ebene als diejenigen, die sich im Russischen und Deutschen unterscheiden. Die Struktur der Texte bezeichnet sie in beiden Sprachen als gleich. Ihre Sprachbewusstheit nimmt hier also deutlich die Form differenzierten verbalisierbaren Wissens an. Sie nimmt für ihren Vergleich explizit auf bestimmte sprachliche Einheiten und Konzepte Bezug und kann diese auch terminologisch fassen. Der Auslöser ist in diesem Fall ein externer Impuls, bestehend aus der Aufzeichnung des eigenen Schreibprozesses und einer offenen Frage der Gesprächsleiterin. Es handelt sich also auch hier nicht um spontane Äußerungen von Bewusstheit; ein genauer Fokus auf eine bestimmte sprachliche Erscheinung – etwa eine bestimmte Wortform oder ein bestimmtes grammatisches Phänomen – ist allerdings auch nicht vorgegeben.

Betrachtet man im Vergleich die Aufzeichnung der Schreibprozesse der Probandin, kann man sehen, dass ihre Einschätzung zu den benannten Kompetenzen durchaus zutreffend ist: Beim Schreiben des russischen Textes sucht sie verschiedentlich deutlich länger nach einzelnen Wörtern oder auch Phrasen als im Deutschen. Dies lässt sich an der Länge der Pausen vor einzelnen Wörtern erkennen, ebenso wie an einzelnen Kommentaren beim Schreiben, wenn sie mit Formulierungen nicht zufrieden ist oder beklagt, dass ihr ein Wort nicht einfällt. Auch enthält der entstandene russische Text deutlich mehr Rechtschreibfehler als der deutsche. Im Rahmen beider Schreibprozesse korrigiert die Schülerin Elemente ihrer eigenen Texte, vorzugsweise auf der lokalen Ebene, bezüglich Wortwahl, Grammatik und Rechtschreibung. Wie man am Transkript erkennen kann, kommen im Gespräch über das eigene Schreiben aber auch hierarchiehöhere Ebenen der Texte wie deren Struktur und Textsortenmerkmale in den Blick.

**Beispiel 4: Gespräch über Fachtermini** In einer Grammatik-Stunde in der 6. Klasse einer Realschule ergibt sich das folgende Unterrichtsgespräch (Bremerich-Vos 1993: 107: adaptiert und gekürzt).

> L: Gestern wollte ich von euch wissen, welche Wortarten ihr in der Grundschule schon gelernt habt. Diese Wortarten konnte ich auch dem kleinen Text entnehmen, den ich dann eingesammelt habe. Und heut hab ich EIne dieser Wortarten ausgewählt. [Schreibt „Wortarten" als Überschrift an die Tafel.] Hier halt ich mal ein Beispiel hoch. [Hält Wortkarte „laufen" hoch.] Sibylle!
> S 1: (...)
> L: Bitte?
> S 1: Ein Verb.
> L: Ja! Da gibts auch ein anderes Wort dafür. Wart, bis ich frage. [Schreibt „Verb" an die Tafel.] Jetzt darfst's sagen.
> S 2: Tunwort.
> L: Mhm. [Schreibt „Tunwort" unter „Verb" an die Tafel.] Habt ihr noch einen Begriff in der Grundschule dafür gehabt? [einige SuS:] Ja. Ja.
> L: Marcel?
> S 3: Zeitwort.
> L: Mhm. [Schreibt „Zeitwort" an.] Das wars? Kann mir jetzt jemand erklären, was ein Verb ist? Viktor?
> S 4: Was man tun kann. Zum Beispiel laufen, das kann man tun.

Es handelt sich hier um einen relativ typischen Ausschnitt aus dem schulischen Grammatikunterricht. Auch in diesem Beispiel sind die Äußerungen über sprachliche Erscheinungen – wie in Beispiel 2 und 3 – fremdinitiiert. Wie in 2, aber anders als in 3 besteht kein direkter Zusammenhang zu einer (eigenen) sprachlichen Handlung. Das Beispiel unterscheidet sich von allen bisherigen dadurch, dass hier ein grammatischer Terminus, nämlich Verb, nicht nur verwendet wird, sondern Ausgangspunkt der weiteren Sprachbetrachtungsaktivitäten ist. Die Schüler/innen (re-)produzieren also zunächst einmal grammatisches, genauer: terminologisches Wissen, ohne einen aktuellen Bezug zu einer sprachlichen Handlung. Ziel der Sequenz ist nicht das Betrachten (bzw. Korrigieren) einer konkreten Äußerung, nicht das Kommentieren konkreter sprachlicher Erscheinungen, sondern das systematische Erfassen und Einordnen eines Terminus und seiner Reichweite.

Die vier Beispiele eröffnen einen Blick auf die Bandbreite von Aspekten von Sprachbewusstheit. Zusammenfassend lassen sich die folgenden ableiten:
- Sprachbewusstheit kann sehr **unterschiedliche Formen und Grade** annehmen. Sie kann sich etwa in Äußerungen zeigen, die direkt auf sprachliche Formen bzw. Strukturen bezogen sind („metasprachliche Äußerungen"), sie kann sich aber auch an sprachbezogenen Handlungen, etwa Korrekturen, zeigen.
- Es spielen sowohl Aspekte der **korrekten** und angemessenen **Formenverwendung** wie der funktionalen und situativ **angemessenen Sprachverwendung** eine Rolle.
- **Eigener wie fremder Sprachgebrauch** wird zum Gegenstand der Betrachtung.
- Sprachbewusstheit kann durch **äußere Impulse** elizitiert oder durch **eigenen Antrieb** ausgelöst werden (wobei sich hier sicher Übergänge finden).

- Sprachbewusstheit tritt in **verschiedenen Lernkontexten** zu Tage. Diese können eher handlungsentlastet sein (typisch wäre hier der traditionelle schulische Grammatikunterricht wie in Beispiel 4); es kann sich aber auch um spontane Äußerungen in der (Unterrichts-)Kommunikation zu einem anderen Thema handeln (siehe Beispiel 1).
- Sprachbewusstheit kann **verschiedene sprachliche Teilkompetenzen und Bereiche** betreffen. So kann sie in Unterrichtsphasen aufscheinen, in denen schwerpunktmäßig explizit über Sprache gesprochen wird (siehe Beispiel 2). Sie kann aber auch eine zentrale Rolle spielen, wenn gerade diskutiert wird oder Texte geschrieben werden und dort situationsbezogen sprachliche Aspekte in den Betrachtungsfokus gelangen.
- **Lebensweltliche Mehrsprachigkeit** (im Sinne von Zweisprachigkeit) von Schüler/innen scheint noch einmal neue Dimensionen von und Perspektiven auf Sprachbewusstheit zu eröffnen (siehe v. a. Beispiel 3).

## 6.2 Konzepte von Sprachbewusstheit

Konzepte von Sprachbewusstheit können sich, in Erweiterung des oben skizzierten gemeinsamen Kerns, in verschiedenen Aspekten unterscheiden. Im wissenschaftlichen Diskurs viel diskutierte Differenzierungen betreffen etwa die Dimensionen, auf denen Bewusstheit sich äußert, die Arten von Wissen, die in diesem Kontext als relevant erachtet werden, sowie die Frage, ob vor allem die Sprachbewusstheit der Lernenden oder der Lehrenden im Fokus steht.

### 6.2.1 Dimensionen von Sprachbewusstheit

**Sprachbewusstheit im engeren Sinne** In vielen neueren Veröffentlichungen zur Sprachbewusstheit wird eine Unterscheidung von Sprachbewusstheit im engeren und im weiteren Sinne, manchmal noch im ganzheitlichen Sinne vorgenommen (z. B. in Bien-Miller/Wildemann 2020; Hägi-Mead/Tajmel 2023). Sprachbewusstheit im engeren Sinne bezieht sich vor allem auf **Äußerungen über Sprache**, sogenannte „metasprachliche Äußerungen" (z. B. Bien-Miller/Wildemann 2020). Sprecher/innen verbalisieren in solchen Fällen explizit sprachliches Wissen. Dieses kann, muss aber nicht die Form von terminologischem Wissen oder „Analysewissen" (Bredel 2013) annehmen. Es kann sich beispielsweise auch um „subjektive Theorien" (Oomen-Welke 2017) über Sprache handeln. Diese entstehen oft eher durch individuelle (Sprach-)Erfahrungen und/oder (informelle) Kommunikation über Sprache. Studien zur Sprachbewusstheit untersuchen in der Regel vor allem solche metasprachlichen Äußerungen, also Vorkommen von Sprachbewusstheit im engeren Sinne, bevorzugt von Schulkindern (vgl. etwa Oomen-Welke 2004; Wildemann et al. 2016). Im Vergleich zu den Indikatoren für die folgenden, weiter gefassten Konzeptionen von Sprachbewusstheit sind solche Äußerungen leichter erfassbar, da sie unmittelbar hörbar bzw. sichtbar sind.

**Sprachbewusstheit im weiteren Sinne** Dieses Konzept umfasst auch solche Formen, die die entsprechenden Personen nicht verbalisieren (können). Hierzu gehört z. B. die Fähigkeit, den Sprachgebrauch in Bezug zum Kommunikationskontext bzw. zu den Kommunikationspartnern zu regulieren und anzupassen. Ein solches **implizites Wissen** ist deutlich schwerer festzustellen als expliziertes Wissen in Äußerungen. Manchmal ist es zu beobachten, manchmal nur aus den hervorgebrachten sprachlichen Äußerungen zu erschließen. Beobachtbare Indizien für eine solche Sprachbewusstheit können beispielsweise Selbst- und Fremdkorrekturen sein (siehe Beispiel 1), spontane Reaktionen auf den Sprachgebrauch anderer oder auch sprachbezogene Abwägungshandlungen. Im Bereich des Texteschreibens können auch Überarbeitungen von Textpassagen, etwa Änderungen in der konkreten Wortwahl, aber auch Umstellungen von Textteilen, Indizien einer solchen Sprachbewusstheit sein (siehe Beispiel 3). In vielen anderen Fällen ist allerdings nicht oder nur schwer zu erkennen, inwieweit eine gelungene sprachliche Äußerung aus vorhandener Sprachbewusstheit resultiert.

**Sprachbewusstheit im umfassenden Sinn** Bien-Miller/Wildemann (2020) nehmen einen noch weiteren Begriff von Sprachbewusstheit hinzu: Sprachbewusstheit im umfassenden oder ganzheitlichen Sinn**.** Dieser weiteste Begriff von Sprachbewusstheit deckt sich in etwa mit dem aus der angloamerikanischen Diskussion stammenden Terminus der **Language Awareness**. Zusätzlich zu den im engeren Sinne sprachbetrachtenden Aktivitäten fallen unter ein solches Konzept auch folgende Dimensionen:
- **emotionale Aspekte** wie etwa die Freude an Sprache(n), z. B. an Sprachspielen,
- **motivationale Aspekte** wie die Neigung zum Verwenden und Lernen verschiedener Sprachen oder auch
- **soziale Aspekte**, Sensibilität für Aspekte von Sprach(en)nutzung und Sprach(en)wertigkeit etc.

Der Fokus liegt hier besonders darauf, dass Sprachproduktion und -rezeption immer in sozialen, gesellschaftlichen, situativen Kontexten stattfinden. Im deutschsprachigen Raum wird ein solches ganzheitliches Konzept von Sprachbewusstheit vor allem in der Mehrsprachigkeitsdidaktik diskutiert. Hier wird in jüngster Zeit oft auf das Konzept der kritisch-reflexiven Sprachbewusstheit von Tajmel (2017) Bezug genommen, das neben den oben bereits genannten Aspekten von Sprachbewusstheit besonders die Machtebene von Sprache betont.

Grammatische Aspekte nehmen in allen drei Dimensionen einen großen Raum ein. Sie können beispielsweise Gegenstand metasprachlicher Äußerungen sein, ebenso wie von Korrekturen oder Sprachspielen (vgl. etwa Andresen 2016) oder einer Diskussion über Ausgrenzungen durch Sprache.

**Handlungsgebundene und handlungsentlastete Formen von Sprachbewusstheit** Neben der Frage, ob es sich um metasprachliche oder nicht-metasprachliche Äußerungsformen von Sprachbewusstheit handelt, lässt sich aus den oben stehenden Beispielen und Ausführungen eine weitere wichtige Unterscheidung herausarbeiten: Formen der Sprachbewusstheit können sich entweder aus einer konkreten Sprachhandlung ergeben bzw. direkt mit ihr in Zusammenhang stehen (wie in Beispiel 1) oder eher losgelöst von solchen Handlungen sein (am deutlichsten in Beispiel 4). Wildemann et al.

● **Abb. 6.1** Modell von Sprachbewusstheit nach Wildemann et al. (2016: 48)

(2016) sprechen in solchen Fällen, wie in ● Abb. 6.1 verdeutlicht, von einer Unterscheidung in „**handlungsgebundene**" und „**handlungsentlastete**" Erscheinungsformen von Sprachbewusstheit.

**Spontane und elizitierte Formen von Sprachbewusstheit** Folgt man der Modellierung von Wildemann et al. (2016), so fällt die oben genannte Unterscheidung in „handlungsgebunden" und „handlungsentlastet" oft mit einer weiteren zusammen: der in „spontan" und „elizitiert": Bestimmte Sprachhandlungssituationen können spontan zu Äußerungen von Sprachbewusstheit, etwa Kommentierungen oder Korrekturen führen. Werden Formen von Sprachbewusstheit elizitiert, also etwa durch eine bestimmte Fragestellung an Schüler/innen evoziert, geschieht dies in der Regel losgelöst von einer unmittelbaren Sprachhandlung, sozusagen offline, allenfalls auf die Situation zurückblickend (wie in Beispiel 3). Es ist daher sinnvoll, das Paar spontan vs. elizitiert nicht als Dichotomie zu betrachten, sondern als Pole einer Skala. Elizitationen können unterschiedlich stark gelenkt und fokussiert sein, genauso wie es verschiedene Grade von Spontaneität gibt. Dies lässt sich auch an den oben zitierten Beispielen erkennen, wobei der Ausschnitt aus dem traditionellen Grammatikunterricht (Beispiel 4) die am stärksten fokussierte und gelenkte Form von Elizitierung zeigt. Das Beispiel 3 zum Schreiben in zwei Sprachen enthält ebenfalls eine Elizitierung in Form des eigenen Textes als Stimulus und einer Aufforderung der Interviewerin; diese ist allerdings offener gehalten und gibt keinen Fokus auf eine bestimmte sprachliche Erscheinung vor.

Die handlungsgebundenen und handlungsentlasteten Formen von Sprachbewusstheit werden im Modell von Wildemann et al. (2016) noch in verschiedene Sprachhandlungen untergliedert, die von spontanen Reaktionen auf eigenen oder fremden Sprachgebrauch bis hin zu einer von Einzelsituationen abstrahierenden Analyse einzelner sprachlicher Elemente reichen. Die Trennschärfe von Zuordnungen einzelner Beispiele zu den Handlungen ließe sich wohl diskutieren, zentral scheint hier aber vor allem die generelle, von der linken zur rechten Seite des Modells steigende Fähigkeit zu Abstraktion, Gruppierung und Benennung einzelner sprachlicher Erscheinungen.

## 6.2.2 Sprachbewusstheit und Wissensarten

**Implizites und explizites Wissen** Die oben herausgearbeiteten Unterscheidungsmerkmale zwischen handlungsgebundenen und handlungsentlasteten Formen von Sprachbewusstheit sowie die in den Beispielen ersichtlichen unterschiedlichen Grade von Explizitheit auf Sprache bezogener Äußerungen legen nahe, dass Sprachbewusstheit zu unterschiedlichen Arten von Wissen in Beziehung steht. Es gibt Erscheinungsformen, die deutlich auf **explizitem Wissen** über Sprache (vgl. Eichler/Nold 2007) und auf konzeptuellen wie verbalisierbaren terminologischen Fassungen sprachlicher Erscheinungen beruhen. Sie sind oben vor allem der Sprachbewusstheit im engeren Sinne zugewiesen worden. Meist handelt es sich um metasprachliches Wissen.

Nicht jedes Wissen über Sprache muss jedoch explizierbar sein. Im obigen Beispiel 1 ist nicht erkennbar, ob die Schülerin explizieren könnte, warum sie sich korrigiert hat; sehr wahrscheinlich kann sie allerdings noch nicht auf den Fachterminus zurückgreifen. Trotzdem ist **implizites grammatisches Wissen** vorhanden, das offensichtlich ebenfalls handlungsleitend sein kann. Bredel resümiert, dass implizites Wissen für primärsprachliche Aktivitäten, also konkrete sprachliche Handlungen, explizites Wissen für metasprachliche Aktivitäten handlungsleitend sei (Bredel 2013: 105). In den Beispielen oben wird ebenfalls deutlich, dass auf explizitem Wissen beruhende sprachliche Äußerungen nur einen Teil von Sprachbewusstheit ausmachen, auch wenn sie im schulischen Unterricht oft als alleinige Äußerungsformen von Sprachbewusstheit aufgefasst werden. Beim grammatischen Lernen sind unterrichtliche Settings für diese Formen und diese Art des Sprechens über Sprache, wie sie etwa in Beispiel 4 in ▶ Abschn. 6.1 zu sehen sind, durchaus typisch. Darauf, dass aus diesem (expliziten) grammatischen Wissen nicht automatisch ein gesteigertes Können werden muss, wurde bereits in ▶ Kap. 2 hingewiesen. Die Unterscheidung von implizitem Wissen und explizitem Wissen spielt hier auch deswegen eine wichtige Rolle, weil die Entwicklung von Sprachbewusstheit oft als Weg von eher impliziten zu eher expliziten Wissensbeständen modelliert wird.

**Deklaratives und prozedurales Wissen** Die hier idealtypisch vorgenommene Unterscheidung in explizites und implizites Wissen hängt mit einigen weiteren terminologischen Differenzierungen zusammen, die ähnliche Unterscheidungen fokussieren: Häufig wird ein Wissen, in dem es eher um einzelne Fakten oder Konzepte und deren terminologische Zusammenhänge geht, von einer Art von Wissen unterschieden, das sich primär auf die Verknüpfungen dieser Konzepte bezieht und die Fähigkeit einschließt, Bestandteile des deklarativen Wissens in Form von Handlungsabläufen anzuwenden. Diesen Unterschied zwischen dem sogenannten „deklarativen Wissen" und dem stärker handlungsleitenden „prozeduralen Wissen" (vgl. dazu etwa Bredel 2013) wird durch den Vergleich der Beispiele 3 und 4 oben verdeutlicht: Die Schülerin in Beispiel 3 nutzt intensiv ihre Bestände an prozeduralem Wissen. Sie kann recht genau angeben, wie sie beim Schreiben von Texten vorgeht und welche Wissensbestände sie dabei aktiviert. Die Schülergruppe in Beispiel 4 trägt ihr gesammeltes Faktenwissen zur Wortart Verb zusammen, um so die Reichweite dieses Terminus näher zu bestimmen – ganz im Sinne der Frage der Lehrkraft. Während also in Beispiel 3 eher Wissen für die

Erledigung einer Handlung, genauer: für einen Schreibprozess thematisiert wird, geht es im zweiten genannten Beispiel um Wissen für analytische Prozesse.

Zwischen explizitem und deklarativem Wissen besteht ein enger Zusammenhang; Ellis (2004) definiert beispielsweise explizites Wissen darüber, dass es deklarativ ist, also in der oben beschriebenen Form von Sachverhalten oder Konzepten gespeichert ist. Dies sieht man in Beispiel 4 deutlich – es scheint sich hier um eine für den traditionellen schulischen Grammatikunterricht sehr typische Kombination zu handeln. Beispiel 3 zeigt jedoch, dass durchaus auch prozedurales Wissen explizierbar sein kann, etwa wenn es um Strategien geht (im obigen Beispiel um Schreibstrategien). In konkreten Situationen benötigte und aktivierte Wissensbestände lassen sich sicherlich eher prototypisch den hier genannten Wissenstypen zuordnen. In vielen Fällen werden verschiedene Typen aktiviert werden, um aktuell anfallende sprachliche Situationen zu bewältigen.

**Sprachbewusstheit als kognitive Disposition** Sprachbewusstheit wird, wenn sie nicht als Kompetenz definiert wird, auch als „kognitive Disposition" (z. B. Budde 2012) oder „Verfügbarkeit einer kognitiven Orientierung" (Andresen/Funke 2006) beschrieben. Eine solche Disposition zur Orientierung auf Sprache ermöglicht die Nutzung impliziten wie expliziten sprachbezogenen Wissens. Ebenso ermöglicht Sprachbewusstheit sprachreflexive Handlungen. Dieser enge Bezug auch zum sprachlichen Handeln lässt es plausibel erscheinen, dass Sprachbewusstheit ein mögliches Bindeglied zwischen Sprachwissen und Sprachkönnen sein kann. Eine direkte Verbindung zwischen Wissen und Können herstellen zu können wird dem sog. traditionellen Grammatikunterricht in den letzten Jahrzehnten häufig abgesprochen (vgl. etwa Bredel 2013; Funke 2017); dies besonders mit dem Verweis auf das Auseinanderfallen von unterrichtlich erzeugtem Wissen und sprachlicher Handlungswirklichkeit der Schüler/innen. Ein Unterricht, der bestrebt ist, grammatisches Lernen über den Ausbau von Sprachbewusstheit zu unterstützen, könnte hier erfolgreicher sein. Hier erscheint ein Unterricht erfolgversprechend, der sprachliche Erscheinungen in ihrer Funktion für sprachliches Handeln, z. B. für das Schreiben von Texten, bewusst macht, wie etwa in ▶ Abschn. 6.1 das Beispiel 3 zum mehrsprachigen Schreiben. Einerseits profitiert die Schülerin beim Schreiben von ihrer vorhandenen Sprachbewusstheit, andererseits führt das regelmäßige Schreiben von Texten wiederum zum Ausbau text(muster)bezogener Bewusstheit (siehe zu einem solchen wechselseitigen Zusammenhang von Sprachkompetenzen und Sprachbewusstheit auch ▶ Abschn. 2.2.2).

## 6.2.3 Sprachbewusstheit von Lehrkräften

Der Schwerpunkt der bisherigen Ausführungen in diesem Kapitel lag auf der Sprachbewusstheit von Lernenden in der Schule, da diese als zentrales Lernziel des Sprachunterrichts gilt. Die Sprachbewusstheit von Lehrenden ist zunächst vor allem durch die fremdsprachendidaktische Forschung in den Fokus der Aufmerksamkeit gerückt (vgl. etwa Ellis 2012). Eine weitere Quelle ist die Diskussion um den sogenannten sprachsensiblen Fachunterricht, also um die schulische Sprachbildung in allen Fächern und

## 6.2 · Konzepte von Sprachbewusstheit

| Thema | Aktivitäten und Sprachhandlungen | Sprachstrukturen | Vokabular |
|---|---|---|---|
| | **ALLGEMEIN:** | | |
| | **HÖREN:** | | |
| | **SPRECHEN:** | | |
| | **LESEN:** | | |
| | **SCHREIBEN:** | | |

**Abb. 6.2** Planungsrahmen zur sprachbewussten Unterrichtsplanung. (Tajmel/Hägi-Mead 2017: 74 f.)

das, was Lehrkräfte dazu können und wissen müssen (vgl. etwa Riebling 2013; Drumm 2016; kommentierend Hägi-Mead et al. 2024).

**Kritisch-reflexive Sprachbewusstheit** Sprachbewusst zu handeln, geht nach Tajmel/Hägi-Mead 2017 deutlich über auf das Sprachsystem bezogene Fragen hinaus. So lautet die zentrale Frage der Autorinnen: „In welcher Art müssen sich Lehrkräfte der unterschiedlichen Aspekte von Sprache bewusst sein, wenn sie nicht-diskriminierend, kritisch und reflexiv unterrichten wollen?" (Tajmel/Hägi-Mead 2017: 10). Tajmel nennt dies „kritisch-reflexive Sprachbewusstheit" (Tajmel 2017). Diese Perspektive ist insofern wichtig, als sie etwa in die Unterrichtsplanung der Lehrpersonen einfließt. Tajmel/Hägi-Mead (2017) sprechen daher auch von einer „sprachbewussten Unterrichtsplanung". Die Sprachbewusstheit der Lehrkräfte richtet sich zum einen darauf, welche sprachlichen Mittel im Bereich der Lexik und Grammatik, aber auch welche Sprachhandlungen und Textsorten in ihrem Bereich notwendig und funktional sind. Zum anderen stehen hier auch Aspekte eines diskriminierungskritischen Sprachgebrauchs im Unterricht im Fokus. Beide Ziele treffen sich in der Notwendigkeit, Unterricht so zu gestalten, dass alle Schüler/innen gleichermaßen die Chance bekommen, dem Unterricht (sprachlich) zu folgen und sich die fachlichen Inhalte anzueignen.

Tajmel/Hägi-Mead (2017) stellen Instrumente für eine sprachbewusste Unterrichtsplanung vor. Zentral ist hier etwa der „Planungsrahmen". Er dient dazu, den fachbezogenen Themen zu ihrer Bearbeitung passende sprachbezogene Handlungen und entsprechende Sprachstrukturen zuzuordnen (◘ Abb. 6.2).

Empirische Studien zu den Fragen a) inwieweit Lehrkräfte bereits sprachbewusst unterrichten und b) ob und wie sprachbewusstes Lehrer/innenhandeln mit der Sprachbewusstheit der Schüler/innen in Zusammenhang steht, gibt es bislang noch kaum.

Die oben genannten Arbeiten von Riebling (2013) und Drumm (2016) zeigen, dass Fachlehrkräfte zumindest einer sprachbewussten Haltung auch im Fachunterricht positiv gegenüberstehen. Gleichzeitig geben sie mehrheitlich an, (noch) nicht regelmäßig sprachliche Inhalte in ihren Unterricht einzubeziehen. Im Projekt SensiMint konnte gezeigt werden, dass es für Fachlehrkräfte (immer noch) schwer ist, einen für ihr Fach funktionalen Blick auf Sprache einzunehmen und sprachliche Lernziele konsequent in den Unterricht einzubinden. Grammatik wird vor allem für das Beurteilen formaler Korrektheit einbezogen, nicht im Hinblick auf die Leistung grammatischer Erscheinungen – z. B. für das Ausdrücken von Zusammenhängen oder für das Verstehen und präzise Formulieren von Texten (siehe Hägi-Mead et al. 2024).

## 6.3 Ausprägungen von Sprach(en)bewusstheit

### 6.3.1 Bewusstheit auf einzelnen sprachlichen Ebenen

Sprachbewusstheit lässt sich auch hinsichtlich der sprachlichen Ebene(n) differenzieren, auf die sie in einer konkreten Situation hauptsächlich gerichtet ist. Je nachdem, ob dies beispielsweise die phonologische Sprachebene, die morphologische, syntaktische, textuelle Ebene betrifft, stehen entsprechende Arten von Bewusstheit im Fokus. Am intensivsten erforscht ist die phonologische Bewusstheit, also das kognitive Verfügen über lautbezogene Einheiten, deren Ausprägung eine wichtige Rolle für den Verlauf und Erfolg des Schriftspracherwerbs zugeschrieben wird (vgl. etwa Valtin 2012; Schneider 2019). Wir fokussieren hier die Darstellung und Diskussion der **morphologischen und syntaktischen Bewusstheit**, da diese vor allem den traditionellen Kernbereich grammatischen Lernens betreffen.

> **Definition**
>
> **Morphologische Bewusstheit** wird definiert als „die Fähigkeit, Morpheme zu erkennen und mit diesen zu operieren" (Fink et al. 2012: 423).

Eine einflussreiche Definition aus dem angloamerikanischen Sprachraum bezieht morphologische Bewusstheit noch expliziter auf die Wortstruktur und sieht sie als „conscious awareness of the morphemic structure of words and the ability to manipulate that structure" (Carlisle 1995: 194). Es geht hier also um die Kompetenz, die kleinsten bedeutungstragenden Einheiten der Sprache (vor allem in Wörtern) erkennen und verwenden zu können. Diese Einheiten werden üblicherweise in verschiedene Morphemtypen unterteilt: lexikalische Morpheme, Wortbildungsmorpheme und Flexionsmorpheme. Dazu ein Beispiel:

> ▶ **Beispiel**
>
> Das Wort *Unverträglichkeiten* lässt sich, wie in der Tabelle kursiv angegeben, in verschiedene Morpemtypen zerlegen:

## 6.3 · Ausprägungen von Sprach(en)bewusstheit

| Un | ver | träg | lich | keit | en |
|---|---|---|---|---|---|
| Wortbildungs-morphem | Wortbildungs-morphem | Lexikalisches Morphem (Stamm) | Wortbildungs-morphem | Wortbildungs-morphem | Flexions-Morphem (Plural) |

Es können natürlich auch mehrere lexikalische Morpheme kombiniert werden, wie etwa in *Schneemann*; oder unser bereits komplexes erstes Beispiel kann auch mit einem weiteren lexikalischen Morphem kombiniert werden, wie z. B. in *Getreideunverträglichkeiten*. ◄

**Morpheme erkennen und verwenden** zu können ermöglicht das Verstehen der Aufbauprinzipien von Wörtern, das korrekte Einpassen von Wörtern in ihre grammatischen Kontexte sowie das Analysieren ihrer Struktur und morphologischen Komplexität. Um die morphologische Bewusstheit zu erheben, werden Lernenden in der Regel entsprechende Aufgaben gestellt, in denen sie Wortstämme bestimmen, in verschiedenen Wörtern gemeinsame Wortbestandteile identifizieren, Wörter entlang ihrer morphologischen Bestandteile analysieren oder komplexe Wörter aus einfachen bilden sollen. Um auszuschließen, dass die Proband/innen morphologisch komplexe Formen auswendig gelernt haben und reproduzieren, werden in der Forschung auch Aufgaben mit Pseudowörtern genutzt, die abgeleitet oder flektiert werden sollen (vgl. Wecker/Binanzer 2022). Erste Anzeichen impliziter morphologischer Bewusstheit – z. B. das Übertragen von Pluralendungen auf Pseudo- oder Fantasiewörter – können schon im Alter von 2 bis 3 Jahren nachgewiesen werden (vgl. Akbulut/Schmölzer-Eibinger 2023), explizite morphologische Bewusstheit zeigt sich in einzelnen Studien bei Grundschüler/innen ab dem ersten Schuljahr (vgl. Klassert et al. 2018).

**Einsichten in die morphologische Wortstruktur** sind offenbar zentral für das Dekodieren, also das Entschlüsseln von Wortbedeutungen beim Lesen (vgl. etwa Carlisle 1995). Nimmt diese basale Ebene des **Leseverstehens** zu viele kognitive Ressourcen im Leseprozess in Anspruch, zeigen sich wiederum negative Konsequenzen für das Leseverstehen auch auf Satz- und Textebene (vgl. Bangel/Müller 2014). Morphologische Bewusstheit wird daher als generell förderlich für das Leseverstehen angesehen. Dieser Zusammenhang scheint allerdings nur dann didaktisch nutzbar, wenn eine Förderung der morphologischen Bewusstheit mit Lese- und Textverstehensaktivitäten direkt verknüpft wird (vgl. Goodwin/Ahn 2010). Bangel/Müller (2014) können zeigen, dass übende Aktivitäten in den Bereichen „Wortfamilien bilden", „Wortstämme unterstreichen" und „Wörter in Wortbausteine segmentieren" die morphologische Bewusstheit der Proband/innen deutlich steigern können (ebd.: 51). Hier war das Ausgangsniveau bei einigen Proband/innen niedrig; morphologische Bewusstheit ist also im 5. Schuljahr nicht prinzipiell vorauszusetzen, kann aber durch Übungen zur Wort- und Schriftstruktur aufgebaut werden. Die Gruppe von Proband/innen, deren morphologische Bewusstheit explizit geschult wurde, zeigte außerdem signifikant stärkere Steigerungen der Dekodierfähigkeit beim Lesen im Vergleich zu Schüler/innen ohne explizite morphologische Übungen (ebd.: 56).

**Morphologische Bewusstheit** steht ebenfalls in Zusammenhang mit Kompetenzen im Bereich des **Schriftspracherwerbs** und des **Rechtschreibens**. Da Teile der deutschen

Rechtschreibung auf Basis morphologischer Prinzipien (wie etwa der Stammschreibung oder der Gleichschreibung von Personalendungen) geregelt sind, ist hier ein enger Zusammenhang zu erwarten. Dieser zeigt sich in den wenigen vorhandenen Studien verstärkt ab dem dritten Schuljahr (vgl. Klassert et al. 2018) und nimmt bis zur frühen Sekundarstufe I noch zu (vgl. Kargl et al. 2014). Interessanterweise korreliert eine hohe morphologische Bewusstheit sowohl mit den im engeren Sinne morphologisch geregelten Aspekten der Rechtschreibung wie mit der Fähigkeit, Wörter korrekt zu verschriften, deren Schreibung nicht morphologisch geregelt ist (ebd.). Eine Förderung der morphologischen Bewusstheit scheint also generell rechtschreibförderlich.

**Syntaktische Bewusstheit** Vorhandene Definitionen von syntaktischer Bewusstheit sind nicht so einheitlich wie die von morphologischer Bewusstheit. Weite Definitionen umfassen alle Arten von Bewusstheit bezüglich der Kombinatorik grammatischer Elemente. Eine enge Definition bezieht sich demgegenüber ausschließlich auf Bewusstheit für die Stellung von Wörtern innerhalb eines Satzes und deren Zusammengehörigkeit zu Wortgruppen (vgl. Akbulut/Schmölzer-Eibinger 2023: 154).

> **Definition**
>
> Gaux/Gombert definieren **syntaktische Bewusstheit** als „capacity to reflect on and intentionally manipulate the syntactic structure of sentences (Gaux/Gombert 1999, 172)".

Syntaktische Bewusstheit äußert sich beispielsweise in der Fähigkeit, korrekte Sätze erkennen und bilden zu können sowie syntaktische Veränderungen und dadurch hervorgerufene Bedeutungsunterschiede in Sätzen wahrzunehmen. In einigen Studien (etwa Gaux/Gombert 1999) wurden Proband/innen Sätze mit syntaktischen Fehlern vorgelegt, deren Fehlerhaftigkeit sie erkennen und/oder korrigieren sollten. Auch das Auflösen potentieller syntaktischer Mehrdeutigkeiten wird als Anzeichen syntaktischer Bewusstheit interpretiert. Funke/Sieger (2012) stellten den Proband/innen Aufgaben, in denen sie die korrekte Fortsetzung für mehrdeutige Sätze wählen mussten. Für die richtige Antwort ist das Durchschauen der tatsächlich zu Grunde liegenden syntaktischen Struktur notwendig. Im folgenden Beispiel aus Funke/Sieger (2012: 1789) lässt sich erkennen, dass neben syntaktischem Wissen auch noch solches über den Zusammenhang zwischen Syntax und Orthografie (hier konkret: Groß- und Kleinschreibung) notwendig ist:

Marlies schreibt:

> „Typische Streber erkennt man daran, dass sie sofort antworten auf jede Frage ...
> ☐ ... geben müssen."
> ☐ ... des Lehrers."

Die Nutzung impliziten syntaktischen Wissens spielt eine wichtige Rolle beim verstehenden Lesen von Wörtern und Sätzen in Texten, da sie die Erkennung grammatischer Strukturen und ihrer Bedeutung stützt. Die syntaktische Bewusstheit hilft vermutlich dabei, Fehler beim Lesen eher zu bemerken (Akbulut/Schmölzer-Eibinger 2023: 155) und so den Prozess des Leseverstehens besser zu kontrollieren. Auch können unbekannte Wörter unter Rückgriff auf syntaktische Bewusstheit hergeleitet werden, indem

Informationen über die Satzstruktur z. B. für die Disambiguierung einzelner Wörter zu Hilfe genommen werden (vgl. Cain 2007).

Wie das Beispiel aus Funke/Sieger zeigt, ist syntaktische Bewusstheit auch für die Rechtschreibung relevant. Ebenso ist sie von Bedeutung für die Zeichensetzung. So ist das Erkennen von Nebensatz-Strukturen ein zentrales Hilfsmittel für das korrekte Setzen von Kommata in komplexen Sätzen. Das Erkennen und Verwenden komplexer Sätze wird schulisch oft geübt, indem die Schüler/innen Satzteile, meist Halbsätze, verbinden oder in vorgegebene und mit Lücken versehene zusammengesetzte Sätze passende Konnektoren einsetzen sollen. Einzelne Studien zeigen, dass solche Übungen positive Auswirkungen auf die Schreibkompetenz der Schüler/innen haben können.

Zusammenfassend betrachtet richtet sich Sprachbewusstheit auf verschiedene sprachliche Ebenen. Auf diese Weise lassen sich empirisch Zusammenhänge von Bewusstheit mit sprachlichen Teilkompetenzen erkennen. Diese hängen sowohl mit impliziten wie expliziten Wissenstypen zusammen und sind didaktischer Förderung zugänglich. Wir haben in ▶ Kap. 2 die Frage nach dem Zusammenhang von sprachlichen Kompetenzen und Sprachbewusstheit gestellt. Die hier angeführten Untersuchungen weisen zumindest auf einzelnen Ebenen der Bewusstheit auf einen wechselseitigen Zusammenhang hin.

### 6.3.2 Sprachbewusstheit und Mehrsprachigkeit

In unserer Einführung nutzen wir einen weiten Begriff von Mehrsprachigkeit, der sowohl die innere als auch die äußere Mehrsprachigkeit umfasst bzw. das gesamte Sprach(en)repertoire (vgl. Busch 2021). In den folgenden Ausführungen werden auch Studien zitiert, die einen engen Mehrsprachigkeitsbegriff verwenden und mehrheitlich zwischen mono- und bilingual aufwachsenden Proband/innen unterscheiden.

Fragt man nach dem Zusammenhang zwischen Sprachbewusstheit und Zwei-/Mehrsprachigkeit, stellen sich innerhalb der Literatur zwei zentrale Fragen:
1. Unterscheiden sich mono- und bilinguale Schüler/innen im Grad der Bewusstheit, sind also Bilinguale beispielsweise prinzipiell früher oder stärker sprachbewusst?
2. Zeigen sich bei bilingualen Kindern andere Ausprägungen von Sprachbewusstheit, gibt es also so etwas wie eine zwei-/mehrsprachige Sprachbewusstheit?

Verwandte Fragen werden bereits seit einigen Jahrzehnten erforscht. In den 1980er und 1990er Jahren gibt es zunächst Untersuchungen, die Vorteile bilingualer Proband/innen gegenüber monolingualen in den der Sprachbewusstheit nahestehenden Bereichen der Aufmerksamkeitssteuerung und kognitiven Kontrolle zeigen. Besonders bekannt geworden sind hier die Arbeiten kanadischer Forscherteams um die Psychologin Ellen Bialystok. Sie äußert in späteren Veröffentlichungen die begründete Vermutung, dass bilinguale Jugendliche in diesen kognitiven Funktionen deshalb Vorsprünge zeigen, weil sie durch die Notwendigkeit des regelmäßigen Koordinierens von zwei Sprachen schon früh Fähigkeiten der Ko-Aktivierung von Sprachen, der Unterdrückung der im aktuellen Kontext nicht benötigten Sprache und der Aufmerksamkeitskontrolle ausbilden und anwenden (müssen) (vgl. Bialystok 2009: 5 f.). Es bleibt allerdings zu berücksichtigen, dass diese Ergebnisse nicht ohne Weiteres auf Deutschland übertragbar sind. Dass Bilingualität zu verstärkter Sprachbewusstheit beiträgt, ist allerdings seit längerer Zeit auch Grundannahme deutscher Forschung.

De Houwer (2009) arbeitet heraus, dass bilinguale Kinder über mehr begriffliche Konzepte als monolinguale verfügen und auf diese auch schneller und bewusster zugreifen können. Eine größere Menge von sicher verfügbaren Wortkonzepten zeigt sich in einem größeren gesamtsprachlichen, also alle Sprachen umgreifenden Wortschatz und stellt eine zentrale Quelle für Bildungsprozesse dar. Um tatsächlich die Gesamtzahl der Konzepte festzustellen, muss der Wortschatz allerdings auch in beiden verfügbaren Sprachen erhoben werden, nicht nur auf Deutsch. Solche Ergebnisse widersprechen verkürzenden Resultaten aus Wortschatztests, in denen bilinguale Kinder im Schnitt schlechtere Ergebnisse als monolinguale Kinder erzielen. Dies liegt daran, dass dort in der Regel nur deutschsprachige Wortschatzelemente getestet werden.

**In Deutschland** kann Oomen-Welke (2004) einen positiven Zusammenhang zwischen „Mehrsprachigkeit" (hier wurde kein Unterschied zwischen Zwei- und Mehrsprachigkeit im Sinne von mehr als zwei Sprachen gemacht) und Sprachbewusstheit bei Grundschulkindern zeigen. In Interviews produzieren „mehrsprachige" Kinder mehr metasprachliche Äußerungen als „einsprachige" (ebd.). Einschränkend ist anzumerken, dass es sich hier um eine stark gelenkte Kommunikationssituation sowie einen auf metasprachliche Äußerungen begrenzten Begriff von Sprachbewusstheit handelt.

Eine höhere Zahl an metasprachlichen Äußerungen „lebensweltlicher mehrsprachiger" Grundschulkinder zeigen auch Untersuchungen in jüngster Zeit (vgl. Wildemann et al. 2016; Bien-Miller/Wildemann 2023). Die Autor/innen unterscheiden in ihrer Studie zwischen Kindern mit L1 Deutsch und Kindern mit L1 Türkisch bzw. Russisch und L2 Deutsch. Der Zusammenhang zwischen Zweisprachigkeit und Sprachbewusstheit scheint umso größer zu sein, je höher die gesamtsprachliche Kompetenz der Proband/innen ist. Dabei zeigt sich (allerdings) ein stärkerer positiver Zusammenhang zwischen der Bewusstheit und Kompetenzen in der Schulsprache Deutsch als mit den Kompetenzen der jeweils auch erhobenen anderen Sprache Russisch oder Türkisch (vgl. Akbulut et al. 2017). Eine qualitative Differenzierung nach Äußerungsformen von Sprachbewusstheit (vgl. ▶ Abschn. 6.2.1) lässt darauf schließen, dass „mehrsprachige" Kinder im Vergleich auch komplexere Formen von Sprachbewusstheit realisieren als „einsprachige" (vgl. Wildemann et al. 2020). Man könnte hier also vorsichtig sowohl auf einen positiven Zusammenhang zwischen Sprachbewusstheit und Zweisprachigkeit wie zwischen Sprachkompetenz und Sprachbewusstheit schließen.

Die Aufzeichnung von Schreibprozessen zwei-/mehrsprachiger Siebtklässler/innen zeigt, dass diese beim Schreiben in mehreren Sprachen ähnliche Schreibstrategien verwenden. Weiterhin zeigen die Kommentare zu den eigenen aufgezeichneten Schreibprozessen vielfältige Erscheinungen von schreibbezogener Sprachbewusstheit, sowohl bezüglich des eigenen Schreibens wie bezüglich verschiedener sprachlicher Aspekte der entstandenen Texte (vgl. Peschel/Sulimova 2021 sowie das obige Beispiel 3).

**Zusammenfassung** Die dargestellten Forschungsergebnisse deuten darauf hin, dass es in der Tat einen positiven Zusammenhang zwischen Zwei-/Mehrsprachigkeit und Sprachbewusstheit gibt. Dieser ist allerdings hauptsächlich a) für jüngere Schüler/innen und b) für Sprachbewusstheit im engeren Sinne (also bezogen auf metasprachliche

Äußerungen, vgl. ▶ Abschn. 6.1) belegt. Die zu Beginn des Kapitels gestellte Frage 1 kann also prinzipiell von einem quantitativen Blickwinkel aus, bezogen auf die Anzahl sprachbewusster Äußerungen bejaht werden. Hier scheint das Aufwachsen mit zwei oder mehr Sprachen als Ressource zu dienen. Frage 2 kann auf Basis der bisherigen Datenlage nur in Ansätzen beantwortet werden. Zwei-/mehrsprachige Kinder neigen stärker als monolinguale zu sprachlichen Handlungen, die als sprachliche Erklärungen oder Analysen eingestuft werden, scheinen also unter einem qualitativen Gesichtspunkt über eine differenziertere Sprachbewusstheit zu verfügen. Dies bestätigen erste Untersuchungen zum Schreiben in mehreren Sprachen. Die didaktische Implikation hieraus könnte sein, verstärkt mit Sprachvergleichen zu arbeiten und Möglichkeiten des translingualen Sprachgebrauchs für die Schüler/innen zu eröffnen. Schüler/innen sollten also, etwa in Gruppenarbeitsphasen oder Phasen des Schreibprozesses, ihr gesamtes sprachliches Repertoire nutzen können.

## 6.4 Entwicklung von Sprachbewusstheit

Wird Sprachbewusstheit, wie in den meisten neueren Arbeiten üblich, als eine Kompetenz angesehen, so beinhaltet diese Sichtweise in der Regel eine Entwicklungskomponente: Sprachbewusstheit ist also etwas, das sich entwickeln bzw. entfalten kann und muss. „Mittlerweile besteht im nationalen und internationalen Diskurs ein Konsens darüber, dass Sprachbewusstheit sowohl im Zuge der kognitiven als auch der sprachlichen Entwicklung entsteht" (Wildemann/Bien-Miller 2022: 3). Aus einer solchen Sichtweise ergibt sich in der Regel die Annahme verschiedener aufeinander aufbauender Fähigkeitsniveaus. Diese werden beispielsweise in Lernzielformulierungen in Curricula wie auch in Schulleistungsstudien in Form verschiedener Kompetenzniveaus abgebildet. Die Emergenz von Sprachbewusstheit wird folgend unter zwei Perspektiven betrachtet: einmal aus der Sicht der **Spracherwerbsforschung**, die verschiedenen Stadien von Sprachbewusstheit herausgearbeitet hat, zum anderen aus Sicht der didaktischen und **pädagogisch-psychologischen Forschung**, wie sie beispielsweise den Modellierungen von Sprachbewusstheit als Kompetenz in den großen Schulleistungsstudien zugrunde liegt. So werden in der DESI-Studie (Deutsch-Englisch-Schülerleistungen-International) dementsprechend Kompetenzniveaus von Bewusstheit beschrieben, zu deren Überprüfung entsprechende Aufgabentypen entwickelt wurden.

### 6.4.1 Sprachbewusstheit in der Spracherwerbsforschung

Arbeiten zur spracherwerbstheoretischen Modellierung der Entwicklung von Sprachbewusstheit greifen meist auf das einflussreiche *Representational Redescription Model* von Karmiloff-Smith (1986, 1992) zurück (vgl. etwa Akbulut/Schmölzer-Eibinger/Ebner 2020; Bien-Miller/Wildemann 2023). Es fasst metasprachliche Entwicklung als Spezialfall der sprachlichen und generell der kognitiven Entwicklung. Sprachbewusstheit wird im Modell vor allem als Fähigkeit betrachtet, „Sprache zum Erkenntnisgegenstand zu machen, also metasprachlich zu agieren (Akbulut et al. 2020: 3)". Karmiloff-

Smith nimmt dabei drei Phasen an, im Rahmen derer sich die kindliche Sprachbewusstheit entwickelt.
1. In der ersten Phase bauen Kinder im Rahmen sprachlicher Interaktion sich immer weiter differenzierende Paare von Formen und Funktionen auf. Das den Paaren zugrunde liegende Wissen ist implizit (Format I), prozedural und einem bewussten Zugriff noch nicht zugänglich.
2. In der zweiten Phase treten die verwendeten Paare vor allem durch Erkennen von Wiederkehrendem und Unterschiedlichem ins Bewusstsein der Lernenden – vermutlich in Form eines Schema- oder Musterwissens. Das Wissen nimmt also abstraktere Formen an als in Stufe 1, kann aber noch nicht verbalisiert werden. Karmiloff-Smith fasst dies als erste Stufe einer Explizitwerdung (Format E1) (vgl. Karmiloff-Smith 1992, zusammenfassend Akbulut 2023). Charakteristisch sind in dieser Phase Überdehnungen der vorhandenen Schemata oder Muster, also etwa Formen wie *schlafte* als Übergeneralisierung eines Musters für die Bildung von Präteritalformen.
3. Tatsächliche Sprachbewusstheit entsteht nach Karmiloff-Smith erst in der dritten Phase, in der ein bewusster und gezielter Zugriff („conscious access", Format E2) auf die sprachlichen Muster und dann eine Verbalisierung (Format E3) möglich wird. Wie die Lernenden in diese bewusste Phase eintreten, bleibt bei Karmiloff-Smith eher vage, sie spricht von „exogenen" Faktoren (Karmiloff-Smith 1986: 104), die diese Entwicklung befördern. Vermutlich geschieht die Entwicklung in der Interaktion; hier würde also auch schulische Intervention eine wichtige Rolle spielen (vgl. Akbulut 2023: 66).

Das Modell ist im Detail teilweise als vage kritisiert worden (ebd.), allerdings hat sich die grundlegende Annahme durchgesetzt, dass die Entwicklung von Sprachbewusstheit sich als Weg von implizitem Wissen zu explizitem, von prozedural beherrschter Sprachverarbeitung zu metasprachlichem Vermögen beschreiben lässt. Mit Bezug auf Karmiloff-Smith (1986, 1992) wird davon ausgegangen, dass Sprachbewusstheit aus sprachlichen Erfahrungen erwächst, mit kognitiven Kompetenzen einhergeht und sich durch angeleitete metasprachliche Aktivitäten im Unterricht positiv beeinflussen lässt (Wildemann/Bien-Miller 2022).

**Empirische Befunde** Korpuslinguistische Untersuchungen spontansprachlicher Daten von Sprachlerner/innen gewähren empirisch gestützte Einblicke in Entwicklungsaspekte von Sprachbewusstheit. Eine sehr frühe und viel zitierte Untersuchung stammt von Clark (1978). Sie unterscheidet darin die folgenden Formen metasprachlicher Äußerungen von Kindern:
1. Spontaneous corrections of one's own pronunciation, word forms, word order, and even choice of language in the case of bilinguals
2. Questions about the right words, the right pronunciation, and the appropriate speech style
3. Comments on the speech of others: their pronunciation, accent, and the language they speak
4. Comments on and play with different linguistic units, segmenting words into syllables and sounds, making up etymologies, rhyming, and punning

## 6.4 · Entwicklung von Sprachbewusstheit

5. Judgement of linguistic structure and function, deciding what utterances mean, whether they are appropriate or polite, whether they are grammatical
6. Questions about other languages and about languages in general.
(Clark 1978: 17 f.)

Es zeigt sich eine große Bandbreite von Selbstkorrekturen bis hin zu im engeren Sinne metasprachlichen Äußerungen. Clark konnte zeigen, dass Kinder generell schon sehr früh den eigenen Sprachgebrauch und den anderer kommentieren können. Differenzierend ergaben spätere Untersuchungen spontansprachlicher Daten (etwa Kutsch 1988 oder Stude 2013), dass jüngere Kinder vor allem semantische und pragmatische Aspekte der Sprache korrigieren oder auch kommentieren, also etwa die Verwendung eines als unpassend empfundenen Wortes oder die Charakterisierung einer bestimmten Formulierung als höflich oder unhöflich. Erst im weiteren Verlauf werden – und das in den genannten Untersuchungen generell selten – morphologische und syntaktische Aspekte von Sprache explizit thematisiert. Sprachbewusstheit – so könnte man die Daten interpretieren – scheint sich also zuerst an inhaltlichen Aspekten, dann an formalen auszubilden. Feilke/Jost unterscheiden die „metakommunikative Reflexion" von der „metasprachlichen Reflexion" (Feilke/Jost 2015: 245). Diese Unterscheidung ließe sich gut auf die genannten Beispiele von Sprachbewusstheit anwenden. Auf sprachliche Formen gerichtete Bewusstheit scheint also erst später in der Sprachentwicklung aufzutreten.

**Rolle des Schriftspracherwerbs** In der Regel wird aber vor allem dem **Schriftspracherwerb** eine entscheidende Rolle für die metasprachliche Entwicklung zugewiesen (vgl. Andresen 1985; Kirschhock 2004). Die Rezeption und Produktion von Schriftsprache macht es notwendig, Sprache als Objekt zu betrachten und über ihre Form nachzudenken. Mit zunehmendem (Schul-)Alter nimmt die Rolle phonologischer Bewusstheit ab, die Wichtigkeit morphologischer und syntaktischer Bewusstheit dagegen zu (vgl. Akbulut 2023). Die Aufmerksamkeit richtet sich damit zunehmend auf bestimmte Ebenen des Sprachsystems; dies kann durchaus eine schulinduzierte Tendenz sein. Hier ist die Forschungslage aber durchaus noch ausbaufähig.

Die Entwicklung von Sprachbewusstheit wird in zahlreichen Arbeiten als Weg von eher implizitem und prozeduralem Wissen zu explizitem und metasprachlichem Wissen beschrieben. Oft wird diese Entwicklung als Teil der allgemeinen kognitiven Entwicklung modelliert. Untersuchungen zeigen, dass Kinder schon sehr früh sprachliche Erscheinungen kommentieren. Dabei sind in der Regel semantische und pragmatische Aspekte das Ziel der Kommentare, kaum formale sprachliche Aspekte.

### 6.4.2 Kompetenzmodelle in Leistungsstudien

„Sprachbewussheit wird als eine Fähigkeit verstanden, die sich in der Mutter-, Zweit- und Fremdsprache auf Grund der bewussten und aufmerksamen Auseinandersetzung mit Sprache entwickelt. Sie befähigt Lernende, sprachliche Regelungen kontrolliert anzuwenden und zu beurteilen sowie Verstöße zu korrigieren. Im Vordergrund des Interesses stehen dabei vor allem zwei Teilbereiche der Sprache: *Grammatik und sprachliches Handeln*." (Eichler/Nold 2007)

| Kompetenz-niveau | Beschreibung | Beispiele |
|---|---|---|
| E (ab 709 Punkten) | Aktive Anwendung deklaratorischen Wissens | Kreuze an: Im folgenden Satz ist die Handlung in ihrer sprachlichen Form als wirklich, möglich oder unwirklich dargestellt. „Wenn ich die 100 m in 11,2 Sekunden gelaufen wäre, wäre ich Jahresbester geworden."<br>☐ wirklich<br>☐ möglich<br>☐ unwirklich |
| D (613 bis 708 Punkte) | Entfaltetes grammatisches und stilistisches monitoring: Komplexe Stilfehler erkennen und beseitigen, Mehrdeutigkeiten auflösen. | Wer soll hier überquert werden? Verbessere den folgenden Satz so, dass er eindeutig ist. Zebrastreifen sollen das Überqueren der Passanten sichern. |
| C (550 bis 612 Punkte) | Entfaltetes grammatisches monitoring: Sicherheit im Erkennen und Korrigieren auch schwieriger grammatischer Phänomene. Einfache Zuordnung grammatischer Begriffe zu Phänomenen. | Im folgenden Satz ist eine Form grammatisch falsch gebildet. Unterstreiche das Wort (die Wörter) mit der falschen Form. Versuche dann eine Verbesserung. Viele Jugendliche schämen sich ihrem Aussehen.<br>Unterstreiche die Formen des Konjunktivs im folgenden Satz: „Wenn ich nicht noch zur Bank gelaufen wäre, wäre ich nicht zu spät gekommen." |
| B (488 bis 549 Punkte) | Einfache grammatische und stilistische Sprachbewusstheit: Stil und Kohärenz in einfachen Kontext- und Inhaltsbereichen herstellen. | Schreibe mit den folgenden Stichworten eine kleine Zeitungsnotiz für eine Tageszeitung wie die Nordwest Zeitung, Die Welt, die Süddeutsche Zeitung. Großes Publikum – von 1995 – Die Fantastischen Vier – Erfolg – Live – Hip-Hop – Auftritt in der Stadthalle – Band |
| A (425 bis 487 Punkte) | Einfache grammatische Sprachbewusstheit: Eindeutige grammatische Fehler erkennen und z.T. korrigieren. | Im folgenden Satz, der aus einem Schüleraufsatz stammt, ist etwas grammatisch falsch. Unterstreiche die grammatisch falsche Stelle. Die Diskothek wurde geschlossen, weil die Nachbarn die Lärmbelästigungen lange beklagt hatte. |

**Abb. 6.3** Kompetenzniveaus von Sprachbewusstheit. (Eichler 2008: 114)

Wie bereits dargelegt wurde, kann sich Sprachbewusstheit sowohl auf Aspekte des Sprachsystems wie sprachlicher Handlungen beziehen. Ähnlich wird dies im letzten Satz der Definition aus der DESI-Studie – eine der großen Schulleistungsstudien der letzten beiden Jahrzehnte zu Kompetenzen von Neuntklässler/innen in den Fächern Deutsch und Englisch – ebenfalls differenziert. Neben dieser Zweiteilung fällt ein stark normativer Schwerpunkt auf: Sprachbewusstheit wird hier vor allem über das Anwenden sprachlicher Regeln definiert sowie über das Erkennen von Verstößen.

Einen näheren Einblick in das, was Sprachbewusstheit im Konzept der DESI-Studie umfasst, erlauben die definierten Kompetenzniveaus. Es wird ersichtlich, dass beispielsweise das Erkennen und Korrigieren von Fehlern als Anzeichen von Sprachbewusstheit gewertet wird (Kompetenzniveaus A, C und D), ebenso wie das Erzeugen von Kohärenz (Kompetenzniveau B). Weiterhin soll zu einem genannten grammatischen Terminus die entsprechende Form gefunden werden (Niveau C) bzw. zu einer grammatischen Form die entsprechende Funktion ausgewählt werden (Niveau E). Die Kompetenzniveaus lassen sich zu drei (beobachtbaren) übergreifenden Teil-Fähigkeiten oder Graden von Sprachbewusstheit zusammenfassen (◘ Abb. 6.3).

Das Erreichen eines (jeweils) höheren Kompetenzniveaus wird in den Studien weitgehend über die Entwicklung expliziten Sprachwissens definiert. Es geht vor allem um die Fähigkeit, deklaratives Wissen anzuwenden. Auf den jeweiligen Stufen wird häufig die Kombination „grammatisch" und „stilistisch" gewählt. Ersteres scheint sich hier vor allem auf systemgrammatische Erscheinungen, ihre korrekte Verwendung und Benennung zu beziehen, Letzteres eher auf eine angemessene Verwendung sprachlicher Erscheinungen beispielsweise in Texten (etwa im Sinne der Erzeugung von Kohärenz oder Unmissverständlichkeit von Äußerungen). Hier kommen also – zumindest sekundär – auch funktionale Aspekte von Sprachbewusstheit hinzu.

## 6.5 Sprachbewusstheit in Curricula und Lehrwerken

Sprachbewusstheit wurde bislang als eine zentrale Kompetenz und als wichtiges Ziel grammatischen Lernens dargestellt. Es ist davon auszugehen, dass sich dies auch in der ihr zugewiesenen Rolle in curricularen Papieren und Lehr-Lern-Medien wiederspiegelt. Um die schulische Relevanz von Sprachbewusstheit herauszuarbeiten wird im Weiteren zunächst beschrieben, welche Rolle sie in den Bildungsstandards und in ausgewählten Lehrplänen spielt, um anschließend einen Blick in die didaktisch-methodische Umsetzung der Bemühungen um Sprachbewusstheit zu werfen, wie sie in Lehrwerken für den Deutschunterricht vorgenommen wird.

### 6.5.1 Sprachbewusstheit in den Bildungsstandards

Die Bildungsstandards für den Mittleren Schulabschluss (BS-Sek-I 2022) weisen Sprachbewusstheit die Rolle eines zentralen Lerngegenstands zu und beziehen diese auf Sprachgebrauch und Sprachsystem (vgl. dazu auch ▶ Kap. 7):

» „Sprache und Sprachgebrauch bilden den zentralen Gegenstand des Deutschunterrichts. Die Schülerinnen und Schüler sind sich der Leistungen von Sprache als Kommunikationsmedium sowie der Bedingungen ihrer situations-, adressaten- und intentionsangemessenen Verwendung bewusst. Sie untersuchen das komplexe Erscheinungsbild sprachlichen Handelns – des eigenen und fremden – sowie die Bedingungen, unter denen es zustande kommt. Sie verfügen über erweiterte Kenntnisse des Sprachsystems. Die erworbenen Einsichten tragen zur Vertiefung ihrer Sprachbewusstheit und zur eigenen Sprachentwicklung bei." (BS-Sek-I 2022: 66)

In den einzelnen Kompetenzbereichen ist immer wieder davon die Rede, dass gelernt werden soll, dort relevante (sprachliche) Handlungen „bewusst" durchzuführen. Im Kompetenzbereich „Sprechen und Zuhören" betrifft dies beispielsweise das bewusste Gestalten von Sprechbeiträgen oder den bewussten Registerwechsel zwischen Alltagssprache, Standardsprache, Bildungs- und Fachsprache je nach Kommunikationssituation und -partner (ebd.: 15). Im Kompetenzbereich „Sprache und Sprachgebrach untersuchen" sollen die Schüler/innen „sich der Leistungen von Sprache als Kommunikationsmedium sowie der Bedingungen ihrer situations-, adressaten- und intentionsangemessenen Verwendung bewusst [werden]" (ebd.: 36).

Sprachbewusstheit scheint hier nicht ausschließlich im engeren Sinne verwendet zu werden, sondern sowohl auf verbalisierbare wie nicht-verbalisierbare Erscheinungsformen von Sprache bezogen zu sein. Sehr dezidiert wird Bewusstheit hier mit sprachlichem Handeln verbunden. Eine von diesem losgelöste Form von Sprachbewusstheit, wie sie im sog. traditionellen Grammatikunterricht typisch erscheint, steht nicht im Fokus. Bewusstheit erscheint somit hier sowohl als Ergebnis wie Ausgangspunkt sprachlichen Handelns.

Bemerkenswert ist darüber hinaus, dass die Bildungsstandards Mehrsprachigkeit explizit eine wichtige Rolle bei der Ausdifferenzierung von Sprachbewusstheit zuweisen und dies als wichtigen Bestandteil des Bildungsauftrags im Fach Deutsch ansehen (vgl. BS-Sek-I 2022: 9 f.). Es bleibt offen, wie denn Sprachbewusstheit zu erwerben oder zu fördern wäre. Der Verweis auf Mehrsprachigkeit lässt allerdings beispielsweise auf Sprachvergleiche als einen möglichen Zugang zu Sprachbewusstheit schließen.

### 6.5.2 Sprachbewusstheit in Kernlehrplänen

» „Deutschunterricht ist Sprachunterricht. Zu einem bewussten Umgang mit der Sprache gehört die Reflexion über die Sprache, über ihre Strukturen, Regeln und Besonderheiten. [...] Ziel des Deutschunterrichtes ist es, dass alle Schülerinnen und Schüler am Ende der Sekundarstufe I normgerecht und bildungssprachlich angemessen sprechen und schreiben können."
(Kernlehrplan des Landes NRW für für die Sekundarstufe I Gymnasium in Nordrhein-Westfalen, Deutsch 2019, S. 9)

Das obenstehende Zitat aus dem Kernlehrplan des Landes NRW zeigt einen eher normorientierten Zugang zur Sprachbewusstheit. Im Abschnitt „Aufgaben und Ziele des Faches" scheint der Bezugsbereich zunächst vor allem das Sprachsystem und dessen Strukturen und Regeln zu sein, weniger sprachliche Handlungen. Das durchscheinende Konzept ist hier also eher eines der Sprachbewusstheit im engeren Sinne. Bei der Beschreibung des „Inhaltsfelds Sprache" kommt der Sprachgebrauch als Bezugsebene hinzu.

> „Sprache als strukturiertes System sowie der funktionale Sprachgebrauch stehen im Mittelpunkt dieses Inhaltsfeldes. Aspekte des mündlichen und schriftlichen Sprachgebrauchs rücken in den fachlichen Fokus. Reflexion über Sprache bezieht sich auf den Erwerb von Sprachwissen und die Entfaltung von Sprachbewusstheit sowie auf Fragen des normgerechten und funktional adäquaten Umgangs mit Sprache." (ebd., Seite 14)

Im Zitat wird weiterhin ein Bezug zwischen Sprachbewusstheit und Sprachwissen hergestellt, ohne dass dieser näher spezifiziert würde. Ein expliziter Bezug zu einzelnen Kompetenzen wie Lesen oder Schreiben, wie er in den Bildungsstandards mehrfach vorkommt, lässt sich im Kernlehrplan NRW nicht finden.

Im folgenden Zitat aus dem Bildungsplan Deutsch des Landes Baden-Württemberg von 2016 aus der Beschreibung des Bereichs „Sprachgebrauch und Sprachreflexion" wird statt *Sprachbewusstheit* der meist synonym gebrauchte Terminus *Sprachbewusstsein* verwendet:

> „Sie [die Schüler/innen] erwerben ein zunehmend differenziertes Sprachbewusstsein, zu dem wesentlich auch Wissen über die Sprache und grundlegende Kategorien zu ihrer Beschreibung gehören. So erfassen sie die Sprache als geregeltes, vielfältig differenziertes, historisch gewachsenes System. Sprachbewusstsein und Sprachwissen ermöglichen es den Schülerinnen und Schülern, wesentliche Leistungen der Sprache differenziert zu erkennen und zu beschreiben: als prägendes Medium beim Erfassen der Wirklichkeit, als Mittel des kommunikativen Austauschs in Wort und Schrift oder in ihrer Bedeutung für Selbstvergewisserung und Identitätsbildung. Damit entwickeln sich auch Bewusstsein, Verständnis und schließlich die Fähigkeit der Kritik sprachlicher Normen. Dies ermöglicht ihnen eine zunehmend eigenständige Verbesserung ihrer Sprache auf allen Ebenen. Die erworbenen Kategorien können sie zum Spracherwerb nutzen."
> (Gemeinsamer Bildungsplan der Sekundarstufe I, Deutsch 2016, S. 9)

Zu Beginn der Passage wird vor allem der Zusammenhang zwischen Sprachbewusstsein und Wissen betont. Dies betrifft zunächst vor allem das Sprachsystem und Kategorien zu seiner Beschreibung, erst im Weiteren auch Leistungen und Funktionen von Sprache. Es ist also für das zu erwerbende Bewusstsein durchaus ein formaler Schwerpunkt zu erkennen. Ziel eines solchen Wissens ist es laut diesem Zitat, die eigenen Sprachkompetenzen zu verbessern bzw. den eigenen Spracherwerb voranzutreiben. Hier wird also dem Sprachbewusstsein eine Mittlerrolle auf dem Weg vom sprachbezogenen Wissen zum Können zugeschrieben. Im weiteren Verlauf des Textes wird noch einmal deutlich, dass dieser angezielte Weg vom Wissen zum Können dann gelinge, wenn die Schüler/innen ihr Sprachbewusstsein auf strukturelle UND funktionale Aspekte der Sprache richten:

> „Die Schülerinnen und Schüler erweitern ihr Sprachbewusstsein. Sie können syntaktische und lexikalische Strukturen korrekt bilden und in ihrer Funktion erkennen und beschreiben. [...] Dadurch gewinnen sie Einblicke in die Sprache als regelhaftes System und in dessen Funktionen. Sie können ihr Wissen über sprachliche Strukturen und ihre Funktion sowohl für Analyse und Verständnis von Texten als auch bei der Produktion und Überarbeitung von Texten nutzen. Die Schülerinnen und Schüler üben und festigen ihre Rechtschreibkompetenz und erwerben Verständnis von Orthografie und Zeichenset-

zung. Strategien zum normgerechten Schreiben und ihre Fehlersensibilität entwickeln sie weiter." (Seite 40)

Auffällig ist, dass der Ausgangspunkt auch hier die sprachlichen Formen sind. Es wird davon ausgegangen, dass eine Beschäftigung mit ihnen quasi automatisch zu einem Einblick auch in die Funktionen von Sprache führe.

### 6.5.3 Sprachbewusstheit in Lehrwerken

Im Folgenden werden zwei Beispiele aus einem Lehrwerk gezeigt, die in unterschiedlicher Art und Weise auf Sprachbewusstheit Bezug nehmen bzw. dem Ausbau entsprechender Kompetenzen dienen können. Sie entstammen einem aktuellen, unter anderem in NRW zugelassenen Lehrwerk für den Unterricht in 5. Klassen des Gymnasiums und können als recht typisch gelten. Sprachbewusstheit kommt explizit als Lerngegenstand oder Lernbereich im Lehrwerk nicht vor, sondern kann nur aus den Themen und Aufgaben erschlossen werden.

**Beispiel 1** Das Beispiel steht in einem speziell dem Bereich „Sprache" zugeordneten Kapitel des Lehrwerks (◘ Abb. 6.4). Es trägt den Titel „Sprache verändern – Wort-

◘ **Abb. 6.4** Beispiel 1 aus *Deutsch kompetent 5* (2019: 180)

## 6.5 · Sprachbewusstheit in Curricula und Lehrwerken

bildungen untersuchen". Anhand eines Wortspiels sollen die Schüler/innen zu einer Betrachtung möglicher Bedeutungsrelationen zwischen den Komponenten zusammengesetzter Wörter hingeführt werden. Dies geschieht durch eine von der üblichen Bedeutung des Wortes „Ladendiebstahl" abweichende Bedeutungszuschreibung im Rahmen des Beispielkontextes; es handelt sich hier also um eine Art Verfremdung. Diese schafft die Distanz zum aktuellen Sprachgebrauch, die für den Aufbau von Sprachbewusstheit als charakteristisch angesehen wird (siehe Einleitung des Kapitels). Im weiteren Verlauf wird mit Kontrastierungen der Wortbildungsbedeutungen von Wörtern mit gleichem Grundwort gearbeitet. Diese werden ebenfalls dazu genutzt, die Aufmerksamkeit auf die sich jeweils unterscheidende Wortbildungsbedeutung zu lenken. Es soll hier also explizites metasprachliches Wissen über die interne Bedeutung von Wortzusammensetzungen aufgebaut werden, das in Übung zwei mit – offenbar bereits aus früheren Schuljahren vorausgesetztem – Wissen über strukturelle Aspekte der Wortbildung (spezifisch: der Komposition) verknüpft wird. Hier lassen sich allerdings mehrere problematische Aspekte aufzeigen:

a) Nicht bei allen am Ende der Übung zu analysierenden Wörtern ist die Wortbildungsbedeutung so eindeutig anzugeben, wie durch das Beispiel suggeriert wird.
b) Die Art der Wortbildungsbedeutung variiert je nach beteiligten Wortarten.
c) Die Gesamtbedeutung eines Wortes muss bekannt sein, um die Wortbildungsbedeutung angeben zu können. Damit spielt ja gerade die Umdeutung des Wortes „Ladendiebstahl" durch den mitgelieferten (Bild-)Kontext. Es ist daher ausgesprochen fraglich, ob das durch eine solche Übung aufgebaute Wissen bzw. die Bewusstheit beim Verstehen nicht bekannter Wörter hilft.

Im Beispiel wird hauptsächlich Sprachbewusstheit im engeren Sinne angepeilt: Es geht um deklaratives metasprachliches Wissen über Wortbildungsbedeutungen, zu dessen expliziter Äußerung mehrere Aufgaben auffordern. Dabei werden hauptsächlich Termini genutzt, die bei den Aufgaben eine zentrale Rolle spielen, v. a. „Grundwort" und „Bestimmungswort". Das einleitende Beispiel mit dem Wort „Ladendiebstahl" zeigt, dass Wortbildungsbedeutungen prinzipiell kontextabhängig sein können. Davon ist im Weiteren allerdings keine Rede mehr. Die Übung zielt ausschließlich auf sprachsystembezogene Sprachbewusstheit, hier auf die semantische Ebene des Systems. Ein konkreter Bezug zum Sprachgebrauch bzw. zu einzelnen sprachlichen Handlungen wird nicht hergestellt; hierfür ist die Aufgabe somit auch wenig hilfreich.

**Beispiel 2** Beim zweiten Beispiel (aus dem Kapitel „Jetzt verstehe ich dich – sprachlicher Umgang mit anderen", ◘ Abb. 6.5) wird bereits in der Überschrift explizit signalisiert, dass bestimmte sprachliche Handlungen im Fokus stehen, nämlich Auffordern, Bitten und sich Entschuldigen. Anhand verschiedener fiktiver Schüleräußerungen sollen die Lernenden die Angemessenheit dieser auffordernden Äußerungen beurteilen und ihr Urteil begründen. Hier scheint es also vor allem um eine Frage des Sprachgebrauchs, also eines pragmatischen Aspekts zu gehen. Um eine solche Art von Bewusstheit aufzubauen, sind ein kommunikativer Kontext und situatives Wissen notwendig. Dies ist hier durch das Bild allerdings nur sehr rudimentär und pauschalisierend gegeben. Inwiefern die Direktheit einer Aufforderung angemessen ist oder nicht, ist so nur schwer zu beurteilen. In der nächsten Teilaufgabe sollen Satzarten bestimmt werden,

### 2.2 Den richtigen Ton treffen · Auffordern, bitten, sich entschuldigen

*Sprechblasen (im Bild):*
- Jetzt mach schon hin, ich will die Schere heute noch!
- Reichst du mir mal bitte den Stift?
- Äh Verzeihung, dass ich störe, könntet ihr alle vielleicht nur ganz kurz mal zuhören?
- Spinnst du? Das gehört mir. Hol dir doch selber ein Blatt!
- Reg dich ab, hier ist sie ja.
- Oh, 'Tschuldigung.
- Ist das nicht mein Heft?
- Fenster zu!

**Lerninsel H**
Satzarten
S. 336

**1** Lest die verschiedenen Äußerungen der Schülerinnen und Schüler.
a) Welche haltet ihr für angemessen, welche nicht? Begründet.
b) Bestimmt die Satzarten. Bei welchen Äußerungen sollte man eine andere Satzart verwenden, um Erfolg zu haben?
c) Wählt drei Äußerungen aus und formuliert sie um.

**Abb. 6.5** Beispiel 2 aus *Deutsch kompetent 5* (2019: 33)

eine formbezogene Aufgabe, zu der es den Hinweis auf eine Lerninsel zu Satzarten gibt. Die Aufgabe suggeriert – ebenso wie die entsprechende Lerninsel – es gäbe eine ein-eindeutige Zuordnung zwischen Satzart und Funktion, ein Aufforderungssatz diene also (nur) der Aufforderung, andere Satzarten anderen Funktionen. Der hier konstruierte Zusammenhang zwischen satzgrammatischem Wissen und sprachlichem Handeln ist demnach schwerlich gegeben.

Die erste Aufgabenstellung wird mit der zweiten deutlich verengt und von einer pragmatischen auf eine formalgrammatische Ebene fokussiert. Während in der ersten Aufgabe eher metakommunikative Reflexion gefragt ist, ist es bei Aufgabe zwei eher metasprachliche Reflexion im engeren Sinne (s. ▶ Abschn. 6.4.1). Während Aufgabe a) (auch) auf prozedurales Wissen abzuzielen scheint, hat Aufgabe b) deklaratives grammatisches Wissen zum Ziel. Da am Ende der Übung Sätze umformuliert werden müssen, mündet die Aufgabe in eine sprachliche Handlung, bei der prozedurales Wissen notwendig ist. Hier zeigt sich wieder die – in der aktuellen Grammatikdidaktik oft angezweifelte Annahme – dass der Aufbau deklarativen grammatischen Wissens am Ende zu einem besseren Sprachhandeln führe. In der hier präsentierten Art und Weise kann das nur gelingen, wenn die Schüler/innen ohnehin schon Erfahrungswissen darüber gesammelt haben, wann eine Aufforderung oder Bitte in welcher sprachlichen Form höflich ist.

# Literatur

Akbulut, Muhammed (2023): Sprachentwicklung und Sprachbewusstheit. In: Anja Wildemann/Lena Bien-Miller: *Sprachbewusstheit*. Wiesbaden: Springer VS, S. 41–82.

Akbulut, Mohammed/Schmölzer-Eibinger, Sabine (2023): Sprachbewusstheit und Schreiben. In: Lena Bien-Miller/Anja Wildemann (Hg.): *Sprachbewusstheit – Perspektiven aus Forschung und Didaktik*. Wiesbaden: Springer, S. 141–179.

Akbulut, Muhammed/Bien-Miller, Lena/Wildemann, Anja (2017): Mehrsprachigkeit als Ressource für Sprachbewusstheit. In: *Zeitschrift für Grundschulforschung* 10(2), S. 61–74.

Akbulut, Muhammed/Schmölzer-Eibinger, Sabine/Ebner, Christopher (2020): Zum Begriff der Sprachbewusstheit in der Schreibforschung und -didaktik. Ein Beitrag zu seiner theoretischen und empirischen Fundierung. In: *Zeitschrift für angewandte Linguistik* 72, S. 1–32.

Andresen, Helga (1985): *Schriftspracherwerb und die Entstehung von Sprachbewusstheit*. Opladen: Westdeutscher Verlag.

Andresen, Helga (2016): Sprachbewusstheit – Sprachreflexion – Sprachkritik – Sprachpraxis – Sprachspiel: Didaktische Perspektiven auf die Auseinandersetzung von Kindern mit tradierten sprachlichen Formen. *Linguistik online* 79(5), S. 139–148.

Andresen, Helga/Funke, Reinhold (2006): Entwicklung sprachlichen Wissens und sprachlicher Bewusstheit. In: *Didaktik der deutschen Sprache*. Band 2. Paderborn: Schöningh, S. 438–451.

Bangel, Melanie/Müller, Astrid (2014): Zur Entwicklung morphologischer Bewusstheit und basaler Lesefähigkeiten durch die Arbeit an Wort-(bildungs-)strukturen. Erste Ergebnisse einer Interventionsstudie. In: *Didaktik Deutsch 36*, S. 43–63.

Bialystok, Ellen (2009): *Bilingualism: The good, the bad and the indifferent*. Cambridge: University Press.

Bien-Miller, Lena/Wildemann, Anja (2020): Mehrsprachigkeit als Ressource für Sprachbetrachtung nutzen. (K)ein Konsens zwischen Theorie und Praxis möglich? In: *Der Deutschunterricht* 2, S. 62–70.

Bien-Miller, Lena/Wildemann, Anja (2021): Sprachbewusstheit. https://www.mehrsprachigkeit.uni-hamburg.de/oeffentlichkeit/grundwissen/sprachbewusstheit.html (Zugriff: 21.11.2024)

Bien-Miller, Lena/Wildemann, Anja (2023): *Sprachbewusstheit. Perspektiven aus Forschung und Didaktik*. Wiesbaden: Springer.

Bildungsplan Deutsch des Landes Baden-Württemberg (2016). https://www.bildungsplaene-bw.de/site/bildungsplan/get/documents/lsbw/export-pdf/depot-pdf/ALLG/BP2016BW_ALLG_GYM_D.pdf

Bredel, Ursula (2013): *Sprachbetrachtung und Grammatikunterricht*. Paderborn: Schöningh.

Bremerich-Vos, Albert (1993): Grammatikunterricht – ein Plädoyer für das Backen kleinerer Brötchen. In: Albert Bremerich-Vos (Hg.): *Handlungsfeld Deutschunterricht im Kontext*. Frankfurt a.M.: Diesterweg, S. 102–129.

BS-Sek-I (2022) = Bildungsstandards für das Fach Deutsch Erster Schulabschluss (ESA) und Mittlerer Schulabschluss (MSA) (Beschluss der Kultusministerkonferenz vom 15.10.2004, i.d.F. vom 23.06.2022). Sekretariat der Ständigen Konferenz der Kultusminister der Länder in der Bundesrepublik Deutschland. Berlin/Bonn. https://www.kmk.org/fileadmin/Dateien/veroeffentlichungen_beschluesse/2022/2022_06_23-Bista-ESA-MSA-Deutsch.pdf (Zugriff: 28.12.2024)

Budde, Monika (2012): *Über Sprache reflektieren. Unterricht in sprachheterogenen Lerngruppen*. Kassel: Kassel University Press.

Budde, Monika/Michalak, Magdalena (2021): Sprachenfächer und ihr Beitrag zur fachsprachlichen Förderung. In: Magdalena Michalak (Hg.): *Sprache als Lernmedium im Fachunterricht*. Baltmannsweiler: Schneider Verlag Hohengehren, S. 9–33.

Busch, Brigitta ($^3$2021): *Mehrsprachigkeit*. Wien: facultas.

Cain, Kate (2007): Syntactic awareness and reading ability: is there any evidence for a special relationship? In: *Applied Psycholinguistics* 28, S. 679–694.

Carlisle, Joanne F. (1995): Morphological Awareness and Early Reading Achievement. In: L. B. Feldman (Ed.): *Morphological Aspects of Language Processing*. Hillsdale, NJ: Erlbaum, S. 189–209.

Clark, Eve (1978): Awareness of language: Some evidence from what children say and do. In: Anne Sinclair, Robert Jarvella, & Willem J. M. Levelt (Eds.): *The child's conception of language*. New York: Springer, S. 17–43.

De Houwer, Annick (2009): *Bilingual first language acquisition*. Cambridge: University Press.

Drumm, Sandra (2016*): Sprachbildung im Biologieunterricht.* Berlin: De Gruyter.
Eichler, Wolfgang (2008): Sprachbewusstheit Deutsch. In: DESI-Konsortium (Hg.): *Unterricht und Kompetenzerwerb in Deutsch und Englisch. Ergebnisse der DESI-Studie.* Weinheim: Beltz, S. 112–119.
Eichler, Wolfgang/Nold, Günther (2007): Sprachbewusstheit. In: Eckhard Klieme/Bärbel Beck (Hg.): *Sprachliche Kompetenzen. Konzepte und Messung. DESI-Studie* (Deutsch Englisch Schülerleistungen International). Weinheim: Beltz, S. 63–82.
Ellis, Rod (2004): The definition and measurement of explicit L1 knowledge. In: *Language Learning* 2, S. 227–275.
Ellis, Rod (2012*): Language teaching research and language pedagogy.* Blackwell: Wiley.
Feilke, Helmuth/Jost, Jörg (2015): Sprache und Sprachgebrauch reflektieren. In: Michael Becker-Mrotzek u. a. (Hg.*): Bildungsstandards aktuell: Deutsch in der Sekundarstufe II.* Braunschweig: Schroedel, S. 236–296.
Fink, Christian et al. (2012): Entwicklung eines Tests zur Erfassung der morphematischen Bewusstheit. In: *Empirische Pädagogik* 26(4), S. 423–451.
Franceschini, Rita/Saxalber, Annemarie (2016): Zum Zusammenhang von Mehrsprachigkeit, sprachlicher Kompetenz und schulischer Integration. In: *Der Deutschunterricht* 6, S. 33–45.
Funke, Reinhold (2017): Syntaxbasierte Vermittlung der satzinternen Großschreibung: Varianten eines Ansatzes. In: Iris Rautenberg & Stefanie Helms (Hg.): *Der Erwerb schriftsprachlicher Kompetenzen. Empirische Befunde – didaktische Konsequenzen – Förderperspektiven.* Baltmannsweiler: Schneider Verlag Hohengehren, S. 100–120.
Funke, Reinhold/Sieger, Jasmin (2012): Continued access to syntactic information in reading. In: *Reading and Writing: An Interdisciplinary Journal* 25(7), S. 1769–1794.
Gaux, Christine/Gombert, Jean Emile (1999): Implicit and explicit syntactic knowledge and reading in preadolescents. In: *British Journal of Developmental Psychology* 17(2), S. 169–188.
Goodwin, Amanda/Ahn, Soo Yeon (2010): A Meta-Analysis of Morphological Interventions: Effects on Literacy Achievement of Children with Literacy Difficulties. In: *Annals of Dyslexia* 60, S. 183–208.
Gornik, Hildegard (2022): Sprachreflexion, Sprachbewusstheit, Sprachwissen, Sprachgefühl und die Kompetenz der Sprachthematisierung – ein Einblick in ein Begriffsfeld. In: Hildegard Gornik/Iris Rautenberg (Hg.): *Sprachreflexion und Grammatikunterricht.* Baltmannsweiler: Schneider Verlag Hohengehren, S. 39–55.
Hägi-Mead, Sara/Tajmel, Tanja (2023): Mehrsprachigkeit und Sprachbewusstheit in der Unterrichtsplanung. In: Lena Bien-Miller, Lena/Anja Wildemann (Hg.): *Sprachbewusstheit – Perspektiven aus Forschung und Didaktik.* Wiesbaden: Springer, S. 451–490.
Hägi-Mead, Sara/Peschel, Corinna/Pliska-Halilovic, Enisa/Ritter, Rosi (2024): „Was verstehst Du unter sprachsensiblem Fachunterricht?" – Perspektiven von Lehrkräften. In: *Workshop Deutsch als Zweitsprache, Migration und Mehrsprachigkeit* 17, S. 137–161.
Deutsch kompetent 5 = Henninger, Heike (Hg.) (2019): *Deutsch kompetent 5.* Stuttgart: Klett.
Kargl, Reinhard/Purgstaller, Christian/Fink, Andreas (2014): Morphematik im Kontext der Rechtschreibförderung – Chancen und Grenzen eines besonders effizienten Förderansatzes. In: Stephan Sallat/Markus Spreer/Christian W. Glück (Hg.): *Sprache professionell fördern.* Idstein: Schulz-Kirchner, S. 107–113.
Karmiloff-Smith, Annette (1986): *From metaprocesses to conscious access.* Cognition 2, S. 95–147.
Karmiloff-Smith, Annette (1992): *Beyond modularity. A developmental perspective on cognitive science.* Massachusetts: MIT Press.
Kernlehrplan für die Sekundarstufe I, Gymnasium in Nordrhein-Westfalen. Deutsch. 2019. https://www.schulentwicklung.nrw.de/lehrplaene/lehrplan/196/g9_d_klp_%203409_2019_06_23.pdf
Kirschhock, Eva-Maria (2004): *Die Entwicklung schriftsprachlicher Kompetenzen im Anfangsunterricht.* Bad Heilbrunn: Klinkhardt.
Klassert, Annegret/Bormann, Sarah/Festman, Julia/Gerth, Sabrina (2018): Rechtschreibung von Konsonantenclustern und morphologische Bewusstheit bei Grundschüler_innen. In: *Zeitschrift für Entwicklungspsychologie und Pädagogische Psychologie* 50(3), S. 115–125.
Kohlmann, Ute (1996): *Selbstkorrekturen in Beschreibungen, Instruktionen und Erzählungen.* Heidelberg: Institut für Deutsch als Fremdsprachenphilologie.
Kutsch, Stefan (1988): *Kinder über Sprache: Reflexion und Metakommunikation im Zweit- und Erstspracherwerb. Eine vergleichende Untersuchung.* Frankfurt a.M.: Peter Lang.

Oomen-Welke, Ingelore (2004): The world of languages: what children and adolescents in Europe think. In: Michel Candelier/Ingelore Oomen-Welke/Christiane Perregaux (Hg.): *Janua Linguarum – The gateway to languages. The introduction of language awareness into the curriculum: Awakening to languages.* Graz: ECML/CELV, S. 175–186.

Oomen-Welke, Ingelore (2017): Präkonzepte: Sprachvorstellungen ein- und mehrsprachiger SchülerInnen. In: Bernd Ahrenholz/Ingelore Oomen-Welke (Hg.): *Deutsch als Zweitsprache.* Baltmannsweiler: Schneider Verlag Hohengehren, S. 493–506.

Peschel, Corinna/Sulimova, Maria (2021): Schreibprozesse und Schreibstrategien mehrsprachiger Schüler*innen der Sekundarstufe I. In: *Info DaF* 48(6), S. 632–647.

Riebling, Linda (2013): *Sprachbildung im naturwissenschaftlichen Unterricht. Eine Studie im Kontext migrationsbedingter sprachlicher Heterogenität.* Münster: Waxmann.

Schneider, Wolfgang (2019): Förderung der phonologischen Bewusstheit im Vorschulalter: Bedingungen für den Transfer auf den Schriftspracherwerb. In: *DDS – Die Deutsche Schule* 3, S. 344–346.

Stude, Juliane (2013): *Kinder sprechen über Sprache. Eine Untersuchung zu interaktiven Ressourcen des frühen Erwerbs metasprachlicher Kompetenzen.* Stuttgart: Klett.

Tajmel, Tanja (2017): *Grundzüge einer Reflexiven Physikdidaktik und kritisch-sprachbewussten Praxis.* Wiesbaden: Springer.

Tajmel, Tanja/Hägi-Mead, Sara (2017): *Sprachbewusst Unterricht planen: Grundprinzipien, Anleitung und Umsetzungsbeispiele.* Münster: Waxmann.

Valtin, Renate (2012): Phonologische Bewusstheit: Ein kritischer Blick auf ein modisches Konstrukt. In: *Frühe Bildung* 1/4, S. 223–225.

Wecker, Verena/Binanzer, Anja (2022): Zum Zusammenhang von grammatischem Wissen und schriftsprachlichen Kompetenzen. Theoretische und empirische Befunde. In: Helena Olfert/Christa Röber (Hg.): *Schriftsprach- und Orthographieerwerb. Erstlesen, Erstschreiben.* Baltmannsweiler: Schneider Verlag Hohengehren.

Wildemann, Anja/Bien-Miller, Lena (2022): Warum lebensweltlich deutschsprachige Schülerinnen und Schüler von einem sprachenintegrativen Deutschunterricht profitieren – empirische Erkenntnisse. In: *Zeitschrift für Grundschulforschung* 15(2), S. 151–167.

Wildemann, Anja/Akbulut, Muhammed/Bien-Miller, Lena (2016): Mehrsprachige Sprachbewusstheit zum Ende der Grundschulzeit – Vorstellung und Diskussion eines Elizitationsverfahrens. In: *Zeitschrift für Interkulturellen Fremdsprachenunterricht* 21(2), S. 42–56.

Wildemann, Anja/Akbulut, Muhammed/Bien-Miller, Lena (2018): Mehrsprachige Sprachbewusstheit und deren Potenzial für den Grundschulunterricht. In: Grit Mehlhorn/Bernhard Brehmer (Hg.): *Potenziale von Herkunftssprachen: Sprachliche und außersprachliche Einflussfaktoren.* Tübingen: Stuffenburg. S. 117–140.

Wildemann, Anja/Bien-Miller, Lena/Akbulut, Muhammed (2020): Mehrsprachigkeit und Sprachbewusstheit – empirische Befunde und Unterrichtskonzepte. In: Ingrid Gogolin/Antje Hansen/Sarah McMonagle/Dominique Rauch (Hg.). *Handbuch Mehrsprachigkeit und Bildung.* Wiesbaden: Springer. S. 119–123.

# Rahmenbedingungen

Inhaltsverzeichnis

**Kapitel 7**  Grammatik und Kompetenzen – 143

**Kapitel 8**  Grammatisches Lernen in Szenarien – 167

# Grammatik und Kompetenzen

**Inhaltsverzeichnis**

7.1 Nationale Bildungsstandards – 144

7.2 Kompetenzbereiche und Kompetenzstufen – 146

7.3 Grammatik in den Bildungsstandards – 151

7.4 Grammatik in Lehrplänen und Schulbüchern – 155

7.5 Grammatische Termini – 158

7.6 Aufgaben für grammatisches Lernen – 160

Literatur – 163

© Springer-Verlag GmbH Deutschland, ein Teil von Springer Nature 2025
T. Becker, C. Peschel, E. Topalović, *Grammatik in der Schule*,
https://doi.org/10.1007/978-3-476-06010-5_7

Wenn (angehende) Lehrkräfte sich über mögliche Inhalte und Kompetenzen des grammatischen Lernens im Fach Deutsch informieren möchten, haben sie verschiedene Möglichkeiten: Sie können in die **nationalen Bildungsstandards** der jeweiligen Abschlüsse schauen, sich die länderspezifischen **Lehrpläne** durchlesen, bestehende schulische **Curricula**, die von Fachkollegien entworfen werden, als erste Grundlage nutzen und sich an **Schulbüchern** und Lehr-/Lernmedien orientieren. Wie diese unterschiedlichen Informationsquellen zusammenhängen, soll in diesem Kapitel genauer betrachtet werden.

## 7.1 Nationale Bildungsstandards

In Deutschland legen **nationale Bildungsstandards** fest, welche Kompetenzen die Schüler/innen in den verschiedenen Schulabschlüssen zu einem bestimmten Bildungsabschnitt erwerben sollen (vgl. BS-Primarbereich 2022, BS-Sek-I 2022 und BS-Sek-II 2012). Zur Entwicklung der Bildungsstandards in den Hauptfächern Deutsch, Mathematik und erste Fremdsprache (Englisch/Französisch) führte in besonderer Weise der viel zitierte „PISA-Schock" zu Beginn des Millenniums. Die Ergebnisse der ersten internationalen Schulleistungsstudie PISA (*Programme for International Students Assessment*) aus dem Jahr 2000 legten offen, dass die Leistungen der Schüler/innen in Deutschland im Ländervergleich unter dem OECD-Durchschnitt lagen (vgl. dazu OECD 2023). Diese unterdurchschnittlichen Leistungen, die in den Medien skandalisiert wurden, forderten die Bildungspolitik, d. h. die 16 Kultusminister/innen in der **Kultusministerkonferenz** (KMK), zum Handeln auf: Im Rahmen einer umfassenden Bildungsstrategie wurden verbindlich geltende Bildungsstandards und ein bundesweites Bildungsmonitoring mit Lernstandserhebungen (vgl. z. B. VERA 8) eingeführt.

» „Damit Bildungsstandards ihre angestrebte Wirksamkeit entfalten können, müssen diese von den verschiedenen Akteuren im Bildungssystem aufgegriffen und umgesetzt werden. Dies betrifft die Bildungspolitik, die Bildungsadministration, die Lehrkräfteaus- und Lehrkräfteweiterbildung sowie die Schulpraxis. Die Länder werden daher Strategien entwickeln und umsetzen, die darauf abzielen, die Erreichung der vereinbarten Zielvorgaben zu gewährleisten." (BS-Sek-I 2022: 5)

**Die nationalen Bildungsstandards,** die als **Regelstandards** (vgl. Kasten „Differenzierung von Bildungsstandards") definiert werden, müssten sich entsprechend in den länderspezifischen Lehrplänen, in Schulbüchern und Lehr-/Lernmedien und schließlich auch in Schulcurricula wiederfinden (vgl. ▶ Abschn. 7.4). Die Bildungspolitik weist den Bildungsstandards vor allem drei Ziele zu (vgl. KMK-Webseite):
1. Sie bieten Lehrkräften, Lernenden und Eltern eine **Orientierung**, welche Kompetenzen erwartet werden.
2. Sie sollen einen **kompetenzorientierten Unterricht** fördern und so der Unterrichtsentwicklung dienen.
3. Sie stellen die Grundlage für landes- und bundesweites **Bildungsmonitoring** (Lernstands- und Vergleichsstudien) dar, das die Erreichung der Bildungsstandards empirisch prüft und damit zur Qualitätssicherung in Schulen beiträgt.

## 7.1 · Nationale Bildungsstandards

> **Zur Vertiefung**
>
> **Differenzierung von Bildungsstandards**
>
> In den Kompetenzstufenmodellen (KSM) (vgl. ▶ https://www.iqb.hu-berlin.de/bista/ksm) werden die Bildungsstandards differenziert in Minimalstandards, Regelstandards, Regelstandards plus und Optimalstandards:
>
> - **Minimalstandards** definieren Mindestanforderungen bzw. ein Minimum an Kompetenzen, die Schüler/innen bis zu einem bestimmten Abschnitt in ihrer Bildungsbiographie erreicht haben sollten.
> - **Regelstandards** definieren Kompetenzen, die Schüler/innen im Durchschnitt bis zu einem bestimmten Abschnitt in ihrer Bildungsbiographie erreicht haben sollten.
> - **Regelstandards plus** definieren Kompetenzen, die über den Regelstandards liegen und als Orientierung für die Unterrichtsentwicklung dienen können.
> - **Optimalstandards** definieren Kompetenzen, die Schüler/innen bis zu einem bestimmten Abschnitt in ihrer Bildungsbiographie erreichen könnten und in hohem Maße über den Regelstandards liegen.
> - **Ein Beispiel**: Erreichen Schüler/innen in der Grundschule im Lernbereich „Sprache und Sprachgebrauch untersuchen" die **Kompetenzstufe III** oder höher, so „erfüllen [sie] die in den Bildungsstandards beschriebenen Erwartungen, d. h., sie erreichen den von der KMK festgelegten Regelstandard" (KSM-Primarbereich 2015: 12).

**Kompetenzen** Grundlegend für die nationalen Bildungsstandards ist die starke Orientierung am **Kompetenzbegriff**, die zur Ablösung der bis dahin vorherrschenden Inhalts- und Lernzielorientierung führte. Der Fokus liegt damit in erster Linie auf dem am Ende einer bestimmten schulischen Phase in den Fächern erwarteten Output – und erst in zweiter Linie auf den Inhalten, anhand derer die jeweiligen Kompetenzen erworben werden sollen. Zwei einflussreiche, häufig zitierte Definitionen stammen von der OECD (*Organisation for Economic Co-operation and Development*) und dem Bildungsforscher Weinert:

- „Eine Kompetenz ist mehr als nur Wissen und kognitive Fähigkeiten. Es geht um die Fähigkeit der Bewältigung komplexer Anforderungen, indem in einem bestimmten Kontext psychosoziale Ressourcen (einschließlich kognitive Fähigkeiten, Einstellungen und Verhaltensweisen) herangezogen und eingesetzt werden. So ist beispielsweise die Kommunikationsfähigkeit eine Kompetenz, die sich auf Sprachkenntnisse, praktische IT-Fähigkeiten einer Person und deren Einstellungen gegenüber den Kommunikationspartnern abstützen kann." (OECD 2005: 6)
- „Dabei versteht man unter Kompetenzen die bei Individuen verfügbaren oder durch sie erlernbaren kognitiven Fähigkeiten und Fertigkeiten, um bestimmte Probleme zu lösen, sowie die damit verbundenen motivationalen, volitionalen und sozialen Bereitschaften und Fähigkeiten, um die Problemlösungen in variablen Situationen erfolgreich und verantwortungsvoll nutzen zu können [...]." (Weinert 2001: 27 f.)

Die Definitionen machen deutlich, dass Kompetenzen ein recht komplexes Geflecht darstellen, zu dem nicht nur ihr Einsatz in variablen Kontexten, sondern auch die „motivationalen, volitionalen und sozialen Bereitschaften" gehören, diese auch zu nutzen. Kritik an einer ausschließlichen **Kompetenzorientierung** und dem **Kompetenzbegriff** wird seit ihrem Bestehen geäußert (vgl. dazu die Debatte in Standke/Topalović 2019). Einen besonderen Unterschied zwischen „Kompetenzen" und „Lernzielen" sieht Spinner (2019: 16) in seinem Debattenbeitrag „Kompetenzorientierung – Fluch oder Segen?" vor allem darin, dass „Lesekompetenz, Schreibkompetenz und Sprechkompetenz" ein Leben lang weiterentwickelt werden können, sie werden nicht lediglich „erreicht" wie ein Lernziel. Wichtige Bereiche des Deutschunterrichts wie „emotionales Beteiligtsein" oder „Freude am Fantasieren" könnten allerdings kaum mit dem Kompetenzbegriff abgedeckt werden, weil sie „kompetenztheoretisch kaum zu erfassen" (ebd.: 17) seien. Angesprochen ist damit ein weiterer Kritikpunkt: Nur messbare Kompetenzen könnten in Testaufgaben abgefragt werden, andere wie „emotionale, ästhetische, moralische, soziale oder demokratische Kompetenzen" (Wildemann/Vach 2022: 19) aus dem Blick geraten. Ähnliches wäre für grammatische Themen denkbar: Wortarten wie Nomen, Adjektive und Verben zu bestimmen, könnte eher vorkommen, als verschiedene grammatische Formen, Höflichkeit auszudrücken, oder Grammatik für Sprachvergleiche zu nutzen. Für „begriffliche Schärfungen" plädiert auch Neumann (2019: 14), weil „Kompetenzen immer (nur) an Performanzen zu erkennen" seien, d. h. im konkreten „Tun und Handeln", im „Zeigen" (Leisen 2011: 5), z. B. beim Lösen von schulischen Aufgaben.

## 7.2 Kompetenzbereiche und Kompetenzstufen

Welche Kompetenzen werden nun für das Fach Deutsch beschrieben? Seit der Weiterentwicklung der Bildungsstandards für den Primarbereich (vgl. BS-Primarbereich 2022) und den Ersten und Mittleren Schulabschluss (BS-Sek-I 2022) werden für alle Abschlüsse (d. h. auch für die Allgemeine Hochschulreife, vgl. BS-Sek-II) **fünf Kompetenzbereiche** (auch: Lernbereiche/Lehrbereiche/Arbeitsbereiche) unterschieden. Die Übersicht in ◘ Abb. 7.1 stellt die für alle Bundesländer verbindlichen Kompetenzen für den Primarbereich (BS-Primarbereich 2022: 10) dar.

**Prozessbezogene und domänenspezifische Kompetenzbereiche** „Sprechen und Zuhören", „Schreiben" und „Lesen" betreffen die vier sprachlichen Grundfertigkeiten *Sprechen* (produktiv), *(Zu-)Hören* (rezeptiv), *Schreiben* (produktiv), *Lesen* (rezeptiv), die sowohl im Fach selbst als auch in allen anderen Schulfächern weiterentwickelt werden. Die beiden domänenspezifischen Kompetenzbereiche „Sich mit Texten und anderen Medien auseinandersetzen" und „Sprache und Sprachgebrauch untersuchen" stehen genuin für das Fach Deutsch bzw. für „die fachlichen Domänen des Deutschunterrichts" (BS-Primarbereich 2022: 9), „in denen die prozessbezogenen Kompetenzen verbindlich konkretisiert" (ebd.: 8) werden sollen. Grammatik und Grammatisches kann insbesondere im domänenspezifischen Kompetenzbereich „Sprache und Sprachgebrauch untersuchen" verortet werden, und zwar in besonderem Maße im Teilbereich **Sprach-**

## 7.2 · Kompetenzbereiche und Kompetenzstufen

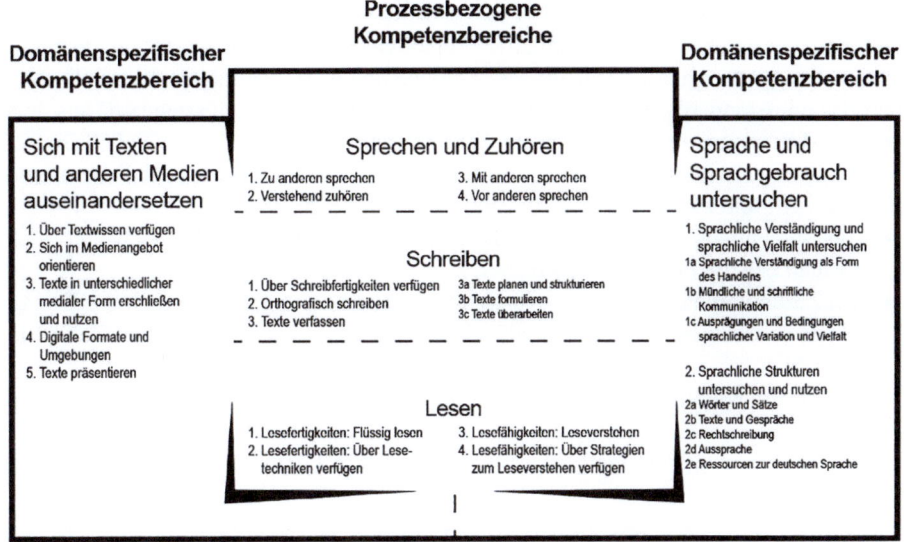

● **Abb. 7.1** Kompetenzbereiche im Primarbereich, hier mit Ergänzung der jeweiligen Schwerpunkte aus Ritter/Topalović (2024: 540)

liche Strukturen untersuchen und nutzen**. Hier werden unter anderem „Wörter und Sätze", „Texte und Gespräche" sowie „Rechtschreibung" genannt (vgl. ● Abb. 7.1).

**Sprache und Sprachgebrauch untersuchen**  Obwohl dieser Lernbereich nicht mehr quer zu den anderen Bereichen visualisiert wird, kann ihm weiterhin eine Sonderrolle zugewiesen werden. Er kann einerseits eigenständig modelliert werden, ihm käme dann „ein eigenständiger Wert" (Feilke/Jost 2015: 237) zu. Andererseits wird er in den Bildungsstandards explizit integrativ bzw. quer liegend zu den anderen Kompetenzbereichen gesehen (vgl. dazu auch Topalović/Michalak 2012):

» „Die Sprache und der Sprachgebrauch sind zentrale Gegenstände des Deutschunterrichts. Die Untersuchung von sprachlichen Strukturen und sprachlicher Verständigung eröffnet hier Einblicke in die Leistungen von Sprache als Kommunikationsmedium und in die Bedingungen ihrer situations-, adressaten- und intentionsangemessenen Verwendung. Diese Einblicke bilden die Grundlage für einen bewussten Umgang mit Sprache beim Sprechen und Zuhören, beim Lesen und Schreiben, beim Umgang mit Texten und Medien und beim Nachdenken über digital vermittelte Formen des sprachlichen Handelns." (BS-Primarbereich 2022: 19)

Seine Sonderrolle begründet sich auch darin, dass die Entwicklung eines **Kompetenzstufenmodells** für diesen Kompetenzbereich als komplex eingestuft wird, was unter anderem dazu führt, dass in Vergleichsarbeiten nicht alle Schwerpunkte abgedeckt werden (können).

Unabhängig davon, ob er als eigenständig oder als integrativ betrachtet wird, soll er die Schüler/innen dabei unterstützen, ihre Sprachbewusstheit weiterzuentwickeln (vgl. dazu ausführlich ▶ Kap. 6). Aus Mehrsprachigkeitsperspektive ist es angemessener, von **Sprach(en)bewusstheit** zu sprechen, weil sie in jeder Sprache und Sprachvarietät erworben werden kann (vgl. Rösch 2015; Topalović/Settinieri 2023). In ihrer Diskussion und Interpretation des Lernbereichs „Sprache und Sprachgebrauch untersuchen" in den Bildungsstandards für den Primarbereich (hier auf die Bildungsstandards aus dem Jahr 2004 bezogen) verstehen Oomen-Welke/Kühn (2011) unter einem weiten Begriff von Sprachbewusstheit „die Sensibilisierung für Sprachen in Bezug auf Formen und Funktionen", und zwar

- „für sprachliche Auffälligkeiten, die man interessant findet und vielleicht auch spontan bewertet (affektive Domäne),
- den Zusammenhang der Sprachverwendung mit sozialen Faktoren (z. B. bei Soziolekten und Dialekten, beim Sprachgebrauch in Genderperspektive, bei Mehrsprachigkeit),
- die Angemessenheit von Äußerungen im Hinblick auf Ausdruck, Darstellung und Appell,
- die Verbesserung der eigenen Sprachfertigkeiten, z. B. für die Textproduktion oder -rezeption,
- Aspekte der Sprache als System und für Beziehungen von Formen und Funktionen" (Oomen-Welke/Kühn 2011: 139).

Bei Steinig/Huneke (2011) geht Sprachbewusstheit – hier in einem umfassenden Sinne verstanden (vgl. dazu ▶ Abschn. 6.2) – über das rein Sprachliche wie Auffälligkeiten, Verwendung, Angemessenheit, Fertigkeiten, System, Form-Funktion-Beziehungen hinaus. Sie öffnen den Blick auch für die **soziale und kulturelle Geprägtheit** von Sprache(n), die als anthropologische Universalien die Kommunikation innerhalb der Gattung „Mensch" erst ermöglichen.

» „Sprachbewusstheit zielt darauf ab, das menschliche Sprachvermögen besser zu verstehen, seine Rolle beim Denken, Lernen und im sozialen Leben zu begreifen, sich der Macht und Kontrolle durch Sprache bewusst zu werden und die verwickelten Beziehungen zwischen Sprache und Kultur zu erkennen. Es kommt darauf an, dass Schüler Sprache als einen lebendigen Teil ihres eigenen Menschseins erleben, verstehen und kritisch begleiten und so sich selbst und andere besser verstehen lernen." (Steinig/Huneke 2011: 184)

Feilke/Jost (2015) unterscheiden bei den Bildungsstandards für die Allgemeine Hochschulreife (BS-Sek-II 2012) die *metasprachliche*, die *metakommunikative* und die *metamediale* Reflexion und entsprechend auch drei Ebenen des Reflektierens im Deutschunterricht:
- Reflektieren über Sprache (Fokus: Sprachsystem/Sprachstrukturen)
- Reflektieren über Kommunikation (Fokus: Sprache in der Interaktion/Sprache als soziales Handeln)
- Reflektieren über Medialität und Medien (Fokus: Realisierungsformen von Sprache (Mündlichkeit/Schriftlichkeit) bzw. Sprache in den Medien/Sprache und Macht).

Auch hier spielen einerseits die Zusammenhänge von Form und Funktion eine bedeutende Rolle und andererseits mögliche Schnittstellen zwischen den drei Reflexionsebenen. Mit Blick auf Sprachvarietäten wie z. B. Standardsprachen, Dialekte oder

## 7.2 · Kompetenzbereiche und Kompetenzstufen

Soziolekte – anders gesagt: mit Blick auf die **innere Mehrsprachigkeit** des Deutschen – heißt es:

> „Wo hierbei Fragen der Funktion von Sprachvarietäten berührt werden, wo also z. B. von Identitätsstiftung, Zugehörigkeit und Abgrenzung zu Gruppen durch Sprache die Rede sein wird, berühren sich metasprachliche und metakommunikative Reflexion bzw. greifen diese ineinander: *von der Form*, d. h. von den sprachstrukturellen und systematischen Fragen konkreter sprachlicher Realisierungen, *zur Funktion*, und damit zur kommunikativen Relevanz und zu den Effekten sprachlicher Realisierungen." (Feilke/Jost 2015: 245)

Hier muss selbstredend die sprachenübergreifende, d. h. die **äußere Mehrsprachigkeit** ergänzt werden, oder anders gesagt: Auf den jeweiligen Reflexionsebenen könnten Aspekte der individuellen und gesellschaftlichen Mehrsprachigkeit (beide werden in den BS-Sek-I 2022: 39 explizit genannt) sowie der institutionellen und diskursiven Mehrsprachigkeit reflektiert werden (vgl. ▶ Abschn. 5.5), die auch Fragen sprachlich-kultureller (Mehrfach-)Zugehörigkeiten und sprachlicher Machtverhältnisse berühren (vgl. ▶ Abschn. 10.1.1). Um die Mehrsprachigkeit im gesamten Kompetenzbereich „Sprache und Sprachgebrauch untersuchen" sprachlich *sichtbar* zu machen, nutzen Peyer/Uhl (2020: 11) Klammern und unterscheiden „Sprache(n) im Gebrauch" und „Sprache(n) als System". Damit stellen sie sicher, dass Mehrsprachigkeit und Sprachvergleiche nicht allein im ersten Teilbereich „Sprachliche Verständigung und sprachliche Vielfalt untersuchen", sondern auch im zweiten „Sprachliche Strukturen untersuchen und nutzen" verortet wird (zur möglichen Bandbreite mehrsprachiger Unterrichtsideen vgl. die Praxisvorschläge in Teil IV).

**Kompetenzstufenmodelle** Um erworbene Kompetenzen und damit die konkreten Leistungsanforderungen differenziert beschreiben zu können, werden in Schulleistungsstudien wie VERA (= VERgleichsArbeiten) **Kompetenzstufenmodelle** (KSM) genutzt. Für das Fach Deutsch sind KSM für die Primarstufe in den Bereichen „Zuhören", „Lesen", „Rechtschreibung" und „Sprachgebrauch" entwickelt worden, für die Sekundarstufe I/Mittlerer Schulabschluss in den Bereichen „Sprachgebrauch" und „Schreiben" sowie für die Sekundarstufe I/Hauptschule/Mittlerer Schulabschluss in den Bereichen „Lesen", „Zuhören" und „Orthografie" (Stand: 01.06.2024). Sie können in ihrer jeweiligen aktuellen Version auf den Seiten des Instituts für Qualitätsentwicklung im Bildungsbereich (IQB) heruntergeladen werden, einer von der KMK gegründeten wissenschaftlichen Einrichtung an der Humboldt-Universität zu Berlin (▶ https://www.iqb.hu-berlin.de/bista/ksm). „Das IQB hat den Auftrag, die länderübergreifenden Bildungsstandards durch geeignete Testaufgaben zu operationalisieren, diese zu normieren und sie regelmäßig im Rahmen von IQB-Bildungstrends (ehemals Ländervergleichsstudien) einzusetzen, um das Erreichen der Bildungsstandards zu überprüfen." (▶ https://www.iqb.hu-berlin.de/institut/about/, Stand: 01.06.2024).

In den KSM, die bisher empirisch nicht überprüft worden sind – hierfür wären längsschnittliche Spracherwerbsdaten von Schüler/innen nötig –, werden verschiedene Kompetenzstufen beschrieben:

> „Die einzelnen Kompetenzstufen werden anhand einer systematischen Analyse der eingesetzten Testaufgaben inhaltlich beschrieben, um zu verdeutlichen, welche kognitiven

Anforderungen Schülerinnen und Schüler in der Regel bewältigen können, wenn sie das jeweilige Kompetenzniveau erreicht haben. [...] Durch die Zuordnung von Testwerten zu den Stufen wird es somit möglich, die erzielten Schülerkompetenzen qualitativ zu beschreiben und darzustellen, welcher Anteil von Schülerinnen und Schülern bestimmte Anforderungen bereits mit hoher Sicherheit erfüllt bzw. noch nicht erfüllt." (▶ https://www.iqb.hu-berlin.de/bista/ksm/, Stand: 01.06.2024)

Da Grammatik wie oben dargelegt im Lernbereich „Sprache und Sprachgebrauch untersuchen" verortet ist, sind für uns vor allem die gleichnamigen KSM für den Primarbereich (KSM 2015) und für den Mittleren Schulabschluss (KSM 2014) von besonderem Interesse. Diese beziehen sich entsprechend noch auf die „alten" Bildungsstandards.

**Im KSM für den Primarbereich** (2015) werden **fünf Kompetenzstufen** unterschieden, die vor allem durch eher formales grammatisches Wissen voneinander abgegrenzt werden. Der Grund ist, dass der Teilbereich „grundlegende sprachliche Strukturen und Begriffe kennen und verwenden" als leicht operationalisierbar gilt. Er lässt sich laut eigner Aussage im Gegensatz zu den anderen Bereichen problemlos in standardisierte Testaufgaben überführen (vgl. ebd.: 7 f.).

Auf der Kompetenzstufe I können die Schüler/innen z. B. die regelmäßige Steigerung von Adjektiven anwenden oder Pluralformen einfacher Substantive bilden; auf II kennen sie z. B. die Wortarten *Verb*, *Nomen* und *Adjektiv*; auf III (ab hier sind die Regelstandards erreicht) können sie z. B. Nomen bzw. Nominalgruppen durch Personalpronomen ersetzen oder Aussage- und Fragesätze formulieren; auf IV können die Schüler/innen z. B. Satzglieder wie das Subjekt unterstreichen und in einem Text Satzschlusszeichen setzen; die V. und letzte Kompetenzstufe ist schließlich „durch schwierige Operationen zur Wortbildung mit Abstrakta und schwierige Operationen zur Satzbildung mit Satzgliedern in Texten" (ebd.: 13) gekennzeichnet.

Erkennbar wird an den Kompetenzstufen eine Progression von Leichtem zu Komplexem, und zwar auf den Ebenen Wort, Satz und Text. In einer Einführung in die Grammatik mag dieser deutliche Schwerpunkt auf grammatischen Phänomenen recht passend erscheinen, in der Forschungsliteratur wird jedoch Kritik geübt (vgl. z. B. Wildemann/Vach 2022): Eine durch die Vergleichsarbeiten begünstigte **Teaching-to-the-test-Haltung** könnte einerseits dazu führen, dass die anderen Teilkompetenzbereiche im Deutschunterricht vernachlässigt werden – die Bildungsstandards also gar nicht in Gänze umgesetzt werden. Andererseits könnten dadurch traditionelle, **formale** Zugänge zur Grammatik begünstigt werden, die weder **integrativ** noch **funktional** sind – auch das widerspräche den Bildungsstandards. Implizit wird diese Annahme durch eine Studie gestützt, in der Lehrkräfte zu VERA 3 befragt wurden (vgl. Wagner/Koch 2021):

> „Ungefähr 60 % der befragten Lehrkräfte nutzen frühere VERA-Aufgaben zur Vorbereitung auf die Testung. Der Einsatz von früheren VERA-Aufgaben kann mehrere Funktionen haben: Zum einen können Schülerinnen und Schüler anhand der Aufgaben mit dem Testverfahren vertraut gemacht werden. Des Weiteren können mit Hilfe der Aufgaben kompetenzorientierte Inhalte in den Unterricht integriert werden (z. B. Wurster und Richter 2016)." (ebd.: 388)

**Im KSM für den Mittleren Schulabschluss** (2014) wird mit Rückgriff auf die Bildungsstandards das sprachliche Handeln zum zentralen Begriff erklärt und damit auch die Textebene (vgl. ebd.: 8). Explizit wird darauf hingewiesen, dass das entwickelte KSM nicht alle beschriebenen Standards abdecken kann, weil z. B. das Verfassen und Verstehen längerer Texte aufgrund des höheren Zeitbedarfs nicht getestet werden kann und damit auch „der in den Bildungsstandards formulierte integrative Anspruch im Rahmen eines Tests nur teilweise umsetzbar" (ebd.: 10) ist. Als Schwerpunkte in den Testaufgaben (vgl. ▶ Abschn. 7.6) und damit auch in den **fünf Kompetenzstufen** werden genannt (vgl. ebd.: 13):

- **Morphologie** (Wortbildung, z. B. Ableitung in Form von Prä- und Suffigierung)
- **Morphosyntax** (z. B. Flexion, Präpositionen und ihre Kasus)
- **Syntax** (z. B. Satzglieder, Haupt- und Nebensätze, Verwendung von Konjunktionen)
- **Semantik** (z. B. semantische Relationen, Redewendungen, Fremdwortkenntnis)

**Kritik** Es mag erstaunen, dass angesichts des postulierten Schwerpunkts auf sprachlichem Handeln die **Pragmatik** in dieser Auflistung gar nicht auftaucht. Die auf den Kompetenzstufen beschriebenen Leistungsanforderungen sind also weder integrativ, mehrheitlich aber auch nicht funktional ausgerichtet. Unterschieden wird explizit zwischen prozeduralem Wissen (z. B. richtige Präpositionen in einem Text einsetzen) und deklarativem Wissen (z. B. Wortarten oder Kasus benennen).

Für beide hier skizzierten Kompetenzstufenmodelle gilt letztlich, dass – entgegen den formulierten Bildungsstandards – grammatische Formen im Vordergrund stehen und nicht wie oben vielfach in Zitaten gefordert integrative und funktionale Zugänge.

## 7.3 Grammatik in den Bildungsstandards

**Primarbereich** In den Bildungsstandards für den Primarbereich (BS-Primarbereich 2022) werden – wie oben bereits näher ausgeführt – fünf Kompetenzbereiche unterschieden. Um Grammatik und Grammatisches geht es vor allem in den Ausführungen zum domänenspezifischen Kompetenzbereich „Sprache und Sprachgebrauch untersuchen". In der Einleitung zu diesem Bereich heißt es:

> „Über die Arbeit an Wörtern und Sätzen, Texten und Gesprächen entwickeln die Schülerinnen und Schüler ihre Sprachbewusstheit weiter und gewinnen Einsichten in Aufbau und Funktion von Sprache. Sie entwickeln Freude am experimentellen/kreativen Umgang mit Sprache und an der Aufdeckung sprachsystematischer Zusammenhänge. Diese Einsichten tragen dazu bei, Verständigungsprobleme aufzudecken, Textverstehen zu vertiefen sowie adressatengerecht und situationsangemessen zu sprechen und zu schreiben. Der Aufbau von sprachsystematischem Wissen ist darüber hinaus grundlegend für die Entwicklung von orthografischen und grammatischen Kompetenzen, für das Lesen und Schreiben. Zentrale Begriffe zur Beschreibung von Sprache dienen als gemeinsame Verständigungsgrundlage für das Sprechen über Texte und Gespräche. Sie erlauben es, Struktureinheiten der deutschen Sprache zu beschreiben und für einen bewussten Umgang mit Sprache, Texten und Medien zu nutzen." (BS-Primarbereich 2022: 19)

Auffallend ist, dass grammatischem Wissen und Können neben der metasprachlichen Funktion vor allem eine gleichsam dienende oder auch: integrative Funktion zugewiesen wird, wenn es um „Textverstehen" oder „Sprechen" und „Schreiben" bzw. „Lesen und Schreiben" geht. Es wird angenommen, dass grammatisches Wissen das adressatengerechte, situationsangemessene und normorientierte Sprechen und Schreiben verbessere und notwendig für die bewusste Sprachnutzung sei. Dieser Zusammenhang ist jedoch in der Sprachdidaktik nicht unumstritten und wird seit Jahren kontrovers diskutiert (vgl. ▶ Kap. 2).

Unter dem zweiten großen Teilbereich „Sprachliche Strukturen untersuchen und nutzen", in dem es auch schwerpunktmäßig um Sprache als System und damit auch um grammatische Strukturen geht, heißt es, die Schüler/innen „nutzen ausgewählte grammatische Operationen und grundlegende Fachbegriffe für die Untersuchung sprachlicher Struktureinheiten (vgl. Übersicht: Grundlegende sprachliche Strukturen und Begriffe)" (BS-Primarbereich 2022: 21). Die genannte „Übersicht", die auch die Fachausdrücke für die BS-Sek-I (2022) listet, befindet sich in einem Anhang, ist zweigeteilt in „Wort und Satz" sowie „Text und Gespräch" und enthält einen Verweis auf das „Verzeichnis grundlegender grammatischer Fachausdrücke" (VggF) (vgl. ▶ Abschn. 7.6).

Im Gegensatz zu den alten Bildungsstandards werden für die weiterentwickelten illustrierende Lernaufgaben (vgl. ▶ Abschn. 7.6) für die Kompetenzbereiche online auf der **IQB-Webseite** angeboten, die von Lehrkräften „als Anregung für die Unterrichtsentwicklung genutzt werden können" (▶ https://www.iqb.hu-berlin.de/bista/WeiterentwicklungBiSta/Lernaufgaben/Deutsch/). Dem Bereich „Sprache und Sprachgebrauch untersuchen" sind 10 Lernaufgaben zugeordnet (Stand: 01.06.2024), drei davon für den Primarbereich (vgl. ebd.):

- Die Lernaufgabe „**Interpunktionsgespräche Primar**" deckt aufgrund des dialogischen bzw. interaktiven Formats „Gespräche führen" und der Thematik „Interpunktion" neben „Sprache und Sprachgebrauch untersuchen" zwei weitere Kompetenzbereiche ab: „Sprechen und Zuhören" und „Lesen" (in der Kurzbeschreibung bzw. im Titel werden nur zwei genannt).
- Die Lernaufgabe „**Sprachvergleich Primarbereich**", in der unter anderem verschiedene Schriftsysteme miteinander verglichen werden (mit Nutzung digitaler Tools) und an Wörtern und Wortgruppen (Artikel+Nomen, Adjektiv+Nomen) „gearbeitet" wird, verbindet laut Kompetenzbeschreibung die beiden Teilbereiche „Sprachliche Verständigung und sprachliche Vielfalt untersuchen" sowie „Sprachliche Strukturen untersuchen und nutzen". Der domänenspezifische Kompetenzbereich wird hier also eigenständig modelliert.
- Die Lernaufgabe „**Lesestrategien am Beispiel eines Sachtextes anwenden und reflektieren**" beschreibt trotz ihrer Zuordnung ausschließlich Kompetenzen zum prozessbezogenen Kompetenzbereich „Lesen". Ob und wie dieser mit dem Kompetenzbereich „Sprache und Sprachgebrauch untersuchen" interagiert, bleibt unklar.

Insbesondere an der ersten Lernaufgabe wird erkennbar, wie Kompetenzbereiche **integrativ** und **funktional** (vgl. ▶ Kap. 8) ausgerichtet werden könnten. Eine Herausforderung für Lehrkräfte dürfte es sein, sprachliches und grammatisches Lernen so zu gestalten, dass Grammatik nicht ausschließlich auf die Bestimmung von Formen reduziert wird (die „Funktion von Sprache" wird im obigen Zitat erwähnt) oder pseu-

## 7.3 · Grammatik in den Bildungsstandards

dointegrativ erfolgt und die Schüler/innen nicht nur explizit, sondern auch implizit sprachlich und grammatisch lernen können.

**Erster und Mittlerer Schulabschluss** Wie beim Primarbereich werden auch hier fünf Kompetenzbereiche unterschieden. Beim domänenspezifischen Kompetenzbereich „Sprache und Sprachgebrauch untersuchen" wird ebenfalls hervorgehoben, dass Sprache und Sprachgebrauch „den zentralen Gegenstand des Deutschunterrichts" (BS-Sek-I 2022: 36) bildet – es werden die gleichen Teilkompetenzbereiche aufgeführt wie im Primarbereich (vgl. ◘ Abb. 7.1 in ▶ Abschn. 7.2):

- Sprachliche Verständigung und sprachliche Vielfalt untersuchen
    - Sprachliche Verständigung als Form des Handelns
    - Mündliche und schriftliche Kommunikation
    - Ausprägungen und Bedingungen sprachlicher Variation und Vielfalt
- Sprachliche Strukturen untersuchen und nutzen
    - Wörter und Sätze
    - Texte und Gespräche
    - Rechtschreibung
    - Aussprache
    - Ressourcen zur deutschen Sprache

Im prozessbezogenen Kompetenzbereich „Schreiben" unter „Texte überarbeiten" wird Grammatik **integrativ** gefasst: Die Schüler/innen sollen „eigene und fremde Texte kriteriengeleitet" unter anderem auf „Angemessenheit sprachlicher Gestaltungsmittel, Rechtschreibung und Grammatik" (ebd.: 27) überprüfen. Wie erwartbar, ist Grammatik vor allem im Kompetenzbereich „Sprache und Sprachgebrauch untersuchen" verortet, und zwar im zweiten Bereich „Sprachliche Strukturen untersuchen und nutzen": Unter „Wörter und Sätze" sollen die Schüler/innen „grammatische Operationen und Fachbegriffe für die Untersuchung sprachlicher Struktureinheiten" nutzen (mit Verweis auf das „Verzeichnis grundlegender grammatischer Fachausdrücke") (vgl. ▶ Abschn. 7.5) und „zentrale grammatische Mittel hinsichtlich ihrer Struktur und ihrer Funktion im sprachlichen Handeln (z. B. Tempus, Modus, Genus verbi; Genus, Numerus, Kasus; Komparation)" (ebd.: 40) unterscheiden (unter „Ressourcen zur deutschen Sprache" geht es auch um „das Nachschlagen von Schreibungen, grammatischen Verwendungsweisen und Verwendungskontexten", ebd.: 41). In der Einführung zum Kompetenzbereich „Sprache und Sprachgebrauch untersuchen" wird ausgeführt:

» „Im Sinne von ‚Sprache im Gebrauch' setzen sie sich dabei mit dem umfassenden Bereich menschlicher Verständigung, sprachlicher Variation und Mehrsprachigkeit auseinander. Sie untersuchen Texte, Gespräche und Formen digitaler Kommunikation unter funktionalen Aspekten und in Hinblick auf die Angemessenheit ihrer sprachlichen Gestaltung. Im Sinne von ‚Sprache als System' nehmen sie strukturelle Erscheinungen (Sätze, Wörter) wie auch deren Leistungen in den Blick und nutzen diese für die Produktion und Überarbeitung eigener Texte sowie für die Planung und Gestaltung von Gesprächsbeiträgen und Präsentationen. Sie erweitern ihre Fähigkeiten zur Nutzung von Fachbegriffen für die systematische Beschreibung sprachlicher Formen und ihrer Funktionen sowie für die Analyse von Texten, Gesprächen und Formen digitaler Kommunikation." (BS-Sek-I 2022: 36 f.)

Auffällig ist hier einerseits die Betonung der **Funktionalität** sprachlicher Formen (vgl. „funktional", „Funktion", „Leistungen") – und andererseits auch die **integrative Ausrichtung**, z. B. die Nutzung funktional-grammatischen Wissens für die Textproduktion/-überarbeitung. Auch für die BS-Sek-I (2022) werden vom IQB illustrierende Lernaufgaben online angeboten, und zwar insgesamt sieben für die beiden Abschlüsse, jeweils eine Aufgabe ist dem Sprachvergleich gewidmet, u. a. mit Blick auf Wortgruppen und das Feldermodell (vgl. ebd.) (vgl. ▶ Kap. 10, 11).

**Allgemeine Hochschulreife**  In den Bildungsstandards für die Allgemeine Hochschulreife (BS-Sek-II 2012) werden ebenfalls fünf Kompetenzbereiche unterschieden. Sie standen Pate für die weiterentwickelten BS-Primarbereich (2022) und BS-Sek-I (2022). Die prozessbezogenen Kompetenzbereiche „Sprechen und Zuhören", „Schreiben" und „Lesen" beschreiben Fähigkeiten, die in den domänenspezifischen Kompetenzbereichen „Sich mit Texten und Medien auseinandersetzen" und „Sprache und Sprachgebrauch reflektieren" eine inhaltliche Konkretisierung erfahren sollen (vgl. ebd.). Der Zugang wäre entsprechend ein integrativer. Dem Bereich „Sprache und Sprachgebrauch reflektieren" wird explizit „eine eigene Qualität" (ebd.: 14) zugewiesen.

» „Die Schülerinnen und Schüler analysieren Sprache als System und als historisch gewordenes Kommunikationsmedium und erweitern so ihr Sprachwissen und ihre Sprachbewusstheit. Sie nutzen beides für die mündliche und schriftliche Kommunikation." (BS-Sek-II 2012: 20)

Um Grammatik und Grammatisches geht es unter anderem in den folgenden vier aufgezählten Fähigkeiten, über die Schüler/innen verfügen sollen (ebd.: 21). Die Schüler/innen können:
- ein grundlegendes Verständnis der kognitiven und kommunikativen Funktion von Sprache formulieren
- sprachliche Äußerungen kriterienorientiert analysieren und ihre Einsichten in der Auseinandersetzung mit Texten und Sachverhalten dokumentieren
- sprachliche Strukturen und Bedeutungen auf der Basis eines gesicherten Grammatikwissens und semantischer Kategorien erläutern
- Strukturen und Funktionen von Sprachvarietäten beschreiben.

Erkennbar wird auch hier, dass **Formen und Funktionen** von Sprache im Zusammenspiel gedacht werden sollen.

Illustrierende Lernaufgaben befinden sich bei den Bildungsstandards für die Allgemeine Hochschulreife im Anhang (vgl. BS-Sek-II 2012: 120 ff.). In zwei von insgesamt sechs Lernaufgaben wird der Kompetenzbereich „Sprache und Sprachgebrauch reflektieren" mit dem Kompetenzbereich „Schreiben" verbunden. In der Aufgabe „Ende der Coolness" heißt es, dass die Schüler/innen „Bedingungen gelingender Kommunikation analysieren" können (ebd.: 179), in der Aufgabe „Die deutsche Sprache ist gut in Schuss" wird ausgeführt, dass die Schüler/innen „Entwicklungstendenzen der Gegenwartssprache" und „Phänomene des Sprachwandels" beschreiben können (ebd.: 192).

## 7.4 Grammatik in Lehrplänen und Schulbüchern

Wie oben ausgeführt, haben sich die 16 Bundesländer, zu deren Kulturhoheit die Bildungspolitik gehört, verpflichtet, die Bildungsstandards zu übernehmen. Ein Vergleich soll im Folgenden exemplarisch veranschaulichen, wie die nationalen Bildungsstandards in den länderspezifischen Lehrplänen implementiert werden. Verglichen werden der nordrhein-westfälische und der bayrische Lehrplan für den Primarbereich mit einem Fokus auf dem Lernbereich „Sprache und Sprachgebrauch untersuchen" und auf die Schlagwörter *Grammatik* und *grammatisch*.

**NRW-Lehrplan (2021)** Der neue Lehrplan für die Primarstufe im Fach Deutsch ist im Jahr 2021 erschienen, so dass er sich nicht an den weiterentwickelten Bildungsstandards aus dem Jahr 2022 orientiert, sondern aus dem Jahr 2004. Unterschieden werden entsprechend noch vier Kompetenzbereiche: 1. Sprechen und Zuhören, 2. Schreiben, 3. Lesen – mit Texten und Medien umgehen, 4. Sprache und Sprachgebrauch untersuchen. Sowohl die Bereiche als auch ihre Schwerpunkte werden als „verbindlich" (ebd.: 14) und als im Unterricht „integrativ" zusammenwirkend deklariert (ebd.: 15). Beim vierten Kompetenzbereich werden die drei folgenden Teilbereiche unterschieden: 1. Sprachliche Verständigung erforschen, 2. An Wörtern, Sätzen und Texten arbeiten sowie 3. Gemeinsamkeiten und Unterschiede von Sprachen entdecken. Gesondert wird unter der Überschrift „Unterrichtsrelevante Begriffe" eine Übersicht von Fachausdrücken gegeben (zu Wort, Satz, Text und Medialem) (vgl. ebd.: 30).

Zu den Schlagwörtern: „Grammatik" kommt nicht vor. „Grammatisch" wird insgesamt drei Mal gebraucht, und zwar ausschließlich im Kompetenzbereich „Sprache und Sprachgebrauch untersuchen". In der Einführung zum Kompetenzbereich wird ausgeführt, dass die später beschriebenen „Kompetenzerwartungen" auf „Vorläuferfähigkeiten" aufbauen, zu denen unter anderem die „syntaktische Bewusstheit (die Fähigkeit, grammatische Mittel in der gesprochenen Sprache bewusst zu nutzen, z. B. die Umstellung von Sätzen, das Erfinden von Sätzen)" (ebd.: 17) gezählt wird. Unter „An Wörtern, Sätzen und Texten arbeiten" sollen die Schüler/innen „Wortsammlungen nach thematischen, grammatischen und orthografischen Gesichtspunkten für den Aufbau eines individuellen Wortschatzes" (ebd.: 28) anlegen sowie „orthografische und grammatische Regeln" (ebd.) anwenden.

**LehrplanPLUS Grundschule/Lehrplan für die bayerische Grundschule (2014)** Auch der bayrische Lehrplan orientiert sich an den Bildungsstandards. Die vier Lernbereiche mit ihren Schwerpunkten werden in einem „Kompetenzstrukturmodell" aufgeführt, als dessen Grundlage die *„Bildungsstandards der Kultusministerkonferenz (KMK) im Fach Deutsch für den Primarbereich (2004)"* (ebd.: 54) genannt werden. Zudem sollen sie „im integrativen Deutschunterricht miteinander verbunden" sein: „Sprechen und Zuhören", „Lesen – mit Texten und weiteren Medien umgehen", „Schreiben", „Sprachgebrauch und Sprache untersuchen und reflektieren". Bereits hier sind einige Besonderheiten erkennbar, zum einen bei der Reihenfolge der Lernbereiche („Lesen" vor „Schreiben") und der Benennung „Sprachgebrauch und Sprache", zum anderen in der Präzisierung bzw. Erweiterung: „Texte" werden durch den Zusatz „weitere" auch als Medien ausgewiesen (vgl. auch in den weiterentwickelten Bildungsstandards

(2022): „Sich mit Texten und anderen Medien auseinandersetzen"), und „reflektieren" wird im vierten Schwerpunkt explizit benannt (ebd.: 42).

Ausdrücklich wird auf „einige wenige Verschiebungen und Ergänzungen" (ebd.) hingewiesen, die an den jeweiligen Stellen begründet werden. Die vier Schwerpunkte im Lernbereich „Sprachgebrauch und Sprache untersuchen und reflektieren" sind: 1. sprachliche Verständigung untersuchen, 2. Gemeinsamkeiten und Unterschiede von Sprachen entdecken, 3. sprachliche Strukturen in Wörtern, Sätzen, Texten untersuchen und verwenden, 4. richtig schreiben. Die ersten beiden Schwerpunkte werden als „Grundlage" für den 3. Schwerpunkt angesehen und deshalb zuerst genannt (ebd.: 47). „Richtig schreiben" wurde in diesen Lernbereich verschoben, weil er quer zu allen anderen Kompetenzbereichen stehe und es hier auch um „Untersuchen und Reflektieren von Sprache (z. B. auf lautlicher, silbischer oder morphologischer Ebene)" gehe (ebd.: 48).

Der Ausdruck „Grammatik" kommt nicht vor. „Grammatisch" bzw. „Grammatikalisch" wird zweimal verwendet, und zwar einmal im Schwerpunkt „Sprachliche Strukturen in Wörtern, Sätzen, Texten untersuchen und verwenden" mit dem Hinweis: „Grammatikalische und metasprachliche Begriffe werden stets im Kontext konkreter Sprachhandlungen gewonnen und bereiten den analytischen Umgang mit Sprache in den weiterführenden Schulen vor." (ebd.: 48). Das zweite Mal erscheint es im Schwerpunkt „Richtig schreiben" als Ergänzung von Strategien „durch morphologisches und grammatikalisches Wissen, z. B. über Wortbausteine und Wortarten". Auch hier gilt, dass Grammatisches unter „sprachlichen Strukturen" erscheinen kann (z. B. Satzarten) (ebd.).

**Vergleich** Der Vergleich zeigt, dass die nationalen Bildungsstandards zum Lernbereich „Sprache und Sprachgebrauch untersuchen" in beiden Lehrplänen implementiert sind, Spielräume für **länderspezifische Interpretationen** jedoch durchaus genutzt werden. Dabei sind besonders jene Änderungen interessant, die mit einer Begründung einhergehen, z. B. die Reihenfolgenänderung von Teilkompetenzbereichen im bayrischen Lehrplan, weil „sprachliche Verständigung untersuchen" und „Gemeinsamkeiten und Unterschiede von Sprachen entdecken" als **Grundlage für grammatische Analysen** auf Wort-, Satz- und Textebene angesehen werden – eine Einschätzung, die wir teilen und im Praxisteil aufgreifen werden (vgl. z. B. ▶ Kap. 9 und 10). Auffallend ist, dass das Wort „Grammatik" in beiden Lehrplänen nicht gebraucht wird. Zudem ist erkennbar, dass beide Lehrpläne versuchen, grammatische Phänomene, oder besser noch: grammatisches Lernen im Sinne von Feilke/Tophinke (2016), integrativ und funktional zu modellieren, sei es etwa beim Schreiben von Texten (z. B. bei der Überarbeitung oder der Rechtschreibung) oder aber generell beim sprachlichen Handeln. Und: Bereits in der Primarstufe wird die Bedeutung grammatischer Fachterminologie (vgl. ▶ Abschn. 7.6) betont. Wie leicht sich diese tatsächlich „stets im Kontext konkreter Sprachhandlungen" gewinnen lässt, dürfte die eigentliche Herausforderung für Lehrkräfte sein.

**Schulbücher** Auch die Schulbücher für das Fach Deutsch – von der Primarstufe bis hin zur Oberstufe – orientieren sich in ihrer Gestaltung an den jeweiligen nationalen Bildungsstandards und länderspezifischen Lehrplänen. Welche aktuell gelten, erfahren

Lehrkräfte also auch indirekt über die von ihnen genutzten Schulbücher und Lehrwerke. Dass ihr Einfluss auch in diesem Bereich groß sein dürfte, zeigen verschiedene Studien: So kommt Hagemann (2018: 20) in seiner Studie zu dem Schluss, dass in der Grundschule nur 4,2 % der Lehrkräfte *keine* Schulbücher nutzen. Und in einer bundesweiten Befragung von Deutschlehrkräften aller Schulformen entfielen 1 106 Nennungen auf Sprachbücher (94,85 %), 16 auf eigenes Material (1,37 %) und lediglich 44 Nennungen auf *keine* Materialien (3,77 %) (vgl. Topalović/Dünschede 2014: 77). Fäcke (2016) verweist in ihrer kritischen Betrachtung sogar auf das Schulbuch als „heimlicher Lehrplan" (ebd.: 34). Im Hinblick auf die Frage, welche Kompetenzbereiche aus Bildungsstandards und Lehrplänen sich in Schulbüchern wiederfinden, zeigt sich, dass sie zum Teil unterschiedliche Bezeichnungen nutzen, jedoch alle Kompetenzbereiche vertreten sind, d. h. auch „Sprache und Sprachgebrauch untersuchen" (vgl. Beispielbox „Kompetenzbereiche in Schulbüchern").

> ▶ **Beispiel: Kompetenzbereiche in Schulbüchern**
>
> In *Bausteine Sprachbuch 4* (2022: 158 f.) befindet sich am Ende des Buches eine tabellarische „Kompetenzübersicht", in der die Kompetenzbereiche „Sprechen und Zuhören", „Schreiben: Texte verfassen", „Lesen – mit Texten und Medien umgehen", „Schreiben: Richtig schreiben" und „Sprache untersuchen" aufgeführt werden. Zu jedem Themenkapitel werden die darin vermittelten Kompetenzen kurz beschrieben. So werden beim Thema „Wo wir leben" in der Spalte „Sprache untersuchen" unter anderem genannt: „grundlegende Fachbegriffe kennen: Verben, Grundformen und Zeitformen", „verschiedene Satzarten und Fachbegriffe kennen: Aufforderungsform (Imperativ), Satzstruktur erkennen und anwenden", „Gemeinsamkeiten und Unterschiede von Sprachen untersuchen (Dialekte)".
>
> Und das *Deutschbuch* (2016) für das 9. Schuljahr an Gymnasien, das explizit den baden-württembergischen Bildungsplan aufgreift, ist in „vier Kompetenzbereiche" aufgeteilt, die an der jeweiligen Farbe erkannt werden können: Sprechen – Zuhören – Schreiben (rot), Lesen – Umgang mit Texten und Medien (gelb), Sprachgebrauch und Sprachreflexion (grün) und Arbeitstechniken und Methoden (blau). Die „Kompetenzschwerpunkte" (unterschieden nach prozess- und inhaltsbezogenen Kompetenzen) werden bereits im Inhaltsverzeichnis in einer Spalte am rechten Buchrand angegeben. Für das 12. Kapitel mit dem Titel „Grammatiktraining – Stil und Ausdruck" werden bei den inhaltsbezogenen Kompetenzen unter anderem aufgeführt: „die Kasus auch in komplexen Nominalgruppen korrekt und sicher verwenden; die Struktur auch von komplexen Sätzen und Satzgefügen analysieren und im Feldermodell beschreiben". ◀

Die weiterentwickelten Bildungsstandards (BS-Primarbereich 2022; BS-Sek-I 2022) und das neue „Verzeichnis grundlegender grammatischer Fachausdrücke" (2019) werden die Verlage in den nächsten Jahren in ihre Schulbücher und Lehrwerke bzw. Lehr-/Lernmedien vermehrt aufnehmen. Wie diese dann in den Aufgabenstellungen umgesetzt werden, ob formal und/oder funktional, isoliert und/oder integrativ (vgl. dazu ▶ Kap. 8) sind Fragen, die die empirische Schulbuchforschung beantworten wird. Vergangene Studien, die unter anderem Schulbücher auf ihre Aufgabenstellungen, Begrifflichkeiten und Konzeptualisierungen im Bereich Grammatik untersucht haben, kommen teilweise zu problematischen Ergebnissen (vgl. z. B. Hlebec 2018).

**Schulcurricula** versuchen ausgehend von den genutzten Schulbüchern die Kompetenzbereiche und damit die von den Schüler/innen erwarteten Kompetenzen abzudecken. So wurden im Schulcurriculum eines NRW-Gymnasiums aus dem Jahr 2012 in einer Tabellenspalte die verschiedenen Themenkapitel des Schulbuchs angegeben und ihnen in weiteren Spalten die jeweiligen Kompetenzbereiche bzw. Kompetenzen zugeordnet. In der Jahrgangsstufe 5 wurden beim Thema „Wortarten und Satzglieder" aufgeführt:

- Bei „Schreiben": Erzählen im Präteritum, Plusquamperfekt und Futur u. a.
- Bei „Lesen – Umgang mit Texten und Medien": Kürzere Erzählungen verstehen, inhaltlich erfassen u. a.
- Bei „Reflexion über Sprache": Wortarten unterscheiden, Flexionsformen und Funktionen, verschiedene Tempora verwenden, Satzstruktur/Satzbau (Satzarten/Satzglieder)
- Bei „Methoden und Projekte": Verfahren zur Satzgliedbestimmung (Proben) kennenlernen und anwenden

Rein aus diesen exemplarischen Nennungen kann natürlich nicht abgeleitet werden, wie der tatsächliche Deutschunterricht gestaltet wurde; ein integrativer, sowohl Formen als auch Funktionen einbeziehender Unterricht wäre zumindest ausgehend von den Bezeichnungen denkbar.

## 7.5 Grammatische Termini

Um gemeinsam über Sprache(n) und Sprachgebrauch sprechen oder darüber schreiben zu können, sind grammatische Termini als metasprachliches Instrumentarium Bestandteil der Bildungsstandards aller Schulabschlüsse. In den Bildungsstandards für den Primarbereich (BS-Primarbereich 2022: 7) heißt es in der Einführung:

> „Grundlegend für die bewusste Gestaltung des eigenen sprachlichen Handelns ist das Nachdenken über Sprache. Dazu ermöglicht der Deutschunterricht den Schülerinnen und Schülern erste Einsichten in die Strukturen von Sprache und macht sie mit elementaren Fachbegriffen bekannt, die für die Untersuchung sprachlicher Funktionen und Formen benötigt werden."

In einem Anhang werden unter „Grundlegende sprachliche Strukturen und Begriffe" für die Bereiche „Wort" und „Satz" folgende Termini gelistet (vgl. ◘ Abb. 7.2). Explizit wird zum einen „auf die spezifische Erwerbssituation der Primarstufe" verwiesen und zum anderen auf das „Verzeichnis grundlegender grammatischer Fachausdrücke" (ebd.: 22).

Die gleiche Tabelle findet sich auch in den Bildungsstandards für den Ersten und Mittleren Schulabschluss (BS-Sek-I 2022: 42) mit dem Hinweis: „Diese auf die Erwerbssituation der Primarstufe abgestimmten Begriffe werden hier aufgeführt, um Transparenz darüber herzustellen, mit welchen Strukturen und Begriffen die Schülerinnen und Schüler am Übergang zur Sekundarstufe vertraut sein sollten." Auch hier wird auf das „Verzeichnis grundlegender grammatischer Fachausdrücke" verwiesen, das wir in unserem Praxisteil (▶ Kap. 9–12) ebenfalls nutzen werden.

## 7.5 · Grammatische Termini

| | |
|---|---|
| Wort | Buchstabe, Laut, Selbstlaut/Vokal, Mitlaut/Konsonant, Umlaut, Doppellaut/Zwielaut/Diphthong, Silbe, Alphabet |
| | Wortfamilie, Wortstamm, Wortbaustein |
| | Wortfeld |
| | Wortart |
| | Nomen: Einzahl, Mehrzahl, Fall, Geschlecht |
| | Verb: Grundform, gebeugte Form/finites Verb |
| | Zeitformen: Präsens, Präteritum, Futur |
| | Artikel: bestimmter Artikel, unbestimmter Artikel |
| | Adjektiv: Grundform und Vergleichsformen (erste Steigerungsform/Komparativ; zweite Steigerungsform/Superlativ) |
| | Pronomen |
| | andere Wörter (alle hier nicht kategorisierten Wörter) |
| Satz | Satzzeichen: Punkt, Komma, Fragezeichen, Ausrufezeichen, Doppelpunkt, Redezeichen |
| | Satzart: Aussage-, Frage-, Ausrufesatz |
| | wörtliche Rede/direkte Rede |
| | Subjekt, Prädikat; Satzkern |
| | Wortgruppe |
| | Ergänzungen: Satzglied (einteilige, mehrteilige Ergänzung) |
| | Vergangenheit, Gegenwart, Zukunft (als Zeitstufen) |

**Abb. 7.2** Grammatische Termini in BS-Primarbereich (2022: 22 f.)

**Verzeichnis grundlegender grammatischer Fachausdrücke** Auf der KMK-Seite zum Unterrichtsfach Deutsch stand viele Jahre das „Verzeichnis Grundlegender Grammatischer Fachausdrücke" aus dem Jahr 1982, das sich insbesondere an weiterführende Schulen wandte und die Lehrplanarbeit der Länder unterstützen sollte: „Die Lehrpläne legen fest, <u>was</u> im grammatischen Bereich gelernt werden soll. Diese Liste schlägt vor, <u>wie</u> die Phänomene zu bezeichnen sind." (ebd.: 3) Das Verzeichnis, das „offen gegenüber neuen, dem Unterricht förderlichen Erkenntnissen der Wissenschaft" (ebd.) sein sollte, hatte seit seiner Veröffentlichung viel Kritik erfahren (vgl. Hennig 2012). Besonders die Tatsache, dass die Liste aktuellen linguistischen Forschungsergebnissen nicht mehr Stand hielt, verlangte nach einer Überarbeitung. Unter der Initiative von Mathilde Hennig bildete sich eine Arbeitsgruppe von Sprachwissenschaftler/innen und Sprachdidaktiker/innen, die sich zur Aufgabe machte, „einen neuen Vorschlag zur schulgrammatischen Terminologie zu erarbeiten" (ebd.: 443). Dieser neue Vorschlag sollte die reine Auflistung von Termini durch konkrete Definitionen ergänzen, die dann auch eine gewisse Verbindlichkeit und eine grammatiktheoretische Einbettung ermöglichen sollten. Außerdem sollte dieser Vorschlag weitere Erläuterungen, Beispiele, aber auch Kommentare und Problemlösestrategien enthalten. Diese Ansprüche umzusetzen, erwies sich jedoch als keine leichte Aufgabe. Schließlich bestehen zahlreiche unterschiedliche grammatiktheoretische Zugänge, so dass Entscheidungen und Festlegungen gefordert waren für den einen oder anderen. Auch mussten z. B. schulpraktische Überlegungen mit sprachwissenschaftlichen und sprachdidaktischen abgewogen werden – zuweilen gegeneinander.

> „Ziel dieses Verzeichnisses ist es, Anhaltspunkte zu geben für die Konzeption von Lehrplänen und Schulbüchern für das Fach Deutsch. […] Das Verzeichnis ist nicht als Minimalkatalog zu lernender Fachausdrücke zu verstehen. Was im grammatischen Bereich gelernt werden soll, legen Lehr- und Bildungspläne sowie Bildungsstandards fest." (ebd.)

Hier wird die Rolle des Verzeichnisses für die Gestaltung von Bildungsstandards, Lehrplänen und Lehr-/Lernmedien deutlich. Auf Basis dieser mehrjährigen Erarbeitung wurde durch das „Gremium für Schulgrammatische Terminologie" am Leibniz-Institut für Deutsche Sprache (IDS) ein neues „Verzeichnis grundlegender grammatischer Fachausdrücke" (VggF) vorgelegt. Dieses Verzeichnis wurde am 07.11.2019 von der KMK zustimmend zur Kenntnis genommen. Es kann digital und im PDF-Format auf der IDS-Seite ▶ https://grammis.ids-mannheim.de/vggf eingesehen werden. In das VggF (2019) sind nicht nur neue grammatische Fachausdrücke aufgenommen worden, es soll in Zukunft auch Zusatzmaterialien zu allen Termini geben.

Zusammenfassend sind es folgende Aspekte, die das VggF (2019) im Gegensatz zur Liste aus dem Jahr 1982 auszeichnen sollten. Das VggF

- spiegelt den Stand der Forschung wider
- bietet eine grammatiktheoretische Fundierung
- umfasst alle sprachlichen Ebenen
- ermöglicht eine vollständige Beschreibung sprachlicher Strukturen
- ist anschlussfähig an die Unterrichtspraxis
- enthält Empfehlungen zur Nutzung und zur Aufbereitung und
- bietet Einheitlichkeit und Verbindlichkeit.

Auch über das neue Verzeichnis – seine konzeptionellen, inhaltlichen und theoretischen Stärken und Schwächen – wird in der deutschdidaktischen Fachcommunity kontrovers diskutiert (vgl. die Beiträge in der online zugänglichen Fachzeitschrift *Didaktik Deutsch* 50/2021 und 51/2021). Umso erfreulicher ist es, dass die Aufnahme einiger grammatischer Termini uneingeschränkt begrüßt wird, und zwar von *Wortgruppe*, *Valenz* und *Felderstruktur* (zu ihrem Potential im Deutschunterricht vgl. das Konzept und die Beiträge in Topalović/Blachut 2023). Im Praxisteil (vgl. ▶ Kap. 9–12) werden alle drei Termini in Unterrichtsvorschlägen aufgegriffen.

## 7.6 Aufgaben für grammatisches Lernen

**Lernaufgaben und Leistungsaufgaben** Entscheidend nicht nur für die Frage, wie Kompetenzen überprüft werden können, sondern vor allem auch wie Lernen im Bereich Grammatik unterstützt werden kann, ist der Aspekt der Aufgabengestaltung und Aufgabenformulierung. Abraham/Müller (2009: 6) unterscheiden zwei Aufgabentypen je

## 7.6 · Aufgaben für grammatisches Lernen

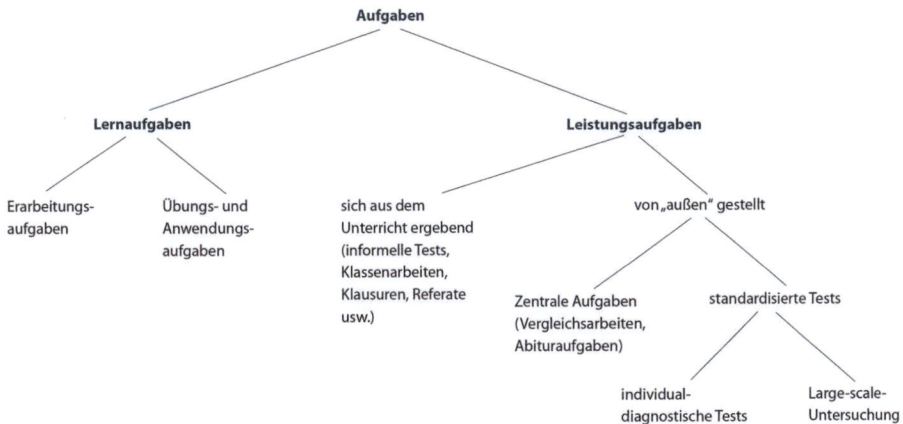

**Abb. 7.3** Aufgabentypen nach Abraham/Müller (2009: 6)

nach ihrer Funktion, die sie in Lehr-Lern-Prozessen einnehmen können: Lernaufgaben und Leistungsaufgaben (auch „Prüfungsaufgaben" genannt) (vgl. ◘ Abb. 7.3).

**Lernaufgaben**, zu denen Erarbeitungs- sowie Übungs- und Anwendungsaufgaben zählen, werden genutzt, um neue Lernprozesse zu initiieren oder zum Einüben von neu Gelerntem und seinem Transfer, d. h. der Anwendung des Gelernten in anderen Kontexten. Die oben vorgestellten illustrierenden Lernaufgaben (vgl. ▶ Abschn. 7.4) haben laut Bildungsstandards genau diese Funktion: Sie „zeigen beispielhaft, welche Aufgabenstellungen dazu geeignet sein können, die jeweiligen Kompetenzen bei Schülerinnen und Schülern im Unterricht zu entwickeln" (BS-PS 2022: 3).

Bei **Leistungsaufgaben**, die Lehrkräfte nach Unterrichtseinheiten stellen, stehen hingegen „Überprüfung und gegebenenfalls die Benotung der individuellen Lernentwicklung im Vordergrund" (ebd.).

**Testaufgaben** Werden Leistungsaufgaben in Large-Scale-Studien bzw. in Vergleichsarbeiten wie VERA 3 oder VERA 8 angewandt, handelt es sich um Testaufgaben. Sie fragen Wissen und Können ab, das zum Teil erst in der jeweils darauffolgenden Jahrgangsstufe im Unterricht vermittelt wird, oder anders gesagt: Sie testen kein zuvor im Unterricht vermitteltes bzw. erworbenes Wissen. Sie sind also weder Erarbeitungs- und Übungs-/Anwendungsaufgaben noch unterrichtsintegrierte Leistungsaufgaben. Zum Unterschied zwischen Aufgaben in Schulbüchern und VERA-Aufgaben heißt es:

> „Aufgaben in Schulbüchern unterstützen Lehrkräfte bei der Gestaltung von Lehr-Lernprozessen und dem Aufbau fachlicher Kompetenzen unter Berücksichtigung der Lern- und Bildungsvoraussetzungen der Schüler:innen. [...] Die spezielle Zusammenstellung von VERA-Aufgaben ist ausschließlich an den Bildungsstandards orientiert und muss Kriterien eines gutes Tests erfüllen. Mit dem VERA-Test wird überprüft, inwieweit Schüler:innen bereits ein Jahr vor dem Erreichen der Bildungsstandards die dort beschriebenen Anforderungen bewältigen." (▶ http://www.iqb.hu-berlin.de/vera/faq/ 13.03.2024)

## Esel

Esel sind verwandt mit den Pferden und Zebras. Seit ungefähr 6000 Jahren werden sie vom Menschen als nützliche Haustiere gehalten. Ihre langen Ohren drehen sich ständig hin und her. Du kannst an ihnen auch ablesen, wie der Esel sich gerade fühlt. Bei hängenden Ohren zum Beispiel fühlt er sich wohl und bei angelegten Ohren ist er unzufrieden.

Durch seine schmalen und harten Hufe kann der Esel auch gut durch Felslandschaften klettern. Esel sind treue Lastenträger. Sie können sehr schwere Lasten auf ihren Rücken tragen und benötigen dabei nur wenig Futter und Wasser.

Copyright Text, Grafik und Teilaufgaben: IQB e. V., Lizenz: Creative Commons (CC BY).
Volltext unter: https://creativecommons.org/licenses/by/3.0/de/legalcode

**Teilaufgabe 1:**

Im folgenden Text fehlt etwas. Setze die Verben in der Vergangenheitsform ein.

**Beispiel:**

Früher ____lebten____ (leben) vermutlich mehr Esel auf der Welt. In einer

Welt ohne Autos _____ (ziehen) die Esel Karren und

_____ (tragen) schwere Lasten. Auf fast jedem

Bauernhof _____ (geben) es Esel.

**Teilaufgabe 2:**

Das Wort **Lastenträger** fällt auf, weil es mit ä geschrieben wird.
Es wird mit ä geschrieben, weil es mit dem Wort ...

☐ **lästern** verwandt ist.

☐ **lasten** verwandt ist.

☐ **tragen** verwandt ist.

☐ **träge** verwandt ist.

**Teilaufgabe 3:**

Kreise alle Adjektive ein.

    lang    kann    klettern    schwer    tragen    treu

**Abb. 7.4** VERA-3-Testaufgabe „Esel"

An VERA-3-Aufgaben wurde immer wieder kritisiert, „dass weniger funktionale als formalsprachliche Aspekte im Vordergrund standen bzw. dass die Aufgaben eher Wort- [sic!] oder satzorientiert statt auf Texte oder Textsorten bezogen waren" (Krelle 2016: 209).

Die VERA-Beispielaufgabe „Esel" (vgl. Abb. 7.4) steht prototypisch für die oben genannten Kritikpunkte. Sie wurde im Jahr 2012 eingesetzt und kann auf der IQB-Seite heruntergeladen werden (► https://www.iqb.hu-berlin.de/vera/aufgaben/dep/, 13.03.2024). Die Aufgabe wird mit einem kurzen Sachtext eingeleitet und enthält insgesamt acht Teilaufgaben, die allesamt dem Kompetenzbereich „Sprache und Sprachgebrauch untersuchen" zugeordnet werden. Die ersten drei Teilaufgaben sind laut „Didaktischer Handreichung" (DH) (vgl. ebd.) den Kompetenzstufen V (Teilaufgabe 1), IV (Teilaufgabe 2) und I (Teilaufgabe 3) zugeordnet. Welche Kompetenzen sollen die Schüler/innen in diesen Aufgaben zeigen?

- Teilaufgabe 1: Sie kennen präteritale Tempusformen (laut DH: Flexionsmorphologie)
- Teilaufgabe 2: Sie kennen Wortverwandtschaften (laut DH: Derivationsmorphologie)
- Teilaufgabe 3: Sie können Wörter der Wortart „Adjektiv" zuordnen.

In den weiteren fünf Teilaufgaben geht es um Adjektivantonyme (z. B. lang/kurz) (4), Adjektivsteigerung (z. B. groß/größer/am größten) (5), Oberbegriffe (z. B. Futtermittel für Heu, Gras, Körner) (6), Pluralbildung (z. B. das Pferd/die Pferde) (7) und Metaphernverstehen („Eselsohren") (8). In allen Teilaufgaben, in denen es um Grammatik geht (Teilaufgaben 1–5, 7), werden ausschließlich grammatische Formen behandelt (vgl. dazu die Analyse von Kühn 2022: 484 f.). Auch wenn es in der Handreichung heißt, dass sich einige Teilaufgaben „auf einzelne Textstellen beziehen" (vgl. ebd.) – wie z. B. Teilaufgabe 3 (alle Adjektive und Distraktoren sind im Text enthalten) –, könnten alle acht Teilaufgaben auch ohne den einführenden Sachtext gelöst werden: Textverstehen bzw. Textinhalt oder Textsortenwissen spielen letztlich keine Rolle. Die Aufgabe sei „nur vordergründig textorientiert" (Kühn 2022: 484). Anhand solcher grammatisch grundierter Teilaufgaben, denen ein kurzer literarischer Text („Der vergrabene Schatz") zugrunde gelegt wurde, versucht Krelle zu zeigen, dass die VERA-Tests „mittlerweile partiell funktional und integrativ angelegt sind" (Krelle 2016: 21). Er empfiehlt Lehrkräften in kollegialer Zusammenarbeit, „eigene ‚gute' bzw. integrative und funktionale Aufgaben zu gestalten, die dann über das hinausgehen, was im Rahmen der Vergleichsarbeiten möglich ist" (ebd.: 226 f.). Laut Kühn (2022: 487) würden solche Aufgaben den Bildungsstandards tatsächlich eher gerecht werden.

Wir werden im Praxisteil (vgl. ▶ Kap. 9–12) der nicht nur in den Curricula, sondern auch im grammatikdidaktischen Diskurs häufig geäußerten Forderung, beim grammatischen Lernen **Formen *und* Funktionen** in den Blick zu nehmen, nachkommen (vgl. dazu auch Boettcher/Spinner 2018). Zudem sollen **integrative und handlungsorientierte Zugänge** zur Grammatik Beachtung finden, z. B. beim Lesen und Schreiben, und Ideen für **mehrsprachiges grammatisches Lernen** vorgestellt werden.

## Literatur

Abraham, Ulf/Müller, Astrid (2009): Aus Leistungsaufgaben lernen. In: *Praxis Deutsch* 36, S. 4–12.
Bausteine Sprachbuch 4 (2022) = Bauch, Björn/Dirzus, Ulrike/Hinze, Gabriele/Isack, Alexandra/Riesberg, Kerstin/Stevens, Romina (2022): *Bausteine. Sprachbuch 4.* Braunschweig: Westermann.
Bayrischer Lehrplan Grundschule (2014) = *LehrplanPLUS Grundschule / Lehrplan für die bayerische Grundschule.* Herausgegeben vom Bayerischen Staatsministerium für Bildung und Kultus. Würzburg.
Bildungsstandards 2004 = Sekretariat der Ständigen Konferenz der Kultusminister der Länder in der Bundesrepublik Deutschland (Hg.) (2005): *Bildungsstandards im Fach Deutsch für den Primarbereich.* Beschluss vom 15.10.2004. München: Luchterhand 2005.

Boettcher, Wolfgang/Spinner, Kaspar H. (2018): *Von sprachlichen Pannen zum grammatischen Nachdenken. Beispiele – Analysen – Impulse für den Unterricht in der Sekundarstufe I und II*. Seelze: Klett Kallmeyer.

BS-Primarbereich (2022) = *Bildungsstandards für das Fach Deutsch Primarbereich* (Beschluss der Kultusministerkonferenz vom 15.10.2004 und vom 04.12.2003, i.d.F. vom 23.06.2022). Sekretariat der Ständigen Konferenz der Kultusminister der Länder in der Bundesrepublik Deutschland. Berlin/Bonn. URL: https://www.kmk.org/fileadmin/veroeffentlichungen_beschluesse/2022/2022_06_23-Bista-Primarbereich-Deutsch.pdf (Zugriff: 28.12.2024)

BS-Sek-I (2022) = *Bildungsstandards für das Fach Deutsch Erster Schulabschluss (ESA) und Mittlerer Schulabschluss (MSA)* (Beschluss der Kultusministerkonferenz vom 15.10.2004, i.d.F. vom 23.06.2022). Sekretariat der Ständigen Konferenz der Kultusminister der Länder in der Bundesrepublik Deutschland. Berlin/Bonn. https://www.kmk.org/fileadmin/Dateien/veroeffentlichungen_beschluesse/2022/2022_06_23-Bista-ESA-MSA-Deutsch.pdf (Zugriff: 28.12.2024)

BS-Sek-II 2012 = *Bildungsstandards im Fach Deutsch für die Allgemeine Hochschulreife*. (Beschluss der Kultusministerkonferenz vom 18.10.2012). Sekretariat der Ständigen Konferenz der Kultusminister der Länder in der Bundesrepublik Deutschland. München. https://www.kmk.org/fileadmin/Dateien/veroeffentlichungen_beschluesse/2012/2012_10_18-Bildungsstandards-Deutsch-Abi.pdf (Zugriff: 28.12.2024)

Deutschbuch 5 = Mutter, Claudia/Wagener, Andrea (Hg.) (2016): *Deutschbuch. Sprach- und Lesebuch*. Band 5: 9. Schuljahr. Berlin: Cornelsen.

Didaktik Deutsch 50/2021 = https://didaktik-deutsch.de/index.php/dideu/issue/view/54 (Zugriff: 10.10.2024)

Didaktik Deutsch 51/2021 = https://didaktik-deutsch.de/index.php/dideu/issue/view/55 (Zugriff: 10.10.2024)

Fäcke, Christiane (2016): Lehrwerkforschung – Lehrwerkgestaltung – Lehrwerkrezeption. Überlegungen zur Relevanz von Lehrwerken für den Fremdsprachenunterricht. In: Michaela Rückl (Hg.): *Sprachen und Kulturen: vermitteln und vernetzen. Beiträge zu Mehrsprachigkeit und Inter-/Transkulturalität im Unterricht, in Lehrwerken und in der Lehrer/ innen/bildung*. Münster: Waxmann, S. 34–48.

Feilke, Helmuth/Jost, Jörg (2015): Sprache und Sprachgebrauch reflektieren. In: Michael Becker-Motzek/Michael Kämper-van den Boogart/Juliane Köster/Petra Stanat/Gabriele Gippner (Hg.): *Bildungsstandards aktuell: Deutsch in der Sekundarstufe II*. Braunschweig: Diesterweg, S. 236–296.

Feilke, Helmuth/Tophinke, Doris (2016): Grammatisches Lernen. In: *Praxis Deutsch* 256, S. 4–11.

Hagemann, Jörg (2018): (An-)Lauttabellen und silbenbasierte Lehrwerke im Deutschunterricht der Primarstufe. In: *Glottotheory* 9(1), S. 1–17.

Hennig, Mathilde (2012): Grammatische Terminologie. Einladung zur Diskussion. In: *Zeitschrift für germanistische Linguistik* 40, S. 443–450.

Hlebec, Hrvoje (2018): *Aufgabentheorie und grammatisches Lernen: Eine Untersuchung zu Merkmalen von Lernaufgaben für den Grammatikunterricht*. Baltmannsweiler: Schneider Verlag Hohengehren.

Krelle, Michael (2016): ‚Sprache und Sprachgebrauch untersuchen' im Licht von Vergleichsarbeiten und Unterrichtsentwicklung in der Grundschule. In: Michael Krelle/Walter Senn (Hg.): *Qualitäten von Deutschunterricht – Empirische Unterrrichtsforschung im Fach Deutsch*. Stuttgart: Klett Fillibach, S. 207–228.

KSM 2014 = *Kompetenzstufenmodell zu den Bildungsstandards im Fach Deutsch im Kompetenzbereich Sprache und Sprachgebrauch untersuchen für den Mittleren Schulabschluss*. Beschluss der Kultusministerkonferenz (KMK) vom 13./14.03.2014. https://www.iqb.hu-berlin.de/bista/ksm (Zugriff: 15.10.2024)

KSM 2015 = *Kompetenzstufenmodell zu den Bildungsstandards im Fach Deutsch im Kompetenzbereich Sprache und Sprachgebrauch untersuchen für den Primarbereich*. Beschluss der Kultusministerkonferenz (KMK) vom 04.03.2010. Überarbeiteter Entwurf in der Version vom 24. März 2015. https://www.iqb.hu-berlin.de/bista/ksm (Zugriff: 15.10.2024)

Kühn, Peter (2022): Leistungsaufgaben zu grammatischem Wissen. In: Hildegard Gornik (Hg.): *Sprachreflexion und Grammatikunterricht*. 2. Aufl. Baltmannsweiler: Schneider Verlag Hohengehren, S. 473–495.

Leisen, Josef (2011): Kompetenzorientiert Lehren und Lernen. In: *Unterricht Physik* 123/124, S. 4–10.

Neumann, Astrid (2019): Bildungsstandards- und Kompetenzdebatten bitte internationalisieren. In: Jan Standke/Elvira Topalović (Hg.): *Deutschdidaktik 2000–2018. Debatten – Entwicklungen – Perspektiven. Mitteilungen des Deutschen Germanistenverbandes* 1, S. 11–15.

NRW-Lehrplan (2021) = Lehrplan für die Primarstufe in Nordrhein-Westfalen, Fach Deutsch. Auszug aus Heft 2012 der Schriftenreihe „Schule in NRW", Sammelband: Lehrpläne Primarstufe, RdErl. d. Ministeriums für Schule und Bildung v. 01.07.2021, S. 9–33.

# Literatur

OECD 2005 = Definition und Auswahl von Schlüsselkompetenzen. Zusammenfassung. http://www.oecd.org/dataoecd/36/56/35693281.pdf (10.03.2023)

OECD = Organisation for Economic Co-operation and Development: http://www.oecd.org/about/ (10.03.2023)

Oomen-Welke, Ingelore/Kühn, Peter (2011): Sprache und Sprachgebrauch untersuchen. In: Albert Bremerich-Vos et al. (Hg.) ($^3$2011): *Bildungsstandards für die Grundschule: Deutsch konkret*. Berlin: Cornelsen Scriptor, S. 139–184.

Peyer, Ann/Uhl, Benjamin (2020): Sprachreflexion – Handlungsfelder und Erwerbskontexte. In: Ann Peyer/Benjamin Uhl (Hg.): *Sprachreflexion – Handlungsfelder und Erwerbskontexte*. Berlin: Peter Lang, S. 9–31.

Ritter, Michael/Topalović, Elvira (2024): Deutschunterricht in der Grundschule. Entwicklungen – Diskurse – Perspektiven. In: Margarete Götz/Andreas Hartinger/Friederike Heinzel/Joachim Kahlert/Susanne Miller/Uwe Sandfuchs (Hg.): *Handbuch Grundschulpädagogik und Grundschuldidaktik*. Bad Heilbrunn: Klinkhardt, S. 510–518.

Rösch, Heidi (2015): Sprach(en)bewusstheit als Sprachbildungskonzept. In: Alina Dittmann/Beata Giblak/Monika Witt (Hg.): *Bildungsziel: Mehrsprachigkeit/Towards the Aim of Education: Multilingualism*. Leipzig: Leipziger Universitätsverlag, S. 93–108.

Spinner, Kaspar H. (2019): Kompetenzorientierung – Fluch oder Segen? In: Jan Standke/Elvira Topalović (Hg.): *Deutschdidaktik 2000–2018. Debatten – Entwicklungen – Perspektiven. Mitteilungen des Deutschen Germanistenverbandes* 1, S. 16–19.

Standke, Jan/Topalović, Elvira (Hg.) (2019): *Deutschdidaktik 2000–2018. Debatten – Entwicklungen – Perspektiven. Mitteilungen des Deutschen Germanistenverbandes* 1. Göttingen: V&R.

Steinig, Wolfgang/Huneke, Hans-Werner ($^4$2011): *Sprachdidaktik Deutsch: Eine Einführung*. Berlin: Erich Schmidt Verlag.

Topalović, Elvira/Blachut, Alisa (2023): *Grammatische Modelle. Der Deutschunterricht 3*. Hannover: Friedrich Verlag.

Topalović, Elvira/Dünschede, Susanne (2014): Weil Grammatik im Lehrplan steht? Bundesweite Umfrage zum Grammatikunterricht in der Schule. In: *Der Deutschunterricht* 3, S. 76–81.

Topalović, Elvira/Michalak, Magdalena (2012): Sprachreflexion und Grammatik zwischen DaM und DaZ. In: Magdalena Michalak/Michaela Kuchenreuther (Hg.): *Grundlagen der Sprachdidaktik Deutsch als Zweitsprache*. Baltmannsweiler: Schneider Verlag Hohengehren, S. 238–262.

Topalović, Elvira/Settinieri, Julia (2023): *Sprachliche Bildung*. Tübingen: Narr Francke Attempto.

Verzeichnis Grundlegender Grammatischer Fachausdrücke (1982) = Verzeichnis Grundlegender Grammatischer Fachausdrücke (von der Kultusministerkonferenz zustimmend zur Kenntnis genommen am 26. Februar 1982). https://www.kmk.org/fileadmin/Dateien/veroeffentlichungen_beschluesse/1982/1982_02_26-Verzeichnis-grammatischer-Fachausdruecke.pdf (Zugriff: 11.11.2024)

VggF (2019) = Verzeichnis grundlegender grammatischer Fachausdrücke. https://grammis.ids-mannheim.de/vggf (Zugriff: 11.11.2024)

Wagner, Inga/Koch, Ursula (2021): Unterschiede in der VERA-Testvorbereitung von Lehrkräften in Abhängigkeit von ihrer wahrgenommenen Funktion und ihrer Akzeptanz von Vergleichsarbeiten. In: *Unterrichtswissenschaft 49*, S. 373–394. https://doi.org/10.1007/s42010-021-00096-w

Weinert, Franz E. ($^2$2001): Vergleichende Leistungsmessung in Schulen – eine umstrittene Selbstverständlichkeit. In: Franz E. Weinert (Hg.): *Leistungsmessungen in Schulen*. Weinheim/Basel: Beltz, S. 17–31.

Wildemann, Anja/Vach, Karin ($^6$2022): *Deutsch unterrichten in der Grundschule. Kompetenzen fördern, Lernumgebungen gestalten*. Seelze: Klett Kallmeyer.

Wurster, Sebastian/Richter, Dirk (2016): Nutzung von Schülerleistungsdaten aus Vergleichsarbeiten und zentralen Abschlussprüfungen für Unterrichtsentwicklung in Brandenburger Fachkonferenzen. In: *Journal for Educational Research Online* 8(3), S. 159–183.

# Grammatisches Lernen in Szenarien

**Inhaltsverzeichnis**

8.1 Szenario 1: Grammatik entdecken – 169

8.2 Szenario 2: Grammatikgespräche – 172

8.3 Szenario 3: Grammatische Proben – 175

8.4 Szenario 4: Grammatisches Üben – 179

Literatur – 183

© Springer-Verlag GmbH Deutschland, ein Teil von Springer Nature 2025
T. Becker, C. Peschel, E. Topalović, *Grammatik in der Schule*,
https://doi.org/10.1007/978-3-476-06010-5_8

**Methodische Zugänge** In diesem Kapitel werden anhand konkreter Beispiele verschiedene methodische Zugänge zum grammatischen Lernen vorgestellt und diskutiert. Seit den 1970er Jahren wurden nach anhaltender Kritik am sog. traditionellen Grammatikunterricht diverse Konzepte und Methoden entwickelt, von denen sich jedoch – mit Ausnahme vielleicht der Glinz'schen Proben – keine in Gänze in der Unterrichtspraxis etablieren konnte. Bis heute fehlen zudem empirische Studien, die die Wirksamkeit verschiedener „Methoden des Grammatikunterrichts" (Gornik 2014) wie etwa des *formalen*, *systematischen*, *situativen*, *integrativen* oder *funktionalen* Grammatikunterrichts (ebd.) untersucht hätten. Wir wollen im Folgenden keine in sich abgeschlossenen, zuweilen auch nicht immer klar voneinander abgrenzbaren Methoden vorstellen und kritisch diskutieren, sondern anhand ausgewählter Kategorien zeigen, wie methodische Zugänge flexibel je nach Lerngegenstand gewählt und miteinander kombiniert werden können.

Die Bezeichnung *methodische Zugänge* ist bewusst gewählt, um eine gewisse Objektivität und Neutralität zu wahren. Im Forschungsdiskurs werden Kategorien wie formal/funktional, deduktiv/induktiv bei der Beschreibung von Methoden häufig dichotom verwendet. Unser Anliegen ist es, den verschiedenen Zugängen nicht per se einen didaktischen Nutzen oder Wert zu- oder abzusprechen, sondern deutlich zu machen, dass dieser Wert in erster Linie durch die Anpassung an den Lerngegenstand, die Lerngruppe und die Lernsituation entsteht. Für Lehrkräfte können sie eine Art Werkzeugkasten darstellen, aus dem sie sich bedienen, um Schüler/innen beim grammatischen Lernen zu unterstützen.

An dem für bessere Vergleichbarkeit einheitlichen Lerngegenstand Tempus werden im Folgenden vier Lernszenarien entwickelt, analysiert und im grammatikdidaktischen Paradigma verortet. Unter **Lernszenarien** verstehen wir Unterrichtssequenzen, die als fiktive Lernsettings beschrieben werden, um prototypische Konkretisierungen der jeweiligen methodischen Zugänge vorzunehmen. Leitend für die Anordnung dieser Szenarien ist die Sukzession verschiedener Ebenen der Sprachbewusstheit. Hiermit schließen wir an die Erkenntnisse aus ▶ Kap. 4 und 6 an und betonen, dass grammatisches Lernen an die sprachliche und kognitive Entwicklung der Lernenden angebunden und angepasst sein sollte. Dadurch ergibt sich eine Progression von einer eher impliziten zu einer eher expliziten Beschäftigung mit grammatischen Phänomenen. Denn die Voraussetzung für das *knowing that* ist *knowing how* (vgl. Bredel 2013). Fast jegliche schulisch eingeforderte Betrachtung sprachlicher Phänomene impliziert ihr sicheres Beherrschen. Im Falle einzusetzender Strategien oder Operationen (z. B. in Form der sog. grammatischen Probe) ist ein Zugriff auf standardsprachliche Formen nötig, teilweise sogar eine sehr gut ausgebaute Sprachkompetenz. Betont werden soll an dieser Stelle noch einmal, dass die Bewusstmachung sprachlicher Zusammenhänge und Strukturen nicht umgehend bzw. zwingend zu einem neuen Können führt. Die Beziehung zwischen Bewusstmachung, sprachlichem Wissen und sprachlichem Können ist äußerst komplex (vgl. Funke 2005) und erst in ihren Anfängen erforscht. In die Analyse der Lernszenarien soll jedoch einbezogen werden, inwiefern jeweils Wissens- und Könnensaspekte fokussiert werden.

## 8.1 Szenario 1: Grammatik entdecken

**Beschreibung** Die Kinder (Klasse 3–6) bekommen einen Text oder einen Textausschnitt vorgelesen, der im Präteritum gehalten ist, z. B. eine Fabel, eine kurze Geschichte oder einen Ausschnitt aus einem Märchen.

> ▶ **Beispiel: Gespenstergeschichte von Franz Hohler**
>
> Eines Nachts, als Frau Scholl allein zu Hause war, hörte sie im Estrich Schritte. Zuerst tat sie so, als merke sie nichts, aber als die Schritte nicht aufhörten, wurde es ihr unheimlich, es konnte schließlich ein Einbrecher sein. Da fasste sie sich ein Herz, nahm die Pistole ihres Mannes aus dem Nachttischchen, stieg die Treppe hinauf, öffnete vorsichtig die Tür, drückte ganz rasch auf den Lichtschalter und rief: „Hände hoch!" Aber ihre Angst war umsonst gewesen. Es waren nur zwei Füße, die langsam auf dem Estrichboden hin und her gingen. (Franz Hohler. Der Granitblock im Kino. 1993: 43) ◄

Das obige Beispiel könnte für das vorgeschlagene Unterrichtsszenario herangezogen werden. Die Erzählung eignet sich durch ihre Kürze und dadurch, dass wenig Redewiedergabe vorkommt (die ja oft nicht im Erzähltempus gehalten ist). Nach dem Vorlesen kann eine erste Auseinandersetzung mit dem Text stattfinden, indem die Schüler/innen sich über den Text austauschen: z. B. gemeinsam überlegen, wann die Handlung spielt. Anschließend wird den Kindern als Arbeitsmaterial der gleiche Textausschnitt ausgeteilt, ergänzt mit zwei weiteren Fassungen: eine im Präsens und eine im Perfekt. Alternativ könnten diese Fassungen auch in Gruppenarbeit erstellt werden, wofür allerdings ein entsprechendes Vorwissen über die verschiedenen Tempusformen nötig wäre. Nun wird gemeinsam besprochen, wie sich die Texte in ihrer Wirkung unterscheiden und woran das liegen könnte. Daraufhin werden die Tempusformen genauer in den Blick genommen: Sie werden aus dem Text isoliert und auf ihre formalen Unterschiede hin analysiert. Dabei werden auch Fachtermini eingeführt und verwendet.

**Induktiv** Dieses Unterrichtsszenario bietet einen **induktiven Zugang** zum grammatischen Lernen, welcher sich auf verschiedene grammatische Phänomene, ihre Funktionen und Formen (z. B. von Adjektiven oder Adverbien) übertragen lässt.

> **Definition**
>
> Mit dem Fachausdruck **induktiv** wird eines der beiden grundlegenden Verfahren der Erkenntnisgewinnung bezeichnet. Es beschreibt die Erkenntnisrichtung vom Besonderen zum Allgemeinen oder auch von der Empirie, also dem aus der Erfahrung gewonnenen Wissen, zur Theorie und vom Beispiel zur Regel.

Mit dem induktiven Einstieg mittels Erzähltext soll der Erkenntnisweg von der Wahrnehmung verschiedener Tempusformen (Empirie) hin zur Frage, wie die Formen wirken und was ihnen gemeinsam ist (Theorie/Regelhaftigkeit) beschritten werden. Dadurch wird ein nachvollziehendes, quasi **entdeckendes Lernen** ermöglicht. Im gemeinsamen Unterrichtsgespräch können die Lernenden sich über ihre Eindrücke zu den

Texten austauschen. Der Vorteil eines induktiven Zugangs besteht darin, dass die Erkenntnisse der Lernenden an ihre kognitiven Möglichkeiten angepasst sind. Indem sie sich Regeln und Verallgemeinerungen eigenständig erschließen, werden diese unweigerlich auch an den eigenen Wissens- und Erfahrungshorizont adaptiert. Voraussetzung für seinen Erfolg ist allerdings, dass die Lernenden selbst die Ergebnisse erarbeiten. Im obigen Szenario könnte eine Lehrkraft versucht sein, den Kindern eine Erkenntnis quasi vorzugeben, wenn das Ergebnis des Unterrichtsgesprächs nicht in ihrem Sinne ausfällt. So könnte sie etwa die Aussagen „Geschichten schreibt man immer im Präteritum" oder „Erzählen im Präteritum macht die Erzählung spannender" als Regel formulieren. Abgesehen davon, dass beide Aussagen literaturwissenschaftlich nicht haltbar sind, würde dies das methodisch-didaktische Potential eines induktiven Zugangs zunichtemachen, weil dieser sprachliche **Möglichkeiten** offenlegen will. Auch sollten die Materialien besonders sorgfältig ausgesucht werden. Wenn das angezielte sprachliche Phänomen nicht deutlich wird, könnte es zu wildem Raten ohne Ergebnis kommen.

**Integrativ**   Da in dem Szenario mit einem literarischen Text gearbeitet wird, kann der methodische Zugang als integrativ bezeichnet werden, da nämlich sprachliches Lernen mit literarischem Lernen verbunden wird. Vorangegangen sein könnte z. B. die literarische Beschäftigung mit Märchen oder Kurzgeschichten. Die Thematisierung literarischer Phänomene des Textes wird dann ergänzt durch die Thematisierung sprachlicher Phänomene. Nach Kaspar Spinner (2006) ist ein wichtiger Aspekt gerade auch des literarischen Lernens, die sprachliche Gestaltung eines Textes bewusst wahrzunehmen und zu thematisieren.

Vom Anspruch her ist eine integrative Arbeitsweise sehr verbreitet. Entscheidend ist aber, dass die grammatischen Phänomene tatsächlich mit der jeweiligen textuellen Beschaffenheit in Verbindung stehen – in diesem Fall der Schaffung von Fiktionalität. Nur allzu oft wird zwar mit einem Text gearbeitet, dieser fungiert jedoch als eine

---

**Zur Vertiefung**

**Literarisches Lernen**
Nach Kaspar Spinner (2006) sind für das literarische Lernen 11 Aspekte von Bedeutung:
1. Beim Lesen und Hören Vorstellungen entwickeln
2. Subjektive Involviertheit und genaue Wahrnehmung miteinander ins Spiel bringen
3. **Sprachliche Gestaltung aufmerksam wahrnehmen**
4. Perspektiven literarischer Figuren nachvollziehen
5. Narrative und dramaturgische Handlungslogik verstehen
6. Mit Fiktionalität bewusst umgehen
7. Metaphorische und symbolische Ausdrucksweise verstehen
8. Sich auf die Unabschließbarkeit des Sinnbildungsprozesses einlassen
9. Mit dem literarischen Gespräch vertraut werden
10. Prototypische Vorstellungen von Gattungen/Genres gewinnen
11. Literaturhistorisches Bewusstsein entwickeln

beliebige, austauschbare Folie für die Kategorisierung grammatischer Phänomene – der Zugang ist dann pseudointegrativ. So finden sich in Lehrwerken oft Aufgaben, bei denen ein literarischer Text die Arbeitsgrundlage bildet. In dem Text sollen aber lediglich Satzglieder bestimmt und farbig unterstrichen werden. Der Textinhalt und die Funktion der sprachlichen Gestaltung spielen dabei keine Rolle. Es werden z. B. gerne kleine Kriminalgeschichten genutzt, um Form und Funktion adverbialer Bestimmungen zu thematisieren. Kriminalgeschichten bestehen jedoch nicht nur aus Sätzen wie *„Die Gärtnerin erschlug den Butler gestern Abend mit der Statue in der Bibliothek."* Im Gegenteil: Auf der Textoberfläche dürfte eine Kriminalgeschichte ähnliche syntaktische Strukturen aufweisen wie jede andere Geschichte auch. Bleibt der Zugang zum Phänomen rein semantisch (es wird meist unterteilt in adverbiale Bestimmungen der „Art und Weise", des „Ortes" etc.), birgt dies die Gefahr, dass die syntaktischen Eigenschaften nicht entsprechend wahrgenommen werden und vor allem dass dieses Wissen nicht auf andere Texte und sprachliche Zusammenhänge transferiert werden kann.

**Das Potential eines integrativen Zugangs** besteht darin, dass sprachliche Phänomene in ihrem Zusammenhang betrachtet und Lernbereiche des Deutschunterrichts zusammengeführt werden können. So wird vermittelt, dass Sprache etwas Lebendiges ist und dass die Lernenden als Sprache Benutzende und Sprache Rezipierende selbst bereits über sprachliches Wissen verfügen. Wenn diese Integration tatsächlich gelingt, werden sprachliche Phänomene nicht nur als Erscheinungsformen betrachtet, sondern auch in ihrer Umsetzung und Wirkungsweise.

**Eine funktionale Perspektive** ergibt sich in unserem Szenario dadurch, dass die drei Tempora Präteritum, Präsens und Perfekt nebeneinandergestellt und verglichen werden. Indem sich die Texte nur in Bezug auf die Tempusform unterscheiden, kann ihre Wirkung herausgehoben und näher betrachtet werden. Bereits Grundschulkinder besitzen ein Gespür für die Funktionalität von Sprache und können sogar ihren eigenen Sprachgebrauch reflektieren, z. B. Perfektgebrauch beim mündlichen „Erzählen" vom Wochenende oder Präteritumgebrauch beim Schreiben einer Phantasiegeschichte (vgl. Topalović/Uhl 2014). Sie können Tempora gezielt und angepasst an die Erfordernisse des Textes in eigenen Schreibprodukten einsetzen (vgl. Becker/Busche 2019). Die Ergebnisse einer Studie von Becker/Busche (2019) legen außerdem nahe, dass beim Präteritum die Beherrschung der Funktion der Beherrschung der Form in der Entwicklung vorangeht. Im Spracherwerb ist tatsächlich häufig zu beobachten, dass Funktionales Formalem vorangeht (vgl. ▶ Kap. 4). Dies legitimiert das Vorgehen in diesem Szenario, bei welchem die Form über die Funktion erschlossen wird. In vielen Lehrwerken wird eher der umgekehrte Weg beschritten: Den Formen, die als erworben vorausgesetzt werden, werden bestimmte Funktionen zugewiesen, meist jedoch auf Zeitlichkeit reduziert. Dadurch werden Tempora nicht nur unterkomplex vermittelt (das Präsens hat mehr Funktionen als lediglich „Gegenwärtiges auszudrücken"), sondern die Vermittlung bleibt auch hinter dem impliziten sprachlichen Wissen der Schüler/innen zurück.

Ein **Lernziel** dieses Szenarios könnte also darin liegen, dieses implizite Wissen bewusst zu machen und dadurch zu einem expliziten Wissen, das verbalisiert und über das gesprochen werden kann. Das Szenario bietet aber auch Ansatzpunkte für implizites Lernen und für die Förderung des sprachlichen Könnens (vgl. ▶ Kap. 6).

> **Zur Vertiefung**
>
> **Verabsolutierungsexperimente und Verfremdungen**
> Das Verfahren der Verabsolutierung wird vor allem innerhalb *funktionaler Konzepte* eingesetzt, wie z. B. von Wilhelm Köller erstmals im Jahr 1983 entwickelt. Dabei werden innerhalb konkreter Texte sprachliche Kategorien vereinheitlicht bzw. absolut gesetzt. Man transformiert dabei immer alle in Frage kommenden Formen. Köller (1997) nutzt solche Verabsolutierungen, um gezielt sprachliche **Verfremdungen** zu erzeugen, durch die Vorwissen aktiviert werden kann und die den zu betrachtenden Gegenstand in einem neuen Licht erscheinen lassen.

**Verabsolutierungsexperimente** Die Anweisung aus dem obigen Szenario, alle Verben im Text einheitlich in ein anderes Tempus zu verändern, ist ein Verfahren, das auch mit einigen anderen grammatischen Lerngegenständen durchgeführt werden kann (siehe dazu auch Menzel 1999).

Im Szenario 1 wurde die Verabsolutierung der Tempusformen Präsens und Perfekt vorgeschlagen. In höheren Jahrgangsstufen eignen sich hierzu z. B. auch der Konjunktiv oder das Passiv.

**Handlungsbezogen** Wenn die Lernenden in diesem Szenario aktiv mit und an sprachlichem Material arbeiten, indem sie den Text verändern und auf seine Wirkung hin „ausprobieren", sind sie eingebunden in sprachliches Handeln; ihr Tun ist dann idealerweise auch kommunikativ motiviert.

## 8.2 Szenario 2: Grammatikgespräche

**Beschreibung** Im zweiten Unterrichtsszenario wird im Rahmen der Textproduktion oder einer Gedichtanalyse ein sprachliches Problem aufgeworfen. So könnte z. B. ein Schüler einen selbstverfassten Text vorgelesen haben und dabei eine nicht standardgemäße Präteritumform genutzt haben, wie z. B. *\*fliegte*. Oder die Kinder könnten in einem literarischen Text auf die Form *gewinkt* gestoßen sein und sich wundern, da sie selbst eher *gewunken* sagen würden (vgl. ▶ Kap. 2). Diese grammatischen Zweifelsfälle oder Auffälligkeiten, die gleichsam authentische „Verfremdungen" im Sinne Köllers (1997) sind, könnten nun von der Lehrkraft aufgegriffen werden.

**Situativer Grammatikunterricht** Aus der Situation heraus thematisierte grammatische Aspekte haben den Vorteil, dass sie offensichtlich bereits in eine sprachliche Handlung eingebunden sind. Eine durch die Lehrkraft gesteuerte Hinführung zum Thema – sei sie nun induktiv oder deduktiv – ist dadurch unnötig geworden. In einer wegweisenden Veröffentlichung plädierten Wolfgang Boettcher und Horst Sitta bereits 1978 für diesen später so genannten situativen Grammatikunterricht (vgl. ▶ Kap. 2). Unter dem Titel „*Der andere Grammatikunterricht*" positionierten sie sich gegen einen Unterricht, der handlungsentbunden und terminologiefixiert lediglich formal-sprachliche Aspekte in den Blick nahm. Nutzt man dagegen die **Aktualität einer konkreten Situation**, fällt es möglicherweise leichter, theoretische Zusammenhänge an sprachliches Handeln anzubinden.

Um aber sprachliche Phänomene betrachten und untersuchen zu können, müssen sie aus dem „Kontext der Sprachproduktion" (Kruse 2013: 7) herausgelöst werden. Bereits Günter Einecke (1996) nutzt in diesem Zusammenhang den Terminus „Fokussieren"; Norbert Kruse bezeichnet dieses Herauslösen als „Grammatisieren": „Sprachliche Merkmale rücken dabei in den Fokus der Aufmerksamkeit und werden zur Analyse neu situiert" (Kruse 2013: 7). Denn zu bedenken bleibt, dass es nicht möglich ist, Sprache bereits während der Sprachproduktion oder -rezeption bewusst zu analysieren. Das mag auch der Grund dafür sein, warum es selten zu einer „natürlichen" Sprachreflexion auf Grammatisches kommt. Damit ist allerdings auch gleichzeitig die **Herausforderung** einer Beschäftigung mit grammatischen Phänomenen aus der Situation heraus benannt: Selbst im Rahmen des Sprachunterrichts für Deutsch als Zweitsprache tun sich Lehrkräfte schwer, formale Aspekte so zu fokussieren, dass dies als lernförderlich angesehen werden kann (Rotter 2015). „Das Gelingen der geplanten oder spontanen Formfokussierung [...] hängt stark von den Kompetenzen der Förderperson ab" (Rösch et al. 2012: 178).

Situative Zugänge dürften in der gegenwärtigen Unterrichtspraxis eine äußerst marginale Rolle spielen, auch wenn dies bisher nicht mittels empirischer Studien belegt ist. Die folgenden Aspekte sollten berücksichtigt werden, damit das spontane Aufgreifen grammatischer Phänomene gut ins Unterrichtsgespräch integriert werden kann:

1. Um sich mit abstrakten sprachlichen Phänomenen auf spontane Weise sinnvoll auseinanderzusetzen, sind nicht nur ein gewisses **Grundverständnis** und **Grundwissen** nötig, sondern auch eine gewisse **kognitive Reife** und **Abstraktionsfähigkeit**.
2. Ist eine Schüleräußerung der Anlass für das Aufgreifen, sollte diese keinesfalls als fehlerhaft oder defizitär herausgestellt werden, sondern eben „nur" als **Anlass**, sich mit einem Phänomen zu beschäftigen. Andernfalls könnte die Thematisierung als Bloßstellung empfunden werden, wodurch die Motivation der Lernenden gedämpft würde.
3. Für ein situatives Aufgreifen sollte die Lehrkraft nicht an dem Anspruch festhalten, im Unterricht zu behandelnde Themen stets ausführlich vorzubereiten. Außerdem sollte sie bereit sein, sich ggf. **nicht als Expertin oder Wissende** darstellen zu können. Möglich wäre in diesem Zusammenhang auch, dass die Lehrkraft nach etwas Vorbereitungszeit das Thema einige Tage später wieder aufgreift.
4. Eine solche „grammatik-relevante" Situation lässt sich natürlich auch **fingieren**, siehe Praxisvorschläge in ▶ Kap. 11.
5. Entscheidend ist, dass **gemeinsam** nach Lösungen und Antworten gesucht wird. Aufgabe der Lehrkraft ist es in erster Linie, Orte und Verfahren hierzu bereitzustellen. Angefangen mit einer Grammatik, die ebenso wie ein Duden im Unterricht stets greifbar sein sollte, können auch Internet-Recherchen (vgl. z. B. IDS-Webseiten) oder Umfragen genutzt werden. Es muss dann eingeübt werden, wie man mit einer Grammatik oder dem Duden umgeht.
6. Um das situative Arbeiten zu etablieren und zu systematisieren, kann ein **Grammatikheft** angelegt werden, in dem Arbeitsergebnisse ebenso wie Definitionen und Erklärungen festgehalten werden.

**Grammatikgespräch** Sowohl für das situative Aufgreifen eines Grammatikthemas als auch für das bereits in Szenario 1 erwähnte induktive Vorgehen spielt das Grammatikgespräch eine wichtige Rolle. Sollen die Schüler/innen in die Lage versetzt werden, grammatische Zusammenhänge und Erkenntnisse für ihre sprachliche Handlungsfähigkeit wie z. B. das Texteschreiben zu nutzen, müssen dazu Hilfestellungen gegeben werden. Von Bedeutung ist, „how teachers can create dialogic spaces which allow students to think metalinguistically about their writing" (Myhill 2018: 16). Das gemeinsame Sprechen über Sprache ist in den letzten Jahren vor allem durch das sogenannte **Rechtschreibgespräch** etabliert worden (vgl. Geist 2018).

Grammatikgespräche dienen dazu, eine Verbindung zwischen der Wahl sprachlicher Mittel und der Herstellung von Bedeutung in Texten herzustellen (vgl. Myhill 2018: 12). Ausgangspunkt für solche Gespräche – und hierin sind sich ältere Konzepte wie der situative Grammatikunterricht einig mit aktuellen Vorschlägen – sollten **authentische Texte** mit authentischen kommunikativen Zwecken und Absichten sein (ebd.). In einer Studie von Simmel (2007), in der sich Kinder einer 5. Klasse über grammatische Phänomene austauschen, wird als wichtigstes Ergebnis von der Begeisterung der Kinder berichtet: „mit welchem Ehrgeiz und welcher ‚Betroffenheit', d. h. Motivation, die Schülerinnen und Schüler der Sache auf den Grund gehen wollten bzw. den Gesprächspartnern das, was ihnen aufgefallen war, irgendwie begreiflich machen wollten" (Simmel 2007: 79). Auch Otten (2021) berichtet, dass die Schülerinnen und Schüler sich im Rahmen ihrer Studie überaus interessiert und offen mit den sprachlichen Phänomenen befassten.

**Kontrastiv** Neben der Auseinandersetzung mit authentischen Texten bietet sich auch die Thematisierung anderer Sprachen und Sprachvarietäten an. Gerade die Tempusformen des Verbs eignen sich gut, um sie einem Sprachvergleich zu unterziehen. Dabei können zwei oder mehr Sprachen in Bezug auf grammatische Formen oder Funktionen vergleichend nebeneinandergestellt, z. B. auch mit Blick auf den (unterschiedlichen) Gebrauch grammatischer Phänomene in der Mündlichkeit und Schriftlichkeit.

**Didaktische Prinzipien** Um gewinnbringend im Unterricht kontrastiv zu arbeiten, sind nach Rothstein (2023) jedoch gewisse didaktische Prinzipien zu berücksichtigen. So sollte das **Prinzip der Deskriptivität** beachtet werden und damit eine neutrale Beschreibung der verschiedenen Sprachen und deren Phänomene erfolgen, ohne dass z. B. Wertungen wie „umständlich", „unschön" vorgenommen werden. Weiterhin sollten die sprachvergleichenden Operationen gut angeleitet werden und damit deutlich über ein bloßes „vergleicht die Sprachen" hinausgehen. Entsprechend fordert Rothstein: „Beim Kontrastieren ist unbedingt anzugeben, was überhaupt verglichen werden soll." (ebd.: 47)

Von Gerlind Belke (2012) wurden differenzierte Vorschläge entwickelt, wie kontrastives Arbeiten auch in Bezug auf Sprachausbau und Schriftspracherwerb aussehen kann. Eine Form der Kontrastierung sprachlicher Aspekte kann außerdem darin liegen, unterschiedliche Sprechperspektiven zu vergleichen. Als Anregung bietet sich z. B. die humorvoll-satirische Abhandlung über die deutsche Sprache von Mark Twain an.

8.3 · Szenario 3: Grammatische Proben

> ▶ **Beispiel: The Awful German Language**
>
> "An average sentence, in a German newspaper, is a sublime and impressive curiosity; it occupies a quarter of a column; it contains all the ten parts of speech—not in regular order, but mixed; it is built mainly of compound words constructed by the writer on the spot, and not to be found in any dictionary--six or seven words compacted into one, without joint or seam—that is, without hyphens; it treats of fourteen or fifteen different subjects, each enclosed in a parenthesis of its own, with here and there extra parentheses, making pens with pens: finally, all the parentheses and reparentheses are massed together between a couple of king-parentheses, one of which is placed in the first line of the majestic sentence and the other in the middle of the last line of it—AFTER WHICH COMES THE VERB, and you find out for the first time what the man has been talking about; and after the verb—merely by way of ornament, as far as I can make out—the writer shovels in 'HABEN SIND GEWESEN GEHABT HABEN GEWORDEN SEIN,' or words to that effect, and the monument is finished. I suppose that this closing hurrah is in the nature of the flourish to a man's signature—not necessary, but pretty.
>
> The Germans have another kind of parenthesis, which they make by splitting a verb in two and putting half of it at the beginning of an exciting chapter and the OTHER HALF at the end of it. Can any one conceive of anything more confusing than that? These things are called 'separable verbs.' The German grammar is blistered all over with separable verbs; and the wider the two portions of one of them are spread apart, the better the author of the crime is pleased with his performance. A favorite one is REISTE AB—which means departed. Here is an example which I culled from a novel and reduced to English:
>
> 'The trunks being now ready, he DE- after kissing his mother and sisters, and once more pressing to his bosom his adored Gretchen, who, dressed in simple white muslin, with a single tuberose in the ample folds of her rich brown hair, had tottered feebly down the stairs, still pale from the terror and excitement of the past evening, but longing to lay her poor aching head yet once again upon the breast of him whom she loved more dearly than life itself, PARTED.'
>
> In the next place, I would move the Verb further up to the front. You may load up with ever so good a Verb, but I notice that you never really bring down a subject with it at the present German range—you only cripple it. So I insist that this important part of speech should be brought forward to a position where it may be easily seen with the naked eye."
>
> Aus: Mark Twain. The Awful German Language (A tramp abroad). ◀

## 8.3 Szenario 3: Grammatische Proben

Wenn Schüler/innen bereits Erfahrungen damit gesammelt haben, Grammatisches zum Fokus ihrer Aufmerksamkeit zu machen, können ihnen auch **grammatische Modelle** vermittelt werden, mit denen sie Erkenntnisse über sprachstrukturelle Zusammenhänge gewinnen.

**Beschreibung** Ein mögliches drittes Szenario kann daher sein: In einer Unterrichtsstunde zum Thema Verbklammer (im VggF als Satzklammer bezeichnet) erhalten die Schüler/innen (Klasse 4–8) eine Visualisierung der Felderstruktur als Einstieg. Diese

Visualisierung kann je nach Alter der Lerngruppe z. B. in Form eines „Klammermanns" (vgl. Schönenberg 2011) oder eines „Satzbusses" (vgl. ▶ Abschn. 11.2) erfolgen. Bei älteren Schüler/innen bieten sich auch abstrakte Darstellungen z. B. in Form von Tabellen mit markierter Satzklammer an (z. B. mit Brücken, die häufig in DaF-Lehrwerken verwendet werden). Unter dem Stichwort *Felderstruktur* wird diese definiert als „Bezeichnung für die lineare Abfolge von Konstituenten im Satz. Die Felder werden ausgehend von der linken und der rechten Satzklammer bestimmt" (VggF 2019).

Das zentrale Konzept hinter dieser Definition, welches es zu vermitteln gilt, ist zunächst einmal die **Linearität von Satzstrukturen**, d. h. Strukturelemente folgen einer strikten „Nacheinander-Logik" (im Unterschied z. B. zu mathematischen Formeln wie Brüchen). Die einzelnen Strukturelemente – Konstituenten genannt – unterliegen grundsätzlich alle dieser Linearität, gehorchen dabei aber unterschiedlichen Abfolgeregeln, bei denen jeweils verschiedene Positionen zu vergeben sind. Welche Elemente welche Positionen besetzen können, ist entsprechend geregelt. Während lineare Satzstrukturen nicht spezifisch für die deutsche Sprache sind (sie gelten für alle gesprochenen Sprachen), gilt das für Klammerstrukturen schon. Je nach Klassenstufe und Kenntnisstand können diese Zusammenhänge mithilfe von Visualisierungen erläutert werden. Für die Satzklammer ist dabei die dominante und Struktur gebende Rolle des Verbs zentral.

**Die dominante Rolle des Verbs** zeigt sich besonders durch die Visualisierung. Dabei führen die verschiedenen Tempusformen zu verschiedenen „Füllungen" der Klammer:

▶ **Beispiel**

| Vorfeld | LSK | Mittelfeld | RSK | Tempus |
|---|---|---|---|---|
| Ich | habe | in der Schule Mathe als zweite Fremdsprache. | | Präsens |
| Ich | hatte | in der Schule Mathe als zweite Fremdsprache. | | Präteritum |
| Ich | habe | in der Schule Mathe als zweite Fremdsprache | **gehabt**. | Perfekt |
| Ich | hatte | in der Schule Mathe als zweite Fremdsprache | **gehabt**. | Plusquamperfekt |
| Ich | werde | in der Schule Mathe als zweite Fremdsprache | **haben**. | Futur I |
| Ich | werde | in der Schule Mathe als zweite Fremdsprache | **gehabt haben**. | Futur II |

◀

Müller/Uhl (2023) stellen heraus, dass für die Einführung des Feldermodells „ab einem gewissen Punkt ein deduktives Vorgehen" (ebd.: 66) erforderlich ist.

**Deduktiv** Mit „deduktiv" bezeichnet man die Art der Erkenntnisgewinnung, bei der **ausgehend von Regeln oder Merksätzen** Beispiele bearbeitet werden. Zwar gilt dieser Weg als weniger motivierend und findet sich daher eher selten in methodischen Vorschlägen, es muss aber berücksichtigt werden, dass dies zuweilen die effizientere

## 8.3 · Szenario 3: Grammatische Proben

Erkenntnisgewinnung darstellt. Gerade bei eher komplexen oder theoretisch anspruchsvollen Inhalten kann der deduktive Weg der angemessenere sein. Zudem ist der induktive Weg, wie oben beschrieben, an gewisse Gelingensbedingungen wie etwa gut strukturiertes Material gebunden. Sind diese nicht gegeben, kann induktives Vorgehen zu ziellosem Raten führen (vgl. Bremerich-Vos 1993).

In vielen Sprachbüchern erfolgt die Präsentation von Merkkästen recht unmittelbar nach dem induktiven Einstieg. Dadurch erscheint die Frage berechtigt, ob damit nicht statt eines induktiven Weges praktisch ein deduktiver Erkenntnisweg beschritten wird, wenn den Lernenden die zu gewinnende Erkenntnis nach einigen Zeilen bereits präsentiert wird. Damit soll nicht impliziert werden, dass Merkkästen oder der deduktive Weg an sich negativ zu bewerten sind. Im Gegenteil können Merkkästen und die Frage, an welcher Stelle des Lernweges sie platziert werden, wichtige Aspekte didaktischer Überlegungen darstellen, z. B. im Rahmen der Differenzierung. Entscheidend ist aber immer, dass es sich um eine bewusste und fundierte Wahl handelt.

**Operativ** Weiterhin könnte in diesem Szenario erklärt werden, dass Sätze aus jeweils in sich zusammengehörigen Elementen (Konstituenten) bestehen. Daran anschließend könnte die **Vorfeldprobe** eingeführt werden. Bei der Vorfeldprobe handelt es sich um eine wichtige Operation zur Erkenntnisgewinnung, deren Grundlage das Feldermodell bildet (vgl. ▶ Abschn. 3.1).

> ▶ **Beispiel: Vorfeldprobe**
>
> Mit der sogenannten Vorfeldprobe kann ermittelt werden, ob ein Wort oder eine Wortgruppe tatsächlich eine eigene Konstituente darstellt (vgl. Boettcher 2009), entsprechend – und präziser – handelt es sich um einen Konstituententest. Das Wort oder die Wortgruppe, die in Frage stehen, werden dabei in die Vorfeldposition verschoben.
> a) Heute um 7 Uhr **verstarb** mein Wecker leider an einem schrecklichen Unfall.
> b) Mein Wecker **verstarb** heute um 7 Uhr leider an einem schrecklichen Unfall.
> c) An einem schrecklichen Unfall **verstarb** mein Wecker leider heute um 7 Uhr.
> d) Leider **verstarb** mein Wecker heute um 7 Uhr an einem schrecklichen Unfall.
> e) *Unfall **verstarb** mein Wecker leider um 7 Uhr an einem schrecklichen.
>
> Während a)–c) mögliche Permutationen darstellen, zeigt Beispiel e), dass „Unfall" als alleinstehendes Wort keine Konstituente ergibt. ◄

**Grammatische Proben** sind in der Unterrichtspraxis weit verbreitet und finden sich auch in den Bildungsstandards für das Fach Deutsch, wo sie als „grammatische Operationen" (vgl. z. B. BS-Sek-I 2022: 40) genutzt werden sollen. Seit Hans Glinz, der in den 1960er Jahren eine systematische Zusammenstellung dieser Proben vornahm, haben sie ihren festen Platz in grammatischen Lehr- und Lernkontexten wie z. B. *Umstellprobe*, *Weglassprobe*, *Ersatzprobe* oder *Erweiterungsprobe*. Die Proben stellen Verfahren oder Prozeduren der Erkenntnisgewinnung dar. Jakob Ossner spricht auch von „prozeduralem Wissen" (2007), das sich Schüler/innen neben deklarativem und metakognitivem Wissen im Rahmen des Unterrichts aneignen sollen. In der Grammatikdidaktik werden die Proben jedoch nicht unkritisch gesehen, da sie sehr voraussetzungsreich sind, und zwar gleich in mehrfacher Hinsicht (vgl. auch Geyer/Müller 2025):

Erstens bedarf es eines **ausgebauten standardsprachlichen Könnens**. Dass Schüler/innen mit scheinbar einfachen Proben dadurch Schwierigkeiten haben können, dass sie die generierten Sätze nicht angemessen beurteilen können, ist oft nicht im Bewusstsein der Lehrenden. Betzel/Droll (2017) konnten zeigen, wie herausfordernd solche Proben sein können. In einer kleinen explorativen Studie zur Ersatzprobe bei der dass-Schreibung (Ersatzprobe = *Schreibe „das", wenn du mit „dieses" oder „welches" ersetzen kannst.*) wurden Schüler/innen der Sekundarstufe zur Grammatikalität der Beispielsätze befragt. Die mittels der Ersatzprobe generierten Sätze wurden sehr inkonsistent bewertet. Während ein Viertel auch bei ungrammatischen Sätzen „klingt richtig" ankreuzte (z. B. „Er hat zwar mitgemacht, aber welches wollte er nicht", ebd.: 94), stuften über 40 % Sätze mit substituiertem Relativum (*welches*) oder Demonstrativum (*dieses*) als inakzeptabel ein (z. B. „Das Kind, welches auf dem Hof spielt, heißt Lena", ebd.: 93). Diese Ergebnisse lassen Zweifel daran aufkommen, dass die sprachliche Urteilsfähigkeit, welche die Basis für das Gelingen der Proben darstellt, bei allen Schüler/innen angemessen ausgebaut ist.

Zweitens muss man davon ausgehen, dass es bei der Anwendung der Proben dann zu Schwierigkeiten kommen kann, wenn **Grenzfälle** berührt werden. Die oben gezeigte Vorfeldprobe zum Beispiel stößt bei folgendem Satz auf Probleme:

a) Ich habe mir schon mal die schlechte Laune für morgen früh rausgelegt.
b) ?mir habe ich schon mal die schlechte Laune für morgen früh rausgelegt. (Freier Dativ)
c) ?rausgelegt habe ich mir schon mal die schlechte Laune für morgen früh. (Partizip)
d) ?schon mal habe ich mir die schlechte Laune für morgen früh rausgelegt. (Partikel)
e) ?die schlechte Laune für morgen früh habe ich mir schon mal rausgelegt. (Adverb als Attribut des Akkusativobjektes)

Die Sätze b) und c) sind nicht im engeren Sinne ungrammatisch, dürften jedoch unterschiedliche Akzeptabilitätsurteile hervorrufen. In den Sätzen d) und e) wiederum führt die Umstellung eigentlich zu einer leichten Bedeutungsverschiebung, die aber wohl nicht von allen Sprecher/innen als solche empfunden wird. In allen Sätzen werden Elemente in das Vorfeld gerückt, die dort üblicherweise zwar nicht vorkommen, aber eben je nach Kontext, Semantik oder Sprechabsicht dennoch dorthin versetzt werden können. Beim Beispielsatz weiter oben ergibt sich das Problem, dass die Temporaladverbien „heute um 7 Uhr" sowohl als eine zusammengehörige Angabe als auch als zwei unabhängige Angaben gelesen werden können, was für die Bedeutung allerdings kaum einen Unterschied macht.

Die **Grenzen**, an die die Vorfeldprobe stößt, sind letztlich im Sprachsystem selbst angelegt und daher unvermeidlich. Damit muss auch der Vorfeldprobe an sich eine gewisse Begrenztheit attestiert werden; die Zweifelsfälle im Beispiel könnten jedoch auch als Reflexionsanlässe genutzt werden und als Chance für Bewusstmachungen. Dazu müsste der Unterricht ergebnisoffene Erkenntnisse ermöglichen, z. B. im Rahmen von „Grammatikgesprächen".

**Mögliche Permutationen** Die obigen Beispielsätze machen schließlich auch deutlich, dass zur angemessenen Durchführung der Proben einiges an implizitem Wissen, aber auch an Fachwissen nötig ist (vgl. Geyer/Müller 2025), denn dem Verfahren der Proben ist eine gewisse Zirkularität inhärent: Soll die Probe ihrer Funktion gerecht werden und Konstituenten ermitteln, wären rein rechnerisch hunderte von Permutationen (mögliche Kombinationen der Elemente miteinander) denkbar. Die meisten der möglichen Permutationen würde man aufgrund impliziten Sprachwissens jedoch gar nicht erst vornehmen (wie etwa „schlechte habe ich mir ..."). Außerdem ist die Position der Konstituenten im Mittelfeld, in das sie verschoben werden müssen, ebenfalls nicht ganz beliebig (Subjekt eigentlich nur direkt hinter der linken Satzklammer). Um die Vorfeldprobe also erfolgreich anwenden zu können, muss man das mögliche Ergebnis in gewisser Weise bereits antizipieren; man muss also zumindest bereits erahnen, was die Proben ergeben, um sie überhaupt anwenden zu können. Dies wiederum setzt einiges an sprachlichem Können voraus. Geyer/Müller (2025) sehen den Einsatz solcher Verfahren bereits im Primarbereich daher kritisch, obwohl viele Lehrwerke dies einfordern.

Abschließend soll mit diesem Szenario noch einmal in den Vordergrund gerückt werden, dass Prozesswissen und Analysewissen (vgl. ▶ Kap. 6) verschiedene Dinge sind. Selbst in aktuellen Lehrwerken finden sich noch Belege für die Vermischung dieser beiden Wissensarten.

> ▶ **Beispiel: Präpositionen richtig verwenden**
>
> „Präpositionen (Sg. Präposition) bezeichnen Beziehungen zwischen Dingen oder Personen. Sie sind deshalb meistens mit einer Nominalgruppe verbunden, deren Kasus sie bestimmen: Der Genitiv folgt z. B. nach unterhalb, während, wegen."
>
> Beispiel aus: D1, Klasse 6. 2019: 265 ◄

Abgesehen davon, dass neuere Grammatiken bei *während* und *wegen* den Dativ auch als akzeptabel einstufen, wird hier Analysewissen (in Form von Kategorienwissen über die Wortart Präposition) verbunden mit dem Anspruch, die Wörter „richtig zu verwenden", also mit Prozesswissen und sprachlichem Können. Dass solche Merksätze zu sprachlichem Können führen, ist jedoch ein eher naives und empirisch nicht belegtes Verständnis von sprachlichem Lernen.

## 8.4 Szenario 4: Grammatisches Üben

Hieran knüpft Szenario 4 an: Wir widmen es dem sprachlichen Können. Spätestens im Rahmen der Forschungen zum Zweitspracherwerb wurde ins Bewusstsein gerückt, dass die Auseinandersetzung mit Grammatik auch das sprachliche Können selbst fokussieren müsste. Der Ausbau sprachlicher Fähigkeiten vollzieht sich jedoch weitgehend unabhängig von Instruktion und Vermittlung, wie in ▶ Kap. 4 ausführlich dargelegt wurde. Es stellt daher eine gewisse Herausforderung dar, Lerngelegenheiten zu schaffen, die diesen Ausbau unterstützen. Aktuelle Zugänge wie der des „mimetischen Lernens" (Hochstadt 2015) oder der des „Grammatischen Lernens" (Feilke/Tophinke 2016) stellen sich dieser Herausforderung und wollen auch das sprachliche Können fördern.

**Beschreibung** Ähnlich wie in Szenario 1 wird den Schüler/innen (geeignet für Klasse 3–5) ein kurzes Märchen oder eine Fabel vorgelesen. Bei jüngeren Kindern kann der gleiche Text mehrfach vorgelesen werden, bei älteren können verschiedene, aber ähnliche Texte genutzt werden. Wichtig ist hierbei lediglich, dass die Texte nicht allzu lang sind, eine ähnliche Struktur aufweisen und im Präteritum stehen. Außerdem sollten die Kinder Gelegenheit bekommen, den Text laut vorzulesen, ggf. als gemeinsames Lesen, um die sprachlichen Formen selbst auch zu artikulieren. Im Anschluss setzen sich die Schüler/innen gezielt mit den konkreten Verbformen auseinander: Dazu bieten sich – je nach Lernstand und Alter – verschiedene Möglichkeiten an, wie etwa einen vorbereiteten Lückentext ergänzen, Reimpaare finden oder die herausgesuchten Verbformen kategorisieren (vgl. Hochstadt 2015: 18 f.). Besonders eignen sich dabei Aufgaben, in denen sich die Schüler/innen aktiv handelnd mit den sprachlichen Formen auseinandersetzen: Z. B. könnten die Verbformen in andere Tempora, Modi oder Genera Verbi transformiert werden.

Wenn sich die Klasse ausführlich mit dem Text vertraut gemacht hat und sich reflektiert mit den spezifischen sprachlichen Formen, insbesondere den Verbformen, beschäftigt hat, bekommen die Kinder den Auftrag, das Märchen oder die Fabel neu zu erzählen, „als seien sie sein Erfinder" (Hochstadt 2015: 19). Dabei könnte die Aufgabe einerseits darin bestehen, gezielt Substitutionen vorzunehmen. Es könnte aber andererseits auch dazu ermuntert werden, dass sich die Kinder am ursprünglichen Wortmaterial ausführlich bedienen. Es geht dabei dezidiert weder darum, inhaltlich eng am Original zu bleiben, noch „in eigenen Worten zu formulieren", denn der sprachliche Input soll ja gerade als Lernimpuls genutzt werden.

**Sprachliche Beispiele** Aktuelle Methoden, die das sprachliche Können in den Mittelpunkt rücken, haben gemein, dass sie dem sprachlichen Input eine besondere Bedeutung beimessen; sie unterscheiden sich lediglich in der Perspektivierung. So spricht die Konstruktionsgrammatik von der sogenannten „Inputflutung" (vgl. Becker et al. 2023). Auch Myhill fokussiert auf den Input, wenn sie „mentor texts" empfiehlt (Myhill 2018). In dem vorgestellten Szenario übernehmen die Märchen die Funktion des „mentor text": Der Text dient als Vorbild, das für die Schüler/innen bezüglich zentraler Eigenschaften – in diesem Fall des Präteritumgebrauchs – eine Folie bietet, an der sie sich orientieren können. Von Inputflutung lässt sich insofern sprechen als für Lernprozesse eine gewisse Menge an Input vorausgesetzt wird, damit die Lernenden implizite Muster extrahieren können. Daher gilt es, die Schüler/innen sowohl mit einer genügenden Menge an sprachlichen Vorbildern zu versorgen als auch diese in ausreichend intensiver Weise zu präsentieren. Das Lesen in unserem Szenario erfüllt die Funktion, den Text sprachlich nachzuempfinden und nachzuspüren. Feilke/Tophinke verwenden im Zusammenhang mit ihrem Konzept des grammatischen Lernens den Terminus des „beispielorientierten Lernens": „Grammatisches Lernen funktioniert über Beispiele guten Gebrauchs und vollzieht sich in der Aneignung von Beispielen bewährter und normativ akzeptierter grammatischer Gebrauchsformen bzw. Muster" (Feilke/Tophinke 2016: 6).

**Beim mimetischen Lernen** wird ebenfalls auf den Input abgezielt: Die Schüler/innen orientieren sich an geeigneten sprachlichen Vorbildern, indem sie diese intensiv rezipieren und sich mit ihnen handelnd beschäftigen. Denn über diese Rezeption hinaus müssen die Lernenden sich auch sprachlich betätigen und ausprobieren können, und zwar auf eine intensive sich wiederholende Weise. Gerade für sprachliches Können hat das Üben eine besondere Bedeutung. Das wiederholte Tun ermöglicht es, Handlungen zu automatisieren und einzuschleifen. Bredel und Pieper sprechen in diesem Zusammenhang auch von einem „modellverarbeitenden Üben" (2022: 27). Es ist darauf zu achten, dass die Übungstätigkeit in möglichst authentische Sprachhandlungskontexte eingebunden ist. Um komplexe oder schwierige sprachliche Formen, wie die präteritalen Formen, in den aktiven Sprachgebrauch aufzunehmen, müssen sie „häufig gehört, gesprochen, gelesen und geschrieben werden" (Hochstadt 2015: 155).

**Formen des Übens** Das Üben gerät allerdings schnell in Verruf, wenn es mit kontextentbundenem Drill in Verbindung gebracht wird. In der aktuellen Diskussion erfährt es jedoch eine gewisse Rehabilitation (vgl. etwa Bredel/Pieper 2022). Zu bedenken ist, dass es unterschiedliche Funktionen erfüllen kann. „Während der Phase des metasprachlichen Wissensaufbaus dient Üben der Festigung fachlicher Zusammenhänge" (Unterholzner/Müller 2023: 32); es ist dann eher ein memorierendes Üben. Von diesem **memorierenden Üben**, das vor allem auf Wissensinhalte abhebt, lassen sich weitere Formen des Übens abgrenzen: „Der aktive, wiederholte Umgang mit der angebotenen Struktur [...] führt im Idealfall zu einem Gewahrwerden der infragestehenden Struktur, die zunehmend zu einem selbstverständlichen, noch intuitiv bleibenden Ordnungsrahmen wird" (Bredel/Pieper 2022: 23 f.). Dies bezeichnen Bredel und Pieper (2022) als **erkenntnisanbahnendes Üben**. Indem nun Lernende bestimmte Erkenntnisse oder auch Strategien wiederholt anwenden, vollzieht sich ein **habitualisierendes Üben**. Mit diesem „sichern und stabilisieren sie die gewonnenen Erkenntnisse und lernen, sie zunehmend sicher zu nutzen" (Bredel/Pieper 2022: 24). Rückt man die Bedeutung oder gar Notwendigkeit des Übens wieder stärker ins Bewusstsein, ergeben sich vielleicht Lösungsansätze für zwei der drängendsten Herausforderungen beim grammatischen Lernen: die Trägheit des grammatischen, metasprachlichen Wissens und das sich der Instruktion weitgehend entziehende sprachliche Können. Für beides bieten sich mit den entsprechend passenden Formen des Übens möglicherweise konstruktivere Zugänge. Empirische Belege stehen hierfür allerdings noch weitgehend aus.

**Lernen am Modell** Von zentraler Bedeutung für das implizite Lernen am Modell ist, dass geeignete Texte als sprachlicher Input ausgewählt werden. Zweifellos bieten literarische Texte viele Möglichkeiten zum integrativen Arbeiten und zum impliziten Lernen. Es könnte sich aber als sehr aufwändig gestalten, aus der Fülle an Bilderbüchern und Kindertexten geeignete auszuwählen. Im Rahmen des Projekts *Litkey* (von Lehmden et al. 2022) wurden Bilderbücher entwickelt, die spezifische sprachliche Lernbereiche fokussieren, welche explizit ausgewiesen sind. Diese auch literarisch und graphisch ansprechenden Bilderbücher erleichtern Lehrkräften die Auswahl geeigneten Materials; ein Handbuch gibt Hinweise für den Umgang im Unterricht.

Das Bilderbuch „*Mensch, Oma!*" (Müller-Brauers/von Lehmden et al. 2022) kontrastiert die Tempusformen Präsens, Präteritum und Perfekt dezidiert in angemessenen Verwendungskontexten (◘ Abb. 8.1). Es bietet sowohl eine musterhafte Verwendungsweise der jeweiligen Verbformen als auch Anregungs- und Anknüpfungspunkte, sich mündlich oder schriftlich produktiv mit den Tempusformen auseinanderzusetzen.

◘ **Abb. 8.1** Beispielseite aus dem Bilderbuch „Mensch, Oma!" (Müller-Brauers/von Lehmden et al. 2022)

Auch das implizite Lernen und das Lernen am Modell können übrigens mit Reflexionsgesprächen und dem schon oben erwähnten Grammatikgespräch verbunden werden, da Bewusstmachungsprozesse als ein wichtiger Bestandteil des sprachlichen Lernens gesehen werden (vgl. ▶ Kap. 6).

**Transformationen**  Ein operationales Verfahren im Rahmen des Lernens am Modell, das gerade im Kontext Zweit- und Mehrsprachigkeit empfohlen wird, ist die Transformation (Belke 1999/2012; Belke/Geck 2020). Unter Transformation versteht Belke die „Umformung der Satzstruktur bei gleichbleibendem lexikalischem Material" (1999: 85). Es wird empfohlen, diese als spielerische Übungen in den Unterricht einzubauen. Belke nutzt dazu auch Reime und Gedichte, die sich durch feste repetierende Strukturen besonders gut eignen.

> ▶ **Beispiel**
> Petra
> Das macht Petra, wenn sie sich mit Steffen an-freundet:
> Sie lächelt ihn an.
> Sie legt ihren Arm um Steffen.
> Sie hält Steffen an der Hand.
> Sie macht Steffen den Ranzen zu.
> Sie setzt sich ganz nah zu Steffen.
> Das macht Petra, wenn sie sich mit Steffen ab-freundet:
> Sie dreht Steffen den Rücken zu.
> Sie guckt Steffen bös an.
> Sie streckt Steffen die Zunge raus.
> Sie lacht Steffen aus.
> Von Marianne Kreft ◄

Dieses Gedicht können die Kinder nun spielerisch umformen, indem sie z. B. „Petra" durch „ich" ersetzen oder die Liste mit anderen Präfix-Verben erweitern (vgl. Belke 1999: 202). Belke schreibt dazu, dass „Sprachspiele und poetische Texte in besonderem Maße geeignet sind, den in mehrsprachigen Lerngruppen erforderlichen muttersprachlichen mit dem zweit- bzw. fremdsprachlichen Grammatikunterricht zu verbinden, weil sie die Aufmerksamkeit der Kinder auf bestimmte sprachliche Strukturen ermöglichen" (ebd.: 205). Sie warnt jedoch davor, literarische Texte allein als sprachliche Übungen zu nutzen, ohne deren poetischen Wert zu würdigen. Vielmehr plädiert sie für einen produktiven Umgang mit literarischen Texten, der beides sein sollte: „guter Grammatikunterricht und guter Literaturunterricht" (ebd.: 205).

**Schlussbemerkung** In diesem Kapitel haben wir versucht, möglichst viele Facetten des unterrichtlichen Umgehens mit sprachlichen Strukturen aufzuzeigen. Betont werden muss dabei, dass der Erfolg dieses Unterrichts nicht so sehr davon abhängt, die „richtige" Methode einzusetzen – denn die gibt es nicht –, sondern vielmehr davon, die Methode „richtig" einzusetzen. Das Wissen um die verschiedenen Konzepte, Zugriffsweisen und Methoden und wie sie im Unterricht umgesetzt werden können, stellt daher eine wichtige Voraussetzung für guten Unterricht dar. Die folgende Bilanz von Weinert und Helmke aus dem Jahr 1996 dürfte nichts an Aktualität eingebüßt haben: Es kann „mit großer empirischer Evidenz festgestellt werden, daß der gute Lehrer deshalb so erfolgreich ist, weil er über eine besondere Qualität professionellen Wissens und Könnens verfügt" (Weinert/Helmke 1996: 232). In diesem Zusammenhang ist jedoch auch die Erkenntnis von Bedeutung, dass diese Expertise nicht erst während der Berufspraxis entwickelt wird. Im Gegenteil belegen Weinert und Helmke, dass es im Gegensatz zu anderen Berufssparten wie dem medizinischen Bereich „keinen signifikanten Zusammenhang zwischen der Dauer der Berufstätigkeit von Lehrern, dem Niveau ihres Expertenwissens und ihrem Unterrichtserfolg" gibt (Weinert/Helmke 1996: 323). Eine Konsequenz aus diesem Befund könnte sein, die Lehrkräftebildung noch besser aufzustellen in Bezug auf die Aneignung fachlichen und fachdidaktischen Wissens.

# Literatur

Becker, Tabea/Busche, Natalie (2019): Tempusgebrauch in Kindererzählungen. In: Anja Binanzer/Miriam Langlotz/Verena Wecker (Hg.): *Grammatik in Erzählungen – Grammatik für Erzählungen. Erwerbs-, Entwicklungs- und Förderperspektiven*. Baltmannsweiler: Schneider Verlag Hohengehren, S. 103–123.
Becker, Tabea/Hagemeier, Carolin/Michel, Anke (2023): Wortgruppe. In: *Der Deutschunterricht* 3, S. 38–48.
Belke, Gerlind (1999): *Mehrsprachigkeit im Deutschunterricht*. Baltmannsweiler: Schneider.
Belke, Gerlind (2012): *Mehr Sprache(n) für alle: Sprachunterricht in der vielsprachigen Gesellschaft*. Baltmannsweiler: Schneider Verlag Hohengehren.
Belke, Gerlind/Geck, Martin ($^3$2020): *Das Rumpelfax. Singen, Spielen, Üben im Grammatikunterricht*. Baltmannsweiler: Schneider Verlag Hohengehren.
Betzel, Dirk/Droll, Hansjörg (2017): Dass das so schwierig ist, ... Beobachtungen zur das/dass-Thematisierung in Lehrwerken und zu den Schwierigkeiten von Lernenden mit den Ersatzproben. In: Katja Siekmann/Irene Corvacho del Toro/Ruth Hoffmann-Erz (Hg.): *Schriftsprachliche Kompetenzen in Theorie und Praxis. Festschrift für Günther Thomé*. Tübingen: Stauffenburg, S. 87–100.
Boettcher, Wolfgang (2009): *Grammatik verstehen II. Einfacher Satz*. Berlin: De Gruyter.
Boettcher, Wolfgang/Sitta, Horst (1978): *Der andere Grammatikunterricht*. München: U&S.

Bredel, Ursula (2013): *Sprachbetrachtung und Grammatikunterricht*. Stuttgart: UTB.
Bredel, Ursula/Pieper, Irene (2022): Der Beitrag des Übens zur Entwicklung sprachlicher und literarisch-ästhetischer Handlungsfähigkeit. In: Jochen Heins et al.: *Üben. Theoretische und empirische Perspektiven in der Deutschdidaktik*. Bochum: SLLD, S. 19–31 https://doi.org/10.46586/SLLD.248.
Bremerich-Vos, Albert (1993): Grammatikunterricht – ein Plädoyer für das Backen kleinerer Brötchen. In: Albert Bremerich-Vos (Hg.): *Handlungsfeld Deutschunterricht im Kontext*. Frankfurt/M.: Diesterweg, S. 102–129.
BS-Sek-I (2022) = *Bildungsstandards für das Fach Deutsch Erster Schulabschluss (ESA) und Mittlerer Schulabschluss (MSA)* (Beschluss der Kultusministerkonferenz vom 15.10.2004, i.d.F. vom 23.06.2022). Sekretariat der Ständigen Konferenz der Kultusminister der Länder in der Bundesrepublik Deutschland. Berlin/Bonn. URL: https://www.kmk.org/fileadmin/Dateien/veroeffentlichungen_beschluesse/2022/2022_06_23-Bista-ESA-MSA-Deutsch.pdf (28.12.2024)
DEins 6 Deutsch Gymnasium = Gigl, Claus/Guse, Klaus-Michael (Hg.) (2019): *DEins 6*. Braunschweig: Westermann.
Einecke, Günther (1996): Fokussieren – auf die sprachliche Ebene lenken. In: *Der Deutschunterricht* 6, S. 10–25.
Feilke, Helmuth/Tophinke, Doris (2016): Grammatisches Lernen. In: *Praxis Deutsch* 256, S. 4–11.
Funke, Reinhold (2005): *Sprachliches im Blickfeld des Wissens: grammatische Kenntnisse von Schülerinnen und Schülern*. Tübingen: Niemeyer.
Geist, Barbara (2018): Wie Kinder in Rechtschreibgesprächen Schreibungen erklären und wie die Lehrperson sie darin unterstützt. In: Susanne Riegler/Swantje Weinhold (Hg.): *Rechtschreiben unterrichten. Lehrerforschung in der Orthographiedidaktik*. Berlin: Erich Schmidt Verlag, S. 111–130.
Geyer, Sabrina/Müller, Anja (2025): Satzglieder umstellen – ein Kinderspiel? Überlegungen zur psycholinguistischen Fundierung der Schulgrammatik am Beispiel der Umstellprobe. In: Geyer, Sabrina/Cristante, Valentina (Hg.): *Grammatikdidaktik und Mehrsprachigkeit: Theoretische und empirische Perspektiven*. Bochum: Universitätsverlag (SLLD), S. 87–103.
Gornik, Hildegard (Hg.) (2014): *Sprachreflexion und Grammatikunterricht*. Baltmannsweiler: Schneider Verlag Hohengehren.
Hochstadt, Christiane (2015): *Mimetisches Lernen im Grammatikunterricht*. Baltmannsweiler: Schneider Verlag Hohengehren.
Hohler, Franz (1993): *Der Granitblock im Kino*. Ravensburg: Ravensburger Verlag.
Köller, Wilhelm (1997): *Funktionaler Grammatikunterricht. Tempus, Genus, Modus: wozu wurde das erfunden?* Baltmannsweiler: Schneider Verlag Hohengehren.
Kruse, Norbert (2013): Sprache untersuchen – Ist das Grammatik? In: *Grundschulunterricht* 1, S. 4–7.
Lehmden, Friederike von/Müller-Brauers, Claudia/Belke, Eva (2022): *Grammatikförderung mit den Litkey-Bilderbüchern*. Baltmannsweiler: Schneider Verlag Hohengehren.
Menzel, Wolfgang (1999): *Grammatikwerkstatt. Theorie und Praxis eines prozessorientierten Grammatikunterrichts für die Primar- und Sekundarstufe*. Seelze: Klett Kallmeyer.
Müller, Anja/Uhl, Benjamin (2023): Felderstruktur. In: *Der Deutschunterricht* 3, S. 60–73.
Müller-Brauers, Claudia/Lehmden, Friederike von (2022): *Mensch, Oma!* Baltmannsweiler: Schneider Verlag.
Myhill, Debra (2018): Grammar as a meaning making resource for improving writing. In: *L1-Educational Studies in Language and Literature* 18, S. 1–21. https://doi.org/10.17239/L1ESLL-2018.18.04.04
Ossner, Jakob (2007): Grammatik in Schulbüchern. In: Klaus-Michael Köpcke/Arne Ziegler (Hg.): *Grammatik in der Universität und für die Schule. Theorie, Empirie und Modellbildung*. Tübingen: Niemeyer, S. 161–184.
Otten, Tina (2021): *„So hört sich der Satzbau besser an". Eine Untersuchung metasprachlichen Wissens von Schüler/innen verschiedener Schulformen und -stufen*. Hannover: Gottfried Wilhelm Leibniz Universität.
Rösch, Heidi/Rotter, Daniela/Darsow, Annkathrin (2012): Focus von Form (FoF) und Focus on Meaning (FoM): Konzeption der sprachsystematischen und fachbezogenen Zweitsprachförderung im BeFo-Projekt. In: Bernt Ahrenholz/Werner Knapp (Hg.): *Sprachstand erheben – Spracherwerb erforschen*. Freiburg: Fillibach, S. 173–186.
Rothstein, Björn (2023): *Deutschunterrichtlicher Sprachvergleich. Kontrastierung als didaktisches Verfahren*. Bochum: SLLD.

Rotter, Daniela (2015): *Der Focus-on-Form-Ansatz in der Sprachförderung: Eine empirische Untersuchung der Lehrer-Lerner-Interaktion im DaZ-Grundschulkontext*. Münster: Waxmann.

Schönenberg, Stefanie (2011): Der Klammermann als Basismodell der Satzlehre. In: *Praxis Deutsch*, 38/226, S. 12–19.

Simmel, Cornelia (2007): Wie erklären sich Schülerinnen und Schüler gegenseitig grammatische Phänomene? Eine empirische Untersuchung in 5. und 8. Klassen am Beispiel der Wortarten. In: *Osnabrücker Beiträge zur Sprachtheorie* 73, S. 57–80.

Spinner, Kaspar H. (2006): Literarisches Lernen. In: *Praxis Deutsch* 33/200, S. 6–16.

Topalović, Elvira/Uhl, Benjamin (2014): „In der Gegenwart erzählen wir im Präsens!". In: *Die Grundschulzeitschrift* 277, S. 42–45.

Unterholzner, Franz/Müller, Hans-Georg (2023): Metakognition als Brücke zwischen sprachlichem Wissen und Können. In: *Didaktik Deutsch* 28(55), S. 20–38. https://doi.org/10.21248/dideu.677.

VggF (2019) = *Verzeichnis grundlegender grammatischer Fachausdrücke*. URL: https://grammis.ids-mannheim.de/vggf (11.11.2024)

Weinert, Franz E./Helmke, Andreas (1996): Der gute Lehrer: Person, Funktion oder Fiktion? In: Achim Leschinsky (Hg.): *Die Institutionalisierung von Lehren und Lernen*. Weinheim: Beltz, S. 223–233.

# Praxisvorschläge

Inhaltsverzeichnis

Kapitel 9    Fokus: Wort  –  189

Kapitel 10   Fokus: Wortgruppe  –  209

Kapitel 11   Fokus: Satz  –  237

Kapitel 12   Fokus: Text  –  255

# Fokus: Wort

**Inhaltsverzeichnis**

9.1 Über Wörter nachdenken – 193

9.2 Wörter in Gedichten gebrauchen – 197

9.3 Wörter (neu) bilden und sortieren – 201

Literatur – 207

© Springer-Verlag GmbH Deutschland, ein Teil von Springer Nature 2025
T. Becker, C. Peschel, E. Topalović, *Grammatik in der Schule*,
https://doi.org/10.1007/978-3-476-06010-5_9

„Es gibt wohl kaum einen Begriff, auf den man in der Linguistik so häufig stößt wie auf den des Wortes. Das ‚Wort' gilt faktisch als die sprachliche Grundeinheit schlechthin." (Wurzel 2000: 29) Weil das Wort „in allen Teilbereichen des Sprachsystems gleichermaßen eine wichtige Rolle spielt" (ebd.), ist seine Begriffsbestimmung nicht einfach. Wenn wir im Folgenden das Wort in den Blick nehmen, betrachten wir es in drei Perspektiven: Wort als sprachliche Einheit, Wortarten und Aufbau von Wörtern.

**Wort** Die Perspektive Wort als sprachliche Einheit ist eng verknüpft mit der Frage, was ein Wort überhaupt ist. Entgegen dem subjektiven Eindruck (recht)schreibgewohnter Erwachsener erschließt sich das Wort nämlich nicht durch Pausen beim Sprechen. Vielmehr gliedern wir den Lautstrom mit Tonhöhenverläufen und Akzentsetzungen. Lediglich am Ende größerer syntaktischer Einheiten wie Phrasen, Sätzen oder ganzer Äußerungspakete werden kurze, oft auch nur kürzeste Pausen hörbar.

Im alltäglichen Sprachgebrauch wird unter „Wort" meist das *lexikalische Wort* verstanden, vergleichbar mit einem Wörterbuch- oder Lexikoneintrag (Eisenberg 2020: 19), in dem die Wortbedeutung erklärt wird. In Phrasen und Sätzen hingegen stehen keine Wörter, sondern Wortformen, d. h. *syntaktische Wörter* (ebd.: 18), die in flektierenden Sprachen wie dem Deutschen die Relationen im Satz markieren.

Wenn Kinder einen Zugang zur Schriftkultur bekommen (z. B. durch Bilderbuchvorlesen) oder in der Schule lesen und schreiben lernen, erwerben sie auch ein Wortkonzept: In der geschriebenen Sprache sind Wörter durch Leer- bzw. Zwischenräume (Spatien) getrennt. Es handelt sich dabei um „die orthographische Gliederung der Äußerung in Einheiten" mit „Grenzmarkierungen", die „grammatische Funktionen" (Maas 1992: 7) haben. Mit anderen Worten: „Erst Schrift macht Wörter als grammatische Segmente sichtbar, lernbar." (Röber-Siekmeyer 2003: 397) Hier geht es entsprechend um das *orthographische Wort*.

Die weiterentwickelten Bildungsstandards listen sowohl für den Primarbereich als auch für die Sekundarstufe I beim *Wort* unter anderem *Wortfamilie*, *Wortstamm*, *Wortbaustein*, *Wortfeld* und *Wortart* auf (vgl. BS-Primarbereich 2022: 22; BS-Sek-I 2022: 42). Wir werden auf diese verschiedenen Fachausdrücke in den folgenden Ausführungen bei Bedarf näher eingehen.

**Wortarten** Bei der zweiten Perspektive geht es um die Frage, wie Wörter – je nachdem, welche Kriterien zugrunde gelegt werden – in unterschiedliche „Arten" klassifiziert werden können.

> **Definition**
>
> „Eine Wortart ist eine Klasse von Wörtern. Die einzelnen Klassen werden auf der Grundlage von morphologischen (Flektierbarkeit, Flexion), syntaktischen und semantischen Kriterien bestimmt." (VggF 2019).

Spätestens zum Ende der Grundschulzeit sollen entsprechend den Lehrplänen die basalen Wortarten im Unterricht thematisiert worden sein. In Niedersachsen beispielsweise wird bereits für Ende des 2. Schuljahrs gefordert: „Die Lernenden ordnen Wörter den Wortarten Nomen, Verb und Adjektiv zu" (Kerncurriculum für die Grundschule

Deutsch 2025: 32). Erfolgreiches grammatisches Lernen setzt allerdings voraus, dass den Schüler/innen vor der Vermittlung grammatischer Fachausdrücke wie „Wortart" und „Nomen" die notwendige grammatische „Information" implizit zugänglich gemacht wurde (vgl. Funke 2005: 315). Als fachliche Kategorien, die dann auch mit einem begrifflichen Verständnis verbunden sind, sind sie ein wichtiges Werkzeug, um über Sprache zu sprechen (vgl. ▶ Abschn. 2.2.3).

Allerdings ist die Klassifizierung von Wörtern in verschiedene Wortarten theoretisch alles andere als trivial und die Benennung einzelner Kategorien sowie deren Zuordnung durchaus umstritten. Darüber darf auch die Tatsache nicht hinwegtäuschen, dass bereits in der Primarstufe erste Wortkategorien eingeführt werden. Die Zuordnung eines Wortes zu einer Wortart hängt nämlich auch von dem Gebrauch dieses Wortes in einem konkreten Satz oder Text ab. Es kann daher schnell zu Schwierigkeiten oder Ungenauigkeiten führen, wenn isolierte Wörter einer Wortart zugeordnet werden sollen. Leider finden sich immer wieder auch in Lehrwerken derartige Übungen.

**Aufbau von Wörtern** Die dritte Perspektive betrifft den Aufbau von Wörtern. Dieser Blick ist gerade für das Deutsche als flektierende und morphologisch produktive Sprache von großer Bedeutung. Bei morphologisch komplexen Wörtern ist für die Erschließung der Wortbedeutung, aber auch für die Wortschreibung Voraussetzung, dass das Wort in seine **Wortbausteine**, also seine **Morpheme**, zerlegt werden kann (zur morphologischen Bewusstheit vgl. ▶ Kap. 6). Das Wort *unverträglich* würde ohne Verständnis seiner Wortbausteine und nur auf Basis der Lautung möglicherweise so geschrieben: *\*unfertreklich*. Erst durch eine **Analyse** des Wortes, d. h. seine Zerlegung in Morpheme und die Bestimmung ihrer morphologischen Herkunft, kann die richtige Schreibung hergeleitet werden: *un-ver-träg-lich* < *ver-träg-lich* < *ver-trag-en*. Das Wort *vertragen* besteht aus insgesamt drei Wortbausteinen:

1. dem **Wortstamm** *trag*, einem lexikalischen Morphem, das die grundlegende Bedeutung trägt und die Umlautschreibung *ä* in *verträglich* „verursacht" (das gilt für alle abgeleiteten Wörter derselben **Wortfamilie**, z. B. auch in *Träger, Trägheit, erträglich*),
2. dem **Präfix** (zu lat. *praefigere* „vorn anheften") *ver-*, das die Bedeutung von *tragen* verändert, und
3. dem **Suffix** (zu lat. *suffigere* „hinten anheften") *-en*, das als grammatisches Morphem z. B. den Infinitiv (Grund-/Nennform) oder die 1. und 3. Person Plural (*wir/sie vertragen*) bei Verben markiert.

Suffixe können also auch Hinweise auf die Wortart geben, da sie in der Regel in ihrer Zuordnung festgelegt sind, wie z. B. auch *-lich* für Adjektive (z. B. *verträglich*) oder *-keit* für Nomen (z. B. *Verträglichkeit*). Allerdings dominiert in den Lehrwerken nicht die Analyse, sondern meist die Synthese von Wörtern (vgl. Becker/Peschel 2013), d. h. es werden Aufgaben gegeben, bei denen Wörter oder Morpheme zu neuen Wörtern zusammengesetzt werden sollen. Mit derartigen Übungen sind nicht immer sinnvolle Lernziele verbunden. Dies liegt daran, dass die grundsätzliche Fähigkeit, Morpheme produktiv (vgl. auch ▶ Kap. 2) zu verwenden, im Zuge der allgemeinen Sprachentwicklung bereits im Kindergartenalter erworben wird. So ist auch ein Vierjähriger in der Lage, aus mehreren Morphemen ein komplexes Wort zu bilden (z. B. das Wort

> **Zur Vertiefung**
>
> **Problem der Wortartenkategorisierung**
>
> Vergleicht man die Wortartenkategorisierung in verschiedenen Grammatiken, wird man mehr oder weniger in Zahl und Art abweichende Systeme finden. Auch wenn über die Kernbereiche große Einigkeit herrscht, ergeben sich bei der Wortartenkategorisierung in zweifacher Hinsicht Probleme (vgl. auch Storrer 2009):
>
> 1. Das Problem der Grenzziehung besteht darin, „dass man diese Grenzen nach unterschiedlichen Gesichtspunkten und unter Verwendung verschiedener formaler und funktionaler Kriterien ziehen kann" (Storrer 2009: 907). Storrer führt hierfür zwei Beispiele an: Für Adjektive wird generell das Merkmal „flektierbar" angenommen. Wörter wie *schade* oder *quitt* können jedoch nur prädikativ, also in nicht-flektierter Form und Position, verwendet werden, werden aber dennoch meist zu den Adjektiven gezählt. Das Wörtchen *es* wiederum wird den Pronomen zugeschlagen, kann aber z. B. auch formales Subjekt (*Es regnet.*) sein oder Korrelat (*Es hat sich etwas ereignet.*) (vgl. Storrer 2009: 911).
>
> 2. Das Problem der Grenzüberschreitung ergibt sich daraus, „dass bestimmte Wörter häufig eine bestimmte Kategoriengrenze passieren oder in mehreren Funktionen in mehreren Gebieten ‚tätig' sind" (Storrer 2009: 908). Beispiele hierfür sind zum einen die Konversion, die es im Deutschen ermöglicht, (fast) jedes Wort zu nominalisieren: *das Lachen, mein Ich, im Hier und Jetzt*. Ebenso können Verben in Form von Partizipien zu Adjektiven werden (*tragen – der getragene Pulli – die tragende Stütze*). Das letzte Beispiel illustriert außerdem, dass manche Wörter in verschiedenen Wortarten „aktiv" werden können: So können Adjektive als Adverbien gebraucht werden, Präpositionen zuweilen als Subjunktor (z. B. *bis*), Adjektive als Intensitätspartikel fungieren (*eine echt schwierige Aufgabe*) usw. (vgl. Storrer 2009: 918 f.).
>
> Für die unterrichtliche Thematisierung sollte man sich unbedingt dieser „Problemfälle der Wortartenzuordnung" (Storrer 2009: 921) bewusst sein.

*Dschungelfreihacker* (Eigenbeleg) zur Bezeichnung für eine Machete, das immerhin aus vier Morphemen unterschiedlichster Art besteht: *Dschungel-frei-hack-er*). Es dürfte also für eine Drittklässlerin relativ leicht sein, aus zwei Nomen ein Kompositum zu bilden.

**Produktivität** Im Deutschen gibt es kaum Beschränkungen, was die Bildungsmöglichkeiten von Wörtern angeht. Zudem sind einige Wortbildungsmuster von hoher Produktivität, bringen also eine große Zahl von Neubildungen hervor. So lässt sich das Präfix *ver-* vor jedes beliebige Verb setzen und sogar mit anderen Präfixen bzw. Partikeln kombinieren (*unver-, ausver-*). Partikelverben wie *aus-/mit-/vortragen* sind im Gegensatz zu Präfixverben trennbar (*sie tragen das Spiel heute aus*) und bilden ein *ge-*Partizip (*sie haben das Spiel ausgetragen* vs. *sie haben sich gut vertragen*). Die hohe Produktivität einzelner Wortbildungsmuster führt dazu, dass neue Wörter problemlos gebildet werden können, z. B. *sich verflüstern* oder *verbadet*. Selbst wenn solche Wortbildungen nicht lexikalisiert sind, d. h. nicht Teil des Wortschatzes sind, können sie im passenden Kontext verstanden werden. Die Neubildung *sich verbaden* wäre z. B. in einem entsprechenden Kontext (etwa dem Loriot-Sketch der zwei Herren in der Wanne) durchaus denkbar und verständlich. Auch die Häufigkeit und Vertrautheit bestimmter Muster unterstützt den Verstehensprozess. So ist das Muster [*ver-* + Infinitiv = die im Verb ausgedrückte Handlung falsch oder ungünstig ausführen] so vertraut, dass man selbst Neubildungen, die diesem Muster folgen, wie *sich verflüstern*, gut entschlüsseln kann.

**Lexikalisierte Komposita** Allerdings sind nicht alle möglichen Bildungen eines produktiven Musters Teil des Wortschatzes einer Sprache, sind also lexikalisiert. Wörter wie *Mähbalken, Heckenschneider, Schneidebalken* oder *Heckenmäher* können zwar leicht gebildet werden; aber nur die ersten beiden stellen lexikalisierte Komposita dar. Hinzu kommt, dass die Wortbildung nur auf den ersten Blick „einfach" ist. Würden sich die Kinder diese nicht im Zuge des allgemeinen Spracherwerbs aneignen, wäre es kaum möglich, ihnen die Bildungsregeln explizit zu vermitteln. Um im obigen Beispiel zu bleiben: Warum heißt es *Mähbalken* und nicht \**Mähebalken*, aber *Schneidebalken* und nicht \**Schneidbalken*? Das soll jedoch nicht bedeuten, dass es nicht gewinnbringend ist, diese Unterschiede im Unterricht zu thematisieren und bewusst zu machen. Ebenso kann thematisiert werden, welche Bedeutungen und Bedeutungsveränderungen mit Suffigierungen oder Präfigierungen verbunden sind, z. B. durch Suffixe wie in *gewaltlos, friedvoll, Klugheit* oder durch Präfixe wie in *missdeuten, verspielen, Megaparty* (vgl. VggF 2019).

**Analyse von Wörtern** Während die Synthese von Wörtern oder Wortbausteinen Schulkindern grundsätzlich wenig Schwierigkeiten bereitet, gilt das für die Analyse nicht. Vor allem die Segmentierung komplexer Wörter stellt auch am Ende der Grundschulzeit oft noch eine Herausforderung dar und auch zu Beginn der Sekundarstufe gelingt dies noch nicht problemlos (Becker/Peschel 2013). In fundierten Konzepten zur Rechtschreibförderung wird daher der morphologischen Bewusstheit und der Analysefähigkeit komplexer Wörter viel Raum gegeben (vgl. Bangel/Müller 2018; Becker et al. 2021). Übungen, die auch die Analyse von Wörtern umfassen, bietet z. B. *Passwort Lupe* für Jahrgang 4 (56–57).

## 9.1 Über Wörter nachdenken

Mit der Frage „Was ist ein Wort?" beschäftigen sich zahlreiche Unterrichtsvorschläge für den Deutschunterricht – schließlich ist das *Wort* ein traditioneller „grundlegender grammatischer Fachausdruck" (VggF 2019) und findet sich in allen Bildungsstandards für das Fach Deutsch. Auch wissenschaftliche Grammatiken wie die Duden-Grammatik stellen sich „wortwörtlich" die gleiche Frage (vgl. Gallmann 2022: 595). Es geht dabei zum einen um den Wortbegriff an sich, zum anderen aber auch um weiterführende Aspekte wie etwa die Bildung und die Komplexität von Wörtern. Für beide folgenden Unterrichtsvorschläge gilt, dass sie sich besonders gut für Grammatikgespräche eignen, in denen die Schüler/innen sich über das gemeinsame Nachdenken über Sprache grammatischen Regularitäten und Mustern nähern.

### 9.1.1 Was ist ein Wort?

**Beschreibung** In ihrem Beitrag „Über Wörter und Sätze sprechen" schlagen Bien-Miller/Wildemann (2023) vor, Karten als Gesprächsimpulse zu nutzen. Ziel ist es, dass Kinder ausgehend von ihren sprachlichen Präkonzepten grammatisches Wissen aufbauen und sich gleichsam einen Begriff über grammatische Fachausdrücke wie *Wort* machen. Sie beziehen sich dabei explizit auf die weiterentwickelten Bildungsstandards (BS-Primarbereich 2022: 19 f.): Die Schüler/innen sollen im domänenspezifischen Kompetenzbereich „Sprache und Sprachgebrauch untersuchen" vor allem „ihre Sprachbewusstheit" sowie „Freude am experimentellen/kreativen Umgang mit Sprache und an der Aufdeckung sprachsystematischer Zusammenhänge" weiterentwickeln. Auf den Impulskarten, die als digitale Materialien zur Verfügung gestellt werden, können Fragen wie die folgenden erste Impulse für Grammatikgespräche zum Thema *Wort* geben (vgl. ebd.: 38).
- *Woran erkennst du ein Wort?*
- *Ist „Kinder spielen" ein Wort?*
- *Woran erkennst du es?*

Oder aber:
- *Wann ist ein Wort ein Wort?*
- *Sind „l" und „a" auch Wörter?*
- *Wie viele Wörter stecken in dem Wort „Hausaufgabenheft"?*

Durch solch spannende Fragen werden die Schüler/innen angeregt, gemeinsam „über die Struktur, die Funktionen und den Gebrauch von Wörtern" (ebd.: 38) zu diskutieren. Die von Bien-Miller/Wildemann (2023) vorgeschlagenen Fragen berühren sowohl das Wort als sprachliche Einheit, z. B. als lexikalisches Wort bzw. als „bedeutungstragende Lexikoneinheiten", als auch die Wortbildung und semantische Relationen (ebd.). So geht es im Beispiel „Kinder spielen" um Leerzeichen (Spatien) bzw. grammatische „Grenzmarkierungen" (Maas 1992: 7), die die sprachliche Einheit Wort erst in der geschriebenen Sprache sichtbar machen. Bei „l" und „a" wird die Frage kleinerer Einheiten, d. h. Buchstaben, aus denen geschriebene Wörter bestehen, aufgeworfen: Wörter haben eine lexikalische Bedeutung oder eine grammatische Funktion, einzelne Buchstaben aber nicht. Und bei „Hausaufgabenheft" wird die Komplexität eines einzelnen Wortes bzw. das Wortbildungsmuster der Komposition angesprochen. Damit alle Kinder wissen, wie man mit den Impulskarten arbeitet, wird eine Karte gemeinsam im Plenum besprochen, danach denken die Kinder in 3er- oder 4er-Gruppen gemeinsam über die Fragen nach. Sollten Fragen offen bleiben, können diese dann wieder gemeinsam in der Klasse besprochen werden (vgl. ebd.: 39).

**Kommentar** Besonders hervorzuheben ist bei dieser Unterrichtsidee neben den Impulsfragen zum *Wort* das interaktive, auch ko-konstruktive Format: Grammatikgespräche dürften die sprachlich-reflexiven Fähigkeiten der Kinder auch aufgrund von Aushandlungsprozessen besser entwicklen als Arbeitsblätter. Sie können gemeinsam Lösungen bzw. Antworten suchen und ihre je individuellen Vorstellungen kritisch hinterfragen. Am Ende jeder Karte in der Grammatik-Kartei stehen gelb markierte Tipps. Bei der Karte „Was ist ein Wort?" steht: „Nutze, wenn du kannst, die Begriffe: Nomen, Verb, Adjektiv." Zu überdenken wäre, ob die grammatischen Fachausdrücke nicht am Ende eines Begriffsbildungsprozesses stehen sollten. Zudem müssten die Kinder in diesem Fall bereits über einen Wortbegriff verfügen, da sie mit „Nomen, Verb, Adjektiv" schon Wortarten unterscheiden sollen. Die Unterrichtsidee von Bien-Miller/Wildemann (2023) kann auch als Inspiration für Lehrkräfte dienen, Impulskarten zu unterschiedlichen grammatischen bzw. sprachlichen Themen selbst zu gestalten, sie zu erproben und bei Bedarf anzupassen.

### 9.1.2 Ein Wort oder mehrere Wörter?

Im Jahr 2012 erschien ein Sammelband, der sich der Kompositionsfreudigkeit der deutschen Sprache widmete (vgl. Gaeta/Schlücker 2012). Damit wurde ein besonderes Merkmal der deutschen Sprache in den Blick genommen, das sich zwar auch in verschiedenen anderen Sprachen findet. Im Sprachvergleich zeigt sich jedoch, dass das Deutsche „als eine in hohem Maße kompositionsfreudige Sprache beschrieben werden" kann (Schlücker 2012: 2). So heißt die „Weltgesundheitsorganisation" im Französischen „Organisation mondiale de la Santé" – einem Kompositum im Deutschen steht eine komplexe Nominalgruppe mit Attributen im Französischen gegenüber (vgl. dazu ▶ Kap. 10). Diese unterschiedlich ausgeprägte Kompositionsfreudigkeit in verschiedenen Sprachen kann genutzt werden, um Schüler/innen adaptive Lernangebote zu machen beim sprachlich-reflexiven Lernen. Lang/Topalović (2021) schlagen in einem Beitrag zum orthographischen Lernen eine sprachvergleichende Aufgabe vor, mit der die Schüler/innen nicht nur die morphologische Struktur von Komposita und damit auch das Wortbildungsmuster durchdringen können, sondern auch die semantischen Relationen, Sprachverwandtschaften und Lehnwörter.

**Beschreibung** Ausgangspunkt ist unter der Überschrift „Zusammengesetzte Wörter und Wortgruppen vergleichen" das Kompositum „Zitronenkuchenstück", das einem N+N+N-Kompositum (*Zitronen+Kuchen+Stück*) entspricht, in dem die Bestandteile semantisch in einer „Material-Relation" (vgl. Eichinger 2000: 43) stehen. Es geht also um ein *Stück, bestehend aus Zitronenkuchen*, um das *Stück eines Zitronenkuchens* (hier mit Genitivattribut) oder um das *Stück eines Kuchens aus Zitronen* (hier mit Genitiv- und Präpositionalattribut) – allerdings klingt das sprachlich umständlich. Gebräuchlicher ist im Deutschen *Stück Zitronenkuchen* oder eben *Zitronenkuchenstück*.

In der Aufgabe werden Übersetzungen in verschiedenen Sprachen angeboten. Statt eines Kompositums werden in den übersetzten Sprachen immer Nominalgruppen mit dem Kern *Stück* (= *piece, pezzo, komad, trozo, kos, pièce, stukje*) und je nach Sprache mit Genitiv- und/oder Präpositionalgruppen gebraucht. Formal dem Deutschen am ähnlichsten ist das Niederländische: *stukje citroencake*, womit ihre Sprachverwandtschaft erkennbar wird. Die Sprachen gehören unterschiedlichen Sprachzweigen

☐ **Abb. 9.1** Verteilung der Sprachzweige innerhalb der indoeuropäischen (auch: indogermanischen) Sprachfamilie (von Westen nach Osten): *rot* = germanische Sprachen, *grünbraun* = romanische Sprachen, *dunkelgelb* = keltische Sprachen (z. B. Irisch-Gällisch, Walisisch), *grün* = slavische Sprachen, *hellblau* = albanische Sprache, *gelb* = griechische Sprache, *dunkellila* = armenische Sprache, *mittelblau* = baltische Sprachen, *dunkelblau* = iranische Sprachen, *lila* = indoarische Sprachen, *grau* = nicht-indoeuropäische Sprachen, z. B. uralische Sprachen wie Finnisch und Ungarisch oder altaische Sprachen wie Türkisch. (Quelle der Grafik: ► https://commons.wikimedia.org/wiki/File:Indo-European_branches_map.png, CC BY-SA 4.0)

der großen indoeuropäischen (auch: indogermanischen) Sprachfamilie an, und zwar der *germanischen* (Deutsch, Englisch, Niederländisch), der *romanischen* (Italienisch, Spanisch, Französisch) und der *slavischen* Sprachfamilie (Bosnisch, Slowenisch) (vgl. ☐ Abb. 9.1).

Beim **Sprachvergleich** dürfte den Schüler/innen, die sich zunächst in kleinen Forschergruppen und dann im Plenum austauschen, recht schnell auffallen, dass in keiner anderen Sprache außer dem Deutschen nur ein einziges Wort genutzt wird und dass es in keiner anderen Sprache außer dem Deutschen ein großgeschriebenes Wort gibt (vgl. ☐ Abb. 9.2). Die Aufgabe lässt sich adaptieren, zum einen durch die Ergänzung weiterer Sprachen und zum anderen durch das eigene Recherchieren, wenn zwar die Sprachen angegeben, aber die Übersetzungen ausgespart werden (vgl. z. B. die Ergänzung von Arabisch, Russisch und Türkisch in Topalović/Settinieri 2023: 83). Zudem lässt sich auch über **sprachliche Verdichtung** von Informationen und ihre Funktion sprechen: In welchen sprachlichen Handlungskontexten wird eher „Stück Kuchen" (z. B. wenn es nur einen Kuchen gibt) oder „Stück Zitronenkuchen" (z. B. wenn es mehrere Kuchen zur Auswahl gibt) und wann eher „Zitronenkuchenstück" (z. B. wenn es um Werbetexte oder Rezepte geht) gebraucht?

**Kommentar** Sprachvergleichende Aufgaben wie die gerade beschriebene können auch integrativ mit dem digitalen Lernen verbunden werden, da sich hier auch das Recherchieren im Internet anbietet (z. B. auf ► http://www.deepl.com). Genutzt werden könnten auch Online-Lernangebote wie „Ad fontes" der Universität Zürich. Unter

## 9.2 · Wörter in Gedichten gebrauchen

**Zitronenkuchenstück**
*piece of lemon cake – pezzo di torta al limona – komad kolača od limuna – trozo de tarta de limón – kos limoninega kolača – pièce de gâteau au citron – stukje citroencake*

_____ = Deutsch
_____ = Italienisch
_____ = Bosnisch
_____ = Englisch
_____ = Spanisch
_____ = Slowenisch
_____ = Französisch
_____ = Niederländisch
_____ = _____

**AUFGABEN**

1 Zitronenkuchen lieben viele Menschen. **Ordnet** die Bezeichnungen den Sprachen **zu** und **schreibt** sie **auf**. **Ergänzt** eine weitere Sprache.
2 **Schaut** euch die Wörter genauer **an**: Was bedeutet „Stück"? Was bedeutet „Zitronenkuchen"? Welche Besonderheiten hat das deutsche Wort? **Sprecht** darüber.
3 **Bildet** neue Wörter nach dem gleichen Muster in euch bekannten Sprachen. *Tipp: Nehmt andere Kuchensorten!*
4 **Probiert** es auch mit *Sommerkleid, Partnerarbeit* und *Schulferien* auf der Seite www.deepl.com **aus**.

◘ **Abb. 9.2** Sprachvergleichende Aufgabe aus Lang/Topalović (2021: 34)

„Deutsch im Kontext" können Schüler/innen der Oberstufe viel über Sprachtypologie und Sprachverwandtschaften erfahren (vgl. ▶ https://www.adfontes.uzh.ch/tutorium/die-deutsche-sprache-in-den-quellen/deutsch-im-kontext). Lehrkräfte könnten unter Umständen anmerken, dass sie ja nicht alle Sprachen beherrschen oder kennen, die von den Schüler/innen eingebracht werden könnten. Die obige Aufgabe erfordert das jedoch nicht, denn zum einen könnten Lehrkräfte auch mitrecherchieren und/oder Schüler/innen und ihren Sprach- bzw. Rechercheergebnissen vertrauen, zum anderen kann man auch durchaus „eingestehen", nicht alle Sprachen zu kennen, und Uneindeutigkeiten erst einmal stehen lassen.

## 9.2 Wörter in Gedichten gebrauchen

Sowohl ästhetische als auch sprachlich-reflexive Zugänge zum Wortbegriff können über die Bedeutungshaltigkeit einzelner Wörter gewählt werden. In der Schrift werden Wörter als (ortho)graphisch alleinstehende Elemente sichtbar, die durch Spatien voneinander abgegrenzt sind. Beide Zugänge lassen sich verbinden, wenn man sich Wörtern über ihre Rolle und Position in spezifischen Gedichtformen nähert. Hier eignen sich besonders solche Formen, bei denen die Anzahl und/oder die Position der einzelnen Wörter festgelegt ist, z. B. in Elfchen und Haikus. Bei **Elfchen** handelt es sich um eine Gedichtform, die sich in den 1980er Jahren in Deutschland vor allem im Rahmen didaktischer Konzepte zum Kreativen Schreiben (vgl. z. B. Spinner 1998) verbreitet hat. Sie bestehen aus elf Wörtern, die sich auf fünf Zeilen, deren Wortanzahl zunächst von einem Wort zu vier Wörtern ansteigt, verteilen. Die letzte Zeile enthält dann wiederum nur ein einziges Wort. Im Unterschied zum Elfchen, das gezielt für die

Unterrichtspraxis entwickelt wurde, handelt es sich beim **Haiku** um eine traditionelle japanische Gedichtform, die in ihrer Urform aus drei Zeilen mit 5 – 7 – 5 Silben (genauer: Moren) besteht. „Bei der Produktion von Haikus kommt es also darauf an, Silben zu zählen und ein Gespür für die silbische Segmentierung in einer Sprache zu entwickeln." (Zepter 2022: 274). Die deutsche Haiku-Variante hat in der Regel eine leicht abgewandelte Form. Kern (1998: 27) listet die folgenden konstitutiven Bedingungen für ein Haiku in deutscher Sprache auf:

1. Die verwendeten Wörter verteilen sich auf drei Zeilen, eine kurze, eine längere und dann wieder eine kurze.
2. Generelles Thema ist ein Naturgegenstand, etwa eine Jahreszeit oder eine Landschaft.
3. Im Zentrum stehen ein naturbezogenes Ereignis und das subjektive Erleben dieses Ereignisses.
4. Das Haiku steht im Präsens.

Lernziele können somit sowohl auf der Ebene der poetischen Vorstellungsbildung und Imagination bestehen wie auf der Ebene der sprachlichen Gestaltung (vgl. Spinner 2015). So kann etwa die Funktion des Präsens einmal für den Ausdruck von Gegenwärtigkeit, aber auch von Zeitlosigkeit thematisiert werden (vgl. Kern 1998: 27). Für beide Gedichtformen gilt, dass sie sich auch für **performative Zugänge** (vgl. Zepter 2022) – etwa zum ästhetischen, ausdrucksvollen Sprechen vor der Klasse – und für eine **mehrsprachige Gestaltung** in verschiedenen Sprachen und Sprachvarietäten eignen und ein hohes sprachlich-reflexives Potential haben (ebd.).

### 9.2.1 Elfchen schreiben

Zu Elfchen, die sich in der Grundschule fest etabliert haben, gibt es zahlreiche Unterrichtsmaterialien. Wir verbinden im Folgenden zwei Unterrichtsvorschläge, die Überschneidungen zeigen, aber auch eigene Schwerpunkte setzen.

**Beschreibung** Menzel (2002) geht in seinem Unterrichtsvorschlag von dem folgenden Ankerbeispiel aus:

> Sonnenschein
> Grüne Bäume
> Spinnen krabbeln überall
> Morgentau umgibt die Welt
> Frühling

Elfchen haben oft Naturerscheinungen zum Thema, zu denen die Schüler/innen Eindrücke sammeln, diese notieren und später in die vorgegebene Form bringen. Durch die Gestaltung des Gedichts kann ein zunächst eher implizit vorhandenes Wortkonzept sichtbar gemacht und dadurch gefestigt werden. Menzel (2002: 21) betont die Arbeit an der Wortstellung und das Beobachten der Effekte, wenn einzelne Wörter „umplatziert" werden. So könnte zum obenstehenden Elfchen auch die folgende Variante gestellt werden:

Frühling
Grüne Bäume
Überall krabbeln Spinnen
Morgentau auf Wiesen und
Sonnenschein

In Partner-/Gruppenarbeit oder im Plenum kann man dann über die Unterschiede in der Wirkung ins Gespräch kommen, etwa über Ausdrucksstärke oder Rhythmik der Varianten. Menzel sieht dies als Weg zur Diskussion, weniger über den „richtigen Satz" als über den „schönen Satz". Lernziel ist hier neben dem „Vergnügen am lyrischen Spiel" (Menzel 2002: 22) und einem kreativen Zugang zum Schreiben die Ausbildung von „Sprachbewusstheit", da es ja auch darum geht, die verschiedenen Varianten zu beschreiben und die (sprachlichen) Gründe für die unterschiedliche Wirkung herauszuarbeiten. Dies lässt sich mit solchen Stellungsexperimenten gut erreichen. Dabei spielt das Wort sowohl in seiner Eigenschaft als Bedeutungsträger als auch in seiner Position im Satz eine zentrale Rolle (zum lexikalischen und syntaktischen Wort s. o.). Auch die Rolle verschiedener Wortarten lässt sich in einem solchen Kontext herausarbeiten: etwa des Adjektivs *grün* zur Beschreibung der Bäume oder einzelner Nomen, die Sachverhalte, Stimmungen, aber auch ganze Szenarien bezeichnen können.

Leßmann (2008) verdeutlicht die Zahl und Position der im Elfchen zu verwendenden Wörter in ihrem Material durch ein vorgegebenes Muster aus Linien. Hier wird die formale Seite des Wortbegriffs als das, was zwischen Spatien steht, noch stärker hervorgehoben.

Im Vorschlag von Leßmann (2008) gibt es für die jeweiligen Zeilen auch ein vorgegebenes Muster, dem die einzelnen Zeilen und die dort stehenden Wörter zugeordnet werden (◘ Abb. 9.3).

**Kommentar** Elfchen eignen sich gut für integratives Lernen. Das Wort als Einheit steht sowohl mit seinem semantischen (in diesen Fällen auch poetischen) Gehalt im Fokus als auch mit seinen formalen Eigenschaften. Der Bedeutungsgehalt kann durch Umstellexperimente besonders in den Mittelpunkt gerückt werden, ein vorgegebenes Muster lenkt die Aufmerksamkeit wiederum auf die Spatien zwischen den einzelnen

> Wähle ein für dich wichtiges Wort oder Thema und schreibe es als Titel auf. Das Wort kann auch eine Empfindung ausdrücken wie Liebe, Ärger, Wut, …
> Verfasse nach dem folgenden Muster ein Elfchen:
>
> 1. Zeile: 1 Wort (Kern, Titel)
> 2. Zeile: 2 Wörter (beschreiben)
> 3. Zeile: 3 Wörter (wie ist es, er, sie)
> 4. Zeile: 4 Wörter (er/sie/es sagt etwas über sich selbst, mit Ich … beginnend)
> 5. Zeile: 1 Wort (Ausruf, Appell, Zusammenfassung)

**Abb. 9.3** Elfchen-Muster in Leßmann (2008: 7)

Wörtern. Entscheidend für den Erfolg solcher Unterrichtseinheiten dürfte auch sein, wie der Lehrkraft das Fokussieren der einen oder anderen Ebene gelingt, ohne dass es zu einer Pseudointegration kommt. Die inhaltliche Engführung wie im Vorschlag von Leßmann (2008) kann für unerfahrene Schreiber/innen hilfreich sein, bleibt aber auch an manchen Stellen unklar: Wie etwa beschreibt man etwas mit zwei Wörtern? Was genau meint im Unterschied dazu die Information in Zeile drei?

### 9.2.2 Haikus schreiben

**Beschreibung** In einer von Kern (1998) vorgeschlagenen Unterrichtseinheit ab dem 4. Schuljahr erhalten die Kinder zunächst einen Bildimpuls, etwa ein Bild von einem Bergsee. Die Schüler/innen sollen dann ihre Eindrücke zu dem Bild im Gespräch austauschen. Die formulierten Eindrücke werden nun an der Tafel gesammelt. Ordnungsprinzip ist das Positionieren um die Wörter *See* und *Ich*. In einem nächsten Schritt lernen die Kinder die japanische Gedichtform Haiku kennen – mit dem Hinweis, dass diese die Begegnung von Ich und Natur in „ganz wenigen Worten" ausdrückt (Kern 1998: 28). Sie erhalten Beispiele wie die folgenden:

> Die ganze Nacht.
> Das Geräusch des Wassers sagt,
> Was ich denke.
>
> Der See ist ein Spiegel
> Für Bäume und Pflanzen am Ufer
> Für mich auch?

Anhand der Beispiele werden die „Bau-Kriterien" für Haikus besprochen. Mit Hilfe der zu Beginn gezeigten Bilder und der an der Tafel festgehaltenen Ausdrücke werden nun verschiedene Aussagen gesammelt und diskutiert. Für die Wortwahl können Schönheit und Aussagekraft einzelner Wörter und kurzer Sätze vergleichend diskutiert werden. Einige Haikus werden dabei gemeinsam im Plenum erstellt und diskutiert, bevor die Schüler/innen ihre eigenen Gedichte schreiben.

**Kommentar** In dieser Einheit stehen Wörter in ihrer Eigenschaft als Transporteure von Bedeutung im Fokus. Die Gedichtform wie die Art der Anbahnung legen eine

Konzentration auf die ästhetische Wirkung einzelner Wörter nahe. Diese ist abhängig von subjektivem Sinnerleben. Es zeigt sich aber ebenfalls, dass Wörter erst in einem Kontext eine konkrete Bedeutung bekommen. Hier spielt also auch der (umgebende) Text als sinnzuweisende Instanz eine Rolle. Weiterhin ist es möglich, erste Eindrücke zu Rhythmik bzw. Versmaß von Wörtern und Wortkombinationen zu gewinnen. Dass Wörter also auch bestimmte formale, orthographische wie grammatische Merkmale tragen, lässt sich in dieser Einheit implizit anbahnen.

## 9.3 Wörter (neu) bilden und sortieren

In diesem Unterkapitel greifen wir zwei wichtige Bereiche auf: die *Wortbildung*, hier mit einem Fokus auf der Wortfamilie, und *Wortarten*, d. h. die Frage, wie Wörter nach morphologischen, syntaktischen und semantischen Kriterien verschiedenen Klassen zugeordnet werden können (vgl. VggF 2019). Mit *Wortfamilie* sind Wörter gemeint, die den gleichen *Wortstamm* haben, d. h. einen *Wortbaustein* mit der gleichen lexikalischen Bedeutung (z. B. der Wortstamm *Freund* in *Freundinnen, freundlich, befreundet, sich anfreunden*) (im Gegensatz zum **Wortfeld**, wo es z. B. um Bedeutungsähnlichkeit geht, z. B. *gehen, rennen, bummeln, schlendern, eilen*).

### 9.3.1 Wörter mit Wortfamilien bilden

Die Wortbildung zu thematisieren und dafür geeignete Aufgaben und Übungen zu konzipieren, stellt eine gewisse Herausforderung dar. Zu den unvermeidlichen und oben schon kritisch angesprochenen Synthese-Übungen, bei denen Simplizia – Wörter, die nur aus einem Grundmorphem bestehen – zu Komposita zusammengefügt werden sollen, werden nur selten Alternativen angeboten. Doch es gibt sie.

**Beschreibung** Eine etwas kreativere Idee zur Wortbildung findet sich in *Passwort Lupe Sprachbuch 4* (Belenko et al. 2024: 58) und eignet sich für die Klassen 3–5. Zum Thema „Gedichte schreiben und überarbeiten" wird das folgende Gedicht vorgegeben:

> Die Amsel baut ein Vogelnest.
> Der Vater feiert ein Gartenfest.
> Der Onkel grillt mit großem Spaß.
> Die Oma mäht noch schnell das Gras.

Nach dem Vorbild „Die Amsel amselt ein Vogelnest", in dem ein Verfremdungseffekt genutzt wird (vgl. ▶ Abschn. 8.1), soll das Gedicht umgeschrieben und „passende Verben zu den Nomen" erfunden werden; dabei soll auf die „passende Verbform" geachtet werden. Als Hilfestellung wird ein weiteres Beispielgedicht gegeben (vgl. ◻ Abb. 9.4).

In weiteren Aufgaben wird dieses Grundmuster noch etwas variiert und weiter ausgebaut, wobei zunächst nach dem Vorbild „Die Schnecke schneckelt im Schneckenbett ..." weitere Gedichtstrophen erdacht werden sollen. Diese Aufgabe impliziert, dass die Kinder Nomen in Verben transformieren. Dass diese Konversionen nicht alle

**Abb. 9.4** Beispiele aus *Passwort Lupe Sprachbuch 4* (Belenko et al. 2024: 58)

gleichmäßig reibungslos gelingen mögen (*Amsel=amseln*, *Oma=omat*?) und zuweilen mehrere Lösungsmöglichkeiten bestehen (*schneckelt*, *schneckt*), kann Anlass zu spannenden Grammatikgesprächen sein. Ähnliches kann im Zusammenhang mit den zu bildenden Komposita thematisiert werden (*Katze*, aber *Katzenhügel*; *Frosch*, aber *Fröschelied*). Schließlich wird auch eine Verbindung zur Rechtschreibung hergestellt, wenn Fehler in Sätzen wie die folgenden gefunden und erklärt werden sollen: *Die Finken fincken … Die Meise Meist …*

**Kommentar** Mit Gedichten ist ein integrativer Zugang möglich, bei dem grammatisches und sprachästhetisches Lernen verbunden werden können. Je nach Alter und Lernstand kann dieser Zugang eher kreativ-spielerische oder eher sprachlich-reflexive Aspekte betonen. Je nach Bedarf kann der Schwerpunkt vom Arbeiten am Gedicht auf das Arbeiten an der sprachlichen Form verschoben werden. Indem die Wortbildungen in einen kreativen Textzusammenhang gebracht werden, erfahren sie auch eine funktionale Einbettung.

### 9.3.2 Wörtersortiermaschinen nutzen

In den folgenden Beispielen geht es um die Frage, wie Wörter klassifiziert werden können, d. h. aufgrund bestimmter Kriterien in unterschiedliche Klassen, genauer: *Wortarten*, eingeteilt werden. In den weiterentwickelten Bildungsstandards für den Primarbereich, den Ersten und den Mittleren Schulabschluss (vgl. BS-Primarbereich 2022: 22; BS-Sek-I 2022: 42) werden explizit genannt: *Nomen*, *Verb*, *Artikel*, *Adjektiv* und *Pronomen*. Alle anderen werden unter *andere Wörter* subsumiert. Die länderspezifischen Lehrpläne listen für die höheren Jahrgangsstufen weitere Wortarten auf, z. B. *Konjunktion* und *Adverb*. In der Duden-Grammatik findet sich eine Wortartenklassifikation (vgl. Gallmann 2022: 594), die je nach Jahrgangsstufe adaptiert bzw. sukzessiv von links nach rechts vermittelt werden könnte (vgl. Abb. 9.5).

Eine Besonderheit ist in dieser Klassifikation (vgl. Abb. 9.5), dass die Kernkategorien *Tempus* und *Kasus* für die Konjugierbarkeit bzw. Deklinierbarkeit von Wörtern

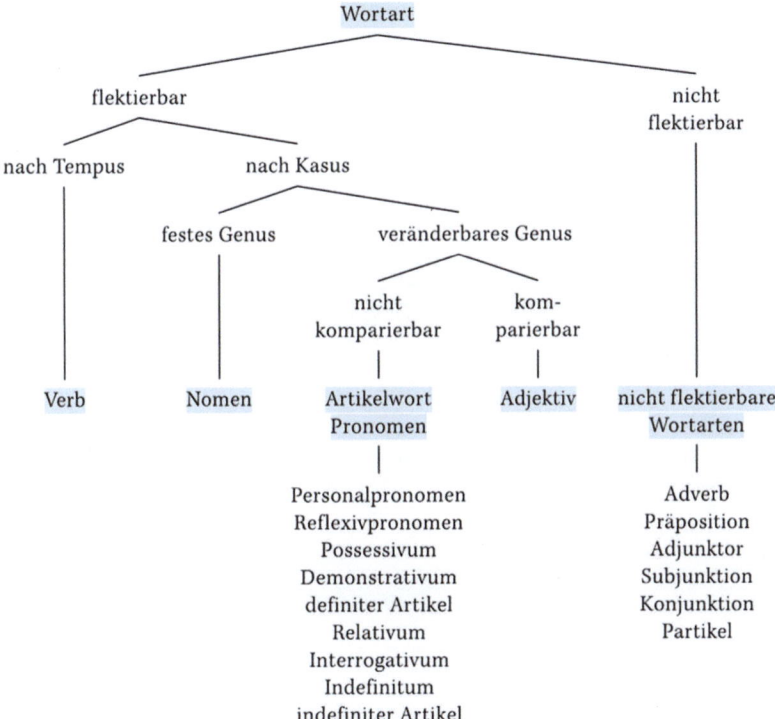

**Abb. 9.5** Wortartenklassifikation nach Gallmann (2022: 594)

stehen, sie sind für sie quasi die prototypischen grammatischen Kategorien. Im Folgenden greifen wir auch auf eine Visualisierung von Busch/Stenschke (2018) zurück, weil sie – trotz der Problematik – grammatische Merkmale für nicht flektierbare Wortarten angibt (z. B. Satzgliedfähigkeit).

**Beschreibung** Die Idee der „Wörtersortiermaschine", die für die Unterstufe (5./6. Schuljahr) konzipiert wurde, entstammt dem Schweizer Sprachbuch *Die Sprachstarken* (Lötscher et al. 2009). Eine linguistische Darstellung solch einer „Wörtersortiermaschine", die sich besonders für die Oberstufe eignen könnte, findet sich im Studienbuch *Germanistische Linguistik* von Busch/Stenschke (2018: 130). Beide Zugänge stellen eine an einen Algorithmus angelehnte Klassifikationsstruktur dar, unterscheiden sich jedoch im Hinblick auf die Anzahl der Wortarten und die Klassifikationskriterien sowie deren Operationalisierung.

Mit Hilfe der „Maschine" sollen Wörter im Sprachbuch den folgenden Wortarten zugeordnet werden: Nomen, Verb, Adjektiv, Pronomen und Partikel (vgl. Abb. 9.6). Diese Einteilung entspricht der Fünf-Wortarten-Lehre, wie Hans Glinz sie bereits 1957 vorgenommen hat. Die Klassifikation von Busch/Stenschke (2018: 130) sieht neun Wortarten vor (zusätzlich: Artikel, Adverb, Präposition und Konjunktion). Sortiert wird, indem fragliche Wörter durch „Filter" laufen. Diese Filter sind bei den *Sprachstarken* als Proben und bei Busch/Stenschke (2018) als Merkmalsprüfungen angelegt

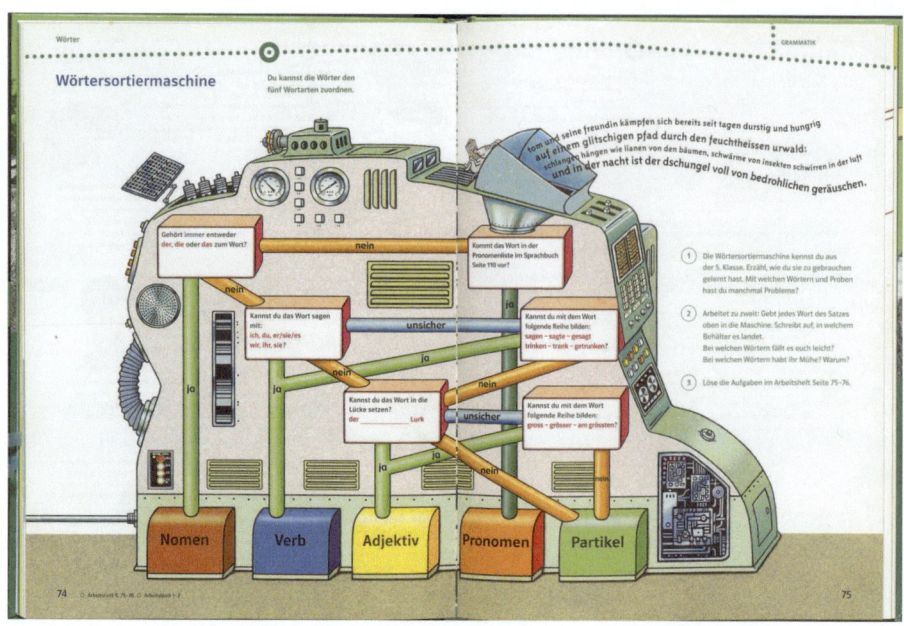

**Abb. 9.6** Wörtersortiermaschine im Sprachbuch *Die Sprachstarken* (Lötscher et al. 2009: 74 f.)

und führen durch eine binäre Ja/Nein-Selektion zum nächsten Filter oder zum Ergebnis in Form einer Wortartkategorie.

Im Folgenden soll als ein mögliches Kategorisierungsmodell die grafische Darstellung aus Busch/Stenschke (2018) besprochen werden, da sie differenzierter ist und als Grundlage auch für die Funktionsweise der „Wörtersortiermaschine" genutzt werden könnte.

**Um Wortarten zu klassifizieren,** wird in Schulbüchern meist mit semantischen Kriterien gearbeitet. So wird z. B. das Adjektiv oft als „Wiewort" bezeichnet, denn mit dem Adjektiv könne man beschreiben, „wie etwas ist". Diese **semantischen Kriterien** sind jedoch kaum operationalisierbar oder didaktisierbar, denn die semantische Leistung des Adjektivs kann auch von anderen Wörtern bzw. Wortgruppen übernommen werden:

Beispielsatz: *Die erforderliche Grundausstattung besteht in einer Kiste aus Holz.*

Während die Beschreibung der Kiste (Wie ist die Kiste? Aus Holz) in diesem Beispiel nicht von einem Adjektiv geleistet wird, nimmt das Adjektiv *erforderlich* zwar eine prototypische attributive Stellung ein; die beschreibende Funktion dürfte aber für Schüler/innen der Primarstufe nicht sehr greifbar sein. Entsprechend listet das VggF (2019) neben dem semantischen Kriterium („drückt prototypisch Eigenschaften aus") auch **morphologische und syntaktische Kriterien**: die Flektierbarkeit, die Komparierbarkeit und die attributive Funktion.

Busch/Stenschke (2018: 130) nutzen die Darstellung in Abb. 9.7, um Wortarten nach morphologischen und syntaktischen Kriterien zu unterscheiden.

## 9.3 · Wörter (neu) bilden und sortieren

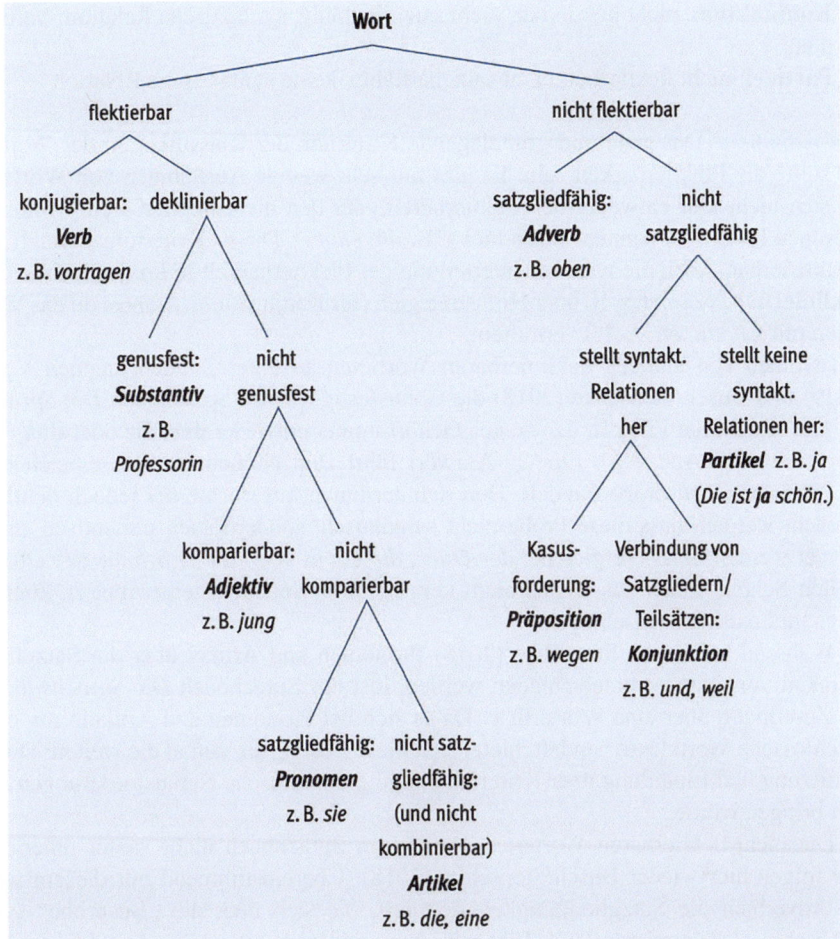

**Abb. 9.7** Wortartenklassifikation nach Busch/Stenschke (2018: 130)

Für die jeweiligen Wortarten – hier mit den Bezeichnungen von Busch/Stenschke (2018: 130), die unter Konjunktion auch die Subjunktion fassen – gelten entsprechend die folgenden Merkmale:
- **Verb**: flektierbar, konjugierbar
- **Substantiv**: flektierbar, deklinierbar, genusfest
- **Adjektiv**: flektierbar, deklinierbar, nicht genusfest, komparierbar
- **Pronomen**: flektierbar, deklinierbar, nicht genusfest, nicht komparierbar, satzgliedfähig
- **Artikel**: flektierbar, deklinierbar, nicht genusfest, nicht komparierbar, nicht satzgliedfähig
- **Adverb**: nicht flektierbar, satzgliedfähig
- **Präposition**: nicht flektierbar, nicht satzgliedfähig, syntaktische Relation: Kasusforderung

- **Konjunktion**: nicht flektierbar, nicht satzgliedfähig, syntaktische Relation: Verbindung
- **Partikel**: nicht flektierbar, nicht satzgliedfähig, keine syntaktische Relation

**Flektierbarkeit** Das erste und grundlegende Kriterium der Klassifikation der Wortarten sollte die Flektierbarkeit sein. Es gibt nur sehr wenige Ausnahmen von Wörtern, die sich nicht klar entweder den flektierbaren oder den nicht-flektierbaren Wortarten zuordnen lassen (zu nennen wären hier z. B. *oft, super*). Dieses Kriterium ist auch gut didaktisierbar. Auch die weitere Unterteilung der Flektierbarkeit in **konjugierbar** und **deklinierbar** lässt sich z. B. über Hilfsstrategien (für Konjugation: „Kannst du das Wort sagen mit *ich, du, er ....?*") vermitteln.

Um Nomen von anderen deklinierbaren Wortarten zu unterscheiden, nennen VggF (2019) und Busch/Stenschke (2018) die Genusfestigkeit. Im Sprachbuch *Die Sprachstarken* besteht der Filter in der Frage „Gehört immer entweder **der**, **die** oder **das** zum Wort?" (vgl. ◘ Abb. 9.6). Eine Ja-Antwort führt zum Nomen, so dass es sich hier um eine Art Genusprobe handelt. Den Schüler/innen müsste hierbei jedoch deutlich gemacht werden, dass diese Probe nicht syntaktisch, sondern auch semantisch angewendet werden muss (vergleiche: *der Otter, die Otter*, aber: *die Giftzähne der Otter*). Sollten Schüler/innen das Genus nicht kennen (z. B. Seiteneinsteiger/innen), können sie es im Lexikon nachschlagen.

Während bei Busch/Stenschke (2018) Pronomen und Artikel über die Satzgliedfähigkeit voneinander unterschieden werden, löst das Sprachbuch *Die Sprachstarken* die Zuordnung über eine Wörterliste. Da es sich bei Pronomen und Artikeln um eine geschlossene Wortklasse handelt, bietet sich diese Lösung an, zumal die weitere Differenzierung und Einteilung über Kriterien einige grammatische Herausforderungen mit sich bringen würde.

Die nicht-flektierbaren Wortarten werden im Sprachbuch nicht weiter unterteilt. Wir folgen hier wieder Busch/Stenschke (2018). Übereinstimmend mit diesem wird für Adverbien die Satzgliedfähigkeit definiert, die sich über die „Busprobe" (vgl. ▶ Abschn. 11.2) ermitteln lässt. Präpositionen wiederum gehen eine syntaktische Relation ein, indem sie einen Kasus fordern, Konjunktionen, indem sie eine Verbindung zwischen Wörtern, Wortgruppen oder Sätzen herstellen.

**Kommentar** Der Vorteil solcher „Wörtersortiermaschinen" besteht darin, dass die einzelnen Wortarten über ihre Beziehung zueinander sichtbar werden. Das erleichtert Abgrenzung und Einordnung. Zwar bleiben Problem- und Grenzfälle immer bestehen (vgl. Busch/Stenschke 2018: 131; Storrer 2009); in höheren Klassen kann dies genutzt werden, um solche Grenzziehungen zu diskutieren und zu reflektieren. Morphologische und syntaktische Klassifikationskriterien dürften als transparenter und damit zuverlässiger wahrgenommen werden als semantische Kriterien. Eine Herausforderung bleibt es in jedem Fall, das jeweilige Kriterium zu didaktisieren und in Operationen oder Proben umzuwandeln, die von den Schüler/innen gut handhabbar sind. Damit sie „Wörtersortiermaschinen" auch als Strategie nutzen können, müssen sie ihre Handhabung einüben.

# Literatur

Bangel, Melanie/Müller, Astrid (2018): *Wörtern und Sätzen auf der Spur*. Hannover: Klett Kallmeyer.

Becker, Tabea/Peschel, Corinna (2013): Zum Zusammenhang von morphologischem Wissen und orthographischen Kompetenzen bei Kindern mit Deutsch als Zweitsprache. In: Ingelore Oomen-Welke/Yvonne Decker (Hg.): *Deutsch als Zweitsprache. Beiträge zur durchgängigen Sprachbildung*. Freiburg: Fillibach, S. 193–209.

Becker, Tabea/Busche, Natalie/Peschel, Corinna/Piel, Bernhard (2021): *Rechtschreibung Strategieorientiert RESO*. Herausgegeben vom Ministerium für Schule und Bildung des Landes Nordrhein-Westfalen. Düsseldorf.

Belenko, Olesia et al. (2024): *Passwort Lupe*. Sprachbuch 4. Braunschweig: Westermann.

Bien-Miller, Lena/Wildemann, Anja (2023): Über Wörter und Sätze sprechen. Impulskarten für den Aufbau grammatischen Wissens und fachlicher Begriffe. In: *Grundschule Deutsch* 79, S. 38–39.

BS-Primarbereich (2022) = *Bildungsstandards für das Fach Deutsch Primarbereich* (Beschluss der Kultusministerkonferenz vom 15.10.2004 und vom 04.12.2003, i.d.F. vom 23.06.2022). Sekretariat der Ständigen Konferenz der Kultusminister der Länder in der Bundesrepublik Deutschland. Berlin/Bonn. URL: https://www.kmk.org/fileadmin/veroeffentlichungen_beschluesse/2022/2022_06_23-Bista-Primarbereich-Deutsch.pdf (28.12.2024)

BS-Sek-I (2022) = *Bildungsstandards für das Fach Deutsch Erster Schulabschluss (ESA) und Mittlerer Schulabschluss (MSA)* (Beschluss der Kultusministerkonferenz vom 15.10.2004, i.d.F. vom 23.06.2022). Sekretariat der Ständigen Konferenz der Kultusminister der Länder in der Bundesrepublik Deutschland. Berlin/Bonn. URL: https://www.kmk.org/fileadmin/Dateien/veroeffentlichungen_beschluesse/2022/2022_06_23-Bista-ESA-MSA-Deutsch.pdf (28.12.2024)

Busch, Albert/Stenschke, Oliver (2018): *Germanistische Linguistik*. Tübingen: Narr.

Eichinger, Ludwig M. (2000): *Deutsche Wortbildung. Eine Einführung*. Tübingen: Narr.

Eisenberg, Peter (2020): *Grundriss der deutschen Grammatik. Das Wort*. Unter Mitarbeit von Nanna Fuhrhop. 5., aktual. und überarb. Aufl. Berlin: J.B. Metzler.

Funke, Reinold (2005): *Sprachliches im Blickfeld des Wissens. Grammatische Kenntnisse von Schülerinnen und Schülern*. Tübingen: Niemeyer.

Gaeta, Livio/Schlücker, Barbara (Hg.) (2012): *Das Deutsche als kompositionsfreudige Sprache. Strukturelle Eigenschaften und systembezogene Aspekte*. Berlin: De Gruyter.

Gallmann, Peter (2022): Was ist ein Wort? In: Angelika Wöllstein/Dudenredaktion (Hg.): *Duden. Die Grammatik*. 10., völlig neu verfasste Aufl. Berlin: Dudenverlag, S. 595–607.

Kern, Peter Chr. (1998): „Haikus" – Sätze als Bauelemente zwischen Wörtern und Texten. In: *Praxis Deutsch* 147, S. 27–29.

Kerncurriculum für die Grundschule Deutsch (2025) = Niedersächsisches Kultusministerium (Hg.) (2025): *Kerncurriculum für die Grundschule. Schuljahrgänge 1–4. Deutsch*. Hannover: Uni Druck.

Lang, Susanne/Topalović, Elvira (2021): Komplexe Wörter richtig schreiben. Wortanalyse als Rechtschreibstrategie. In: *Praxis Deutschunterricht* 282, S. 30–36.

Leßmann, Beate (2008): SCHREIBEN – kreativ und kooperativ. Anregungen für unterschiedliche Kontexte. In: *Grundschulunterricht Deutsch* 2, S. 1–24. https://www.material.beate-lessmann.de/images/artikel/lessmann-gsu-02-deutsch-material-extra.pdf (14.06.2025)

Lötscher, Gabi et al. (2009): *Die Sprachstarken* 6. Sprachbuch. Zug: Klett.

Maas, Utz (1992): *Grundzüge der deutschen Orthographie*. Tübingen: Niemeyer.

Menzel, Wolfgang (2002): Elf Wörter sind noch kein Elfchen. Arbeit an einem Gedicht: vom richtigen Satz zum schönen Satz. In: *Praxis Deutsch* 172, S. 20–22.

Röber-Siekmeyer, Christa (2003): Die Entwicklung orthographischer Fähigkeiten im mehrsprachigen Kontext. In: Ursula Bredel/Hartmut Günther/Peter Klotz/Jakob Ossner/Gesa Siebert-Ott (Hg.): *Didaktik der deutschen Sprache*. Paderborn: Schöningh, S. 392–404.

Schlücker, Barbara (2012): Die deutsche Kompositionsfreudigkeit. Übersicht und Einführung. In: Livio Gaeta/Barbara Schlücker (Hg.): *Das Deutsche als kompositionsfreudige Sprache. Strukturelle Eigenschaften und systembezogene Aspekte*. Berlin: De Gruyter, S. 1–25.

Spinner, Kaspar H. (1998): Thesen zur ästhetischen Bildung im Literaturunterricht heute. In: *Der Deutschunterricht* 6, S. 46–54.

Spinner, Kaspar H. (2015): Elf Aspekte auf dem Prüfstand. Verbirgt sich in den elf Aspekten literarischen Lernens eine Systematik? In: *Leseräume* 2, S. 188–194.

Storrer, Angelika (2009): Grenzgänger: Problemfelder aus didaktischer Sicht. In: Ludger Hoffmann (Hg.): *Handbuch der deutschen Wortarten*. Berlin: De Gruyter, S. 905–925.

Topalović, Elvira/Settinieri, Julia (2023): *Sprachliche Bildung*. Tübingen: Narr Francke Attempto.

VggF (2019) = Verzeichnis grundlegender grammatischer Fachausdrücke. URL: https://grammis.idsmannheim.de/vggf (11.11.2024)

Wurzel, Wolfgang Ullrich (2000): Was ist ein Wort? In: Rolf Thieroff/Matthias Tamrat/Nanna Fuhrhop/Oliver Teuber (Hg.): *Deutsche Grammatik in Theorie und Praxis*. Tübingen: Niemeyer, S. 201–213.

Zepter, Alexandra L. (2022): Die Kunst des Reimens und auditiv-motorische Zugänge zu Sprachstrukturen. In: Doreen Bryant/Alexandra L. Zepter (Hg.): *Performative Zugänge zu Deutsch als Zweitsprache (DaZ). Ein Lehr- und Praxisbuch*. Tübingen: Narr Francke Attempto, S. 267–283.

# Fokus: Wortgruppe

**Inhaltsverzeichnis**

10.1 Wortgruppe und Sprachvergleich – 214

10.2 Wortgruppe und Rechtschreiben – 222

10.3 Wortgruppe und Sprachverstehen – 228

Literatur – 233

© Springer-Verlag GmbH Deutschland, ein Teil von Springer Nature 2025
T. Becker, C. Peschel, E. Topalović, *Grammatik in der Schule*,
https://doi.org/10.1007/978-3-476-06010-5_10

```
                              die Wiese
        die grüne, nach Frühling duftende, vom Wind umspielte Wiese
                                └─────────────┬─────────────┘

  Linkserweiterung mit Attributen (hier: Adjektiv- und Partizipialattribute)


                                    die Wiese auf dem sanften Hügel
                                              └────────┬────────┘

             Rechtserweiterung mit Attributen (hier: Präpositionalattribut mit Klammer)


  die grüne, nach Frühling duftende, vom Wind umspielte Wiese auf dem sanften Hügel

                komplexe Nominalgruppe mit Links- und Rechtserweiterung
```

**Abb. 10.1** Komplexe Nominalgruppe mit Links- und Rechtserweiterung aus Lang/Topalović (2020: 21) als „semantische und strukturelle Einheit" (VggF 2019)

Der Terminus *Wortgruppe* wurde in das „Verzeichnis grundlegender grammatischer Fachausdrücke" (VggF) neu aufgenommen (vgl. VggF 2019). Hennig/Langlotz (2020) sehen zwei Vorteile für diese Aufnahme: Die Wortgruppe ist „unverzichtbar für die Bestimmung der formalen Realisierung von Satzgliedern" und sie spielt „in der aktuellen sprachdidaktischen Forschung zur satzinternen Großschreibung eine zentrale Rolle" (ebd.: 23). Neben der Groß- und Kleinschreibung erhält die Wortgruppe nach Becker/Hagemeier/Michel (2023) auch Bedeutung in Bezug auf die Flexion nach Präpositionen und die „Rezeption und Produktion bildungssprachlicher Strukturen" (ebd.: 38), zu denen z. B. rechts- und linkserweiterte Nominalgruppen zählen wie in Abb. 10.1.

In den weiterentwickelten Bildungsstandards für das Fach Deutsch findet sich die Wortgruppe ebenfalls, und zwar im Zusammenhang mit Schreibfertigkeiten und Rechtschreiben sowohl im Primarbereich (vgl. BS-Primarbereich 2022) als auch in der Sekundarstufe I (vgl. BS-Sek-I 2022).

**Aufbau und Arten von Wortgruppen** Laut dem VggF (2019) besteht eine Wortgruppe aus einem Kern, der potenziell erweiterbar ist, z. B. mit Adjektivgruppen wie bei *die schönen Bäume*; *die schönen, prächtigen Bäume*; *die schönen, prächtigen, in Gruppen stehenden Bäume*. Der Kern kann entsprechend auch alleine stehen, dann besteht die Wortgruppe aus einem einzigen Wort bzw. einem „ausbaufähigen Kern" (z. B. *Bäume sind Samenpflanzen.*). Je nach der (prototypischen) Wortart, die den Kern (fett markiert) bildet, werden im VggF folgende Wortgruppen unterschieden:

- Nominalgruppen (z. B. *der **Baum***)
- Präpositionalgruppen (z. B. ***auf** dem Hügel*)
- Adjektivgruppen (z. B. *die **wichtige** Verordnung*)
- Adverbgruppen (z. B. *sehr **gerne***)
- Adjunktorgruppen (z. B. ***als** Expertin*)

Nur bei Präpositional- und Adjunktorgruppen können die Kerne (in den Beispielen *auf* bzw. *als*) nicht alleine stehen. In sie eingebettet bzw. von ihnen abhängig sind in den Beispielen die Nominalgruppen *dem Hügel* und *Expertin*. Bei Präpositionalgruppen bestimmt die Präposition den Kasus der eingebetteten Nominalgruppe (d. h. Genitiv, Dativ oder Akkusativ).

Zentral für den **Primarbereich** ist die Nominalgruppe mit Linkserweiterungen. Sie deckt die Wortarten *Artikel*, *Adjektiv* und *Nomen* ab, die neben dem *Verb* und dem *Pronomen* explizit in den BS-Primarbereich (2022) genannt werden; alle anderen Wortarten fallen unter „andere Wörter" (ebd.). Da Nominalgruppen auch in Präpositionalgruppen eingebettet werden, könnten Letztere – in einem weiterführenden Schritt – eingeführt oder implizit genutzt werden. Adjunktorgruppen dürften sich als Lerngegenstand vor allem in der Oberstufe anbieten.

Mit der zu Beginn erwähnten „formalen Realisierung" ist gemeint, dass auf Satzebene Wortgruppen die **Form** und Satzglieder, d. h. die syntaktischen Relationen im Satz, ihre jeweilige **Funktion** darstellen. So kann die mit einem Adjektivattribut erweiterte Nominalgruppe *die leichte Aufgabe* in Sätzen die syntaktische Funktion eines Subjekts einnehmen, aber auch eines Objekts:

- *Die leichte Aufgabe befindet sich auf dem zweiten Arbeitsblatt.* (Subjekt)
- *Die Schülerin löst die leichte Aufgabe sehr schnell.* (Akkusativobjekt)

Wie das Beispiel zeigt, können Wortgruppen wie die Adjektivgruppe *leichte* „aber auch Konstituenten von Wortgruppen sein, sie haben dann die Funktion eines Attributs" (VggF 2019). Mit dem grammatischen Fachausdruck *Wortgruppe* ist es also erstmals möglich, Formen und Funktionen auf der Satzebene klar voneinander zu unterscheiden. Konsens in der Grammatikdidaktik ist, dass für das grammatische Lernen sowohl formale als auch funktionale Zugänge gebraucht werden (vgl. z. B. Peschel 2023).

> ▶ **Beispiel**
>
> Turgay (2023) zeigt anhand der folgenden Visualisierung aus dem Schulbuch *deutsch ideen 6* (2016: 203), dass die Verknüpfung verschiedener grammatischer Modelle – hier vertreten durch die neuen Termini *Wortgruppe* und *Valenz* sowie (das traditionelle, gut bekannte) *Satzglied* – die formale und funktionale Satzanalyse erleichtern könnte.

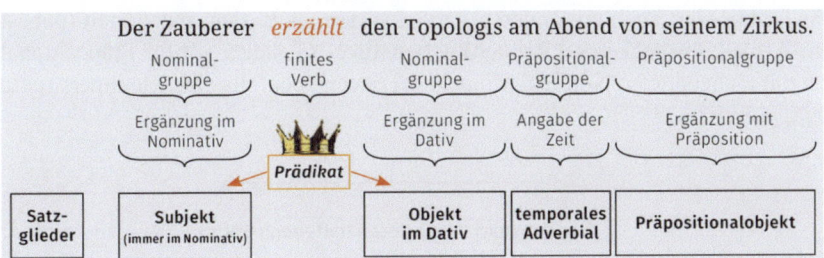

Nach der Markierung des finiten Verbs („erzählt") werden zunächst die Wortgruppen mit einer **Vorfeldprobe** (vgl. ▶ Kap. 11) ermittelt. In einem weiteren Schritt werden unter anderem mit der **Ersatzprobe** die Kasus der Ergänzungen (Valenz) bestimmt, und erst zum Schluss werden die Satzglieder, d. h. die syntaktischen Funktionen, benannt (vgl. ausführlich Turgay 2023: 32 f.). ◄

**Morphologie und Syntax** Wortgruppen spielen auf verschiedenen linguistischen Ebenen eine überaus wichtige Rolle. Sie können nicht nur syntaktisch näher betrachtet werden, sondern auch morphologisch und semantisch-lexikalisch. Wie oben dargelegt, kann eine Wortgruppe auch aus einem einzigen Wort, dem **Kern der Wortgruppe**, bestehen. Dieser Kern wiederum kann morphologisch komplex sein, z. B. ein Kompositum wie „(das leckere) *Zitronenkuchenstück*", „(das wärmende, sanft-milde) *Spätsommerlicht*" oder „(die von Medien stürmisch gefeierte) *Literaturnobelpreisträgerin*". Eichinger (2000) sieht in Komposita, die nach dem Wortbildungsmuster Nomen + Nomen (z. B. *Kürbissuppe*) gebildet werden, „spiegelbildliche Enkodierungen der substantivischen Attribute rechts vom Nomen" (ebd.: 182). Aus der Nominalgruppe mit attributiven Rechtserweiterungen *Vorhänge aus den Waggons der Bundesbahn* kann so das komplexe N+N+N+N-Kompositum *Bundesbahnwaggonvorhänge* (vgl. ebd.: 59) werden.

Die in Komposita „steckenden" semantischen Relationen können ganz unterschiedlich sein, z. B. eine lokale Relation in *Gartenfrüchte* (= Früchte aus dem Garten), eine materiale/konstitutionale Relation in *Rasenfläche* (= Fläche, bestehend aus Rasen), aber auch eine kausale Relation in *Liebeskummer* (= Kummer wegen Liebe) und weitere mehr (vgl. Eichinger 2000: 182 f.). Schüler/innen für semantische Relationen zu sensibilisieren, könnte positive Auswirkungen auf die Rezeption und Produktion sowohl von komplexen Kernen als auch von Wortgruppen an sich haben.

Werden die Klammern in den obigen Beispielen weggelassen, handelt es sich um immer komplexer werdende Nominalgruppen – sie werden durch Adjektivattribute erweitert – mit morphologisch komplexen nominalen Kernen:

**das** leckere **Zitronenkuchenstück**

**das** wärmende, sanft-milde **Spätsommerlicht**

**die** von Medien stürmisch gefeierte **Literaturnobelpreisträgerin**

Das funktioniert auch mit anderen Artikelwörtern, z. B. dem indefiniten (unbestimmten) Artikel: **ein** leckeres **Zitronenkuchenstück**. Gleiches gilt für Präpositionalgruppen mit eingebetteten Nominalgruppen, bei denen ebenfalls eine Klammerstruktur entsteht:

**aus** dem nach roten Rosen duftenden **Garten**

Neben der „Kompositionsfreudigkeit" (vgl. auch ▶ Kap. 9) werden anhand dieser Beispiele weitere Besonderheiten der deutschen Sprache deutlich:
- Die **Kerne von Nominalgruppen** werden immer großgeschrieben.
- Nominal-/Präpositionalgruppen können auch eine **Klammerstruktur** bilden.

**Tab. 10.1** Nominalklammer

| Linke Nominal-klammer | Nominales Mittelfeld (attributive Adjektivgruppen) | Rechte Nominal-klammer | Nominales Nachfeld (alle übrigen Attribute) |
|---|---|---|---|
| die | [grüne, nach Frühling duftende, vom Wind umspielte] | Wiese | [auf dem sanften Hügel] |
| eine | [baumlose, steinige] | Tundra | [mit Flechten und Moosen, winterfesten blühenden Pflanzen sowie Gräsern und anderem Gestrüpp] |

Um auch Rechtserweiterungen in Wortgruppen beschreiben zu können, kann ausgehend vom Feldermodell (vgl. ▶ Kap. 11) die Visualisierung in ◘ Tab. 10.1. im Unterricht genutzt werden, die wir in Anlehnung an Gallmann (2022: 402) modellieren. Sie hat in diesem Fall eine **kognitive Funktion**, die unabhängig vom Erwerbskontext (L1, L2, L3 bzw. Erst-/Zweit-Fremdsprache) eine wichtige Rolle beim grammatischen Lernen spielt (vgl. Rödel 2023: 7):

> „In dieser Funktion dienen Bilder, visuelle Darstellungen und Visualisierungen dazu, vor allem sprachliche Strukturen und Phänomene dem Verstehen und dem Lernen zugänglich zu machen und die damit verbundenen kognitiven Prozesse anzustoßen." (Hallet 2013: 217, zit. nach Rödel 2023: 7)

In unteren Jahrgangsstufen kann sie zunächst auch ohne grammatische Termini gebraucht werden. Das erste Beispiel in der Visualisierung ist aus ◘ Abb. 10.1, das zweite Beispiel stammt aus dem Sachtext „Leben in der Arktis" aus *Doppel-Klick 8* (2006: 66). Schüler/innen des 8. Schuljahrs sollten solche komplexen syntaktischen Strukturen entsprechend „knacken", also verstehen, können.

Je komplexer die Nominalklammer – wie in den Beispielen dargestellt – wird, umso herausfordernder ist das Hör- oder Leseverstehen (z. B. beim digitalen Lesen von komplexen pragmatischen oder ästhetischen Texten, vgl. dazu Topalović 2020). Allerdings eröffnet sich durch diese Besonderheiten auch die Möglichkeit, die **Erweiterungsprobe** zu nutzen. Sie stellt eine Strategie für Lernende dar, um z. B. zu entscheiden, ob ein Wort groß- oder kleingeschrieben wird. Gleichzeitig erfüllt die attributive Erweiterbarkeit von Wortgruppen (mit Links- und Rechtserweiterung) eine wichtige Funktion beim Sprachverstehen: Mit komplexen Wortgruppen können wir die außersprachliche Wirklichkeit so beschreiben, dass wir besser verstanden werden (vgl. Becker/Hagemeier/Michel 2023) (vgl. die Unterrichtsidee in ▶ Abschn. 10.3).

Wir wollen im Folgenden Unterrichtsvorschläge für den Primar- und Sekundarbereich vorstellen, die geeignet sind, grammatisches Lernen **integrativ** sowie **formal** und **funktional** zu gestalten (vgl. dazu ▶ Kap. 8). Ihr Ziel ist es, sowohl die (Weiter-)Entwicklung von Sprach(en)bewusstheit zu unterstützen als auch Lernenden Strategien an die Hand zu geben, die sie bei Bedarf in der Sprachproduktion und Sprachrezeption nutzen können. Die Schwerpunkte liegen dabei auf **Sprachvergleichen**, **Rechtschreibstrategien** und dem **Sprachverstehen**.

> **Zur Vertiefung**
>
> **Semantische Rollen im Sprachvergleich**
> Die folgende Visualisierung verdeutlicht, wie die Kasus Nominativ und Akkusativ im Deutschen, Türkischen und Polnischen markiert werden und damit auch die semantischen Rollen (Geyer/Müller 2024: 137, Bilder von Zoé Mahlau). Die Schüler/innen können verschiedene grammatische Muster bzw. Strukturen, die für die jeweilige Sprache gelten, entdecken (z. B. den Artikelgebrauch und die satzinterne Großschreibung im Deutschen, die Verbendstellung im Türkischen oder die Akkusativmarkierung im Polnischen mit dem Suffix -*a*). Eine unterstützende, verständnissichernde Funktion haben dabei die Symbole (z. B. rosa Herz für das Verb).
>
>
>
>
>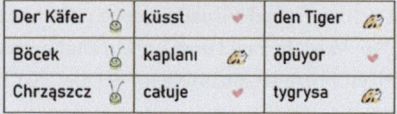

## 10.1 Wortgruppe und Sprachvergleich

Eine erste basale Möglichkeit, mit Schüler/innen die Funktionsweise von Wörtern bzw. Wortgruppen zu erforschen, bieten Sprachvergleiche. Sie können laut Rothstein (2023) aus verschiedenen Perspektiven heraus erfolgen (z. B. linguistisch, sozial, kulturell, politisch) und „an der Form, an der Funktion oder am Terminus sprachlicher Zeichen ansetzen" (ebd.: 52). Die Wortgruppe bietet sich besonders für Sprachvergleiche an, da sie den Blick vom einzelnen Wort erweitert und je nach Lerngegenstand **verschiedene Perspektiven** integrieren kann (z. B. linguistische und kulturelle). Dass von Sprachvergleichen *alle* Lernenden profitieren können, wird sowohl in theoretischen als auch empirischen Forschungsbeiträgen der letzten Jahrzehnte immer wieder hervorgehoben. Geyer/Müller (2024), die für einen spracherwerbssensiblen Zugang zum grammatischen Lernen plädieren, schlagen Sprachvergleiche vor, um Kinder für verschiedene Möglichkeiten, semantische Rollen zu markieren, zu sensibilisieren (ebd.: 137). Mit semantischen Rollen sind z. B. *Agens* (Wer ist der Urheber der Handlung?) und *Patiens* (Wer ist von der Handlung betroffen?) gemeint (vgl. VggF 2019) – im Englischen entscheidet die Wortstellung darüber, in anderen Sprachen werden Kasusmarkierungen genutzt (vgl. Vertiefungsbox).

**Empirische Erkenntnisse** Laut Wildemann/Bien-Miller (2022) kommt eine Interventionsstudie mit 409 Kindern (3./4. Schuljahr, 21 Grundschulen) zu dem Ergebnis, „dass ein sprachenintegrativer Deutschunterricht, in dessen Rahmen Mehrsprachigkeit zur Sprachreflexion und zum Sprachvergleich genutzt wird, zu einer Erhöhung der Sprachbewusstheit führt" (ebd.: 164). Allerdings erweist sich im Rahmen empirischer Studien auch, dass Deutschlehrkräfte das große Potential von Mehrsprachigkeit und Sprachvergleichen stärker nutzen könnten (vgl. z. B. Isaac/Kleinbub 2018, Lange et al. 2023). Lehr-Lern-Materialien mit einem Schwerpunkt auf Mehrsprachigkeit bzw. Sprachvergleich gibt es mittlerweile viele (vgl. z. B. Schader 2004; zur weiteren Literatur vgl. Rothstein 2023 und Topalović/Settinieri 2023).

### 10.1.1 Grammatik in Bilderbüchern vergleichen

Mit mehrsprachigen narrativen Bilderbüchern, in denen in besonderer Weise **Multimodalität** (d. h. Bild, Text und Schrift) auf **Mehrsprachigkeit** trifft, können Lernende nicht nur literarisch, sondern auch sprachlich lernen. Zu diesem Ergebnis kommen theoretische und empirische Beiträge aus verschiedenen wissenschaftlichen (Teil-)Disziplinen (vgl. z. B. Kümmerling-Meibauer 2013; Vishek 2019) – und das gilt sowohl für analoge als auch digitale Lernangebote (vgl. Dube/Schwinning/Filipovic 2023). Fokussiert man das sprachliche, genauer noch: das grammatische „Reflexionspotential" (ebd.: 152) mehrsprachiger Bilderbücher, dann bieten sich in der Primarstufe in einem ersten Zugriff bereits die Bilderbuch-Cover an. In parallel mehrsprachigen Bilderbüchern wird die Geschichte in zwei oder mehr Sprachen erzählt, so dass Sprachvergleiche auf Wortgruppen-, Satz- und Textebene möglich werden. Dabei kommt auch der typographischen Gestaltung der Schrift (z. B. Schriftfarbe/-größe) eine besondere Rolle zu, weil sie auch implizites sprachliches und grammatisches Lernen ermöglicht (vgl. die Bilderbuchanalysen in Topalović/Härtel 2025).

**Beschreibung** Wir wählen als Beispiel mehrsprachige Bilderbuch-Ausgaben zu *Lisa will einen Hund* von Helga Bansch (vgl. ◘ Abb. 10.2). Der Titel besteht aus einem Satz, der neben dem Verb *will* die beiden Nominalgruppen *Lisa* (Eigenname) und *einen Hund* (Artikel + Nomen) enthält. Die Kinder bekommen die Aufgabe, sich in kleinen Forschergruppen über die Sprachen und Schriften auf den Covern auszutauschen. Sie könnte z. B. so lauten: „Schaut euch gemeinsam die Buchcover an. Um welche Sprachen handelt es sich? Was bedeuten die Wörter und Sätze in den verschiedenen Sprachen?" Oder so: „Schaut euch gemeinsam die Buchcover an. Was fällt euch alles auf? Bei der Schrift und bei den Bildern." Um die Heterogenität und Diversität der Lernenden zu berücksichtigen, sind adaptive Zugänge wichtig:
- Die Kinder können ihre Ergebnisse analog auf Papier (z. B. einem Plakat) oder digital auf einem Tablet festhalten und später gemeinsam im Plenum diskutieren (z. B. mit an der Tafel aufgehängten Plakaten oder digital am Whiteboard). Unabhängig vom gewählten Medium sollten die untersuchten Cover abgebildet sein, so dass sie gleichsam als untersuchtes Korpus visualisiert sind.
- Je nach Sprachkombination können die Sprachvergleiche einfacher oder herausfordernder für die Schüler/innen sein, je nachdem ob a) die Sprachen aus dem

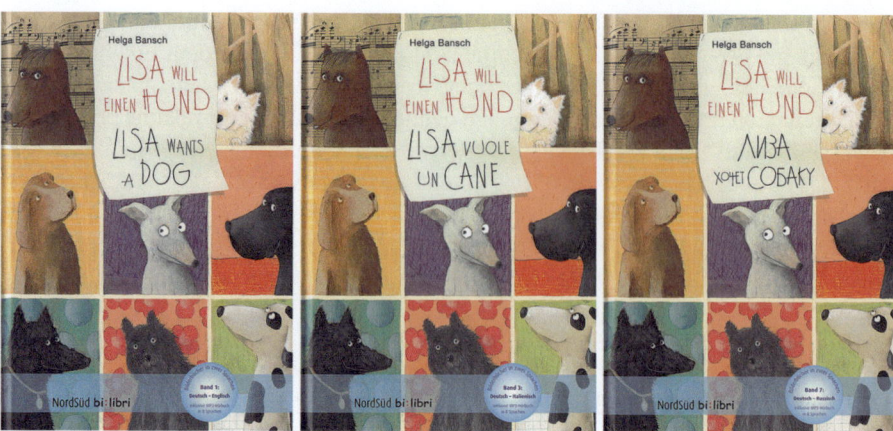

◻ **Abb. 10.2** *Lisa will einen Hund* von Helga Bansch in den Sprachkombinationen Deutsch/Englisch, Deutsch/Italienisch und Deutsch/Russisch (NordSüd bi:libri)

schulischen Fremdsprachenunterricht bekannt sind, b) die Sprachen typologisch miteinander verwandt sind und/oder c) die Sprachen im Sprach(en)repertoire der Schüler/innen sind. Wichtig ist, dass die Kinder die jeweils zweite Sprache (oder auch beide) nicht oder kaum kennen, um den Schwerpunkt erst auf die typographische Gestaltung und das **entdeckende**, **induktive** Moment zu legen. Im Plenum könnten die Kinder jedoch ihr gesamtes Sprach(en)repertoire (im Sinne von Busch 2021) einbringen und z. B. Annahmen aus den Forschergruppen über Sprachen bestätigen oder widerlegen.

— Die Bilderbuch-Cover können einzeln, zu zweit oder alle drei gleichzeitig angeboten werden. Haben die beiden Sprachen die gleiche Alphabetschrift (z. B. die lateinische im Gegensatz zur kyrillischen) und/oder gehören dem gleichen Sprachzweig (z. B. dem germanischen) bzw. dem gleichen Sprachtyp (z. B. dem flektierenden) an, ist die Kontrastierung einfacher (vgl. auch ▶ Abschn. 9.1.2). Lehrkräfte können sich auf seriösen Webseiten (z. B. ▶ https://www.uni-due.de/ifsm/sprachbeschreibungen.php) oder in bekannten Veröffentlichungen (z. B. Krifka et al. 2014) über Sprachen und Schriften informieren, auch solchen, die seltener behandelt werden, aber gesellschaftlich größere Bedeutung gewinnen können (z. B. Ukrainisch, Romani).

In einer **Anschlussaufgabe** könnten die Kinder die Sprachkombinationen verändern und dabei z. B. Übersetzungsportale wie ▶ http://www.deepl.com nutzen. So heißt der Satz im Finnischen „Lisa haluaa koiran" und im Ukrainischen „Ліза хоче собаку"; man kann sich die Sätze laut vorlesen lassen und durch Experimentieren (z. B. Löschen) herausfinden, was die einzelnen Wörter in vielen weiteren Sprachen bedeuten. Aber auch „analog" bei Eltern, Bekannten und Freunden nachzufragen, wäre möglich. Ebenso könnten auch Sprachvarietäten (z. B. Bairisch, Sächsisch) hinzugezogen werden.

## 10.1 · Wortgruppe und Sprachvergleich

**Mögliche Lernziele** Was könnten die Kinder auf den gewählten Bilderbuch-Covern entdecken? Kognitiv aktivierend könnte zunächst sein, dass auf dem Cover viele Hunde abgebildet sind und damit das Thema gleichsam „verraten" wird. Dass die beiden Sprachen in unterschiedlicher Schriftfarbe und in einer bestimmten Anordnung geschrieben sind, dürfte eine Erleichterung beim Sprachvergleich sein: Die deutsche Sprache ist immer rot und steht oben, die zweite Sprache ist immer schwarz und steht unten. Und damit sind wir bereits bei der Typographie: Dass zwei Wörter (*LISA* und *HUND*) in beiden Sätzen größer geschrieben sind (alle Wörter stehen in Versalien) und *Lisa* ein Eigenname – der Name der Protagonistin – ist, legt nahe, dass die Wörter *DOG*, *CANE* und СОБАКУ immer *Hund* heißen. Da es im Deutschen, Englischen und Italienischen immer vier Wörter sind, die zeilengetreu abgebildet und sequenziell identisch sind, können die Kinder rekonstruieren: *einen Hund*, *a dog* und *un cane* stellen immer die gleiche Wortgruppe mit indefinitem (unbestimmten) Artikel und Nomen dar. Etwas herausfordernder könnte Deutsch/Russisch sein: Russisch wird in kyrillischer Schrift geschrieben, einzelne Buchstaben könnten bekannt sein, z. B. das A oder K, aber zuweilen sind es auch sog. „falsche Freunde", z. B. steht das C für /s/ und das Y für /u/ (bei der russischen Aussprache könnte ebenfalls ▶ http://www.deepl.com helfen). Ein Unterschied auf grammatischer Ebene ist, dass der russische Satz nicht aus vier, sondern aus drei Wörtern besteht und die Übersetzung nicht zeilengetreu ist. Tatsächlich gelingt es Kindern, solche grammatischen Unterschiede zu thematisieren (vgl. die Beispiele in Topalović/Härtel 2023). Die fehlende Zeilentreue erschwert es ein Stück weit, zu dem Ergebnis zu kommen, dass im Russischen die Wortgruppe *einen Hund* nur aus СОБАКУ besteht, dass im Russischen der indefinite Artikel also nicht realisiert wird. Die Kasusmarkierung für das Objekt erfolgt am Nomen und nicht wie im Deutschen am Artikel, der „meist die grammatischen Informationen Kasus, Genus und Numerus einer Nominalgruppe" (VggF 2019) anzeigt. Erkennbar wird daran, welche adaptiven Modifizierungen Lehrkräfte vornehmen könnten, um die Aufgabe z. B. etwas einfacher oder etwas herausfordernder zu machen. Hervorzuheben ist zudem, dass auch ganz andere Sprachkombinationen (z. B. Koreanisch/Deutsch, Persisch/Englisch) gewählt werden können und die Reihenfolge variieren kann.

**Kommentar** Der Unterrichtsvorschlag wurde bewusst so gestaltet, dass die Kinder *gemeinsam* Sprache(n) und Grammatik(en) erforschen und ihnen nicht eine bestimmte Sprache (z. B. *nur* Deutsch oder *nur* Türkisch) und damit auch eine bestimmte (statisch modellierte) Kultur bzw. Identität zugewiesen wird. Auf diese Weise werden (sprachliche) „Mehrfachzugehörigkeiten" (Castro Varela/Mecheril 2010: 51) ermöglicht – letztlich bei *allen* Kindern (vgl. dazu die Bedeutung des Englischen oder Französischen als schulische Fremdsprachen). Modifizierungen wie die Anordnung und die Auswahl der Sprachen (vgl. oben) können verhindern, dass sprachliche Machtverhältnisse zementiert werden (vgl. dazu Rösch 2013). Beim Einsatz parallel mehrsprachiger Bilderbücher wird kritisch angemerkt, dass „die Vorstellung von Sprachen als abgrenzbaren Einheiten" (Hodaie 2020: 326) gefestigt werden könnte, obwohl „die reale gesellschaftliche Mehrsprachigkeit [...] von einem kreativen Umgang mit Sprachen geprägt" (ebd.) ist (vgl. auch Vishek 2019). Um die soziale, kommunikative und pragmatische Funktion von Sprachen zu thematisieren, sollten auch additiv und integrativ mehrsprachige Bücher angeboten werden, z. B. auch solche, mit denen die eurozentrische Fokussierung bewusst durchbrochen werden kann, z. B. *Climb on!* (Englisch & Kreolisch) von Baptiste Paul (vgl. ▶ https://baptistepaul.net) und Jacqueline Alcántara, das auch in deutscher Übersetzung (*Auf geht's!*) erschienen ist, oder *Subway Sparrow* (Englisch & Spanisch & Polnisch) von Leyla Torres, wo „gelebte Mehrsprachigkeit" (Kümmerling-Meibauer 2013: 65) in der New Yorker Metro literarisch aufbereitet wird. Mittlerweile gibt es mehrere mehrsprachige Buchportale (vgl. Dube/Schwinning/Filipovic 2023), die ebenfalls genutzt werden könnten, auch um die medialen bzw. digitalen **Multiliteracies** von Kindern zu stärken oder auch zwecks Adaptivität; manche Kinder lieben eher Bücher zum „Anfassen", manche in ihrer digitalen Form am Tablet. Bilderbücher in verschiedenen Sprachen – wahlweise mit Vorlesefunktion, Differenzierung (z. B. verschiedene Lesestufen) und/oder verschiedenen Mitmach-Möglichkeiten bieten die Portale ▶ https://www.mulingula-praxis.de, ▶ https://amira-lesen.de/#page=home und ▶ https://www.bilingual-picturebooks.org/de/home (dieses Portal ist zudem mehrsprachig).

### 10.1.2 Grammatik mit Sprachlandschaften erforschen

In den letzten Jahrzehnten wurde *Linguistic Landscape* (dt. „Sprachliche Landschaft", „Sprachlandschaft") in Forschungsdiskursen verschiedener Wissenschafts(teil)disziplinen (wieder) verstärkt in den Blick genommen (vgl. für einen Überblick Gorter/Cenoz 2017). Dabei geht es um den (multimodalen) Gebrauch von Sprache(n) und Sprachvarietäten im öffentlichen – vor allem urbanen – Raum, und zwar sowohl von geschriebener (z. B. auf Straßenschildern, in Geschäften, auf Fahrkartenautomaten oder in Bahnhöfen; vgl. ◘ Abb. 10.3) als auch von gesprochener Sprache (z. B. Durchsagen am Bahnhof in Tokio in Backhaus 2015, zit. nach Krompák 2018: 251). Je nach Forschungsdisziplin (z. B. (Sozio-)Linguistik, Soziologie, Psychologie, Mehrsprachigkeits-/Sprachdidaktik) geht es um verschiedene Forschungsschwerpunkte – von (sozio)linguistischen, sprachvergleichenden Beschreibungen über sprachpolitische bzw. sprachideologische Aspekte bis hin zu Fragen der Identitäts- und Sprachbildung, insbesondere wenn es um Einstellungen zu Sprachen und die Weiterentwicklung von Sprach(en)bewusstheit in Schulkontexten geht. Ricart Brede/Pliska (2021) plädieren „für den Einsatz von Linguistic Landscaping zur Thematisierung von Mehrsprachig-

◘ **Abb. 10.3** Plakate am Hauptbahnhof Köln im Jahr 2019 mit englischen (*links*) sowie kölschen und standardsprachlichen (*rechts*) Wortgruppen bzw. Sätzen. (Fotos: Elvira Topalović)

## 10.1 · Wortgruppe und Sprachvergleich

**Abb. 10.4** Vergleich von Wortgruppen auf Produktverpackungen. (Fotos: Julia Ricart Brede; vgl. Ricart Brede 2014: 7)

keit in Lehr-Lern-Kontexten wie dem Lehramtsstudium oder dem Schulunterricht, um Mehrsprachigkeit als das, was es ist, nämlich als ein natürliches, omnipräsentes Phänomen der Gesellschaft (und nicht ein auf eine bestimmte Schülergruppe reduziertes Thema) erscheinen zu lassen" (ebd.: 131). Es handelt sich also um eine Methode, die für *alle* Schüler/innen – unabhängig von ihrem Erwerbskontext (L1, L2, L3 oder DaE, DaZ, DaF) – geeignet ist.

Bei der Frage, wie effektiv Lernen mit Sprachlandschaften ist, verweist Krompák (2018) unter anderem auf die kanadische Längsschnittstudie von Dagenais et al. (2009), die mit 10- bis 11-jährigen Fünftklässler/innen in Vancouver (hier waren alle Kinder bi-/multilingual) und Montreal (hier waren viele bi-/multilingual) durchgeführt wurde (ebd.: 260):

> „Dadurch, dass die Kinder sprachliche Zeichen in ihrer nächsten Umgebung fotografierten, diese interpretierten und Fragen nach der Wertschätzung verschiedener Sprachen und nach den Produzierenden und Rezipierenden der Zeichen stellten und diese Fragen auch selbst beantworteten, wurde ihr Bewusstsein für die soziale Funktion von Sprache erhöht und ihre eigene sprachliche Identität gestärkt." (Krompák 2018: 252 f.)

Grammatik(en) mit Sprachlandschaften zu erforschen, bietet sich in besonderem Maße für die Sekundarstufen I und II an. Dabei sollten auch **forschungsethische bzw. datenschutzrechtliche Fragen** bei der Datenerhebung mit den Schüler/innen thematisiert werden. Krompák (2018) nennt mit Verweis auf Wiles et al. (2008) Freiwilligkeit, Informationspflicht und Anonymität (ebd.: 256). Je nach den sprachlich-kulturellen Lebensräumen, die in den Blick genommen werden (z. B. schulisches/außerschulisches Lernen, Reisen, Einkaufen), und je nach Jahrgangsstufe können unterschiedliche Lernbereiche bzw. Schnittstellen integriert werden, z. B. *Sprache und Sprachgebrauch untersuchen* und multimodales *Lesen* (Sprachrezeption von Text und Bild) oder digitale Kompetenzen als Querschnittsaufgabe (z. B. bei der Erforschung von (mehrsprachigen) Internet-Präsentationen von Geschäften, der Stadt-/Gemeindeverwaltung). Wie die Beispiele in ◘ Abb. 10.4 zeigen, ist auch die soziale und kulturelle Funktion des jeweiligen Sprachgebrauchs spannend: Warum ist das linke Plakat auf Englisch und das rechte Plakat auf Kölsch und Standarddeutsch geschrieben? Wer soll sich beim Lesen angesprochen fühlen und mit welchem Ziel?

**Beschreibung** In Anlehnung an Krompák (2018: 256) kann das mehrsprachige grammatische Lernen mit Sprachlandschaften in sechs Schritten ablaufen:

1. Einführung in die Methode der Sprachlandschaft
2. Sammeln von Fragestellungen
3. Datenerhebung in Kleingruppen (z. B. mit Tablets oder Kameras)
4. Analyse der erhobenen Daten
5. Präsentation der Daten
6. Gemeinsamer Abschluss

Anhand eines Beispiels aus Ricart Brede (2014), die „Linguistic Landscaping zur Durchgängigen Sprachbildung" mit Studierenden durchgeführt hat, soll veranschaulicht werden, wie Schüler/innen – idealerweise in Gesprächsformaten – Wortgruppen sprachvergleichend untersuchen könnten.

Da es sich beim Beispiel um ein Pflegeprodukt handelt (vgl. ◘ Abb. 10.4), könnten erste **übergreifende Fragestellungen** lauten: Warum werden die mehrsprachigen Produktbezeichnungen *Cremebad* (deutsch), *crème de bain* (französisch) und *badcrème* (niederländisch, auch: *crèmebad*) gewählt und warum genau diese Kombination? Welche Funktion haben die englischen Ausdrücke auf der Flasche wie *new*? Stimmen überhaupt alle Bezeichnungen (zum niederländischen Ausdruck vgl. Ricart Brede 2014: 8)? Gezielt auf die jeweiligen Sprachstrukturen bezogene Fragestellungen könnten sein: Warum wird in allen drei Bezeichnungen *creme/crème* gewählt und z. B. nicht *Salbe* in der deutschen Bezeichnung? Wie komplex sind die Wortgruppen in den jeweiligen Sprachen? Aus welchen Elementen bestehen sie und welche Wortstellung haben sie? Und warum werden sprachlich so verdichtete Konstruktionen überhaupt genutzt? (vgl. dazu Ricart Brede 2014).

◘ Tab. 10.2 stellt beispielhaft die Analyse von *entspannender Duft weißer Rosenblüten* und *pflegende Mandelmilch* dar. Die beiden komplexen Nominalgruppen mit den Kernen *Duft* und *Milch* bestehen aus einer Linkserweiterung mit den Adjektivgrup-

◘ **Tab. 10.2** Nominalgruppen im Sprachvergleich

| Sprachen | Kerne mit Attributen | Attributive Rechtserweiterungen (nominales Nachfeld) |
|---|---|---|
| Deutsch | entspannender **Duft**<br>pflegende Mandel**milch** | weißer Rosenblüten |
| Französisch | **parfum** relaxant<br>(BÜ: Duft entspannender)<br>**lait** d'amande nourrissant<br>(BÜ: Milch aus Mandel pflegende) | de rose blanche<br>(BÜ: von Rose weiß) |
| Niederländisch | witte rozenbloem**geur**<br>(BÜ: weißer Rosenblumenduft)<br>verzorgende amandel**melk**<br>(BÜ: pflegende Mandelmilch) | |

## 10.1 · Wortgruppe und Sprachvergleich

> **Zur Vertiefung**
>
> **Sprachlandschaften interdisziplinär**
>
> Das gemeinsame Forschen mit Sprachlandschaften ist nicht nur lernbereichsintegrativ und kann die Zusammenhänge von sprachlichen Formen und Funktionen offenlegen. Es kann auch **interdisziplinär** verschiedene Schulfächer integrieren, je nachdem um welchen Bereich es geht (z. B. alle sprachlichen Fächer: Deutsch sowie schulische Fremd- und *Heritage*-Sprachen). Krompák (2018: 256) beschreibt in ihrem soziolinguistisch ausgerichteten Beitrag ein „Linguistic-Foodscape-Projekt", das sich z. B. für die Integration von Deutsch und Ernährungswissenschaft eignet. Und mit einem „Linguistic-Homescape-Projekt" könnten „die Reflexion und die Diskussion der eigenen lebensweltlichen Mehrsprachigkeit bzw. der eigenen sprachlichen Identität" (ebd.: 257) in den Blick genommen werden (hier z. B. Deutsch und Sozialwissenschaften). Um die soziale und kommunikative Funktion von Sprachen, die sich je nach Sprachgemeinschaft auch unterscheiden kann, genauer zu untersuchen, können auch gemeinsame Sprachlandschaft-Projekte mit Partnerschulen in anderen Bundesländern oder im (nachbarschaftlichen) Ausland durchgeführt werden. Umsetzungsideen finden sich im Beitrag von Jentges/Sars (2018), die „Linguistic Landscaping" im deutsch-niederländischen Schulaustauschprojekt *Nachbarsprache & buurcultuur* vorstellen. Damit würden auch verschiedene Perspektiven auf Sprachvergleiche, wie sie Rothstein (2023) modelliert, integriert: linguistische, soziale und (trans)kulturelle.

pen bzw. Adjektivattributen *entspannender* bzw. *pflegende*. Die erste Nominalgruppe hat zudem eine Rechtserweiterung mit der ebenfalls linkserweiterten Nominalgruppe *weißer Rosenblüten*. Um den Vergleich zu erleichtern, können die Kerne der Nominalgruppen fett markiert und die buchstäbliche Übersetzung (= BÜ) ergänzt werden.

Die Kerne werben in allen drei Sprachen für das Produkt: Es geht um *Duft*, *parfum* und *geur* bzw. *Milch*, *lait* und *melk*. Im Deutschen und Niederländischen (beides germanische Sprachen) steht das Adjektivattribut in den beiden Wortgruppen links vom Kern, in der romanischen Sprache Französisch rechts vom Kern. Deutsch und Niederländisch nutzen Komposita (*Rosenblüten/rozenbloem(geur)*, *Mandelmilch/amandelmelk*), das Französische eine rechtserweiterte Wortgruppe (*lait d'amande*; statt *Rosenblüten* wird nur *rose* verwendet). Das Deutsche nutzt eine im Genitiv Plural stehende Nominalgruppe als Attribut (*weißer Rosen*), das Französische eine im Singular stehende Präpositionalgruppe (*de rose blanche*).

Solche Sprachvergleiche sind einerseits „durchgängig sprachbildend" (Ricart Brede 2014: 8) für die Schüler/innen, weil sie neben der Sprach(en)bewusstheit auch ihre rezeptiven Sprachfähigkeiten weiterentwickeln. Andererseits erlauben sie es auch, Zusammenhänge von **Formen und Funktionen** auf verschiedenen Ebenen zu betrachten, z. B. referentielle, syntaktische, kommunikative und kognitive Funktionen von Formen (vgl. dazu Peschel 2023: 18 f.).

**Kommentar**  Das große Potential, welches auch mit diesem Ansatz verbunden ist, soll nicht den Blick dafür verstellen, dass seine Umsetzung auch mit einigen **Herausforderungen** verbunden ist. Die Kontrastierungen sollten grammatisch vertiefend sein und sich nicht auf die einfache Gegenüberstellung einzelner Wörter beschränken. Ebenso ist zu beachten, dass die Thematisierung nicht an den analytischen Fähigkeiten der Lernenden vorbeigeht. Damit die Schüler/innen ihre Medien- und Recherchekompetenzen im digitalen Raum (weiter) entwickeln können, bietet es sich an, sie mit Übersetzungsportalen wie ▶ http://www.deepl.com und seriösen Online-Wörterbüchern wie ▶ http://www.duden.de oder ▶ http://www.dwds.de recherchieren zu lassen. Zudem könnten auch auf künstlicher Intelligenz (KI) beruhende Sprachmodelle wie ChatGPT genutzt werden, z. B. um die sprachvergleichenden Analysen zu prüfen. Impulse, wie KI genutzt werden könnte, bietet der Beitrag von Fürstenberg/Müller (2024), in dem „drei grundsätzliche didaktische Einsatzmodelle für den Unterricht (Taschenrechner, Tutor, Sparringspartner)" (ebd.: 2) vorgestellt werden. Beim *Taschenrechner-Modell* erstellt die KI selbstständig Lösungen, beim *Tutor-Modell* korrigiert die KI und gibt unmittelbares Feedback und beim *Sparringspartner-Modell* schlägt die KI Lösungsalternativen vor (hier zitiert aus einer Abbildung in Fürstenberg/Müller 2024: 7).

## 10.2 Wortgruppe und Rechtschreiben

In der Rechtschreibdidaktik ist die Wortgruppe bereits seit langem etabliert. Bekannt geworden ist sie vor allem über die sog. Treppengedichte (s. u.) – eine mittlerweile empirisch erforschte Methode, um die satzinterne Großschreibung nicht wortarten-, sondern syntaxorientiert zu vermitteln (vgl. z. B. Rautenberg/Wahl 2019). Sie wurde erstmals von Röber-Siekmeyer (1999) entwickelt und vielfach in Unterrichtsmaterialien für den Primar- und Sekundarbereich aufgegriffen. Die theoretische Grundlage der Methode bildet die Regel, dass der **Kern einer Nominalgruppe** in der deutschen Sprache großgeschrieben wird (vgl. Maas 1992), und zwar unabhängig von der Wortart: *der winzige Zwerg* (Kern: Nomen), *das fröhliche Winken* (Kern: Verb), *das wunderschöne Rot* (Kern: Adjektiv), *das lustige Ich* (Kern: Personalpronomen), *das bittere Aus* (Kern: Präposition), *das moderne Jetzt* (Kern: Adverb) usw. In der Schulgrammatik spricht man in diesem Zusammenhang häufig von „Substantivierung" oder „Nominalisierung", wenn der Kern ursprünglich kein Nomen, sondern eine andere Wortart ist.

**Empirische Studien**  Zu welchem Ergebnis kommen aber Studien, die diese Methode in der Schule auf ihre Wirksamkeit untersucht haben? In einer vergleichenden Analyse von Interventionsstudien kommen Bangel/Rautenberg/Weth (2020) zu folgendem Schluss: „Erwartungsgemäß profitieren die SuS in allen Studien, die dem Ansatz von Röber-Siekmeyer (1999) folgten, vor allem im Bereich der Großschreibung von Nominalisierungen in besonderem Maße von einem syntaxorientierten Vorgehen." (ebd.: 68) Anzunehmen ist, dass syntaxorientierte Zugänge wie das Treppengedicht den Schüler/innen eine Strategie an die Hand geben, d. h. sie können im Falle von Rechtschreibzweifeln selbst ausprobieren, was richtig ist. Bei einem wortartenorientierten Zugang, der häufig anhand isolierter Wortgruppen (vgl. z. B. die Artikelprobe) vermittelt wird, müssen die Lernenden morphologisches Wissen über Wortarten erwerben. Dieser Zu-

## 10.2 · Wortgruppe und Rechtschreiben

gang hilft allerdings nur in den Anfängen der Rechtschreibung, solange es um die Wortschreibung geht, z. B. wenn sie im 1. Schuljahr (zu Beginn implizit) Nomen in Rechtschreibaufgaben wie dem Bild-Wort-Schreiben großschreiben.

Die Wortgruppe spielt auch bei Fragen der **Interpunktion** eine wichtige Rolle. Das neue Amtliche Regelwerk (2024), in dem das Kapitel *Zeichensetzung* vollständig überarbeitet wurde, „um es nach sprachwissenschaftlichen und didaktischen Erkenntnissen transparent und nachvollziehbar zu gestalten" (ebd.: 5), führt die Wortgruppe mehrfach auf: So können Wortgruppen gereiht werden und ein Komma (§ 70 E1) oder ein Semikolon (§ 74 E1) nach sich ziehen. Sie können auch in Klammern (§ 76 E1) gesetzt oder mit Bindestrichen (§ 81 (2)) verbunden werden, wenn sie als ein Wort verwendet werden. Das Amtliche Regelwerk (2024) ist online verfügbar und könnte im Unterricht digital eingesetzt werden. Esslinger/Noack (2020) greifen in ihrem ebenfalls online verfügbaren Buch *Das Komma und seine Didaktik* auf die Wortgruppe zu und beleuchten unter anderem Fragen ihrer Kommatierung (vgl. Unterrichtsvorschlag in ▶ Abschn. 10.2.2).

### 10.2.1 Treppengedichte kennenlernen

Im Fokus von Lehr-/Lernmaterialien, die „Treppengedichte" (Röber-Siekmeyer 1999) oder „Treppentexte" (Bangel/Müller 2022) aufgreifen, steht die Erweiterbarkeit des Kerns einer Nominalgruppe mit Adjektivattributen. Die daraus abgeleitete **Erweiterungsprobe** können Schüler/innen dann als Strategie nutzen, um bei Rechtschreibzweifeln zu entscheiden, ob ein Wort groß- oder kleingeschrieben wird. Für den Einstieg eignen sich Treppengedichte mit Nominalgruppen, die im Kern ein Nomen enthalten (z. B. *der Igel*).

> ▶ **Beispiel**
>
> Jaensch (2009) hat eine methodisch vielfältige Projektarbeit im 2. Schuljahr durchgeführt und die Kinder als **Sprachdetektive** grammatisch lernen lassen. Eingesetzt wurden neben differenzierenden Arbeitsblättern (Feder/Waage/Stein) auch bunte Tafelanschriebe und beschriftete Bauklötzchen sowie lange Schlangensätze im Klassenraum und sogar richtige Treppen im Treppenhaus der Schule.

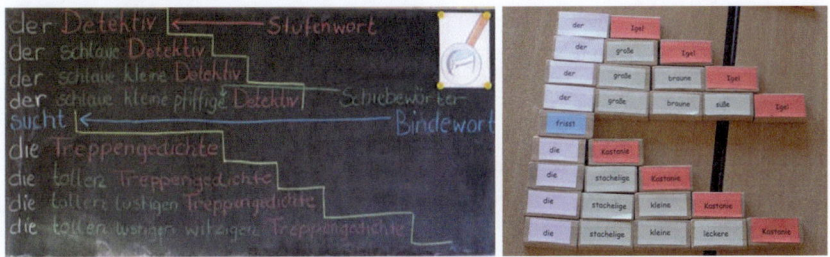

Tafelanschrieb mit Arbeitsdefinitionen (Stufenwort, Schiebewörter, Bindewort) der Kinder (*links*) und Bauklötzchen mit „Doppeltreppe" (*rechts*) in Jaensch (2009: 22 f.). Beide Treppengedichte enthalten jeweils zwei Nominalgruppen mit den Kernen *Detektiv/Treppengedichte* und *Igel/Kastanie*, die mit Adjektivattributen erweitert werden. ◄

Bangel/Müller (2022) nutzen „Treppentexte", deren Kerne sich reimen (z. B. *Löwe/Möwe*). In der folgenden Darstellung werden wir die verschiedenen Vorschläge miteinander verbinden und an einigen Stellen modifizieren.

**Beschreibung** Im Rechtschreibheft von Bangel/Müller (2022) können die Kinder mit den ersten vier Aufgaben im Teil „Großschreibung in Sätzen untersuchen" zuerst Treppengedichte und danach die Erweiterungsprobe kennenlernen und einüben. Zum Schluss lernen sie, dass die Adjektivattribute flektiert werden. Am Ende der vierten Aufgabe soll der folgende Merksatz ergänzt werden (er steht in einem grünen Kasten mit Lupe davor):

» „Mit der Erweiterungsprobe könnt ihr überprüfen, welche Wörter im Satz großgeschrieben werden. Als Erweiterungen kommen vor allem Adjektive vor. Sie haben bestimmte Endungen: e, ______." (ebd.: 43)

In der ersten Aufgabe wird den Kindern ein Treppengedicht als Beispiel vorgegeben, gefolgt von weiteren Reimpaaren, die für eigene Treppengedichte genutzt werden können (vgl. ◘ Abb. 10.5).

Um das **entdeckende** und **interaktive** Moment in Kleingruppen zu erhöhen, würden sich bunte Bauklötzchen wie bei Jaensch (2009) oder auch laminierte Karten anbieten mit Artikeln, Nomen, Verben, Adjektiven und Präpositionen (auch leere, die die Kinder selbst beschriften können). Auf diese Weise wäre es möglich, wie beim Beispiel von Jaensch (2009) auch die zweite Treppe zu erweitern (z. B. *vor der Möwe, vor der kleinen Möwe, vor der kleinen, lachenden Möwe*). Zudem könnten mit der Zeit Artikel und Präpositionen in Groß- und Kleinschreibung sowie Interpunktionszeichen (Kommata und Punkte) angeboten werden, so dass die Kinder in einer weiterführenden Unterrichtseinheit auch auf Satzebene forschen können (vgl. Kommentar unten). Als eine Art Experimentierkasten hätte das den Vorteil, dass der Anforderungsgrad der Aufgaben vereinfacht oder erhöht werden könnte, je nachdem, welche Klötzchen oder



Der **L**öwe
der große **L**öwe
der große, gefährliche **L**öwe
erschrickt
vor der kleinen **M**öwe

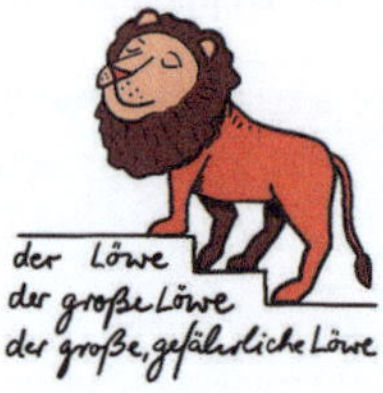


| | | |
|---|---|---|
| Sand – Hand | Regen – Wegen | Blau – Frau |
| Meister – Kleister | Maus – Haus | Katze – Tatze |
| Wanzen – Tanzen | Bach – Krach | Sachen – Lachen |

◘ **Abb. 10.5** Erste Aufgabe in Bangel/Müller (2022: 40): Das Treppengedicht besteht aus einer Nominalgruppe (*der Löwe*), die mit zwei Adjektivattributen erweitert wird, dem Verb *erschrickt* und einer Präpositionalgruppe mit eingebetteter linkserweiterter Nominalgruppe (*vor der kleinen Möwe*)

## 10.2 · Wortgruppe und Rechtschreiben

Karten zur Verfügung gestellt werden: z. B. einfache Treppengedichte mit Nominal- und Adjektivgruppen, doppelte Treppen mit Nominal- und Adjektivgruppen, doppelte Treppen mit Nominal-, Adjektiv- und Präpositionalgruppen. Um die Kinder für die Adjektivendungen zu sensibilisieren (4. Aufgabe bei Bangel/Müller 2022), könnte auch ein Set mit unflektierten Adjektiven und gesonderten Endungen (z. B. *groß* + *e*, *klein* + *en*) erstellt werden, die zusammengelegt werden könnten. Die generelle Eignung der Methode für selbstentdeckendes grammatisches Lernen – auch im Sprachvergleich – ist recht groß: „Bereits eine Modifizierung mit dem unbestimmten Artikel (*ein große*r, *braune*r, *süße*r *Igel*) und ein Vergleich mit dem Englischen (*the big, brown, cute hedgehog* vs. *a big, brown, cute hedgehog*) zeigen das große Potential." (Topalović/Michalak 2012: 246; vgl. dazu auch ▶ Abschn. 5.3)

Wie die Beispiele verdeutlichen, gibt es Unterschiede in der sprachlich-typographischen Darstellung: Soll der Artikel großgeschrieben werden? Sollen Farben die unterschiedlichen Wortarten bzw. den Kern der Nominalgruppe (z. B. rot oder fett markiert) visualisieren? Wie wichtig ist das Verb in den Treppengedichten? Wir denken, dass Treppengedichte sprachlich kreativ bleiben dürfen (ohne Großschreibung des Artikels und mit sprachlich intensivierenden Wiederholungen). Sie können als erster, spielerischer Zugang zur Grammatik betrachtet werden. Erst wenn es um „richtige" Sätze geht, bei denen die – nun bekannte – Erweiterungsprobe angewandt wird, kann auch die Rechtschreibung behandelt werden, d. h. die satzinitiale Großschreibung, die Kommata bei der Aufzählung von Attributen und der Punkt am Ende des Satzes. Rautenberg et al. (2016: 44) schlagen beim Schritt „Überprüfung (eigener) Schreibungen" vor, an die Tafel den Satz *mein hase* **mag** *löwenzahn* mit einem farbig markierten Verb zu schreiben und im Plenum die Richtigschreibung zu besprechen. Auf Satzebene wird auch das Verb wichtig – es ist „das strukturelle Zentrum des Satzes" (Gallmann 2019: 344). Seine visuelle Hervorhebung erleichtert auch den Einsatz der Umstell- bzw. Vorfeldprobe (vgl. ▶ Kap. 11). Zudem: Die Arbeit mit Treppengedichten, bei denen sich die Kerne reimen, erinnert ein Stück weit an die Methode des Generativen Schreibens von Belke (2012), bei der Kinder ästhetische Texte (z. B. Gedichte, Lieder) als sprachlich-grammatische Muster für die eigene Textproduktion nutzen und dabei auch implizit lernen können. Sie könnten unter Umständen miteinander kombiniert werden (vgl. ▶ Kap. 12).

**Kommentar** Ist den Schüler/innen die attributive Erweiterbarkeit als Strategie bei Rechtschreibzweifeln bekannt, könnten in höheren Jahrgangsstufen auch „Sonderfälle und Ausnahmen" (Rautenberg et al. 2016: 9) behandelt werden, d. h. all jene Fälle, bei denen das Erweitern mit Attributen gerade nicht funktioniert, z. B. bei Redewendungen wie *sich um Kopf und Kragen reden*, *mit jemandem durch dick und dünn gehen* oder Wortgruppen wie *heute Morgen* (ebd.). Treppengedichte finden sich nicht nur vermehrt in Lehrwerken (hier ist allerdings immer ein kritischer Blick wichtig), sondern auch in zahlreichen, zum Teil auf empirischen Studien beruhenden bzw. im Rahmen von Projekten entwickelten Lehr-/Lern-Materialien. Die vielleicht umfassendste unterrichtspraktische Veröffentlichung zu Treppengedichten (mit Einführung, Methodensammlung und Kopiervorlagen) stellt die *Syntaxbasierte Didaktik der Großschreibung ab Klasse 2* von Rautenberg et al. (2016) dar, die im Rahmen eines DFG-Projekts und in Zusammenarbeit mit vielen Grundschullehrkräften entstanden ist.

Zudem sind Treppengedichte Bestandteil von allgemeinen Rechtschreibmaterialien/-handbüchern, z. B. bei Bangel/Müller (2022) oder bei Becker et al. (2021), die das Konzept *Rechtschreibung Strategieorientiert* (RESO) entwickelt haben.

## 10.2.2 Komma bei Wortgruppen setzen

Die Verknüpfung von Grammatik und Interpunktion, wie sie von Esslinger/Noack (2020) vorgeschlagen wird, eignet sich in besonderer Weise für einen **integrativen Zugang**, der verschiedene Kompetenzbereiche miteinander verbinden kann. Die beiden Autorinnen plädieren dafür, „sprachreflexive, muster- und lesebasierte" (ebd.) Ansätze im Deutschunterricht zu nutzen. Damit würde der domänenspezifische Kompetenzbereich „Sprache und Sprachgebrauch untersuchen", dessen oberstes Ziel die (Weiter-)Entwicklung von Sprach(en)bewusstheit darstellt, mit den prozessbezogenen Kompetenzbereichen „Lesen" und „Schreiben" verbunden (vgl. dazu ▶ Kap. 7).

**Beschreibung** Esslinger/Noack (2020) unterscheiden ausgehend von Forschungsarbeiten von Primus (1993) drei **Kommatierungsmuster** in der deutschen Sprache, denen Mustertypen zugeordnet werden können (vgl. ausführlich ebd.: 3):

- **Komma bei Aufzählung**
  Mustertyp 1: *Peter kaufte Käse, Radieschen und Gurken.*
- **Komma bei Herausstellungen**
  Mustertyp 2: *Peter, kauf jetzt endlich Käse!*
- **Komma zwischen Sätzen**
  Mustertyp 3: *Peter weiß, dass er Käse kaufen soll.*

Wir legen im Folgenden den Schwerpunkt auf das **Komma bei Aufzählung**. Wann Kommata gesetzt werden und wann nicht, erläutern Esslinger/Noack (2020) anhand von Wortgruppen, die alle vor dem Verb bzw. im Vorfeld stehen (zum Feldermodell vgl. ▶ Kap. 11). Als Reflexionsimpuls könnte den Schüler/innen zunächst die folgende Darstellung angeboten werden, in der Wortgruppen vertikal gelistet sind (vgl. Esslinger/Noack 2020: 10):

| Bei der Arbeit | |
| In der Küche | schneidet Franz das Gemüse. |
| Auf dem Campingplatz | |

Die Aufgabe könnte lauten: „Ordnet alle Wortgruppen, die vor dem Verb *schneidet* stehen, linear im Satz an. Welche Möglichkeiten gibt es dafür? Ihr dürft Kommata und die Konjunktion *und* nutzen." Bei den drei Wortgruppen handelt es sich um Präpositionalgruppen. Denkbar wären z. B. die folgenden Sätze (das Verb kann in der Ergebnisdiskussion im Plenum fett oder farbig markiert werden):

1. Bei der Arbeit, in der Küche und auf dem Campingplatz **schneidet** Franz das Gemüse.

## 10.2 · Wortgruppe und Rechtschreiben

2. Bei der Arbeit in der Küche und auf dem Campingplatz **schneidet** Franz das Gemüse.
3. Bei der Arbeit in der Küche auf dem Campingplatz **schneidet** Franz das Gemüse.

Beim 3. Satz steht vor dem Verb eine komplexe Wortgruppe mit Rechtserweiterungen, in der die einzelnen Wortgruppen in einer syntaktischen Beziehung zueinander stehen: Die Wortgruppe *in der Küche* ist ein Attribut zu *Bei der Arbeit* (ihr also untergeordnet) und die Wortgruppe *auf dem Campingplatz* ein Attribut zu *in der Küche* (ebenfalls untergeordnet). Funktional handelt es sich um ein einziges Satzglied – eine Lokalangabe (auch: Lokaladverbial, adverbiale Bestimmung des Ortes). Beim 2. und 1. Satz stehen vor dem Verb zwei bzw. drei Wortgruppen, „die koordiniert (gleichberechtigt) und daher durch Komma bzw. Konjunktion voneinander getrennt sind" (ebd.: 11). Es handelt sich entsprechend um eine Reihung bzw. Aufzählung von Wortgruppen, die alle die **syntaktische Funktion** einer Lokalangabe haben und grammatisch gleichrangig sind; das Satzglied ist also *mehrfach* besetzt. Aufzählungen bzw. „Mehrfachbesetzungen" (ebd.) sind bei jedem Satzglied bzw. Satzgliedteil (vgl. die Adjektivattribute in ◻ Abb. 10.1) und auch beim Verb möglich:

— Bei der Arbeit, in der Küche und auf dem Campingplatz **schneidet, schnibbelt und zerkleinert** Franz das Gemüse, das Obst und jedes andere Grünzeug.

Welchen Vorteil haben Schüler/innen, wenn sie dieses Musterwissen erwerben?

» „Wer über dieses Musterwissen in Form kognitiver Repräsentationen (unbewusst) verfügt und es beim Lesen und Schreiben als ‚syntaktisches Wissen in Funktion' (Funke 2005) aktivieren kann [...], ist offenbar in der Lage, Kommas automatisiert, also ohne bewussten Regelabruf, zu setzen." (Esslinger/Noack 2020: 3)

Um die unterschiedliche **referentielle Funktion** (vgl. dazu ▶ Kap. 3) der drei Beispielsätze zu verdeutlichen, könnten auch Bilder, Visualisierungen bzw. Zeichnungen angefertigt werden. Wie sieht der mögliche „Weltausschnitt" aus, je nachdem wie der Satz geschrieben ist? Beim 1. Satz sieht man drei verschiedene Orte mit einem Gemüse schneidenden Franz, beim 2. Satz zwei verschiedene Orte und beim 3. Satz nur einen einzigen Ort.

**Kommentar** Da dieser Zugang die grammatischen Lerngegenstände „Wortgruppe" und „Kommasetzung" systematisch miteinander verbindet, bietet er viel Potential. Er verdeutlicht eindrucksvoll, dass Kommata eine wichtige Funktion in der schriftsprachlichen Kommunikation haben und keineswegs „beliebig" gesetzt werden. Eine gewisse Herausforderung dürfte darin liegen, dass das oben angesprochene automatisierte „Musterwissen" auf Seiten der Lehrkraft ein bewusstes Professionswissen sein sollte. Auch wie genau solche Automatisierungsprozesse auf Seiten der Lernenden aussehen und wie sie am besten angeregt werden, ist bislang noch nicht ausreichend erforscht.

## 10.3 Wortgruppe und Sprachverstehen

Wortgruppen spielen sowohl in der sprachlichen Produktion als auch in der Rezeption, d. h. beim Hör- und Leseverstehen, eine wichtige Rolle. Komplexe Nominalgruppen wie *die grüne, nach Frühling duftende, vom Wind umspielte Wiese auf dem sanften Hügel* (vgl. ◘ Abb. 10.1) verdeutlichen, wie sehr Sprache verdichtet werden kann. **Verdichtete Konstruktionen** können sowohl in literarischen als auch in pragmatischen Texten unser Sprachverstehen beeinflussen. So kommen Goschler/Kleinschmidt-Schinke (2024), die Nominalgruppen im Input von Lehrkräften (medial mündlich) und in Biologielehrwerken (medial schriftlich) untersucht haben, unter anderem zu dem Ergebnis, dass die syntaktische Komplexität in Lehrwerken mit den Jahrgangsstufen immer weiter zunimmt.

Neben der Komplexität von Wortgruppen ist aber auch die grundlegende Frage von Bedeutung, welche **Funktionen** Wortgruppen im Sprachgebrauch überhaupt haben. Wie die jeweiligen Formen von Wortgruppen unser Sprachverstehen steuern, zeigen Becker/Hagemeier/Michel (2023: 45) anhand einer Visualisierung, „die auf vielfältige Weise für den Einsatz in der Schule genutzt werden könnte" (ebd., vgl. ◘ Abb. 10.6).

Die Visualisierung verdeutlicht unter anderem, welche Funktionen Adjektiv- und Präpositionalgruppen nicht nur syntaktisch haben (es handelt sich um Adjektiv- und Präpositionalattribute), sondern auch referentiell: Wir verstehen den Beitrag des Kindes nur, wenn „die Menge potenzieller Diskursreferenten eingeschränkt bzw. spezifiziert" (ebd.) wird – und das geschieht mit den Attributen. In der dargestellten Kommunikationssituation genügt es nicht, allein mit *den Hund* auf die außersprachliche Welt zu verweisen. Neben dieser **referentiellen Funktion** von Sprache, wie sie Jakobson

◘ **Abb. 10.6** Visualisierung der Funktion von links- und rechtserweiterten Nominalgruppen in der Kommunikation nach Becker/Hagemeier/Michel (2023: 45)

10.3 · Wortgruppe und Sprachverstehen

(1960) in seinem Modell vorsieht (vgl. ▶ Kap. 3), werden wir im zweiten Unterrichtsvorschlag auch die **poetische Funktion** von Grammatik aufgreifen.

### 10.3.1 Sprachliche Verständigung untersuchen

Obwohl „Sprachliche Verständigung" als Bildungsstandard von Beginn an im Kompetenzbereich „Sprache und Sprachgebrauch untersuchen" verortet war, dürfte diese Teilkompetenz im Deutschunterricht (noch immer) nicht prominent sein, auch weil im dazugehörigen Kompetenzstufenmodell sprachliche Verständigung bisher keine bedeutsame Rolle gespielt hat (vgl. dazu ▶ Kap. 7). Die weiterentwickelten Bildungsstandards für den Primarbereich nennen unter „Sprachliche Verständigung als Form des Handelns" vier Kompetenzdimensionen:
„*Die Schülerinnen und Schüler*
- untersuchen den Zusammenhang zwischen Äußerungsabsicht, sprachlichen Mitteln und Wirkungen,
- untersuchen an ausgewählten Beispielen, wie sich Adressatenorientierung im sprachlichen Handeln zeigt,
- sprechen über Verstehens- und Verständigungsprobleme,
- tauschen sich aus über die Nutzung digitaler Technologien als Werkzeuge der Kommunikation und der Informationsgewinnung (grundlegende Funktionen)." (BS-Primarbereich 2022: 20)

In Sprachbüchern verschiedener Verlage, die sich bei der Gestaltung ihrer Lehrwerke an den Bildungsstandards orientieren, lassen sich (eher vereinzelt) Aufgaben finden, bei denen es um sprachliche Verständigung geht. Ein Beispiel, bei dem auch Wortgruppen für eine gelingende Kommunikation ausschlaggebend sind, soll im Folgenden vorgestellt werden.

**Beschreibung** Das Beispiel stammt aus *Bausteine Sprachbuch 3* (2015) (vgl. ◘ Abb. 10.7). Unter der Überschrift „Fachbegriffe kennen: Artikel" soll es um den Unterschied zwischen dem **indefiniten (unbestimmten)** und dem **definiten (bestimmten) Artikel** (ebd.: 120) gehen. Beide werden in den BS-Primarbereich (2022) als grammatische Termini gelistet. Laut Aufgabenstellung sollen die Kinder zwei Antworten eines Kindes, das mit seiner Mutter an einem Verkaufsstand steht, miteinander vergleichen. Von der zweiten Antwort des Kindes wird ausgeführt, dass die Mutter das Kind dabei besser versteht. Anhand des Unterschieds sollen die Kinder laut Fußzeile die „Beziehung zwischen Absicht und Wirkung untersuchen" und „über Verstehensprobleme sprechen" (ebd.; hier ist der Bezug zu den Bildungsstandards erkennbar).

In kleinen Forschergruppen könnten die Kinder sich erst über ihre Annahmen austauschen und diese dann gemeinsam mit der Lehrkraft im Plenum diskutieren. Sie könnten dabei mehr herausfinden, als die Aufgabenseite vorsieht. Tatsächlich hätte es nämlich nicht gereicht, wenn allein der Artikel geändert worden wäre, z. B. von *eine Mütze* zu *die Mütze*. Dazu heißt es im VggF (2019): „Eine Nominalgruppe (NGr) mit definitem Artikel (*der/die/das*) wird typischerweise gebraucht, wenn das, was sie bezeichnet, eindeutig zu identifizieren ist." Entscheidend für die Identifikation ist aber

**Abb. 10.7** Beispiel aus *Bausteine Sprachbuch 3* (2015: 120)

auch, dass die drei Nominalgruppen *die Mütze*, *der Ball* und *das Buch* eine Rechtserweiterung erhalten (dies wird auf der Aufgabenseite nicht thematisiert). Bei den Rechtserweiterungen *mit dem roten Bommel*, *mit den blauen Punkten* und *mit den Waldtieren* handelt es sich **funktional** um Präpositionalattribute, die die Nominalgruppen näher beschreiben. Sie bestehen **formal** aus Präpositionalgruppen (Kern: *mit*) mit eingebetteten Adjektiv- und Nominalgruppen. Bei den ersten beiden Nominalgruppen muss das Kind auch Linkserweiterungen nutzen, und zwar die Adjektivattribute *roten* und *blauen*, weil alle Mützen und Bälle am Verkaufsstand Bommel bzw. Punkte haben. Erst die Attribute, die auch eine **referentielle Funktion** haben (sie verweisen auf die außersprachliche Welt) und formal unterschiedlich realisiert sein können, stellen sicher, dass die Kommunikation gelingt, d. h. die Mutter das Kind versteht. Neben dem definiten Artikel sind in diesem Beispiel also auch die Attribute wichtig.

Obwohl das Beispiel aus dem Sprachbuch nicht „perfekt" ist (vgl. auch den Kommentar), verdeutlicht die Aufgabe das generelle Potential funktionaler Zugänge, wie sie Becker/Hagemeier/Michel (2023) für sprachreflexives und grammatisches Lernen empfehlen. Ihre Visualisierung (vgl. ◘ Abb. 10.6) wäre ein idealtypischer Zugriff, um im Unterricht Funktionen von Wortgruppen zu thematisieren, wenn es um sprachliche Verständigung geht, in der wie oben dargestellt *deskriptive Strategien* (z. B. mit Attributen) bzw. *deiktische Strategien* (z. B. mit Artikelwörtern) genutzt werden können, damit die Kommunikation gelingt (vgl. ebd.: 45).

**Kommentar** Da Kommunikation immer multimodal ist (vgl. Kress/van Leuwen 2021), hätte das Kind die Nominalgruppen *die Mütze*, *der Ball* und *das Buch* auch mit eindeutigen Zeigegesten kombinieren können (z. B. „die Mütze" sprechen + Zeigegeste auf die gemeinte Mütze). In diesem Fall wären die Rechtserweiterungen nicht nötig gewesen, um das Sprachverstehen zu sichern. Es könnte im Unterricht entsprechend thematisiert werden, dass für den abgebildeten kommunikativen Kontext mehrere Möglichkeiten der Vereindeutigung bestehen. Gerade in der mündlichen Kommunikation werden **deiktische,** d. h. auf die Äußerungssituation **verweisende Ausdrücke** sowie Intonation, Gestik und Mimik genutzt. In der schriftlichen Kommunikation ist stattdessen „eine präzisere, explizite Ausdrucksweise erforderlich" (Dürscheid 2016: 26 f.), um verstanden zu werden. Auf diese Weise könnten die Schüler/innen in einem weiterführenden Schritt für die Unterschiede zwischen mündlicher und schriftlicher Kommunikation (ebenfalls in den Bildungsstandards) sensibilisiert werden, d. h. für die „prototypischen Merkmale gesprochener und geschriebener Sprache" (ebd.).

### 10.3.2 Grammatik in Poesie erforschen

In den letzten Jahren sind zahlreiche Veröffentlichungen entstanden, die sich dezidiert mit der Schnittstelle **Grammatik und Literatur** befassen, sei es aus eher sprach- und literaturdidaktischer Sicht (vgl. z. B. Mesch/Spinner 2024) oder aus eher sprach- und literaturwissenschaftlicher Sicht (vgl. z. B. Fuhrhop/Reinken/Schreiber 2023). Bereits in ▶ Abschn. 2.2 hatten wir hervorgehoben, dass grammatische Analyse für die Erschließung literarischer und insbesondere poetischer Strukturen eine wichtige Unterstützung leisten kann. Boettcher/Spinner (2018) schlagen im Kapitel „Beabsichtigte Abweichungen" ein Gedicht von Volker von Törne für die Sekundarstufen vor, und zwar als „Anstoß für grammatische Reflexion" (ebd.: 231). Das gleiche Gedicht wird von Ágel (2015) beispielhaft linguistisch analysiert – auch weil ein Teil des Gedichts grammatisch „spektakulärer" (ebd.) sei als ein anderer. Wir verbinden die beiden Zugänge, die sich für eine Integration der Fächer Deutsch und Politik bzw. Geschichte eignen, in der folgenden Darstellung.

**Beschreibung**   Volker von Törne (1934–1980) hat das Gedicht „Frage" 1961 geschrieben. Es gilt als eines seiner bekanntesten Gedichte.

> **Frage**
> Mein Großvater starb
> an der Westfront;
> mein Vater starb
> an der Ostfront: an was
> sterbe ich?
> Aus: Volker von Törne: Im Lande Vogelfrei. Berlin: Wagenbach Verlag 1981.

Die erste Irritation beim Lesen entsteht aufgrund der Präpositionalgruppen *an der Westfront*, *an der Ostfront* und *an was*. Die **syntaktische Funktion** der ersten beiden ist eine adverbiale Bestimmung des Ortes (auch: Lokaladverbial oder Lokalangabe). Wir erfahren, *wo* der Großvater und der Vater gestorben sind. Die syntaktische Funktion von *an was* ist hingegen ein Präpositionalobjekt. Es gehört zur Valenz des Verbs und lässt sich von seiner Rektion ableiten: *an etwas sterben*. Erwartbar wäre hier eher der Gebrauch von *woran* gewesen, „was hier um der Doppeldeutigkeit willen mit Absicht *nicht* getan wurde" (Boettcher/Spinner 2018: 237).

Eine **poetische Funktion** „dieses syntaktischen Spiels" (ebd.) könnte unter anderem darin liegen, dass das Valenzmuster *an etwas sterben* „regulär eine Krankheit" vorsieht, so dass „(rückwirkend) die beiden Weltkriege als gesellschaftliche Krankheit (vielleicht als Irrsinn?) definiert" (ebd.) werden könnten. Folgt man der Analyse von Ágel (2015: 162), wäre diese Interpretation überaus plausibel. In der folgenden Darstellung werden die sprachlichen Elemente des Gedichts „Frage" Distributionsklassen zugeordnet und in Klammern gesetzt. Gemeint ist, dass es um alle möglichen sprachlichen Ausdrücke geht, die anstelle eines gegebenen Ausdrucks im Satz stehen könnten. Die folgenden beiden vertikal angeordneten Reihen bilden jeweils dieselbe Distributionsklasse (vgl. Ágel 2015: 162):

[Mein Großvater] starb [an der Westfront] Lokaladverbial (> Präpositionalobjekt)

[mein Vater] starb [an der Ostfront] Lokaladverbial (> Präpositionalobjekt)

[ich] sterbe [an was?] Präpositionalobjekt

Nach Ágel (2015: 162) ist die erste Reihe, d. h. die Subjektreihe, „unspektakulär", nicht so die andere, in der eine „Umdistribution" (vgl. die Pfeile >) stattfindet:

> „Umso spektakulärer ist die andere Reihe, bei der die *formale* Ähnlichkeit (drei Präpositionalgruppen$_{an+DAT}$) der realisierten Satzglieder (zwei Lokaladverbiale und ein Präpositionalobjekt) ausgenutzt wird, um beim Leser rückwirkende *funktionale* Uminterpretation der Lokaladverbiale *an der Westfront* und *an der Ostfront* in Ad-hoc-Präpositionalobjekte zu bewirken." (ebd.)

Ähnliche formale Strukturen können also genutzt werden, um **Mehrdeutigkeit** zu evozieren – hier entsteht sie nach dem Lesen der Frage „an was sterbe ich". Ging es vorher um Orte (Lokaladverbiale, Lokalangaben), geht es nun um Krankheit, die im Präpositionalobjekt kodiert ist. Die „mentale[n] Konstruktionsprozesse" (Schnotz 2006: 224), die ein Text beim Lesen auslöst, werden durch die Mehrdeutigkeit irritiert und das Textverstehen gleichsam revidiert. Auch die Lokaladverbiale werden nun als Präpositionalobjekte wahrgenommen. Ágel (2015: 163) spricht von einem „kreativen grammatischen Mechanismus", bei dem die „Krankheitssemantik", die dem Wort *was* innewohnt, auf *Westfront* und *Ostfront* übertragen wird.

In höheren Jahrgangsstufen könnten auch die beiden Analysen nach einem **induktiven Zugang** zum Gedicht zur kritischen Diskussion gestellt werden. Der induktive Zugang bietet die Möglichkeit, die Schüler/innen zunächst selbst erste Annahmen formulieren und recherchieren zu lassen (z. B. im „Elektronischen Valenzwörterbuch deutscher Verben (E-VALBU)" oder in Grammatiken des Deutschen). Um die möglichen Irritationen und Gedankengänge beim Lesen des Gedichts gleichsam im Prozess zu erfassen, wären auch **Think-Aloud-Protokolle** („Lautes-Denken-Methode") denkbar, die in Kleingruppen erhoben werden. Die Schüler/innen könnten so eine Forschungsmethode empirisch ausprobieren, gleichzeitig erhalten sie wertvolle Impulse für ihre Deutungen.

**Kommentar** Die vorgestellte Analyse veranschaulicht das große Potential, das ein grammatischer Blick bietet. Zu bedenken ist dabei aber, dass auch eine grammatische

Analyse **keine objektive und eindeutige Lesart** ergibt. So könnte ein weiterer Blickpunkt ergeben, dass die als unspektakulär bezeichnete Subjektreihe aus semantischer Perspektive zumindest ein Stück weit spektakulär ist, weil sie unsere Vorstellungen und Gedanken leitet: Sie hilft, beim Lesen des Gedichts in drei Generationen zu denken, die Westfront im Ersten Weltkrieg, die Ostfront im Zweiten Weltkrieg und das lyrische „Ich" in einer aktuellen Zeit zu verorten, die unter Umständen genauso tödlich sein könnte oder auch nicht, weil sie (zum Zeitpunkt des Lesens) eine sichere Welt ist, in der an Krankheiten und nicht „an Krieg" gestorben wird. Diese Deutung bringen Boettcher/Spinner (2018: 237) ebenfalls ins Spiel, auch sie könnte gemeinsam diskutiert werden. Folgt man den obigen Analysen, dann wurde das Gedicht „Frage" in einer geopolitisch gleichsam eskalierenden Zeit des Kalten Krieges geschrieben und wirkt erschreckend aktuell.

Dass sich gerade mehrdeutige sprachliche Strukturen für einen **integrativen, sprachreflexiven** Deutschunterricht eignen, wird auch an den Unterrichtsvorschlägen von Ulrich (2018) deutlich, der „Mehrdeutigkeit als zentrales Thema des Sprach-, Lese- und Literaturunterrichts" (ebd.) ansieht. Wir greifen diesen Ansatz in ▶ Kap. 11, in dem der Satz im Fokus steht, noch einmal auf.

## Literatur

Bausteine Sprachbuch 3 (2015) = Acker, Katharina/Bauch, Björn/Dirzus, Ulrike/Greven, Matthias/Hinze, Gabriele/Isack, Alexandra/Schmidt, Hans-Peter (2015): *Bausteine. Sprachbuch 3.* Braunschweig: Westermann.

Ágel, Vilmos (2015): Grammatik und Literatur. Grammatische Eigentlichkeit bei Kehlmann, Timm, Liebmann, Handke, Strittmatter und Ruge. In: Claudia Brinker-von der Heyde/Nina Kalwa/Nina-Maria Klug/Paul Reszke (Hg.): *Eigentlichkeit. Zum Verhältnis von Sprache, Sprechern und Welt.* Berlin/München/Boston: De Gruyter, S. 159–174.

Backhaus, Peter (2015): Attention, please! A linguistic soundscape/landscape analysis of ELF information provision in public transport in Tokyo. In: Kumiko Murata (Hg.): *Exploring ELF in Japanese Academic and Business Contexts: Conceptualisation, research and pedagogic implications.* London: Routledge, S. 194–209.

Bangel, Melanie/Müller, Astrid ($^5$2022): *Wörtern und Sätzen auf der Spur.* Hannover: Klett Kallmeyer.

Bangel, Melanie/Rautenberg, Iris/Weth, Constanze (2020): Syntaxorientierte Didaktik der Großschreibung – ein Forschungsüberblick. In: *Didaktik Deutsch* 25/48, S. 55–70.

Becker, Tabea/Busche, Natalie/Peschel, Corinna/Piel, Bernhard (2021): *Rechtschreibung Strategieorientiert RESO.* Herausgegeben vom Ministerium für Schule und Bildung des Landes Nordrhein-Westfalen. Düsseldorf.

Becker, Tabea/Hagemeier, Carolin/Michel, Anke (2023): Wortgruppe. In: *Der Deutschunterricht* 3, S. 38–48.

Belke, Gerlind (2012): *Poesie und Grammatik: kreativer Umgang mit Texten im Deutschunterricht mehrsprachiger Lerngruppen.* Baltmannsweiler: Schneider Verlag Hohengehren.

Boettcher, Wolfgang/Spinner, Kaspar H. (2018): *Von sprachlichen Pannen zum grammatischen Nachdenken. Beispiele – Analysen – Impulse für den Unterricht in der Sekundarstufe I und II.* Seelze: Klett Kallmeyer.

BS-Primarbereich (2022) = *Bildungsstandards für das Fach Deutsch Primarbereich* (Beschluss der Kultusministerkonferenz vom 15.10.2004 und vom 04.12.2003, i.d.F. vom 23.06.2022). Sekretariat der Ständigen Konferenz der Kultusminister der Länder in der Bundesrepublik Deutschland. Berlin/Bonn. URL: https://www.kmk.org/fileadmin/veroeffentlichungen_beschluesse/2022/2022_06_23-Bista-Primarbereich-Deutsch.pdf (28.12.2024)

BS-Sek-I (2022) = *Bildungsstandards für das Fach Deutsch Erster Schulabschluss (ESA) und Mittlerer Schulabschluss (MSA)* (Beschluss der Kultusministerkonferenz vom 15.10.2004, i.d.F. vom 23.06.2022).

Sekretariat der Ständigen Konferenz der Kultusminister der Länder in der Bundesrepublik Deutschland. Berlin/Bonn. URL: https://www.kmk.org/fileadmin/Dateien/veroeffentlichungen_beschluesse/2022/2022_06_23-Bista-ESA-MSA-Deutsch.pdf (28.12.2024)

Busch, Brigitta (³2021): *Mehrsprachigkeit*. Wien: facultas.

Castro Varela, María do Mar/Mecheril, Paul (2010): Grenze und Bewegung. Migrationswissenschaftliche Klärungen. In: Paul Mecheril/María do Mar Castro Varela/Inci Dirim/Annita Kalpaka/Claus Melter (Hg.): *Migrationspädagogik*. Weinheim/Basel: Beltz, S. 23–53.

Dagenais, Diane/Moore, Danièle/Sabatier, Cécile/Lamarre, Patricia/Armand, Françoise (2009): Linguistic landscape and language awareness. In: Elana Shohamy/Durk Gorter (Hg.): *Linguistic Landscape. Expanding the Scenery*. New York: Routledge, S. 253–269.

Dube, Juliane/Schwinning, Sandra/Filipovic, Julia (2023): Mehrsprachigkeit und Digitalisierung – Potenziale webbasierter mehrsprachiger Buchportale im Vergleich. In: Esra Hack-Cengizalp/Melanie David-Erb/Irene Corvacho del Toro (Hg.): *Mehrsprachigkeit und Bildungspraxis*. Bielefeld: wbv, S. 147–166.

Dürscheid, Christa (⁵2016): *Einführung in die Schriftlinguistik*. Göttingen: Vandenhoeck & Ruprecht.

Eichinger, Ludwig M. (2000): *Deutsche Wortbildung. Eine Einführung*. Tübingen: Narr.

Elektronisches Valenzwörterbuch deutscher Verben (E-VALBU) = https://grammis.ids-mannheim.de/verbvalenz

Esslinger, Gesine/Noack, Christine (2020): *Das Komma und seine Didaktik*. Bochum: Universitätsbibliothek. DOI: https://doi.org/10.46586/SLLD.146.

Fuhrhop, Nana/Reinken, Niklas/Schreiber, Niklas (2023): *Literarische Grammatik. Wie Literatur- und Sprachwissenschaft voneinander profitieren können*. Winter: Heidelberg.

Funke, Reinold (2005): *Sprachliches im Blickfeld des Wissens. Grammatische Kenntnisse von Schülerinnen und Schülern*. Tübingen: Niemeyer.

Fürstenberg, Maurice/Müller, Hans-Georg (2024): KI im Deutschunterricht. In: *Der Deutschunterricht* 5, S. 2–13.

Gallmann, Peter (2019): Das topologische Modell. In: Doris Tophinke/Elvira Topalović/Katharina J. Rohlfing (Hg.): *Sprachstrukturelle Modelle. Konvergenzen theoretischer und empirischer Forschung. Mitteilungen des Deutschen Germanistenverbandes* 4, 344–352.

Gallmann, Peter (2022): Nominalphrase. In: Angelika Wöllstein/Dudenredaktion (Hg.): *Duden. Die Grammatik*. 10., völlig neu verfasste Aufl. Berlin: Dudenverlag, S. 402–407.

Amtliches Regelwerk (2024) = *Amtliches Regelwerk der deutschen Rechtschreibung. Regeln und Wörterverzeichnis*. Herausgegeben von der Geschäftsstelle des Rats für deutsche Rechtschreibung. Mannheim: IDS-Verlag. https://www.rechtschreibrat.com/DOX/RfdR_Amtliches-Regelwerk_2024.pdf (15.12.2024)

Geyer, Sabrina/Müller, Anja (2024): On the use of (second) language acquisition research for grammar education – a language-acquisition-sensitive approach. In: Katharina Zaychenko/Holden Härtl (Hg.): *Grammatical Categories in Linguistics and Education*. Berlin: De Gruyter Mouton, S. 121–141.

Gorter, Durk/Cenoz, Jasone (³2017): Linguistic Landscape and Multilingualism. In: Jasone Cenoz/Durk Gorter/Stephen May (Hg.): *Language Awareness and Multilingualism*. Cham: Springer, S. 233–245. https://doi.org/10.1007/978-3-319-02240-6.

Goschler, Juliana/Kleinschmidt-Schinke, Katrin (2024): Syntaktische Komplexit.t im Unterrichtsdiskurs: Nominalphrasen im Jahrgangsstufenvergleich. In: Juliana Goschler/Peter Rosenberg/Till Woerfel (Hg.): *Empirische Zugänge zu Bildungssprache und bildungssprachlichen Kompetenzen*. Wiesbaden: Springer Spektrum, S. 71–95.

Hallet, Wolfgang (2013): Die Visualisierung des Fremdsprachenlernens – Funktionen von Bildern und visual literacy im Fremdsprachenunterricht. In: Gabriele Lieber (Hg.): *Lehren und Lernen mit Bildern. Ein Handbuch zur Bilddidaktik*. 2., grundlegend überarb. und erg. Neuaufl. Baltmannsweiler: Schneider Verlag Hohengehren, S. 213–223.

Hennig, Mathilde/Langlotz, Miriam (2020): Das „Verzeichnis grundlegender grammatischer Fachausdrücke" 2019. Anliegen, Konzeption, Perspektiven. In: *Sprachreport* 36/2, S. 20–31.

Hodaie, Nazli (2020): Interkulturalität. In: Tobias Kurwinkel/Philipp Schmerheim (Hg.): *Handbuch Kinder- und Jugendliteratur*. Berlin: J.B. Metzler, S. 322–333.

deutsch ideen 6 (2016) = Hümmer-Fuhr, Mareike/Müller, Angela/Reck, Alexander/Reed, Nicole/Richter, Gerda/Rudel, Thomas/Zander, Torsten (2016): *deutsch ideen 6*. Braunschweig: Westermann.

## Literatur

Isaac, Kevin/Kleinbub, Iris (2018): Bestandsaufnahme zum mehrsprachigkeitsorientierten Grammatikunterricht: Ergebnisse einer Lehrerbefragung an Grundschulen. In: Elisabeth Gessner/Jenny Giambalvo Rode/Horst Paul Kuhley (Hg.): *Atlas der Mehrsprachigkeit in Europa. Mehrsprachigkeit als Chance.* Leipzig: Leipziger Universitätsverlag, S. 199–220.

Jaensch, Pia (2009): Durch Treppengedichte zur Groß- und Kleinschreibung. Oder: Wie aus Zweitklässlern Sprachdetektive werden. In: *Grundschulunterricht* 3, S. 20–24. (Materialien auf den Seiten 37–45)

Jakobson, Roman (1960): Linguistik und Poetik. Neu abgedruckt in: Jens Ihwe (Hg.) (1971): *Literaturwissenschaft und Linguistik,* 1, S. 142–178.

Jentges, Sabine/Sars, Paul (2018): „Ich sehe was, was Du nicht siehst …" Urbanes Raumerleben und Linguistic landscaping in und für deutsch-niederländische/n Schulaustauschprojekte/n. In: Camilla Badstüber-Kizik/Věra Janíková (Hg.): *Linguistic Landscape und Fremdsprachendidaktik. Perspektiven für die Sprach-, Kultur- und Literaturdidaktik.* Berlin: Peter Lang, S. 21–54.

Kress, Gunther/van Leeuwen, Theo ($^3$2021): *Reading Images. The Grammar of Visual Design.* London: Routledge.

Krifka, Manfred/Blaszczak, Joanna/Leßmöllmann, Annette/Meinunger, André/Stiebels, Barbara/Tracy, Rosemarie/Truckenbrodt, Hubert (Hg.) (2014): *Das mehrsprachige Klassenzimmer. Über die Muttersprachen unserer Schüler.* Berlin/Heidelberg: Springer.

Krompák, Edina (2018): Linguistic Landscape im Unterricht. Das didaktische Potenzial eines soziolinguistischen Forschungsfelds. In: *Beiträge zur Lehrerinnen- und Lehrerbildung* 36, S. 246–261.

Doppel-Klick 8 (2006) = *Doppel-Klick. Das Sprach- und Lesebuch 8.* Hg. von Renate Krull. Berlin: Cornelsen 2006.

Kümmerling-Meibauer, Bettina (2013): Text-Bild-Interaktion im mehrsprachigen Bilderbuch. In: Ira Gawlitzek/Bettina Kümmerling-Meibauer (Hg.): *Mehrsprachigkeit und Kinderliteratur.* Stuttgart: Klett Fillibach, S. 47–71.

Lang, Susanne/Topalović, Elvira (2020): Wortgruppen entdecken. In: *Praxis Deutsch* 282, S. 20–23.

Lange, Sarah Désirée/Huxel, Katrin/Then, Daniel/Pohlmann-Rother, Sanna (2023): „ich glaub, ich würd's nicht sofort unterbinden" – Überzeugungen von Grundschullehrkräften zum didaktischen Umgang mit Mehrsprachigkeit. In: Esra Hack-Cengizalp/Melanie David-Erb/Irene Corvacho del Toro (Hg.): *Mehrsprachigkeit und Bildungspraxis.* Bielefeld: wtv, S. 103–121.

Maas, Utz (1992): *Grundzüge der deutschen Orthographie.* Tübingen: Niemeyer.

Mesch, Birgit/Spinner, Kaspar H. (2024): *Grammatik und Literatur(unterricht). Eine etwas andere Einführung in Form einer Beispielsammlung.* Bochum: Universitätsbibliothek. https://doi.org/10.46586/SLLD.321.

Paul, Baptiste (2022): *„Auf geht's!"* Illustration von Jacqueline Alcántara. Übersetzt und nacherzählt von Svenja Herrmann. Zürich (deutsche Übersetzung des englischen Originals „Climb on!" aus dem Jahr 2021)

Peschel, Corinna (2023): Formen und Funktionen beim grammatischen Lernen. In: *Der Deutschunterricht* 3, S. 15–24.

Primus, Beatrice (1993): Sprachnorm und Sprachregularität: Das Komma im Deutschen. In: *Deutsche Sprache* 3, S. 244–263.

Rautenberg, Iris/Wahl, Stefan (2019): Der Einfluss der Nominalgruppenstruktur auf die Groß-/Kleinschreibung. Eine empirische Untersuchung im 2. und 6. Schuljahr. In: *Didaktik Deutsch* 46, S. 83–101.

Rautenberg, Iris/Wahl, Stefan/Helms, Stefanie/Nürnberger, Miriam (2016): *Syntaxbasierte Didaktik der Großschreibung ab Klasse 2. Einführung, Methodensammlung, Kopiervorlagen.* Offenburg: Mildenberger.

Ricart Brede, Julia (2014): *Mehrsprachigkeit sichtbar machen – Linguistic Landscaping zur Durchgängigen Sprachbildung nutzen.* Vortrag im Rahmen der Fachtagung: „Durchgängige Sprachbildung: Konzepte und Methoden zur Sprachbildung im Unterricht aller Fächer". Flensburg: Europa-Universität Flensburg. URL: https://www.uni-flensburg.de/fileadmin/content/abteilungen/daf-daz/dokumente/personal/julia/vortragricartbrede-mehrsprachigkeit-sichtbar-machen-final.pdf (23.11.2024)

Ricart Brede, Julia/Pliska, Enisa (2021): Mehrsprachigkeit als omnipräsentes Phänomen sprachlicher Landschaften: Ein Plädoyer für den Einsatz von Linguistic Landscaping im Lehramtsstudium. In: Heidi Rösch/Nicole Bachor-Pfeff (Hg.): *Mehrsprachliche Bildung im Lehramtsstudium.* Baltmannsweiler: Schneider Verlag Hohengehren, S. 131–154.

Röber-Siekmeyer, Christa (1999): *Ein anderer Weg zur Groß- und Kleinschreibung*. Stuttgart: Klett.

Rödel, Laura (2023): Grammatikdidaktische Visualisierungen. In: *Der Deutschunterricht 3*, S. 5–14.

Rösch, Heidi (2013): Mehrsprachige Kinderliteratur im Literaturunterricht. In: Ira Gawlitzek/Bettina Kümmerling-Meibauer (Hg.): *Mehrsprachigkeit und Kinderliteratur*. Stuttgart: Klett Fillibach, S. 143–168.

Rothstein, Björn (2023): *Deutschunterrichtlicher Sprachvergleich. Kontrastierung als didaktisches Verfahren*. Bochum: Universitätsverlag. https://doi.org/10.46586/SLLD.286.

Schader, Basil (2004): *Sprachenvielfalt als Chance. Das Handbuch. Hintergründe und 101 praktische Vorschläge für den Unterricht in mehrsprachigen Klassen*. Troisdorf: Bildungsverlag EINS.

Schnotz, Wolfgang (2006): Was geschieht im Kopf des Lesers? Mentale Konstruktionsprozesse beim Textverstehen aus der Sicht der Psychologie und der kognitiven Linguistik. In: Hardarik Blühdorn/Eva Breindl/Ulrich H. Waßner (Hg.): *Text – Verstehen. Grammatik und darüber hinaus*. Berlin: De Gruyter, S. 222–238.

Topalović, Elvira (2020): Digitales Lesen. Empirische Evidenzen für den Deutschunterricht. In: *Der Deutschunterricht* 4, S. 49–57.

Topalović, Elvira/Härtel, Kira (2023): „Es gibt ja Zeichen für Wörter …". Grammatisches und Zeichenhaftes in Sprach(en)repertoires entdecken. In: *Die Grundschulzeitschrift* 341, S. 28–31.

Topalović, Elvira/Härtel, Kira (2025): Grammatik und Multimodalität im mehrsprachigen Bilderbuch. Qualitative Analyse an der Schnittstelle von Schrift, Sprache und Bild. In: Sabrina Geyer/Valentina Cristante (Hg.): *Grammatikdidaktik und Mehrsprachigkeit: Theoretische und empirische Perspektiven*. Bochum: Universitätsbibliothek (SLLD), S. 190–207.

Topalović, Elvira/Michalak, Magdalena (2012): Sprachreflexion und Grammatik zwischen DaM und DaZ. In: Magdalena Michalak/Michaela Kuchenreuther (Hg.): *Grundlagen der Sprachdidaktik Deutsch als Zweitsprache*. Baltmannsweiler: Schneider Verlag Hohengehren, S. 226–250.

Topalović, Elvira/Settinieri, Julia (2023): *Sprachliche Bildung*. Tübingen: Narr Francke Attempto.

Törne, Volker von (1981): *Im Lande Vogelfrei*. Berlin: Wagenbach Verlag.

Turgay, Katharina (2023): Satzglied. In: *Der Deutschunterricht* 3, S. 25–37.

Ulrich, Winfried (2018): *Mehrdeutigkeit als zentrales Thema des Sprach-, Lese- und Literaturunterrichts. Förderung der allgemeinen Sprachkompetenz durch Erwerb von Ambiguitätskompetenz*. Baltmannsweiler: Schneider Verlag Hohengehren.

VggF (2019) = *Verzeichnis grundlegender grammatischer Fachausdrücke*. URL: https://grammis.ids-mannheim.de/vggf (11.11.2024)

Vishek, Svetlana (2019): Mehrsprachige Bilderbücher aus sprachdidaktischer, literaturdidaktischer und erziehungswissenschaftlicher Perspektive. In: Yauheniya Danilovich/Galina Putjata (Hg.): *Sprachliche Vielfalt im Unterricht. Fachdidaktische Perspektiven auf Lehre und Forschung im DaZ-Modul*. Wiesbaden: Springer VS, S. 15–32.

Wildemann, Anja/Bien-Miller, Lena (2022): Warum lebensweltlich deutschsprachige Schülerinnen und Schüler von einem sprachenintegrativen Deutschunterricht profitieren – empirische Erkenntnisse. In: *Zeitschrift für Grundschulforschung* 15, S. 151–167.

Wiles, Rose/Prosser, Jon/Bagnoli, Anna/Clark, Andrew/Davies, Katherine/Holland, Sally/ Renold, Emma (2008): *Visual Ethics: Ethical Issues in Visual Research*. Southampton: National Centre for Research Methods (NCRM). URL: https://eprints.ncrm.ac.uk/id/eprint/421/1/MethodsReviewPaperNCRM-011.pdf (10.02.2025)

# Fokus: Satz

## Inhaltsverzeichnis

11.1 Erste Zugänge zum Satz – 241

11.2 Felderstrukturen in der Praxis – 243

11.3 Verbvalenz und Satzglieder – 246

11.4 Sätze analysieren – 250

Literatur – 253

© Springer-Verlag GmbH Deutschland, ein Teil von Springer Nature 2025
T. Becker, C. Peschel, E. Topalović, *Grammatik in der Schule*,
https://doi.org/10.1007/978-3-476-06010-5_11

Auch für dieses Kapitel gilt, dass die Thematisierung der Lerneinheit Satz nicht erschöpfend, sondern lediglich ausschnitt- und beispielhaft erfolgt. Als erste Orientierung über diesen Bereich sollen die grammatischen Fachausdrücke aus dem Verzeichnis grundlegender grammatischer Fachbegriffe (VggF) dienen. Dort finden sich folgende Termini im Bereich Satz:
1. Satz, Satzglied, Satzreihe, Satzgefüge, Hauptsatz, Nebensatz, Subordination
2. Subjekt, Prädikat, Objekt, Adverbial, Prädikativ
3. Felderstruktur, Vorfeld, Mittelfeld, Nachfeld, Satzklammer
4. Verbalkomplex, Korrelat, Valenz

Bei Punkt 1 und 2 handelt es sich um traditionelle, in der Schulgrammatik fest etablierte Termini, die zum verbindlichen Inventar der Lehrpläne gehören. Die Felderstruktur unter Punkt 3 mit ihren entsprechenden Fachausdrücken wird ebenfalls zunehmend aufgenommen (aktuell z. B. im Lehrplan Niedersachsen für die Primarstufe 2025) und soll auch in diesem Kapitel ausführlich thematisiert werden. Die Termini „Verbalkomplex", „Valenz" und „Korrelat" in Punkt 4 dagegen sind zwar verbunden mit wichtigen Konzepten zur Beschreibung von Satzstrukturen, finden sich aber deutlich seltener in Lehrplänen und Sprachbüchern. Eine darüber hinaus gehende (terminologische) Ausdifferenzierung, wie sie zuweilen in Lehrwerken und Curricula (noch) gegeben ist, möchten wir an dieser Stelle nicht vornehmen, da mit den in der Liste verfügbaren Termini eine vollständige Beschreibung sprachlicher Strukturen gewährleistet ist. Dies bezieht sich in erster Linie auf Adverbiale und Objekte.

**Objekte und Frageprobe**   Bei Objekten wird nach Kasus unterschieden, also Dativ-, Akkusativ- und Genitivobjekt, hinzu kommt das Präpositionalobjekt. Als Spezifizierung, aber ohne eigenen Eintrag sind diese auch im VggF aufgeführt. Die Frage, ob ein Wort oder eine Wortgruppe als Objekt fungiert, ist allerdings unabhängig vom Kasus zu beantworten und richtet sich nach der Verbvalenz. Da mit der Differenzierung der Objekte kaum sprachliche Probleme gelöst werden können und auch nur ein vergleichsweise geringer Erkenntniswert einhergeht, wurden sie nicht in die Praxisvorschläge aufgenommen. Zudem ergibt sich für die Unterrichtspraxis die Gefahr, dass die Konzepte Kasus und Objekt vermischt werden, weil die Objekte meist mit Hilfe der „Frageprobe" ermittelt werden (vgl. Granzow-Emden 2006).

> ▶ **Beispiel**
> 1. Aus *P.A.U.L.D. 5* (Schöningh 2004: 275):
>    Neben Subjekt und Prädikat gibt es noch weitere Ergänzungen:
>    Das **Akkusativobjek**t antwortet auf die Frage: Wen oder Was?
>    Das **Dativobjekt** antwortet auf die Frage: Wem?
> 2. Aus *Deutschbuch 5* (Cornelsen 2019: 265):
>    Das Objekt, das im Akkusativ steht, heißt Akkusativobjekt. Ihr ermittelt es mit der Frage: Wen oder was …? ◀

Diese Frageprobe ist zwar in den Lehrwerken sehr verbreitet, sie wird aber aus fachdidaktischer Sicht immer wieder kritisiert:

> „Die mit einem Automatismus angewandten Frageprozeduren sind unmittelbar auf ganz bestimmte Einheiten gerichtet, die mit einem fachspezifischen grammatischen Vokabular bezeichnet werden, das seinerseits aber in Form von bloßen terminologischen Etiketten zum einen nur wenig zur Sprachbewusstheit der Schüler beitragen und zum anderen durch die hier deutlich werdende Fragwürdigkeit der Methode an sich bei den Schülerinnen und Schülern nur Verunsicherung hervorrufen dürfte." (Granzow-Emden 2006: 103)

**Verbvalenz statt Frageprobe**  Um den Kasus eines Wortes oder einer Nominalgruppe im Satz zu ermitteln, mag die Frageprobe ein geeignetes Mittel sein, allerdings setzt auch dies ein gesichertes implizites sprachliches Wissen voraus (vgl. auch ▶ Kap. 6). Denn die zu generierende Antwort muss bekannt sein, wie in diesem Beispiel: *Das Kind gibt allen Kekse*. Wem gibt das Kind Kekse? Allen. Was gibt das Kind allen? Kekse. Nur wer also die Antwort bereits weiß, kann überhaupt die Frageprobe zielführend anwenden. Man mag dann ein Etikett für dieses implizite Wissen haben, für sprachliche Handlungsfähigkeit ist so ein Etikett aber unnütz.

Abweichend von der Erwähnung in Lehrplänen und Lehrwerken werden wir daher in unserem Praxisteil die Objekte nicht weiter differenzieren, sondern den Fokus auf die unterschiedlichen „Mitspieler" im Satz über die Valenz richten. Der Zugang über die Verbvalenz und über die Verbstellung setzt sich in den letzten Jahren in der Grammatikdidaktik immer mehr durch (vgl. Bartnitzky 2005; Peyer 2011; Metzger 2017; Granzow-Emden 2020) und scheint außerdem besonders geeignet für Deutsch als Zweitsprache Lernende.

**Adverbiale**  Eine weitere übliche terminologische Unterteilung betrifft die Adverbiale, z. B. in lokal oder temporal. Sie wird im Rahmen des VggF nicht vorgenommen. Auch darin werden wir dem Verzeichnis folgen mit einer ähnlichen Begründung: Die semantisch motivierte Unterteilung lässt sich zwar in der Regel recht gut vornehmen und ist auch für die SuS relativ transparent. Es gilt aber ebenfalls, dass mit dieser Differenzierung weder ein wesentlicher Erkenntnisgewinn in Bezug auf Satzstrukturen einhergeht noch eine Anbindung an sprachliches Können oder sprachliche Problemlöseprozesse möglich erscheint.

**Formen und Funktionen**  Die Thematisierung der Einheit Satz verleitet in besonderem Maße dazu, formale und funktionale Betrachtungsweisen zu vermischen (siehe Beispiele unten). Ein Anliegen dieses Praxiskapitels ist es, einerseits die Zusammenhänge zwischen Formen und Funktionen aufzuzeigen, wo diese möglich oder nötig sind. Andererseits wird auf z. B. formale Differenzierungen verzichtet, wenn sie keine funktionale Entsprechung haben und umgekehrt, wie im oben erwähnten Beispiel der Differenzierung von Adverbialen.

**In den curricularen Vorgaben**  ist der Satz als sprachliche Einheit in allen Schulstufen und Schulformen präsent. Bereits für die Schuleingangsphase wird gefordert, dass die SuS den Satz „als Sinneinheit erfassen" (Fachlehrpläne Grundschule Bayern 2024: Deutsch 1/2: 10) oder „den Aufbau von Sätzen und Texten erkennen" (KC für die Grundschule Niedersachsen 2017: Deutsch, 7). In den meisten Bundesländern beginnt außerdem die Thematisierung der Satzglieder und des Prädikates bereits in Klasse 3 und 4. So heißt es in Bayern: Die SuS „beschreiben die Abhängigkeit der Satzglieder vom Prädikat und bestimmen das Subjekt, Satzergänzungen (Objekte) sowie Orts- und Zeitangaben" (Fachlehrpläne Grundschule Bayern 2024: Deutsch3/4: 11). Spätestens aber im Sekundarbereich müssen in allen Curricula Satzglieder unterschieden bzw. bestimmt werden. In diesem Zusammenhang werden dann auch meist die grammatischen Proben genannt, so z. B. in Niedersachsen: Die SuS „bestimmen Satzglieder mithilfe der Umstell-, Frage-, Ersatz- und Weglassprobe" (KC für die Grundschule Niedersachsen 2017: Deutsch, 29).

**Satzarten** Weiterhin findet sich üblicherweise die Unterscheidung verschiedener Satzarten (Aussage-, Frage- und Aufforderungssatz) sowie die Unterscheidung zwischen Haupt- und Nebensatz, Satzreihe und Satzgefüge (z. B. KC für die Grundschule Niedersachsen 2017: Deutsch, 29).

Granzow-Emden kritisiert zu Recht, dass mit den drei genannten Satzarten formale und funktionale Kriterien vermischt werden. Er belegt dies ausführlich, indem er die (formalen) Möglichkeiten auflistet, mit welchen die pragmatische Funktion einer Aufforderung ausgeführt werden kann (vgl. Granzow-Emden 2019: 110 ff.). Zwar inkorporiert die prototypische Struktur einer Aufforderung Verberststellung, Imperativ und Ausrufezeichen, diskutiert werden aber zahlreiche Beispiele, die in Bezug auf jeden der drei Aspekte abweichen, so dass keines davon als zuverlässiges Bestimmungsmerkmal dienen kann. Granzow-Emden (2019: 111 f.) nennt folgende Beispielsätze:
- Sie **müssen** hier noch unterschreiben!
- *Gibst* du mir den Zucker?
- *Du bist* immer noch nicht fertig?
- *Finde* zu deinen Argumenten jeweils ein Gegenargument.

**Im gesprochenen Deutsch** gilt auch für die Funktion der Frage, dass sie sich nicht an syntaktischen und noch nicht einmal an prosodischen Merkmalen eindeutig bestimmen lässt, wie in der Interaktionsforschung herausgearbeitet werden konnte (vgl. Deppermann/Gubina 2025). So kann im Gespräch eine Äußerung wie: „Du hast doch sicher das Fenster zugemacht.", die formal als Aussagesatz (V2-Stellung, fallende Intonation) realisiert wird, durchaus als Frage behandelt werden, nämlich als Bestätigungsfrage, auf die mit: „Ja klar, habe ich." geantwortet wird. Da sich also Satzfunktionen und Satzzeichen nicht zwingend aus der syntaktischen Struktur eines Satzes ableiten lassen, erscheint auch eine zusammenhängende unterrichtliche Thematisierung nicht zielführend. Granzow-Emden (2019) plädiert daher dafür, Satzfunktionen, Satzformen und Satzzeichen getrennt voneinander zu thematisieren und damit losgelöst von den traditionellen Satzarten.

**Sprachliches Wissen und Können** Unter dem Lernbereich „Satz" oder auch „syntaktische Strukturen" ist zwar vielfach explizit ausgewiesen, dass die Lernziele im Benennungswissen und Kategorisieren liegen. Die meisten Curricula enthalten jedoch auch Formulierungen, die diesbezüglich entweder keine eindeutige Trennung vornehmen oder implizieren, dass Benennungswissen Grundlage für Formulierungsfähigkeiten sei. Vor allem für den Gymnasialbereich wird oft eine Verbindung zwischen analytischen und sprachproduktiven Fähigkeiten hergestellt, wie folgende Formulierungen implizieren:

Die Schüler/innen „unterscheiden das Prädikat und weitere Satzglieder (Subjekt, Dativ- und Akkusativobjekt, Lokal-, Temporal-, Modal- und Kausaladverbiale) und verwenden sie grammatikalisch richtig" (Fachlehrpläne Gymnasium Bayern 2024: Deutsch 5: 7). Und weiter für Klasse 8: Sie „beschreiben syntaktische und textgrammatikalische Strukturen (auch Infinitiv- und Partizipialkonstruktionen, Gliedsätze, Satzverknüpfungen) und verwenden sie funktional, um Texte und Äußerungen zu gestalten" (Fachlehrpläne Gymnasium Bayern 2024: Deutsch 8: 7).

Abgesehen davon, dass nicht deutlich gemacht wird, was für eine Fähigkeit oder sprachliche Handlung das „Unterscheiden" überhaupt ist, liefert die Forschung keine Belege dafür, dass Formulierungsfähigkeiten durch solche Kategorisierungsakte unterstützt würden (vgl. Philipp 2015). Gleiches gilt für die Vorgabe, die Beschreibung syntaktischer Strukturen und deren Funktion solle genutzt werden, um Texte zu gestalten. Unterricht, der lediglich auf die Benennung und Beschreibung grammatischer Formen abzielt, ist nachweislich sogar hinderlich für den Ausbau von Schreibfähigkeiten (vgl. Philipp 2015). Zwar ist auch von den Funktionen syntaktischer Strukturen die Rede; dass eine einfache Form-Funktions-Zuordnung aber problematisch ist, wurde bereits in ▶ Kap. 3 ausgeführt.

**Deutsch als Zweitsprache** Zuweilen wird in Bezug auf Deutsch als Zweitsprache Ähnliches im Zusammenhang mit Sprachreflexion unterstellt: „Sprachreflexion über grammatische Strukturen auf Wort-, Satz- und Textebene erleichtert insbesondere mehrsprachigen Schülerinnen und Schülern den Zugang zum deutschen Sprachsystem" (KC für die Grundschule Niedersachsen 2017: 11). Eine derartige Verschränkung rezeptiver, analytischer und produktiver Lernziele ist in mehrfacher Hinsicht problematisch. Zum einen lässt sich nach dem gegenwärtigen Kenntnisstand in Frage stellen, dass hier automatische oder gar kausale Zusammenhänge vorliegen. Zum anderen sind nur durch einen analytischen Blick auf die möglichen Lernziele didaktischer Nutzen und didaktische Funktion bestimmbar.

Bei den nachfolgenden Beispielen für die Unterrichtspraxis sind letztlich auch kognitive und spracherwerbsbezogene Aspekte mitgedacht: In ▶ Kap. 4 hatten wir herausgearbeitet, dass basale syntaktische Strukturen relativ früh und robust erworben werden, komplexere Strukturen sich jedoch bis in die Sekundarstufe hinein entwickeln, wobei sich nicht nur eine gewisse Abhängigkeit von Bildungsschicht und Schulform zeigte, sondern vor allem auch von der Textsorte.

## 11.1 Erste Zugänge zum Satz

Die erste Auseinandersetzung mit der sprachlichen Einheit Satz findet bereits in der Primarstufe statt. Sobald die SuS in der Lage sind, kleine Texte zu verfassen, wird diese Einheit relevant für sie. Es empfiehlt sich eine handlungsorientierte und anschauliche Hinführung. Wir greifen hierzu auf Unterrichtsvorschläge von Horst Bartnitzky (2005) zurück und erlauben uns, diese etwas zu modifizieren und zu erweitern.

**Sätze wachsen lassen** Bei dieser Übung (vgl. Bartnitzky 2005: 150 f.) geht es darum, ein erstes Gespür für die strukturelle Abgeschlossenheit von Sätzen zu entwickeln. Alle Kinder sitzen im Stuhlkreis. Es werden zwei Körbe oder Kisten mit Wortkärtchen oder Bälle mit Wörtern darauf bereitgestellt. In der ersten Kiste befinden sich Nomen, Namen oder Nominalphrasen im Singular (z. B. *ein Zauberer, Max, die kleine graue Maus*); in der zweiten Kiste Verben in der 3.P.Sg., am besten mit hoher Valenz (z. B. *schenkt, überreicht, küsst, schreibt*). Das erste Kind zieht ein Kärtchen aus dem ersten Korb, liest es vor und übergibt an das nächste Kind, das ein Kärtchen aus dem zweiten Korb zieht und die gesamte so entstehende Phrase vorliest. Nun wiederholt jedes Kind die vorherigen Wörter und ergänzt ein weiteres Wort. Hier lässt sich variieren, ob tatsächlich nur ein Wort erlaubt ist oder eine ganze Phrase. Auch lässt sich variieren, ob nun einfach bei jedem möglichen „Punkt" dieser auch gesetzt werden darf und damit das Spiel von Neuem beginnt oder ob so lange erweitert werden soll, bis keine Ergänzung mehr möglich ist. Das Kind, das keine weitere Ergänzung findet, bei dem also der Satz „endet", scheidet aus. Ebenso scheidet aus, wer eine ungrammatische Ergänzung wählt oder – bei Variante eins – wer einen falschen Punkt setzt. Das Spiel lässt sich beliebig erweitern und modifizieren.

**Sätze konstruieren** Den Kindern werden Wortkärtchen (oder Wortgruppenkärtchen) präsentiert, die sie jeweils zu Sätzen zusammenstellen sollen. Hier lässt sich ebenso beliebig variieren, z. B. indem es wenige oder viele mögliche Lösungen gibt oder indem man festlegt, ob nur Aussage- oder auch Fragesätze konstruiert werden dürfen, oder durch die Menge und Komplexität der Wörter. Als Hilfestellung könnten Strategien erarbeitet werden, wie die Sätze am schnellsten konstruiert werden können (z. B. zuerst das konjugierte Verb nehmen). Unter Wettbewerbsgesichtspunkten könnten Teams gebildet werden und das Team, das die meisten Satzvarianten findet, gewinnt.

**Satzgrenzen finden** Den Kindern werden Texte ohne Interpunktion dargeboten. Als weiterer Schwierigkeitsgrad kann auch ein unpassender Zeilenumbruch gegeben werden. Die Kinder sollen nun nicht nur erkennen, wie schwer zu lesen solche Texte sind, sondern natürlich auch die nötigen Satzzeichen ergänzen.

> ▶ **Beispiel**
> Beruf raten
> Ich mache aus Teig einen dünnen Boden darauf
> lege ich Tomaten mit Salami Eier oder Spinat
> lege ich je nach Geschmack dazu Käse
> kommt darüber das Ganze schiebe ich
> in den Ofen fünf Minuten
> backt es dann hole ich es
> heraus frisch schmeckt es am besten
> (Bartnitzky 2005: 152) ◄

**Kommentar** Gerade weil es sich um erste Hinführungen zum Gegenstand Satz handelt, sollte besonders gut berücksichtigt werden, mit welchen Vorerfahrungen und Fähigkeiten der Lernenden zu rechnen ist. Für das letzte Beispiel sollte bereits eine gewisse

Leseflüssigkeit bestehen. Durch Variation der Methoden sollte aber eine Anpassung leicht erreicht werden. Ihr volles Potential entfalten die obigen Vorschläge dann, wenn auch Gelegenheit zum Reflektieren und Darüber-Sprechen gegeben wird. Es sollte jedoch darauf geachtet werden, dass das grammatische Lernen immer im Blick bleibt, um nicht auf eine zu spielerische Einbindung zu verfallen, die dann vielleicht nicht ausreichend Lerngelegenheit bietet. Schließlich ist zu bedenken, dass auch ein erster intuitiver Zugang nicht bei allen Kindern problemlos gegeben ist. Selbst die spielerische Herangehensweise bedarf zuweilen einer gewissen Übung.

## 11.2 Felderstrukturen in der Praxis

Nachdem es lange nahezu ohne Resonanz in der Unterrichtspraxis blieb, wird das Feldermodell (vgl. ▶ Abschn. 8.3) in den letzten Jahren verstärkt aufgegriffen und für den Unterricht nutzbar gemacht (z. B. Müller/Peyer 2013; Wöllstein 2015; Müller/Uhl 2023). Es eignet sich aus folgenden Gründen in mehrfacher Hinsicht besonders gut für eine Didaktisierung:

- Das Feldermodell erlaubt es, die Satzstrukturen des Deutschen erschöpfend zu beschreiben, und gilt für viele als zentrales konsistentes Strukturmuster des Deutschen.
- Es ist deutlich als Modell gerahmt, womit für alle Beteiligten leichter nachzuvollziehen ist, dass es sich um eine theoretische Fassung handelt. Die traditionelle Satzanalyse mit den Konzepten Prädikat, Objekt etc. impliziert für viele die Möglichkeit einer objektiven Richtig/Falsch-Kategorisierung. Je nach theoretischer Fassung kann jedoch unter „Objekt" oder „Prädikat" etwas anderes verstanden werden und somit unterschiedlich kategorisiert werden, wodurch es nicht immer eine richtige und falsche Kategorisierung geben muss.
- Das Modell bietet einerseits die Möglichkeit, den „Normalfall" zu definieren. Im Unterschied zum Verständnis „Regel" müssen dann nicht „Ausnahmen" benannt werden, die oft zahlreicher erscheinen als die Regel selbst, sondern es können „Abweichungen vom Normalfall" beschrieben werden, mit denen stets eine gewisse Markiertheit einhergeht, also eine besondere Ausdrucksfunktion.
- Das Feldermodell ist problemlos auch komplementär zur traditionellen Satzgliedanalyse einsetzbar.
- Es basiert auf aktuellen Entwicklungen und Erkenntnissen in der Syntaxtheorie.
- Das Feldermodell ist anschlussfähig: Ist die Klammerstruktur des Deutschen erst einmal vermittelt, hilft sie auch beim Erschließen der Nominalphrase, was wiederum wichtige Voraussetzung für die Vermittlung der Großschreibung ist. Auch für die Zeichensetzung kann hier angeknüpft werden.
- Das Feldermodell ist durch seine systematische Struktur sehr anschaulich und lässt sich vielfältig visualisieren und greifbar machen.
- Eine unterrichtliche Vermittlung kommt ohne komplexe Termini aus.
- „Es lässt sich in unterschiedlicher Tiefe von der Grundschule an entwickeln und in der weiterführenden Schule bis zur gymnasialen Oberstufe vertiefen" (Granzow-Emden 2020: 24).

Mehrheitlich wird das Feldermodell daher als gewinnbringend für grammatisches Lernen bewertet, Müller und Uhl sprechen sogar von einem „enorme[n] Potential" (2023: 71). Konkret für Unterrichtsvorschläge wird es z. B. von Stefan Metzger aufgegriffen; er nutzt als Veranschaulichungshilfe die Metapher des Busses (vgl. Metzger 2017: 42), die auch im Sprachbuch *PASSWORT: LUPE* (2021) – leicht modifiziert – übernommen wurde. Im Folgenden möchten wir nun einige methodische Vorschläge zusammenstellen, die das Feldermodell als theoretische Grundlage nutzen. Die Vorschläge entstammen verschiedenen Quellen und sind daher unterschiedlich stark ausgearbeitet.

### 11.2.1 Das Satzwürfelspiel (Primarstufe)

Das Satzwürfelspiel findet sich in mehreren Varianten. Die hier vorgestellte Fassung ist ausführlich beschrieben in Nänny (2013). Diese Methode dient dazu, spielerisch erste Zugänge zu syntaktischen Strukturen zu eröffnen.

**Beschreibung** Das Spiel besteht aus einem tabellenartigen Spielfeld, bei dem den sechs Würfelaugen jeweils Zeilen zugeordnet sind, so dass durch Würfeln Wortketten zu einem Satz zusammengestellt werden können. Im konkreten Beispiel sind die Spalten jeweils besetzt mit Subjekt, Prädikat, Adverbial und Objekt. Diese Kategorien werden jedoch nicht explizit benannt, sondern umschrieben mit Wer?, Verb, Wann?, Wen oder Was? Die Sätze, die so entstehen, sollen die Basis bilden für weitere Experimente und Untersuchungen.

Nachdem die Kinder mit Hilfe des Spielplanes Sätze „erwürftelt" haben (Spielphase), sind folgende „Experimente" vorgesehen (Experimentierphase):
1. Vertausche die Reihenfolge der Felder.
2. Mach den Satz kürzer.
3. Mach den Satz länger. Denk dir zu jedem Satz zwei, drei Felder dazu. Achte darauf, dass der Satz korrekt bleibt.
4. Ersetze im Satz ein Feld durch ein neues. (Nänny 2013: 23)

Dazu werden jeweils Beispiele gegeben sowie Fragen, die als Reflexionsimpulse dienen. Zum Beispiel bei 3.: An welcher Stelle passen die neuen Felder am besten in den Satz? Zwar sind bewusst keine „Lösungen" vorgegeben, als Beispiel für eine gewonnene Erkenntnis wird jedoch angeführt: „Das Verb steht immer an zweiter Stelle." (ebd.)

**Kommentar** Für dieses Spiel wird traditionelle Syntax mit dem Feldermodell kombiniert, was es anschlussfähig macht. Gerade dadurch sollte man aber auch besonders im Auge behalten, worin nun letztlich Lernziele bestehen und zu welchen Konzepten die Bearbeitung führen soll. Es gehört etwas grammatische Expertise dazu, die offen gehaltenen Erkenntnismöglichkeiten der Kinder auch einzuordnen und fruchtbar zu machen.

## 11.2.2 Der Satzbus (Primarstufe)

In der Sprachbuchreihe *PASSWORT LUPE* für die Primarstufe wird zur Erarbeitung syntaktischer Strukturen das Feldermodell methodisch umgesetzt und als „Satzbus" veranschaulicht (S. 10–15; ◘ Abb. 11.1).

**Beschreibung** In mehreren Aufgabenschritten wird in dem Lernbereich „Satzglieder kennenlernen" und „Sätze untersuchen: Prädikat" in Klasse 3 erarbeitet, dass Sätze aus mehreren Teilen bestehen und diese verschiedene „Plätze" einnehmen können. Dabei bildet das Verb die „Reiseleitung", deren Platz – visualisiert durch einen roten Sitz – immer an zweiter Stelle hinter dem Fahrer ausgewiesen ist.

Die Vorfeldprobe wird unter der Bezeichnung „Busprobe" eingeführt und folgendermaßen erklärt: Ob ein Wort oder eine Wortgruppe ein Satzglied ist, kann daran erkannt werden, dass es die Position vor der Reiseleitung einnehmen kann. Im Lehrwerk für Klasse 4 wird die Bus-Metapher wieder aufgegriffen, um mehrteilige Prädikate zu thematisieren. Auch die Busprobe wird wiederholt, bevor dann auch die Konzepte „Subjekt" und „Objekt" eingeführt werden. Damit wird auch in diesem methodischen Zugang das Feldermodell mit den traditionellen Syntax-Begriffen verbunden.

**Kommentar** Durch die starke Strukturierung dürfte auch Lehrkräften das Arbeiten mit dem Feldermodell gelingen, die hierzu wenig Vorwissen mitbringen. Die gebotene enge Orientierung an curricularen Vorgaben bedeutet für die Umsetzung eine starke Kondensierung. Fraglich ist, ob die komplexen Zusammenhänge und Konzepte mithilfe nur weniger Buchseiten nachhaltig vermittelt werden können. Insgesamt bietet aber die Bus-Metapher eine hohe Anschaulichkeit und gute, konsistente Übertragungsmöglichkeiten der verschiedenen Aspekte des Feldermodells.

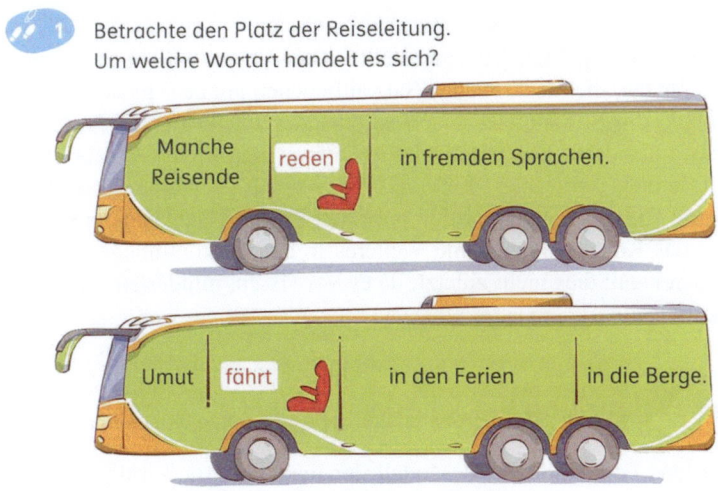

◘ **Abb. 11.1** Der Satzbus in *PASSWORT LUPE* (*Sprachbuch 3*, S. 12)

## 11.2.3 Der Satzbus (Sekundarstufe I)

Der am weitesten ausgearbeitete didaktische Vorschlag zum Feldermodell stammt von Stefan Metzger (2017) und liegt als Monographie vor, die Ausführungen sowohl zu den didaktischen Grundlagen als auch konkrete Aufgaben umfasst. Konzipiert ist sie für die Klassen 5 und 6, wobei empfohlen wird, auch in höheren Klassenstufen mit dieser Konzeption weiterzuarbeiten.

**Beschreibung** Das Konzept besteht aus verschiedenen Bausteinen, die aufeinander aufbauen. Vorgeschlagen wird, zunächst mit einer induktiv gestalteten Hinführung an das Prädikat zu beginnen. Im zweiten Baustein wird dann mithilfe der Bus-Metapher die Grundstruktur des Satzes im Deutschen erarbeitet. Der Satzbus wird folgendermaßen beschrieben:

> „Ein Satz ist genauso strukturiert wie das beschriebene Auto. Es ist eine Art Bus: Das Verb ist die Karosserie, vorn ein Fahrersitz, in der Mitte viel Platz für viele Satzglieder." (Metzger 2017: 42)

Das Bild des Busses dient jedoch nur der Anschauung; gearbeitet wird im Weiteren mit einer Tabelle, wie auch im Feldermodell üblich. Zunächst besteht diese jedoch aus nur vier Feldern: Vorfeld, linke Satzklammer, Mittelfeld und rechte Satzklammer. Im Unterschied zur Hinführung mit *PASSWORT LUPE* wird der Bus als Modell nicht in die konkrete Arbeit einbezogen; auch wird direkt mit der üblichen Begrifflichkeit der Felder gearbeitet.

In weiteren Bausteinen wird dann auch das Nachfeld erarbeitet. Außerdem sind Bausteine zu verschiedenen Satzformen (Verberstsätze), aber auch zu Satzgefügen (mit Nebensätzen), zu Satzreihen und zu komplexen Sätzen vorgesehen. Das Konzept bietet damit eine ausführliche Thematisierung syntaktischer Phänomene und Zusammenhänge an.

**Kommentar** Das von Metzger vorgestellte Konzept ermöglicht die Thematisierung vieler Phänomene, die im deutschen Satz auftauchen können. Es ist differenziert ausgearbeitet und die Bestandteile bauen aufeinander auf. Dadurch, dass viele Aspekte und Bereiche der deutschen Satzstrukturen erfasst werden, ist es sehr anschlussfähig an andere Bereiche, wie Interpunktion, Orthographie oder literarische Themen. Diese als positiv zu bewertenden Punkte bedeuten für die Unterrichtspraxis jedoch wohl auch, dass das Konzept nicht ohne Weiteres in den herkömmlichen Unterricht integriert werden kann; dies nicht zuletzt, da es Vorwissen, mindestens aber Einarbeitung der Lehrkraft erfordert.

## 11.3 Verbvalenz und Satzglieder

Wenn man das Feldermodell als Modell der linearen Grundstruktur des Satzes versteht, gilt als zentrales Element dieser Grundstruktur das Verb, und zwar deswegen, weil es der Valenzträger ist. „Folglich erscheint es lerntheoretisch sinnvoll, die zentrale

Rolle des Verbs für das Verstehen des Funktionierens von Sätzen zu nutzen" (Hennig 2023: 49). Und ähnlich wie beim Feldermodell muss auch das Valenzmodell nicht als „Konkurrenzmodell zur schulgrammatischen Satzgliedlehre" (Hennig 2023: 50) verstanden werden, sondern stellt eine sinnvolle Ergänzung dar. In neueren Sprachlehrwerken wird auch vermehrt auf Aspekte der Valenz Bezug genommen (so z. B. D1, Westermann-Verlag). Eine umfänglichere Modellierung steht allerdings noch aus. Als hilfreiches Tool kann das elektronische Valenzwörterbuch (E-Valbu o. J.) dienen, in welchem die verschiedenen Lesarten der Verben und ihre jeweiligen Satzbaupläne nachgeschlagen werden können.

### 11.3.1 Sprachliche Pannen

Als Praxisvorschlag für die Bereiche Verbvalenz und Satzglieder greifen wir eine Idee von Boettcher und Spinner (2018) auf, die ausgehend vom didaktischen Prinzip der Verfremdung sprachliche Pannen zum Anlass für das Sprechen über Sprache nehmen. Sie bedienen sich dabei aus der Rubrik „Hohlspiegel" des Spiegelmagazins und nutzen die amüsante Doppeldeutigkeit der Beispiele sprachlicher Pannen, „sodass die Beschäftigung mit Grammatik vergnüglich werden kann" (Boettcher/Spinner 2018: 7). Angeknüpft werden soll bei diesem Vorgehen an den sprachlichen (Miss-)Verstehensprozessen. Über die Analyse dieser Verstehensprozesse lassen sich Einblicke in die grammatischen Strukturen der Texte gewinnen. Ein besonderes Anliegen der Autoren ist es, die Sprachaufmerksamkeit der Lernenden anzuregen, aber auch bei der Auseinandersetzung mit den „Pannen" die grammatischen Fachbegriffe in ihrer Anwendung zu erproben.

**Beschreibung** Zum methodischen Vorgehen schlagen die Autoren vor (vgl. Boettcher/Spinner 2018: 17), die Hohlspiegeltexte als Impuls den Lernenden vorzulegen und zunächst eine selbstständige Auseinandersetzung anzuregen. In einem nächsten Schritt soll die Ursache für die Fehlerhaftigkeit des Textes erarbeitet werden. Ein weiterer Arbeitsauftrag kann sein, die Texte so zu verbessern, dass die Missverständnisse beseitigt werden. Diese Methode wird nun für eine Vielzahl grammatischer Bereiche angewendet. Aus unserer Sicht bietet sie sich jedoch besonders gut für die Bereiche Valenz und Satzglieder an. Ergänzend empfehlen wir, mit Visualisierungen zu arbeiten.

**Valenz** Für den Bereich Valenz können die „Pannen-Beispiele" genutzt werden, um die Valenzmuster deutlich zu machen. Vorgeschlagen wird folgende Zeitungsüberschrift mit zwei Lesarten:

> Aus dem Ahrensburger „Markt":
> Ein Hund riecht eine Million mal besser als ein Mensch.
> (Hohlspiegel 2012/3, zitiert nach Boettcher/Spinner 2018: 35).

Im Unterricht können nun folgende Zusammenhänge aufgedeckt werden: Das Verb „riechen" liegt in zwei Bedeutungsmustern vor, die auch mit zwei Valenzmustern verbunden sind. Die erste Bedeutung, die hier sicher nicht die intendierte ist, könnte mit „einen Geruch ausströmen" umschrieben werden; sie ist einwertig und kann lediglich adverbial erweitert werden (*etwas riecht gut*). Das zweite Bedeutungsmuster, einen Geruch wahrnehmen, ist zweiwertig (*jemand riecht etwas*), bindet also ein Objekt. In dem Beispiel bleibt diese Satzgliedstelle jedoch unbesetzt, was dann die Lesart als einwertiges Verb und damit die Bedeutung „einen Geruch ausströmen" ermöglicht.

Weitere Beispiele, die Boettcher und Spinner geben und mit denen ähnlich gearbeitet werden kann, sind:

> „Horst Seehofer plädierte dafür, Saisonarbeiter und Rentner auszunehmen, Ilse Aigner wollte zusätzlich auch Schüler und Studenten nicht in den Mindestlohn einbeziehen". (Hohlspiegel 2014/31 zitiert nach Boettcher/Spinner 2018: 36).
> „Ausschuss soll Unwetter beraten" (Hohlspiegel 2008/33, zitiert nach Boettcher/Spinner 2018: 37).

Auch diese sprachlichen Pannen lassen sich zunächst auf die Art ihrer Mehrdeutigkeit hin untersuchen. Sie ergeben sich ebenso aus den unterschiedlichen Verb-Bedeutungen, die mit verschiedenen Satzgliedstellen verbunden sind:

- Etwas/jemanden ausnehmen vs. jemanden von etwas ausnehmen
- Jemanden zu einer Sache beraten vs. sich über eine Sache beraten.

**Satzglieder** Als Ausgangspunkt für die Diskussion über Subjekte und Objekte könnte folgendes Beispiel genutzt werden:

> Aus der „Kieler Zeitung":
> Eichhörnchen sammeln vielerorts fleißig Kastanien, aber auch zahlreiche Kielerinnen und Kieler. (Hohlspiegel 2011/44, zitiert nach Boettcher/Spinner 2018: 119).

Boettcher und Spinner empfehlen, zunächst Formulierungen zu suchen, die eine mehrdeutige Lesart vermeiden, also z. B.: *Eichhörnchen, aber auch zahlreiche Kielerinnen und Kieler sammeln vielerorts fleißig Kastanien.*

Nun lässt sich gemeinsam erörtern, wodurch Mehrdeutigkeiten entstehen können. In diesem Fall dadurch, dass „die Kielerinnen und Kieler" nicht als weiteres Subjekt erkannt werden, denn Akkusativ und Nominativ sind oft formgleich. Je nach Klassenstufe können dann die Analysen fachlich vertieft werden.

Erweitert werden können die Unterrichtseinheiten natürlich auch damit, das die SuS eigene Beispiele sammeln und analysieren.

**Kommentar** Durch den eindeutigen Lebensweltbezug bietet diese Methode eine gute Brücke zwischen abstrakten grammatischen Konzepten und der tatsächlichen Sprache des Alltags. Durch die Doppeldeutigkeit werden sprachliche Aspekte aus ihrer Selbstverständlichkeit geholt und damit der Betrachtung zugänglich. Die humorvollen Beispiele dürften motivierend auf die SuS wirken. Auch erfahren sich die SuS als „Sprachexperten", indem sie reale sprachliche Probleme analysieren. Die Lehrkraft sollte allerdings über Grundlagenwissen zur Verbvalenz verfügen.

### 11.3.2 Diskussionen im Internet

Ein den „sprachlichen Pannen" vergleichbarer Unterrichtsvorschlag stammt von Ann Peyer (2011; vgl. ◘ Abb. 11.2). Ausgangspunkt und gleichzeitig Materialgrundlage

## 11.3 · Verbvalenz und Satzglieder

**Abb. 11.2** Sprachberatung (Peyer 2011: 142)

sind Diskussionen zu sprachbezogenen Themen in Internetforen (genutzt wurde hier vornehmlich das Forum „gutefrage.net"). Der Vorschlag besteht aus einer Reihe von Arbeitsblättern, auf denen Auszüge aus solchen Foren zusammengestellt sind. Die Aufgabe der SuS besteht darin, die in den Foren diskutierten Sätze zu analysieren, mit ihnen zu operieren und auch auf sprachlich-stilistischer Ebene Überlegungen anzustellen. Die SuS werden also dazu angeregt, sich auf Basis von Analysen und Reflexionen als „Sprachberatung" zu erproben.

Die behandelten Aspekte erstrecken sich von einfachen Formulierungsfragen (vgl. Peyer 2011: 138) über Fragen zur Kommasetzung (vgl. Peyer 2011: 139) bis hin zu stilistischen Reflexionen oder der Frage, was aus grammatischer Sicht überhaupt als Satz gelten kann (vgl. Peyer 2011: 143).

Nach dem Vorbild dieser vorgegebenen Arbeitsblätter lassen sich aber natürlich auch noch beliebig weitere „Sprachberatungsanlässe" suchen oder können auch von den SuS selbst eingebracht werden.

**Kommentar** Attraktiv an dieser Methode ist, dass sie flexibel auf verschiedene Unterrichtsthemen bezogen werden kann. So könnte, je nachdem, was gerade an sprachlichen Bereichen im Fokus steht, mit entsprechenden Beispielen gearbeitet werden. Dies eignet sich sowohl als Einstieg als auch als Abschluss einer Unterrichtseinheit. Der Lebensweltbezug, der dadurch entsteht, dass es sich um echte sprachliche Probleme handelt, sollte sich motivierend und aktivierend auf die SuS auswirken. Zu bedenken ist jedoch, dass eine gewisse Offenheit in zweierlei Hinsicht Voraussetzung sein sollte: einmal in Bezug auf eine Diskussionskultur, zum anderen in Bezug auf eine gewisse Toleranz gegenüber Stil- und Normfragen. Denn es dürfte sich kontraproduktiv auswirken, wenn die SuS den Eindruck vermittelt bekommen, es gäbe bezüglich der sprachlichen Probleme eindeutig richtige bzw. falsche Lösungen. Die Ergänzung und Erweiterung um weitere Sprachprobleme setzt voraus, dass Lehrkräfte über ein fundiertes Grammatikwissen verfügen oder sich zumindest offen dazu bekennen, mit den SuS sprachliche Probleme und Fragen zu lösen.

## 11.4 Sätze analysieren

Die Valenz und das Feldermodell betreffen zunächst erst mal den einfachen Satz; für den komplexen Satz gilt es, diese beiden Zugänge zu verbinden und weiterzudenken. Vor allem für eine normgetreue Interpunktion, aber auch zur Textstrukturierung muss ein Verständnis für komplexere Satzstrukturen entwickelt werden.

### 11.4.1 Kommas setzen mit Satzkönigen

Die Thematisierung von Sätzen und Satztypen geschieht üblicherweise nicht zuletzt, um die Vermittlung der Interpunktion, insbesondere der Kommasetzung, zu unterstützen. Eine enge Verzahnung der Vermittlung von Satztypen, z. B. verschiedene Nebensatzarten, und von Kommaregeln kann jedoch hinderlich sein (vgl. Lindauer 2011). Um ein Komma zu setzen, ist es in der Regel unerheblich zu klären, um welche Art von Nebensatz es sich handelt. Denn „(Teil-)Sätze werden, egal wie sie in Grammatiken benannt werden, mit einem Satzzeichen voneinander abgetrennt" (Lindauer/Sutter 2005: 28).

**Beschreibung** Eine Vermittlungsmethode (empfohlen ab Klasse 5/6), die daher in erster Linie auf die Verbgruppe fokussiert, schlagen Lindauer und Sutter vor: Sie nutzen dazu die Metapher von König und Königreich.

Das methodische Vorgehen beschreibt Lindauer folgendermaßen:

» „In der ersten Lektion werden dem Verb (König) passende Satzglieder (Untertanen) zugeordnet sowie die Begriffe König, Untertanen und Königreich eingeführt. In einem zweiten Schritt werden die Verbgruppen (Königreiche) mithilfe von vorgegebenen Konjunktionen verbunden. Nachdem die bei diesem forschend-entdeckenden Zugang gemachten Erfahrungen an der Wandtafel festgehalten wurden, wird die neue Kommaregel

(‚Zwischen zwei Königreichen steht ein Komma') aufgeschrieben und in systematischen Übungen gefestigt." (Lindauer 2011: 605)

Lindauer (2011) und Lindauer/Sutter (2005) machen Vorschläge, wie dieser hier grob skizzierte Einstieg konkretisiert und weiter ausdifferenziert werden kann, z. B. indem mit Wortkarten oder Satzgliedkarten gearbeitet wird und die SuS sich auch im Klassenraum damit bewegen und ausprobieren.

Als weiteren Ausbau der Königsmetapher wird vorgeschlagen, bei Verben im Perfekt oder Modalverbgruppen, die ja zwei- oder mehrteilig sein können, von König und Königin zu sprechen. Weitere Schwierigkeiten können bei Relativsätzen oder fakultativen Kommata auftreten, aber auch darauf wird in den Unterrichtsvorschlägen näher eingegangen.

Wem die Königsmetapher zu „märchenhaft" erscheint, kann natürlich auch mit anderen Metaphern arbeiten (Kanzlerin, Bürgermeister, Gärtner und Gärtnerin etc.). Das mag allerdings eine weniger kindgerechte Konzeptionalisierung von kommarelevanten Satzstrukturen bedeuten, denn gerade auch das Arbeiten mit den „Untertanen" betont das dahinterliegende Konzept vom „Verb als Bestimmer der Sätze".

Lindauer und Sutter weisen jedoch darauf hin, dass für einen erfolgreichen Transfer auf eigene Texte und einen entsprechenden Ausbau der Kommakompetenz nachhaltiges Üben erforderlich sei. Mit ihrem Unterrichtsvorschlag geht es ihnen nicht primär um Rechtschreibleistung, sondern um „das Erarbeiten von Proben und von Kategorien, die bei der Reflexion über Kommafehler genutzt werden können, um dann im Laufe der Jahre zu einer großen Sicherheit in allen Bereichen der Kommasetzung zu kommen" (Lindauer/Sutter 2005: 30).

**Kommentar**   Die Passung zwischen Didaktisierung (Metapher) und zugrundeliegendem Fachkonzept erscheint gut gelungen. Auch Grenzfälle und Problemfälle werden aufgegriffen. Die Methode ermöglicht eine Fokussierung auf die syntaktischen Zusammenhänge, die auch für die Kommasetzung relevant sind. Damit dieser Zugang als zielführende Strategie für die erfolgreiche Kommasetzung genutzt werden kann, sind viele Übungen erforderlich. Dies sollte immer mit eingeplant werden.

### 11.4.2 Social-Media-Texte untersuchen

Nimmt man die Interpunktion aus, so könnte man etwas ketzerisch behaupten, das Wissen um Sätze und Satzstrukturen sei nicht besonders anwendungsbezogen. In der Sprachwissenschaft spielt es jedoch eine bedeutende Rolle, denn dort ist es eine wichtige Grundlage für die Analyse von Sprache. In unserem letzten Beispiel wollen wir noch etwas weitergehen als bereits bei den sprachlichen Pannen in ▶ Abschn. 11.3.1. Während dort das Wissen um Satzstrukturen genutzt wurde, um sprachliche Missverständnisse zu erklären, soll im Folgenden ein Beispiel dafür gegeben werden, wie ein sprachwissenschaftlicher Zugang und Umgang (im Sinne eines Wissens über Sprache, wie wir es in ▶ Abschn. 2.2 definiert haben) aussehen und gelingen könnte.

**Beschreibung**   Besonders reizvoll und lebensweltbezogen erscheint uns die Thematisierung anhand der Sprache in digitalen Medien. Wir gehen davon aus, dass erst in

**Abb. 11.3** Beispiel für eine zu analysierende Whatsapp

der Oberstufe sowohl das nötige Fachwissen als auch die nötige Reflektiertheit vorausgesetzt werden können, um solche Sprachbeispiele auch angemessen zu analysieren. Torsten Siever gibt in einem Beitrag in der Zeitschrift *Der Deutschunterricht* (3/2014) einige Vorschläge, wie dies aussehen kann. Wir greifen diese Ideen auf und illustrieren sie anhand eines aktuelleren Beispiels digitaler Sprache: ein Whatsapp-Chatverlauf zweier Abiturienten ( Abb. 11.3, eigene Daten), die sich für eine Party verabreden. Für den Unterricht könnten die SuS natürlich auch eigene Daten liefern, die untersucht werden.

Folgende Aspekte könnten an diesem Beispiel herausgearbeitet werden:
1. Dialogische Struktur entlang typischer paariger Schemata (Frage-Antwort, Aussage-Kommentar)
2. Elliptische Tilgung, typischerweise die Tilgung von Personalpronomen
3. Holophrasen (Einwortsätze), fragmentarische Sätze
4. Kontextualisierungen, deiktische Elemente: „Wie ist es?"

Siever (2014) nennt noch weitere typische Eigenschaften von Sprache in digitalen Medien: Apokoinus (= Worteinsparung, bei der ein Satzteil oder Wort zugleich auf zwei Sätze bezogen wird), Herausstellungen, diskontinuierliche Adverbien, Verbzweitstellung bei *weil, obwohl, wobei* und Anakoluthe (Abbruch eines Satzes). Auch böte sich an, diese „Unterhaltung" mit einem literarischen Dialog zu vergleichen.

Siever betont, dass bei der Beschäftigung mit solchen Sprachstrukturen „keineswegs eine Offenheit gegenüber Abweichungen jedweder Art postuliert werden [sollte], aber eine Offenheit gegenüber einem funktionalen und keineswegs immer unsinnigen, weil vom schriftlichen Standard abweichenden Sprachgebrauch" (Siever 2014: 59). Es geht also nicht darum, normativ und wertend auf solche Strukturen zu schauen, sondern – entsprechend der wissenschaftlichen Auseinandersetzung – diese Strukturen zunächst einmal formal zu beschreiben und dann auch auf ihre Funktionalität hin zu untersuchen.

**Kommentar** Ein dezidiert sprachwissenschaftlicher Zugang zu einem Grammatikthema dürfte immer noch die große Ausnahme darstellen, auch wenn in anderen Fächern ein solch „wissenschaftlicher" Anspruch längst verbreitet ist. Diese Art der Beschäftigung macht deutlich, dass grammatische Kategorien keinen Selbstzweck darstellen, sondern ein wesentliches Werkzeug der wissenschaftlichen Arbeit. Da aber gerade diese Kategorien und Termini auch bei Schüler/innen der Oberstufe nicht unbedingt vorausgesetzt werden können, bedarf es einer fachlich versierten und didaktisch sensiblen Einführung. Es sollte daher zum Beispiel ausreichen, Termini und Kategorien nicht etwa mit Hinweis auf theorie-abhängige unterschiedliche Definitionen einzuführen, sondern mit einer gewissen Funktionalität für die Aufgabe. Auch sollten hierzu nicht (schwierige) linguistische Fachtexte herangezogen werden, sondern an die Lerngruppe angepasste.

## Literatur

Bartnitzky, Horst (2005): *Grammatikunterricht in der Grundschule*. Berlin: Cornelsen.
Belenko, Olesia et al. (2021): *Passwort Lupe*. Sprachbuch 3. Braunschweig: Westermann.
Boettcher, Wolfgang/Spinner, Kaspar (2018): *Von sprachlichen Pannen zum grammatischen Nachdenken: Beispiele – Analysen – Impulse für den Unterricht in der Sekundarstufe I und II*. Seelze: Kallmeyer.
*Deutschbuch 5*. Berlin: Cornelsen, 2019.
E-Valbu (o. J.): Elektronisches Valenzwörterbuch deutscher Verben. In: https://grammis.ids-mannheim.de/verbvalenz (24.08.2023).
Granzow-Emden, Matthias (2006): Wer oder was erschlägt man besser nicht mit einer Klappe? Kasus und Satzglieder im Deutschunterricht. In: Tabea Becker/Corinna Peschel (Hg.): *Gesteuerter und ungesteuerter Grammatikunterricht*. Baltmannsweiler: Schneider Verlag Hohengehren, S. 87–104.
Granzow-Emden, Matthias (2019): *Deutsche Grammatik verstehen und unterrichten*. 3., überarb. und erw. Aufl. Tübingen: Narr Francke Attempto.
Granzow-Emden, Matthias (2020): Sind Haupt- und Nebensatz noch zu retten? Ein Plädoyer für eine widerspruchsfreie Satzanalyse. In: *Der Deutschunterricht* 2, S. 14–24.
Gubina, Alexandra/Deppermann, Arnulf (2025): Selbstadressierte Fragen im gesprochenen Deutsch. In: Nadine Proske/Thilo Weber/Monika Dannerer/Arnulf Deppermann (Hg.): *Gesprochenes Deutsch. Struktur, Variation, Interaktion. Jahrbuch des Instituts für Deutsche Sprache 2024*. Berlin/Boston: De Gruyter, S. 319–346. https://doi.org/10.1515/9783111623825-014.
Hennig, Mathilde (2023): Valenz. In: *Der Deutschunterricht* 3, S. 49–59.
Lindauer, Thomas (2011): Das Komma zwischen Verbgruppen setzen. In: Ursula Bredel/Tilo Reißig (Hg.): *Weiterführender Orthographieerwerb*. Baltmannsweiler: Schneider Verlag Hohengehren, S. 601–611.
Lindauer, Thomas/Sutter, Elisabeth (2005): Könige, Königreiche und Kommaregeln. Eine praxistaugliche Vereinfachung des Zugangs zur Kommasetzung. In: *Praxis Deutsch* 191, S. 28–35.

Metzger, Stefan (2017): *Grammatik unterrichten mit dem Feldermodell*. Seelze: Kallmeyer.
Müller, Astrid/Peyer, Ann (2013): Sätze gestalten. In: *Praxis Deutsch* 40/242, S. 4–13. http://www.friedrich-verlag.de/go/C54031D5F6E447E4B3A63DD2C76CE194MüllerPeyerPD242_SätzeGestalten2013.pdf.
Müller, Anja/Uhl, Benjamin (2023): Felderstruktur. In: *Der Deutschunterricht* 3, S. 60–73.
Nänny, Stephan (2013): Grammatisieren – Nachdenken über sprachliche Strukturen. In: *Grundschulunterricht Deutsch* 13/01, S. 20–25.
Niedersächsisches Kultusministerium: *Kerncurriculum für die Grundschule. Schuljahrgänge 1–4. Deutsch*. Hannover 2017.
P.A.U.L.D. 5 Paderborn: Schöningh, 2004.
Peyer, Ann (2011): *Sätze untersuchen. Lernorientierte Sprachreflexion und grammatisches Wissen*. Seelze: Kallmeyer.
Philipp, Maik (2015): *Schreibkompetenz*. Berlin: UTB.
Siever, Torsten (2014): Grammatik in digitalen Kommunikationsformen. In: *Der Deutschunterricht* 3, S. 49–61.
Staatsinstitut für Schulqualität und Bildungsforschung München (Hg.): Fachlehrpläne Grundschule: Deutsch 1/2. München 2024. In: LehrplanPLUS – Grundschule – 2 – Deutsch – Fachlehrpläne (bayern.de) (21.03.2024).
Staatsinstitut für Schulqualität und Bildungsforschung München (Hg.): Fachlehrpläne Grundschule: Deutsch 3/4. München 2024. In: LehrplanPLUS – Grundschule – 4 – Deutsch – Fachlehrpläne (bayern.de) (21.03.2024).
Staatsinstitut für Schulqualität und Bildungsforschung München (Hg.): Fachlehrpläne Gymnasium: Deutsch 5. München 2024. In: LehrplanPLUS – Gymnasium – 5 – Deutsch – Fachlehrpläne (bayern.de).
Staatsinstitut für Schulqualität und Bildungsforschung München (Hg.): Fachlehrpläne Gymnasium: Deutsch 8. München 2024. In: LehrplanPLUS – Gymnasium – 8 – Deutsch – Fachlehrpläne (bayern.de) (21.03.2024).
Wöllstein, Angelika (Hg.) (2015): *Das topologische Modell für die Schule*. Baltmannsweiler: Schneider Verlag Hohengehren.

# Fokus: Text

**Inhaltsverzeichnis**

12.1 Referenzketten bilden: referentielle Kohärenz als Lerngegenstand – 259

12.2 Konstruktionen als Lerngegenstand – 262

12.3 Sprachlich Handeln beim Texteschreiben – 265

12.4 Generatives Schreiben – 267

Literatur – 271

© Springer-Verlag GmbH Deutschland, ein Teil von Springer Nature 2025
T. Becker, C. Peschel, E. Topalović, *Grammatik in der Schule*,
https://doi.org/10.1007/978-3-476-06010-5_12

Der Text als sprachliche Größe ist noch nicht allzu lange Gegenstand grammatischer Betrachtung. Im Zuge des Aufschwungs der Textlinguistik in den 1980er und 90er Jahren rückten Bauprinzipien und Funktionen verschiedener Texte und Textsorten in den Mittelpunkt der sprachwissenschaftlichen und anschließend der deutschdidaktischen Aufmerksamkeit. Seither haben sich unterschiedliche grammatiktheoretische und grammatikdidaktische Strömungen mit dem Text als Größe beschäftigt. 1991 legte beispielsweise Harald Weinrich die erste Auflage einer *Textgrammatik des Deutschen* vor, die eine Grammatik gänzlich aus der Perspektive des Textes darstellen sollte. Im Zentrum dieser Grammatik stehen Formen in ihren Funktionen für die jeweiligen Texte, z. B. verschiedene Tempora in erzählenden und in berichtenden Texten. Maximilian Scherner (2006) postulierte, dass der Text das natürliche Vorkommen sprachlicher Formen sei. Daher sollten sie auch direkt im Text und bezüglich ihrer Funktionen für den Text untersucht werden. Gerade eine funktionale Ausrichtung des Grammatikunterrichts (vgl. ► Kap. 3) bedeutet auch, dass sich die Schüler/innen mit der Leistung bestimmter sprachlicher Mittel für die Textkonstitution beschäftigen (vgl. Hennig/Langlotz 2020).

**Grammatik des Textes in Curricula**   In das „Verzeichnis grundlegender grammatischer Fachausdrücke" wurden noch keine explizit auf die Größe Text bezogenen Termini aufgenommen. In den Bildungsstandards für das Fach Deutsch, Erster Schulabschluss (ESA) und Mittlerer Schulabschluss (MSA) (2022) hingegen kommen mehrfach textlinguistische Termini, vor allem der Terminus der Kohärenz vor. Im Kompetenzbereich „Schreiben" sollen die Schüler/innen Texte „kohärent formulieren" (S. 25) bzw. sie in Bezug auf Kohärenz hin überarbeiten können (S. 27). Und im Kompetenzbereich „Lesen" wird die Wichtigkeit der rezeptiven Beherrschung von „sprachliche[n] Mittel[n] zur Sicherung des Textzusammenhangs" (S. 29) betont.

Auch der Kernlehrplan für das Fach Deutsch für die Sekundarstufe I der Gymnasien in NRW fordert, dass Schüler/innen „relevantes sprachliches Wissen zur Herstellung von Textkohärenz beim Schreiben eigener Texte einsetzen" (S. 32) können. Der Kernlehrplan in Baden-Württemberg legt im Kompetenzbereich „Sprache und Sprachgebrauch untersuchen" auch die reflexive Beschäftigung mit Textkohärenz als Ziel fest: „Die Schülerinnen und Schüler können Erscheinungsformen der Textkohärenz erklären und eigene Texte mithilfe sprachlicher Mittel kohärent gestalten" (S. 42).

Wie genau und mit welchen sprachlichen Mitteln Kohärenz hergestellt und gesichert wird, bleibt allerdings weitgehend offen. Relativ allgemein heißt es im Lernbereich „Sprache und Sprachgebrauch untersuchen" mit Blick auf die Kompetenzen der Schüler/innen:

> „Im Sinne von ‚Sprache als System' nehmen sie strukturelle Erscheinungen (Sätze, Wörter) wie auch deren Leistungen für die Konstitution von Texten und Gesprächen in den Blick und nutzen diese für die Produktion und Überarbeitung eigener Texte sowie für die Planung und Gestaltung von Gesprächsbeiträgen und Präsentationen." (Kernlehrplan für das Fach Deutsch für die Sekundarstufe I der Gymnasien in NRW 2019, S. 36 f.)

Welche Sätze und Wörter diese Aufgabe wie erfüllen, wird nicht ausgeführt. Hier zeigt sich offenbar eine Lücke zwischen geforderten Kompetenzen und didaktisch-methodischen Umsetzungsvorschlägen zu ihrer Erlangung. Ein solcher Eindruck bestätigt sich auch bei Lehrwerksanalysen (siehe Averintseva-Klisch et al. 2019). Dass Schüler/innen Texte kohärent gestalten können, wird offenbar eher vorausgesetzt, als dass eine solche Kompetenz angebahnt bzw. geübt würde. Wie wichtig die Arbeit an der Kohärenzherstellung ist, zeigt das folgende Beispiel aus einer Erzählung einer Drittklässlerin:

> ▶ **Beispiel**
>
> Es war einmal ein junger Prinz. Er suchte schon ein Jahr eine Braut für sich. Aber fand keine. Als er einmal ein großes Schloss gesehen hat, hat er einmal angeklopft. Ein Wächter machte ihm auf und fragte ihn, wer er sei. Er Der Prinz antwortete: „Ich bin der Königssohn von dem König Drosselbart. Er Der Wächter sagte; „Oh komm mit zu dem König ..." ◀

Der Originaltext zeigt – hier durch die Durchstreichungen nachempfundene – Überarbeitungsspuren: Die Drittklässlerin hat an zwei Stellen das Pronomen „er" in der Überarbeitung durch die Phrasen „der Prinz" und „der Wächter" ersetzt. Dies erleichtert das Herstellen der Bezüge im Text, da das Pronomen sich theoretisch auf alle drei vorkommenden Personen (Prinz – Wächter – König) beziehen kann.

**Textfunktionale Perspektive**   Über die Konstitution von Texten im engeren Sinne, also die Kohärenzerzeugung, hinaus haben sprachliche/grammatische Mittel bestimmte Funktionen, je nachdem in welcher Art von Text bzw. in welcher Textsorte sie stehen. Hennig/Langlotz bezeichnen dies als „textfunktionale Perspektive" auf grammatische Mittel (2020: 28). Diese Perspektive ist im „Verzeichnis grundlegender grammatischer Fachausdrücke" in die Definitionen etwa von Modus und Tempus eingegangen, da auch für diese bestimmte „Gebrauchsnormen" in verschiedenen Textsorten gelten (vgl. ebd.). So hat beispielsweise das Tempus Präteritum in fiktionalen Texten die Funktion eines Fiktionalitätsmarkers.

**Form-Funktions-Relationen in Texten**   Besonders stark normierte Textsorten enthalten häufig typische sprachliche Formen, die als Signal für die Textsorte dienen können. So ist für ein Märchen neben der generellen Verwendung des Präteritums als Fiktionalitätsmarker (vgl. Topalović/Uhl 2014) die formelartige Formulierung *Es war einmal* typisch. In Texten, die Vorgänge beschreiben oder zu deren Durchführung anleiten sollen – etwa Versuchsprotokolle oder Bauanleitungen – ist die Einhaltung der Chronologie der Handlungsschritte unerlässlich. Dies zeigt sich an der sprachlichen Oberfläche an der konsequenten Verwendung von Temporaladverbien wie *zuerst, dann, danach, anschließend, schließlich* oder *zuletzt*. Solche Form-Funktions-Relationen stehen unter anderem im Mittelpunkt der Konstruktionsgrammatik (s. ▶ Kap. 3). Inzwischen stellen auch einige didaktische Konzepte diesen Punkt als zentral heraus, etwa die Didaktik der Textprozeduren (vgl. Feilke 2014; Feilke/Rezat 2020) oder die Konstruktionsdidaktik (vgl. Amorocho/Pfeiffer 2023, 2024; vgl. ▶ Abschn. 4.3). Die beiden genannten Aspekte gehen neben einem funktionalen Verständnis grammatischer Erscheinungen auch von ihrer integrativen Behandlung aus (s. ▶ Kap. 8). Grammatische Inhalte und mit ihnen anvisierte Kompetenzen werden mit denen anderer Lernbereiche des Deutschunterrichts verknüpft. Die Größe „Text" eignet sich hier besonders, um entsprechende Verbindungen zum Lesen und Schreiben herzustellen.

**Literarische Texte** Eine besondere Rolle nimmt dabei das Lesen und Schreiben literarischer Texte ein. Diese Texte erhalten einen Teil ihrer charakteristischen Gestalt dadurch, dass sie bestimmte sprachliche/grammatische Merkmale in verdichteter Form enthalten und diese dadurch besonders in den Vordergrund treten (vgl. die sogenannte „ästhetische Funktion" von Sprache nach Jakobson, vgl. ▶ Abschn. 3.2). Daher sind die Mittel in diesen Texten oft gut zu erkennen bzw. der Aufmerksamkeit von Lerner/innen zugänglich zu machen. Dies machen sich didaktische Ansätze wie das Generative Schreiben (vgl. ▶ Abschn. 12.4) zunutze, mit denen man grammatisches Lernen gut mit dem Lesen und Schreiben von Texten verknüpfen kann.

**Referentielle und relationale Kohärenz** Kohärenz, also der inhaltliche Textzusammenhang, ist als zentrales Merkmal von Textualität im Kapitel zum Grammatikerwerb bereits definiert worden; ebenso die Kohäsion als Ausdruck von Kohärenz an der sprachlichen Oberfläche eines Textes. Differenzierend werden in der Literatur häufig zwei Arten von Kohärenz unterschieden: referentielle und relationale Kohärenz (vgl. etwa Averintseva-Klisch 2018).

> **Definition**
>
> **Referentielle Kohärenz** bezeichnet die Einführung und Wiederaufnahme bzw. Variation von Sachverhalten, Personen und Objekte in einem Text sowie die dafür verwendeten sprachlichen Mittel (Kohäsionsmittel).

Ein typisches sprachliches Mittel für die Erzeugung referentieller Kohärenz ist beispielsweise das Personalpronomen der dritten Person; mit *er, sie* oder *es* kann man vorher im Text genannte Referenten wiederaufnehmen. In der Literatur ist hier teilweise auch von „Verweismitteln" die Rede (etwa Peyer 2020).

**Relationale Kohärenz** wird erzeugt über die Verknüpfung von Teilsätzen, Sätzen und Teiltexten. Dies geschieht z. B. mittels Konnektoren wie *weil, als, deshalb* oder *dann*. Die durch die Verknüpfungswörter transportierte Bedeutungs-Relation zwischen den Satz- oder Textteilen kann unterschiedlich sein. So stellt *weil* in der Regel eine kausale Beziehung her, *als* eine temporale etc. Einer solchen Sichtweise folgend entstehen Texte aus dem Verknüpfen von Wörtern und Sätzen (vgl. Noack/Mückel 2018).

Die der Kohärenzherstellung dienenden sprachlichen Mittel wie Pronomen und Konnektoren sind traditionell zentraler Gegenstand grammatischer Betrachtung. In den meisten Fällen werden ihre Funktionen aber auf den Kontext von Einzelsätzen bzw. Satzpaaren beschränkt und auch so geübt (siehe Peschel 2006). Dies gilt für Verweismittel und die referentielle Kohärenz noch stärker als für Verknüpfungsmittel, weshalb Erstere im folgenden Unterkapitel im Fokus stehen.

## 12.1 Referenzketten bilden: referentielle Kohärenz als Lerngegenstand

In einem Text ist es notwendig, auf Personen, Sachverhalte oder Gegenstände, in der Textsemantik in der Regel als „Referenten" bezeichnet (Schwarz-Friesel/Consten 2014; Averintseva-Klisch 2018), Bezug zu nehmen, diese einzuführen und auf sie zurückzukommen. Oben wurde dies als Herstellung referentieller Kohärenz bezeichnet. Hat ein Text oder Teiltext nur einen einzigen (Haupt-)Referenten, sind dabei schwerlich Missverständnisse möglich und damit meist keine die Bezüge im Text zusätzlich vereindeutigenden sprachlichen Maßnahmen notwendig. Das unmarkierte sprachliche Mittel zur Wiederaufnahme ist das Personalpronomen der dritten Person. Je nach textuellem Kontext kann sich diese Funktion auch auf das Possessivpronomen erstrecken.

**Referenzketten** In der Linguistik wird von einer sogenannten „Referenzkette" gesprochen, wenn auf einen Referenten mehrfach Bezug genommen wird (vgl. Thurmair 2003; Bryant 2024). Thurmair beschreibt eine bestimmte Reihenfolge in der Kette als unter informatorischen Gesichtspunkten „normal" bzw. unmarkiert. Ein Referent wird sprachlich zunächst so eingeführt, dass potentielle Leser/innen ihn als Person, Gegenstand o. ä. neu in ihrem Wissen verankern können. Dies geschieht in einem Text in der Regel durch eine Nominalphrase mit unbestimmtem Artikel, z. B. *Ein Autofahrer*. Bei nächster Erwähnung kann dies durch Wiederholung der Phrase bzw. des Nomens in der Phrase geschehen, dann mit einem bestimmten Artikel: *der Autofahrer*. Der bestimmte Artikel signalisiert, dass der Autofahrer den Leser/innen schon bekannt bzw. bereits im Text benannt sein sollte. Bei erneuter Erwähnung wird dann häufig das passende Personalpronomen verwendet, in diesem Falle *er*.

Das Pronomen ist sprachlich gesehen die ökonomischste und häufigste Variante, einen Referenten im Text erneut zu versprachlichen. Es gibt aber durchaus auch die Möglichkeit, den gleichen Referenten mit einer kürzeren Form, in unserem Fall etwa dem Grundwort *Fahrer*, oder mit anderen Nominalgruppen zu bezeichnen, die z. B. a) synonym zum Ursprungsnomen sind oder b) von denen nur im konkreten Text klar wird, dass es sich um eine Bezeichnung für den gleichen Referenten handelt. Bleiben wir bei unserem Beispiel: *Ein Autofahrer* könnte im weiteren Text also quasi synonym auch als der *Fahrzeugführer* bezeichnet werden (Fall a > quasi Synonym) oder – Fall b – in einem konkreten Text (über einen gefährlich schnellen und unvorsichtigen Autofahrer) etwa als *der rücksichtslose Raser*.

Zentrale, eben auch grammatische Lernziele sind hier zu erkennen: 1) auf welche Referenten sprachlich Bezug genommen wird und 2) inwiefern unterschiedliche Arten der sprachlichen Wiederaufnahme verschiedene Sichtweisen auf Referenten nahelegen – wie oben die beiden Fälle a) und b) verdeutlichen.

**Beschreibung** Im folgenden Beispiel für die Grundschule enthält der kurze Text nur einen handelnden Referenten, der sprachlich mehrfach bezeichnet wird. Außerdem wird im Text nach der einführenden Bezeichnung mit Eigennamen und nachgestellter indefiniter Nominalgruppe („ein Student aus Griechenland") zur Wiederaufnahme nur noch das Personalpronomen in verschiedenen Kasus verwendet. Der Text eignet sich daher als Einstieg in die Betrachtung referentieller Zusammenhänge. Die Schüler/in-

**Abb. 12.1** Benholz/Iordanidou 2004: 13

> *Verfolge Kostas durch den Text!*
>
> Kostas, ein Student aus Griechenland, machte einmal eine Reise durch Deutschland. Er besuchte viele Städte, aber er wollte auch das Leben auf dem Lande kennenlernen, und so wanderte er über Wiesen und Felder. Er war glücklich, denn das Wetter war schön und die Landschaft gefiel ihm gut.
>
> Eines Tages, als er im Schwarzwald war, kamen plötzlich viele Wolken aus dem Westen und schon nach einer Viertelstunde war der Himmel ganz dunkel. Und dann begann es kräftig zu regnen. Zum Glück näherte er sich gerade einem Dorf, das ihm Schutz vor dem Regen bieten konnte.

nen können Kostas „durch den Text verfolgen", indem sie alle Bezeichnungen, die sich auf Kostas beziehen, markiert finden (▶ Abb. 12.1). Dies könnte überwiegend induktiv geschehen (vgl. zur Klärung eines induktiven Vorgehens ▶ Abschn. 8.1), wenn die Schüler/innen die relativ offene Aufgabe erhalten zu untersuchen, was die Pfeile im Text bedeuten sollen.

Ganz ähnlich geht ein Vorschlag aus einem Schulbuch der 1990er Jahre vor, einer der ganz wenigen Fälle, in denen textgrammatische Aspekte tatsächlich Eingang in Lehrwerke gefunden haben. Der Hauptreferent des Textes wird hier etwas sperrig als „Darstellungsgegenstand" bezeichnet (▶ Abb. 12.2). Danach wird das Prinzip der referentiellen Kohärenz an einem kurzen Text demonstriert, der dadurch gekennzeichnet ist, dass er – wie das Beispiel oben – nur einen Hauptreferenten hat: Marko. Nach

> Die Sätze in einem Text sind auf mehrfache Weise miteinander verflochten. Eine Möglichkeit der Textverflechtung besteht darin, den **Darstellungsgegenstand**, über den etwas ausgesagt wird, immer wieder aufzunehmen, oft mit unterschiedlichen sprachlichen Mitteln:
>
> |Marko| ist sehr tierlieb. |Seine| Wochenenden verbringt der |Junge| oft auf einem Reiterhof, denn |er| ist ein richtiger |Pferdenarr| und auch schon ein guter |Reiter|. |Er| muß sich aber auch als |Stallknecht| betätigen. |Seine| Tiere brauchen viel Pflege. |Ihm| anvertraute Pferde sind immer bestens versorgt.
>
> Die Wörter, die den Darstellungsgegenstand bezeichnen, durchziehen den Text wie eine **Kette**:
>
> |Marko|…|Seine|…|Junge|…|Er|…|Pferdenarr|…|Reiter|…|Er|…|Stallknecht|…|Seine|…|Ihm|… .

**Abb. 12.2** Gutes und sicheres Deutsch. Verlag Volk und Wissen, Deutschbuch für Gymnasien, Klasse 7, 1995 (Hg. von Bodo Friedrich), S. 90 f

dem Text folgt die einfache Darstellung einer Referenzkette. Im Unterschied zum ersten Beispiel werden hier nicht nur Personalpronomina zur Fortführung des Referenten genutzt, sondern auch possessive Pronomina („Seine Wochenenden") und Nominalgruppen wie „ein richtiger Pferdenarr". Der zweite Text zeigt also deutlich vielfältigere Formen der Wiederaufnahme, ist allerdings auch nicht für die Grundschule, sondern für die 7. Klasse vorgesehen.

**Kommentar** Die Grundidee, die wiederaufnehmenden Bezeichnungen für einen Referenten durch den Text zu verfolgen und zu vernetzen, erscheint ausgesprochen sinnvoll. Dabei lassen sich Formen und Funktionen z. B. von Personalpronomina gut erkennen. Außerdem ist eine solche Vernetzung hilfreich für das Textverständnis, da auf diese Weise zentrale (Teil-)Themen des Textes markiert werden. Die Art der Darstellung ist in beiden Beispielen nicht besonders übersichtlich. Dies gilt vor allem, sollte man versuchen, die Methode anschließend auf Texte mit mehreren Referenten auszuweiten. Hier wären andere Arten der Markierung – etwa mit verschiedenen Farben oder Markierungsformen – oder das Herausschreiben der sich aufeinander beziehenden sprachlichen Mittel denkbar.

Im zweiten Beispiel steckt viel Information über Prinzipien der referentiellen Kohärenz. Der Text demonstriert, wie vielfältig die sprachlichen Formen sein können, die die Funktion haben, den Referenten Marko wiederaufzunehmen. Die Darstellung in einer Referenzkette illustriert, dass Sätze in Texten auf inhaltlicher Ebene verkettet sind und sich dies auf der sprachlichen Oberfläche niederschlagen kann. Es wird auch deutlich, dass sich beispielsweise Pronomen in Genus und Numerus an die Bezeichnung des Referenten, auf den sie sich rückbeziehen, anpassen müssen. So sind alle hier verwendeten Pronomina ihrer Form nach Maskulinum Singular – wie Marko. Problematisch ist allerdings, dass die Darstellung den Eindruck suggeriert, es wären Einzelwörter, die sich auf den jeweiligen Referenten beziehen, etwa *Junge* oder *Reiter*. Diese Funktion erfüllt aber immer die gesamte Wortgruppe, z. B. die Nominalgruppe *der Junge* oder die Adjunktorgruppe *als Stallknecht*.

Methodisch wurde im zweiten Beispiel ein eher deduktiver Zugang gewählt, der zunächst kurz theoretisch das Thema der Textverflechtung aufgreift und dann ein entsprechendes Beispiel liefert. Die im Lehrwerk folgende Aufgabe enthält einen weiteren Text zu Marko, diesmal geht es um einen Unfall in der Schule. Die Schüler/innen sollen hier nun – analog zur ersten Aufgabe – Referenzketten notieren.

Denkbar wären mehrere Möglichkeiten der Fortsetzung. So könnte es z. B. weitere Aufgaben geben, in denen mehrere Referenten durch den Text verfolgt werden. Spannend wäre auch eine Untersuchung der sprachlichen Wirkung verschiedener Möglichkeiten der Wiederaufnahme. Wie unterscheidet sich beispielsweise die Fortführung mit einem Pronomen von der mit verschiedenen Nominalgruppen. Pronomina liefern in einem Text keine neuen Informationen über Referenten (vgl. Hoffmann 2021), Nominalgruppen hingegen geben Informationen oder können auch für wertende Bezeichnungen genutzt werden (siehe im Beispiel oben etwa *ein richtiger Pferdenarr*; wie würde eine Bezeichnung wie *der Einzelgänger* wirken? etc.). Ein solcher eher reflexiver Zugang wäre in der Sekundarstufe gut vorstellbar und beispielsweise an Zeitungsartikeln zu erarbeiten (vgl. Averintseva-Klisch et al. 2019).

## 12.2 Konstruktionen als Lerngegenstand

Konstruktionen sind in vorherigen Kapiteln als paarige Form-Funktions-Einheiten beschrieben worden (vgl. z. B. ▶ Kap. 3 und 4), die mittels Abstraktionsprozessen aus dem Sprachgebrauch herausgefiltert werden. Gebrauchsbasierte Spracherwerbstheorien sehen das schrittweise Abstrahieren und Nutzen dieser Paare als einen Motor der Sprachentwicklung. Dieser Prozess lässt sich didaktisch unterstützen.

**Konstruktionsdidaktik** Die Konstruktionsdidaktik geht von (mehr oder weniger) stabilen Form-Inhalt-Beziehungen aus (Amorocho/Pfeiffer 2023: 138; zu den feineren Unterschieden zwischen Prozeduren und Konstruktionen siehe ebenfalls dort) und nimmt an, „dass sich das sprachliche Wissen von Sprecherinnen und Sprechern vollständig aus einem hierarchisch geordneten Inventar von Form-Bedeutungspaaren zusammensetzt" (Amorocho/Pfeiffer 2023: 132). Konstruktionen können unterschiedlich komplex sein und sprachliche Formen unterschiedlicher Größe umfassen, seien dies einzelne Wörter oder mehrere Wörter umfassende grammatische Strukturen wie z. B. Passiv-Konstruktionen. Das Erlernen von Konstruktionen erfolgt über Generalisierungsprozesse, die die Zuordnung von Bedeutungen zu Gemeinsamkeiten aufweisenden Formen steuern (siehe Behrens 2009). Formen, die in der Kommunikation regelmäßig auftauchen, werden also auf Grund von funktionalen Gemeinsamkeiten kategorisiert. Grammatisches Lernen erfolgt demnach im sprachlichen Gebrauch.

Eine Didaktik, die das Erlernen von Konstruktionen in den Mittelpunkt stellt, hat die Aufgabe, Möglichkeiten des sprachlichen Gebrauchs von Konstruktionen in Interaktionssituationen zu vermitteln. Diese sollten so gestaltet sein, dass die Schüler/innen Muster in den Form-Bedeutungsbeziehungen erkennen und diese in der eigenen Sprachproduktion anwenden können. Der Ausgangspunkt (grammatik-)didaktischen Handelns liegt bei dieser Ausrichtung auf der Inhalts- oder Funktionsseite. Diese ist im Sinne der Konstruktionsdidaktik in Textsorten und Genres besonders günstig anzusteuern (Amorocho/Pfeiffer 2023: 138).

**Konstruktionen auf Textebene** Für die hier näher zu betrachtende Textebene bedeutet das, dass zunächst für bestimmte Textsorten charakteristische Teilfunktionen herausgestellt oder entdeckt werden, um dann herauszuarbeiten, welche sprachlichen Mittel diese Funktionen besonders gut und häufig erfüllen (können). Auf diese Weise soll verhindert werden, dass die Schüler/innen sprachliche Ausdrücke auswendig lernen und (quasi-)mechanisch an bestimmten Stellen anwenden, ohne das inhaltliche Potential der jeweiligen Ausdrücke durchschaut zu haben.

Um dies den Lernenden zu ermöglichen, spielt der sprachliche Input eine entscheidende Rolle: Die SchülerInnen werden dabei mit möglichst optimiertem Input konfrontiert, begegnen also in den verwendeten Unterrichtsmaterialien den entsprechenden Teiltexten und den für diese typischen Handlungen systematisch und häufig wiederkehrend. In den Teiltexten werden wiederum besonders typische sprachliche Mittel für die Realisierung der entsprechenden Funktionen verwendet. Handwerker (2008: 55) spricht in diesem Zusammenhang von „Inputflutung", Amorocho/Pfeiffer betonen die „Inputoptimierung" (2023: 140).

## 12.2.1 Konstruktionen für die Grundschule: Erzählungen

Wie oben beschrieben, werden Textsorten bzw. Genres als besonders günstiger Ansatzpunkt dafür betrachtet, die für Konstruktionen charakteristischen Verbindungen von Formen und Funktionen im Unterricht zu erarbeiten.

**Beschreibung** Der folgende Unterrichtsvorschlag von Amorocho/Pfeiffer (2024) versteht sich als Beitrag zu einer „ressourcenorientierten Erzähldidaktik" (Ohlhus/Stude 2009). Diese zielt zum einen auf die (hier im Schwerpunkt mündliche) Erzählfähigkeit, zum anderen auf die Ausbildung sprachreflexiver Kompetenzen. Erzählen wird dabei auch interaktiv betrachtet, nimmt also beispielsweise die Wirkung auf Hörer/innen mit in den Blick, etwa, ob diese die Geschichte spannend finden. Erzählungen enthalten, um ihre Erzählwürdigkeit zu erhöhen, in der Regel ein unerwartetes Ereignis bzw. eine Komplikation (vgl. Becker/Stude 2019). Die lineare, auf das Erwartbare bezogene Handlung der Geschichte wird durch dieses Ereignis unterbrochen. In der Erzählforschung wird hierfür in der Regel der Terminus Komplikation verwendet oder – wie von den Autoren des folgenden Beispiels in Anlehnung an Quasthoff – der Terminus Planbruch (vgl. Amorocho/Pfeiffer 2024, Quasthoff et al. 2019). An der sprachlichen Oberfläche wird diese Komplikation häufig mit sprachlichen Mitteln wie *plötzlich* oder *aber dann* eingeleitet.

In der entworfenen Unterrichtseinheit geht es darum, dass Kinder die „narrative Grundstruktur" (Amorocho/Pfeiffer 2024: 28) kennen und anwenden lernen. So sollen die Kinder zunächst auf der Basis fremder Geschichten die Grundstruktur einer Erzählung mit Hilfe von vier Plakaten erarbeiten. Auf diesen steht:
1. Wer? Wo? Wann?
2. Plan
3. *aber dann*
4. Auflösung/Ende.

Diese vier Elemente werden den Teilen vorgegebener Erzählungen zugeordnet. Die Lehrkraft verweist dann auf die wichtige Rolle des *aber-dann-Moments*. Um diesen in den ersten Geschichten auch sprachlich immer mit *aber dann* umgesetzten Planbruch zu markieren, basteln die Kinder einen *aber-dann*-Blitz (◘ Abb. 12.3). In einem nächsten Schritt erhalten die Kinder Geschichten mit und ohne plötzliche Wendungen/Planbrüche und sollen diese mit dem *aber-dann*-Blitz markieren (◘ Abb. 12.4). Nicht in allen Geschichten mit einem Planbruch ist dieser mit *aber dann* an der sprachlichen Oberfläche markiert. Die Kinder suchen nun nach entsprechenden alternativen Formulierungen wie *plötzlich* und sammeln diese wiederum auf einem Plakat. Mit Hilfe vorgegebener Erzählungen kann auch herausgearbeitet werden, dass der Planbruch zwar sehr häufig markiert ist, dies aber nicht unbedingt sein muss. In einem letzten Schritt werden eigene Geschichten geschrieben, die einen *aber-dann*-Moment mit entsprechender sprachlicher Markierung enthalten sollen.

**Kommentar** In diesem Vorschlag wird explizit von der Funktion aus gedacht und die entsprechenden Formen werden erst mit bzw. nach Erkennen der Funktion herausgearbeitet. Die Verbindung zwischen den Lernbereichen mündliche Sprachproduktion,

## Tag 2

**Vorbereitung durch die Lehrkraft**
- Screenshots aus den Mausclips von Tag 1 (Zebrastreifen und Seifenblasen) großformatig (mind. DIN A4, besser DIN A3) auf jeweils einer Seite für Tafelbild ausdrucken oder kopieren.
- Die folgenden Abbildungen zur Struktur von Erzählungen in der gleichen Größe (mind. DIN A4, besser DIN A3) auf Karton gestalten und/oder ausdrucken (zumindest für den *aber-dann*-Blitz bietet sich Karton aufgrund der weiteren Verwendung an Tag 3 an).

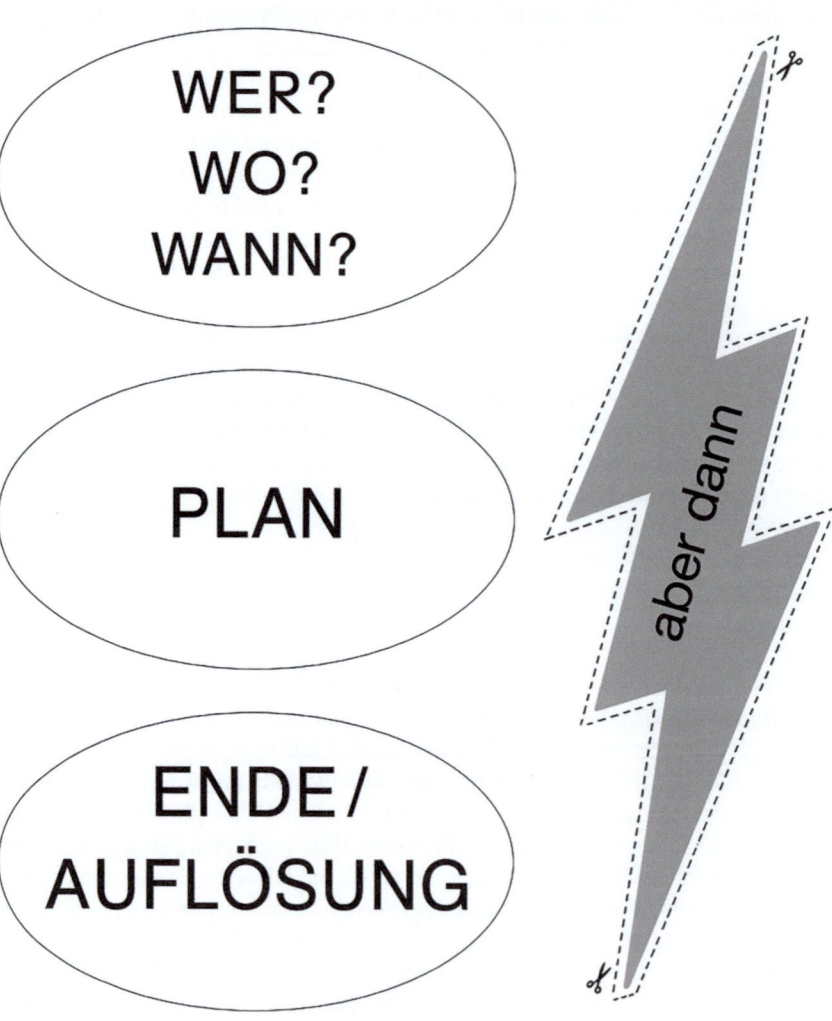

**Abb. 12.3** Erzählstruktur, Amorocho/Pfeiffer (2024: 36)

> **Texte mit *aber-dann*-Momenten**
>
>  Lies die Texte und markiere die Stellen mit einem *aber-dann*-Blitz, an denen etwas Unerwartetes passiert.
>
>  Wenn du deinen Blitz gezeichnet hast, siehst du: An dieser Stelle kommen die Wörter „aber dann" im Text nicht vor. Welche Wörter zeigen dir dennoch, dass es anders kommt als geplant? Schreibe diese Wörter unten auf.
>
> Es passierte kurz nach meinem 7. Geburtstag. An einem warmen Sommertag ging ich mit meinem Bruder und meinem kleinen roten Drachen auf das weite Feld hinter unserem Haus. Wir rannten und lachten, während der Drachen im Wind tanzte. Plötzlich aber stolperte ich über einen versteckten Stein und knallte heftig auf den Boden. Mein Knie schmerzte höllisch, und Tränen schossen mir in die Augen. Mein großer Bruder kam sofort angerannt und half mir auf die Beine. Mit einem aufmunternden Lächeln tröstete er mich und die Schmerzen wurden bald besser.

**Abb. 12.4** Textaufgabe bei Amorocho/Pfeiffer (2024: 32)

Textrezeption und Sprache untersuchen ergibt sich aus diesem funktionalen Zugang; es liegt also ein (echter) integrativer Ansatz vor. Dadurch, dass die SuS alternative Elemente zur Versprachlichung des *aber-dann*-Moments erarbeiten, wird das sprachliche Repertoire funktional erweitert, und zwar in einem Bereich (> Adverbien), der in der Grundschule im rezeptiven wie produktiven Sprachgebrauch häufig und notwendig ist, allerdings (zu Recht) noch nicht Thema expliziten grammatischen Lernens ist bzw. terminologisch noch nicht gefasst wird. Der gebrauchsbasierte Zugang der Konstruktionsdidaktik macht hier ein Herausarbeiten eines Form-Funktionszusammenhangs aus entsprechendem sprachlichem Material möglich. Dies erscheint in diesem Beispiel wiederum besonders vielversprechend, weil es sich um textbezogenes Arbeiten handelt – an einer Textsorte, die die meisten Kinder kennen dürften. Weiterführend kann auch untersucht werden, ob und inwiefern sich verschiedene mündliche und schriftliche Formen von Erzählungen (etwa Märchen) in ihrer Grundstruktur oder spezifisch in der Realisierung des *aber-dann-Moments* gleichen oder unterscheiden.

Spannend wäre weiterhin ein vergleichendes Untersuchen von Erzählungen in verschiedenen Sprachen und Sprachvarietäten. Schüler/innen könnten gemeinsam erarbeiten, inwiefern für die miteinander verglichenen Erzähltexte ebenfalls ein solcher *aber-dann*-Moment charakteristisch ist und ob bzw. wie er in den jeweiligen Sprachen ausgedrückt wird. Arabischsprachige Erzählungen nähern sich ihrem Höhepunkt beispielsweise eher iterativ über wiederkehrende Schleifen (vgl. Becker/Stude 2019).

## 12.3 Sprachlich Handeln beim Texteschreiben

Die Verbindung formaler und funktionaler Aspekte in Bezug auf die Ebene Text ist auch der Grundgedanke eines weiteren aktuellen grammatikdidaktischen Konzeptes: Entwickelt von Anne Berkemeier und Lirim Selmani (2024) nutzt dieser Ansatz konkrete Instrumente auf Wort-, Satz- und Textebene (Silbenkette, Satzleiste und Handlungsnavi), die für die verschiedenen Lerngegenstände und Schulstufen herangezogen werden können. Das Unterrichtsmaterial liegt als digitale Arbeitsmappe vor, die gleichzeitig den Arbeitsablauf strukturiert und als Handlungsnavi bezeichnet wird. Mit dessen Hilfe arbeiten sich die Lernenden durch verschiedene Registerkarten, die angesteuert werden können und dann über zielgerichtetes Abfragen und Arbeitsaufträge das Vorgehen strukturieren.

Da es sich um ein funktionalgrammatisches Konzept handelt, stehen Funktionen sprachlicher Handlungen im Fokus – es soll also eine systematische Förderung von Formulierungskompetenz erreicht werden. Beispielhaft wird an dieser Stelle die Handlungsform „Anleiten" vorgestellt. Das Lernziel ist entsprechend, eine Anleitung zu verfassen. Bezüglich des curricularen Vorgehens wird empfohlen, die Handlungsform des Anleitens erst zu thematisieren, nachdem bereits die weniger komplexe Form des Beschreibens gefördert wurde (Berkemeier/Selmani 2024: 6).

**Beschreibung** In der ersten Registerkarte mit dem Titel „Welchen Zweck will ich erreichen?" müssen die Lernenden sich über den Zweck der Anleitung klar werden (z. B. „etwas bauen", „ein Spiel spielen können"). Dem folgt die Registerkarte „Wie ist die Handlungssituation?", mit deren Hilfe die Rahmenbedingungen geklärt werden. Den Kern der Lerneinheit bildet die Registerkarte „Wie gehe ich vor?", die folgendermaßen aufgebaut ist (Berkemeier/Selmani 2024, Auszug aus dem Handlungsnavi „Anleiten" S. 5):

▶ **Beispiel**

1. **Inhalt**: Finde heraus, welche *Anleitungsinformation* du in welcher Reihenfolge brauchst.
2. **Schreibe** einen ersten Textentwurf.
3. **Inhalt & Aufbau**: Prüfe (und überarbeite)
   − Sind alle notwendigen *Anleitungsteile* vorhanden?
   − Sind alle notwendigen Details enthalten/richtig?
   − Hast du überflüssige Details eingebaut, die man nicht unbedingt braucht?
   − Ist die Reihenfolge der Information wichtig/richtig?
   − Ist deine Formatierung übersichtlich?
4. **Sprache**: (Prüfe und überarbeite)
   − Ist alles eindeutig? / Kann H/L alles umsetzen?
   − Sind alle *Nennwörter* passend/verständlich?
   − Fühlt sich H/L aufgefordert?
   − Hast du *Zeigwörter* benutzt? Sind sie verständlich?
   − Kannst du dich durch Zeigen oder *Visualisieren* entlasten?
   − Hast du passend *verzeitigt*?
   − Nutzt du die *Fortführungen* verständlich und effektiv?
   − Ist es wichtig, die Gültigkeit über *Verneinen* oder z. B. *Modalverben* einzuschränken?
5. **Zusätzliche Informationen**: Prüfe (und überarbeite)
   − Sind zusätzliche (z. B. technische) Angaben wichtig?
   − Muss H/L wissen, ob sich die Anleitung für ihn/sie eignet? ◀

H/L steht dabei für Hörer/Leser. Hinter den kursivierten Ausdrücken finden sich Verlinkungen, die Erklärungen und Beispiele geben. Denn natürlich bedarf es für solche

Anweisungen wie „Hast du Zeigwörter benutzt?" einer Hinführung zu dem Begriff des Zeigwortes.

Die letzte Registerkarte lautet „Was kann ich verbessern?". Die Textsorte „Anleitung" bietet den Vorteil, dass sich leicht authentische Schreibanlässe finden lassen und eine „direkte Umsetzung in konkretes Tun" (Berkemeier/Selmani 2024: 6) eine Überprüfung der kommunikativen Funktion ermöglicht. Empfohlen wird z. B. eine Bauanleitung für Legosteine oder Bauklötze zu verfassen, wobei dann durch Nachbauen überprüft werden kann, inwiefern der Text seine Funktion erfüllt. Das Arbeiten am Text umfasst außerdem kontrastive Analysen, mit deren Hilfe herausgearbeitet werden kann, „welche sprachlichen Mittel in welchen Kommunikationssituationen besonders gut, weniger gut oder gar nicht funktionieren" (Berkemeier/Selmani 2024: 6).

**Kommentar** Ein erster großer Mehrwert des Konzeptes dürfte sein, dass für ein sehr breites Repertoire sprachlicher Handlungen eine Didaktisierung vorgenommen wurde. Denn es ist alles andere als trivial, differenziert zu benennen, welche sprachlichen Mittel für welche sprachliche Handlung funktional sind und dies in lernendengerechter Sprache zu transportieren. Zumindest vom Anspruch her ist grammatisches Lernen dadurch auch verbunden mit dem Ausbau sprachlicher Handlungsfähigkeit. Es wird deutlich, welche Vorteile und gleichzeitig Hürden ein Konzept bietet, das grammatisches Wissen und grammatische Fähigkeiten systematisch aufbaut und dazu eine konsequent funktionale Terminologie nutzt, die durchaus von traditioneller schulgrammatischer Terminologie abweicht. Wurden die oben kursivierten Ausdrücke sorgsam und detailliert eingeführt, so wie es das Konzept vorsieht, lässt sich nun auf diese Grundlagen zurückgreifen und die Lernenden können ihre Aufmerksamkeit auf die Arbeit am Text fokussieren. Diese Vorgehensweise ist allerdings auch Voraussetzung dafür, dass gewinnbringend mit den konkreten Lerneinheiten gearbeitet werden kann.

Eine der Stärken des Konzeptes, nämlich der umfassende und schulstufenübergreifende Aufbau, kann also auch als Hürde gesehen werden. Die einzelnen Fördersequenzen nutzen Termini und Zugänge, die umfangreich eingeführt und angebahnt werden müssen, auch wenn sie – ist dies einmal geschehen – sehr tragfähig sein können.

## 12.4 Generatives Schreiben

Ein grammatikdidaktischer Ansatz, der sprachliche Formen in Texten sowie die ästhetische Funktion von Sprache (s. ▶ Kap. 3) in den Mittelpunkt rückt, ist das von Gerlind Belke (2011) entwickelte „Generative Schreiben". In der Regel handelt es sich dabei um literarische Texte, die für die sprachliche Bildung genutzt werden, vor allem für das grammatische Lernen und das Schreiben von eigenen ästhetischen Texten. Durch die sprachlich-ästhetische Gestaltung der Texte wird die Aufmerksamkeit auch schon junger Lernender auf die Sprache als solche gelenkt (vgl. Belke 2011). Bestimmte sprachliche Merkmale können durch die Verdichtung z. B. in poetischen Texten besonders in den Fokus gerückt werden.

Das Prinzip des Generativen Schreibens ist nun, dass Schüler/innen erst gemeinsam und dann in Einzelarbeit parallele Texte produzieren, in denen eine nur geringe sprachliche Variation im Vergleich zum Originaltext vorgenommen wird. Diese Veränderungen lassen sich dadurch, dass zunächst mit der Lehrkraft gemeinsam im Plenum gearbeitet wird, auf zentrale (grammatische) Merkmale fokussieren (Dieser Ansatz ähnelt dem der Aufgabe, wie wir sie in ▶ Kap. 9 „Fokus: Wort" beschrieben haben).

Frieg (2014) kann in ihrer Dissertation zeigen, dass Grundschulkinder, die mehrmals im Jahr generative Texte schreiben, ähnliche sprachliche Zuwächse in verschiedenen sprachlichen Teilbereichen zeigen wie Kinder, die andere (explizite) Sprachfördermaßnahmen durchlaufen haben. Beide Gruppen zeigen größere Lernzuwächse als die Kontrollgruppen ohne Treatment. Das Generative Schreiben kann daher als eine anderen Sprachförderkonzepten gleichwertige Maßnahme angesehen werden. Bebout/Belke (2017) zeigen wiederum in einer experimentellen Studie, dass sich die Darbietung stark strukturierten sprachlichen Inputs positiv auf den Genuserwerb der Kinder auswirkt.

### 12.4.1 Generatives Schreiben in der Grundschule: Kindergedichte

**Beschreibung** Im folgenden Beispiel erarbeitet die Klasse nach Lektüre (oder besser: dem Vortrag) eines Kindergedichts (◌ Abb. 12.5) zunächst gemeinsam eine Variante, in der ein neues Tier gewählt wird. Wichtig ist, dass das Genus von dem des im Original vorkommenden Tieres abweicht. Ohne diese grammatischen Regularitäten explizit zu kommentieren, werden die entsprechend notwendigen Änderungen etwa von Artikeln und Pronomen im neuen Text vorgenommen. Der Rest des Textes bleibt weitgehend gleich, kann aber auch kleinere inhaltliche Änderungen enthalten (◌ Abb. 12.6). In einem zweiten Schritt dürfen sich die Kinder nun selber ein Tier aussuchen und ihren eigenen Text dazu schreiben (vgl. Belke 1999, 2011).

Im Rahmen des Generativen Schreibens ist prinzipiell auch die Möglichkeit gegeben, die beschriebenen grammatischen Formen und Zusammenhänge mit den Schüler/innen explizit zu besprechen. Primäres Ziel ist aber das Schreiben eines Textes, in dem die grammatischen Zusammenhänge zwar deutlich erkennbar sind, aber implizit bleiben können und so durch gezielte Wiederholung in einprägsamem Kontext verinnerlicht werden (vgl. Belke 2011; zum Verhältnis von explizitem und implizitem Wissen vgl. ▶ Kap. 6). Frieg et al. (2012) schlagen als Möglichkeit einer ersten, quasi vorterminologischen Explizit-Machung vor, die in den Texten vorkommenden Wörter nach grammatischem Genus zu sortieren (◌ Abb. 12.7). Dazu kann die Lehrperson die Artikelwörter und Pronomina für je ein oder zwei Tiere zu Beginn vorgeben. Die Schüler/innen erhalten dann die Aufgabe, die Wörter (und Tiere) aus ihren Texten entsprechend zuzuordnen oder die Zuordnung wird gemeinsam erarbeitet.

◌ **Abb. 12.5** Gedicht aus Belke (2011)

Ein Huhn, das fraß, man glaubt es kaum,
ein Blatt von einem Gummibaum.
Dann ging es in den Hühnerstall
und legte einen Gummiball.

*Susanne Stöcklin-Meier (Originaltext)*

## 12.4 · Generatives Schreiben

| | | |
|---|---|---|
| **Ein** Löwe, **der** fraß, man glaubt es kaum, ein Blatt von einem Gummibaum. Da ging **er** in den Löwenkäfig und war immer noch gefräßig. | **Eine** Ziege, **die** fraß, man glaubt es kaum, ein Blatt von einem Gummibaum. Da ging **sie** in den Ziegenstall und spielt mit **ihrem** Gummiball. | Zwei Esel, **die** fraßen, man glaubt es kaum, ein Blatt von einem Gummibaum. Da gingen **sie** in **ihren** Stall und spielten mit dem Gummiball. |

◘ **Abb. 12.6** Gedichtvariante aus Belke (2011)

◘ **Abb. 12.7** Vorschlag zur Sortierung der Wörter nach Genus aus Frieg et al. (2012)

**grüne Wörter**
ein Huhn, das … es
ein Pferd, das … es

**rote Wörter**
eine Henne, die … sie
eine Ziege, die … sie

**blaue Wörter**
ein Hahn, der … er
ein Löwe, der … er

**Mehrzahl**
zwei Esel, die … sie
die Tauben, die … sie

**Kommentar** Das Generative Schreiben nutzt die Beliebtheit poetischer Texte, um sowohl das Lesen kinderliterarischer Texte, das (erste) Schreiben eigener ästhetischer Texte anzuregen als auch grammatisches Lernen – etwa mit Blick auf die (Weiter-)Entwicklung sprachreflexiver Fähigkeiten oder den Erwerb grammatischer Strukturen – zu ermöglichen. Es handelt sich also um einen integrativen Ansatz, der versucht, verschiedene Kompetenzbereiche miteinander zu verbinden (s. o.). Durch die sprachliche Verdichtung lässt sich die Aufmerksamkeit auf grammatische Erscheinungen lenken, ohne sie explizit zu machen oder gar terminologisch fixieren zu müssen. Dies erscheint gerade für sehr junge Lerner/innen ein günstiger Zugang. Generatives Schreiben bietet Möglichkeiten für Differenzierung bzw. für adaptive Lernangebote: Während man mit Kindern, die über die entsprechenden Formen schon verfügen, an der Entwicklung von Sprachbewusstheit arbeiten kann, kann das Konzept andere Kinder darin unterstützen, die Formen in einem motivierenden Kontext zu erwerben.

Vorhandene Vorschläge für die Primarstufe beziehen sich hauptsächlich auf den nominalen Bereich. Hier wäre es spannend und wichtig, auch den verbalen Bereich in vergleichbarer Weise mit einzubeziehen. Weiterhin wäre es gut möglich, in der Umsetzung im Unterricht Mehrsprachigkeit mitzudenken: Weitere Sprachen, die die Kinder in der Klasse beherrschen, könnten vergleichend mit einbezogen werden. Auf diese Weise könnte etwa festgestellt werden, dass manche Nomen in anderen Sprachen ein anderes Genus haben oder dass sie – in wieder anderen Sprachen – gar nicht über ein Genus verfügen (wie etwa im Türkischen).

## 12.4.2 Generatives Schreiben in der Sekundarstufe

**Beschreibung** Beispiele für Generatives Schreiben in den weiterführenden Schulen sind eher selten. Das mag daran liegen, dass das auf Wiederholung basaler grammatischer Strukturen ausgerichtete Prinzip des Konzepts für die in der Sekundarstufe geforderte sprachliche Variabilität irgendwann nicht mehr ausreicht. Den folgenden Vorschlag hat Kostic (2018) für erwachsene Lerner/innen des Deutschen als Zweit- und Fremdsprache gemacht. Basistext ist das Gedicht von Berthold Brecht „Ich will mit dem gehen, den ich liebe".

Ein Lernziel der vorgeschlagenen Einheit ist, dass die Lernenden die Struktur der verwendeten Nebensätze erkennen und verstehen. Der Einstieg erfolgt über eine Diskussion zum Thema Liebe und die persönlichen Assoziationen und Erfahrungen der Lernenden. Diese werden an der Tafel festgehalten, um hinterher die Grundlage für die zu schreibenden eigenen Gedichte zu bilden. Dann wird das Gedicht in einer skelettartigen Form präsentiert, (Abb. im Beispielkasten) und muss von den Teilnehmenden ergänzt werden. Als nächstes wird der Fokus auf die Form gelenkt und die Strukturen der Nebensätze werden besprochen. Die Teilnehmenden schreiben dann eigene Gedichte nach dem Muster des vorgegebenen Skeletts. Zur Füllung der Lücken können sie die vorher gesammelten Assoziationen nutzen, müssen dies aber nicht. Die Gedichte werden zum Schluss im Plenum vorgetragen (zum Ablauf vgl. Kostic 2018: 39 ff.).

> ▶ **Beispiel**
>
> Ich will nicht gehen, wo ich dich nicht finden kann.
> Ich will nicht ausrechnen, was für dich ich machen kann.
> Ich will nicht nachdenken, was ich darüber machen kann.
> Ich will nicht wissen, ob es leicht oder schwer ist.
> Ich will die lieben, die mir alles ist.
>
> Beispiel aus Kostic (2018: 109) ◀

**Kommentar** Es zeigt sich in diesem Beispiel, dass Generatives Schreiben durchaus auch für ältere Lernende geeignet sein kann. Kostic (2018) berichtet von ausgesprochen positiven Reaktionen der Teilnehmenden ihrer Kurse bezogen auf die Möglichkeit, grammatische Themen an Gedichten lernen zu können. Die Kombination aus komplexen Inhalten und kurzem Text hat die Lernenden nach eigenen Aussagen motiviert (ebd.: 42). Die konkrete Durchführung betreffend ist beispielsweise zu überlegen, wie stark der Fokus auf explizitem grammatischem Lernen sein soll, wie viel Raum also eine – auch terminologische – Thematisierung des Lerngegenstands Nebensätze einnimmt. Weiterhin kann die Gestaltung des „Textskeletts" variiert werden. Im obenstehenden Beispiel ist etwa durch die erste Lücke kein Relativsatz als Fortsetzung (wie im Original) mehr zwingend. Hier bieten sich auch Möglichkeiten zur Differenzierung innerhalb einer Lerngruppe an: Durch Nutzung unterschiedlicher Versionen des Textskeletts lässt sich der Schwierigkeitsgrad und auch der genaue sprachliche Schwerpunkt der Arbeit an eigenen Versionen variieren. So könnte man beispielsweise jeweils auch die Subjunktionen der Nebensätze mit angeben oder man könnte lediglich die inhaltstragenden Verben weglassen. Integrative Unterrichtskonzepte wie das obige zeigen Wege auf, wie grammatisches und sprachlich-ästhetisches Lernen beim Verfassen eigener Texte miteinander verbunden werden können.

## Literatur

Amorocho, Simone/Pfeiffer, Christian (2023): Konstruktionsdidaktik – Grundzüge einer sprachdidaktischen Konzeption. In: *Deutsch als Fremdsprache* 3, S. 131–147.

Amorocho, Simone/Pfeiffer, Christian (2024): Aber-dann-Geschichten als Zugang zum mündlichen Erzählen: eine Unterrichtseinheit zur Förderung mündlicher Erzählkompetenz. In: *Deutsch differenziert* 1, S. 26–31.

Averintseva-Klisch, Maria (2018): *Textkohärenz*. Heidelberg: Universitätsverlag Winter.

Averintseva-Klisch, Maria/Bryant, Doreen/Peschel, Corinna (2019): Referenzielle Kohärenz: Diskrepanz zwischen Theorie und Vermittlung. Eine kritische Analyse von Deutschlehrwerken der Sekundarstufe I. In: *Linguistik Online* 7, S. 19–64.

Bebout, Johanna/Belke, Eva (2017): Language play facilitates language learning: Optimizing the input for rapid gender-like category induction. In: *Cognitive Research: Principles and Implications* 2, S. 11.

Becker, Tabea/Stude, Juliane (2019): *Erzählen. Kleine Einführung in die Germanistische Linguistik*. Heidelberg: Winter.

Behrens, Heike (2009): Konstruktionen im Spracherwerb. In: *Zeitschrift für Germanistische Linguistik* 37(3), S. 427–444.

Belke, Gerlind (1999): *Mehrsprachigkeit im Deutschunterricht. Sprachspiele, Spracherwerb und Sprachvermittlung*. Baltmannsweiler: Schneider Verlag Hohengehren.

Belke, Gerlind (2011): „Generatives Schreiben" als Grundlage interkultureller sprachlicher Bildung. Universität Duisburg-Essen, ProDaZ. https://www.uni-due.de/imperia/md/content/prodaz/generatives_schreiben.pdf (10.06.2025).

Benholz, Claudia/Iordanidou, Charitini (2004): *Sprachliche Förderung von Schülerinnen und Schülern mit Migrationshintergrund in der Sekundarstufe I*. Soest: Landesinstitut für Schule und Weiterbildung NRW.

Berkemeier, Anne/Selmani, Lirim (2024): *Handlungsbezogene Grammatikdidaktik: Grammatische Strukturen im Gebrauch vermitteln*. Berlin: Erich Schmidt Verlag.

Bildungsplan Deutsch des Landes Baden-Württemberg (2016). https://www.bildungsplaene-bw.de/site/bildungsplan/get/documents/lsbw/export-pdf/depot-pdf/ALLG/BP2016BW_ALLG_GYM_D.pdf

Bryant, Doreen (2024): Referenzketten und stilistische Variation in der Sekundarstufe: Eine experimentelle Studie zur referenziellen Kohärenz bei unbelebten Referenten. In: *Zeitschrift für germanistische Linguistik* 52/3, S. 465–510.

BS-Sek-I (2022) = *Bildungsstandards für das Fach Deutsch Erster Schulabschluss (ESA) und Mittlerer Schulabschluss (MSA)* (Beschluss der Kultusministerkonferenz vom 15.10.2004, i.d.F. vom 23.06.2022). Sekretariat der Ständigen Konferenz der Kultusminister der Länder in der Bundesrepublik Deutschland. Berlin/Bonn. https://www.kmk.org/fileadmin/Dateien/veroeffentlichungen_beschluesse/2022/2022_06_23-Bista-ESA-MSA-Deutsch.pdf (Zugriff: 28.04.2025)

Feilke, Helmuth (2014): Argumente für eine Didaktik der Textprozeduren. In: Thomas Bachmann/ Helmuth Feilke (Hg.): *Werkzeuge des Schreibens. Beiträge zu einer Didaktik der Textprozeduren*. Stuttgart: Klett, S. 11–34.

Feilke, Helmuth/Rezat, Sara (2020): Textprozeduren. Werkzeuge für Schreiben und Lesen. In: *Praxis Deutsch* 47/281, S. 4–13.

Frieg, Hendrike (2014): *Sprachförderung im Regelunterricht der Grundschule. Eine Evaluation der Generativen Textproduktion.* Dissertation, Ruhr-Universität Bochum. https://d-nb.info/1152077740/34 (12.06.2025)

Frieg, Hendrike/Hilbert, Claudia/Belke, Eva/Belke, Gerlind (2012): Sprachförderung in ein- und mehrsprachigen Gruppen: Die generative Textproduktion. In: *Sprachheilarbeit* 57, S. 155–161.

Gutes und sicheres Deutsch (1995) = Bodo Friedrich (Hg.): *Gutes und sicheres Deutsch. Deutschbuch für Gymnasien, Klasse 7.* Berlin: Verlag Volk und Wissen.

Handwerker, Brigitte (2008). Chunks und Konstruktionen. Zur Integration von lerntheoretischem und grammatischem Ansatz. In: *Estudios Filológicos Alemanes* 15, S. 49–64.

Hennig, Mathilde/Langlotz, Miriam (2020): Das „Verzeichnis grundlegender grammatischer Fachausdrücke" 2019: Neue Angebote für die Schulgrammatik. In: *Didaktik Deutsch* 25/49, S. 70–84.

Hoffmann, Ludger (2021). *Deutsche Grammatik. Grundlagen für Lehrerausbildung, Schule, Deutsch als Zweitsprache und Deutsch als Fremdsprache.* Berlin: Erich Schmidt Verlag.

Kernlehrplan für die Sekundarstufe I, Gymnasium in Nordrhein-Westfalen. Deutsch. 2019. https://www.schulentwicklung.nrw.de/lehrplaene/lehrplan/196/g9_d_klp_%203409_2019_06_23.pdf

Kostic, Emilija (2018): *Generatives Schreiben – eine Methode für Erwachsene? Zum Potenzial von poetischen Texten für die Grammatikvermittlung im Unterricht Deutsch als Fremd- und Zweitsprache mit Erwachsenen.* Masterarbeit. Universität Wien. https://phaidra.univie.ac.at/detail/o:1344971 (12.06.2025).

Noack, Christina/Mückel, Wenke (2018): Aus Wörtern werden Texte. In: *Deutschunterricht* 71/6, S. 4–11.

Ohlhus, Sören/Stude, Juliane (2009): Erzählen im Unterricht der Grundschule. In: Michael Becker-Mrotzek (Hg.): *Mündliche Kommunikation und Gesprächsdidaktik.* Baltmannsweiler: Schneider Verlag Hohengehren, S. 471–486.

Peschel, Corinna (2006): Verweismittel – Anaphorik – thematische Fortführung: Ein Thema für den Grammatikunterricht? In: Carmen Spiegel/Rüdiger Vogt (Hg.): *Vom Nutzen der Textlinguistik für den Unterricht.* Baltmannsweiler: Schneider Verlag Hohengehren, S. 171–186.

Peyer, Ann (2020): Grammatikunterricht und Schreiberfolg? Beziehungsstatus: Es ist kompliziert. In: *Der Deutschunterricht* 2, S. 25–34.

Quasthoff, Uta/Kern, Friederike/Ohlhus, Sören/Stude, Juliane (2019): *Diskurse und Texte von Kindern: Praktiken – Fähigkeiten – Ressourcen: Erwerb.* Tübingen: Stauffenburg.

Scherner, Maximilian (2006): Grammatik und Textualität. In: *Didaktik der deutschen Sprache* 1, Paderborn: Schöningh, S. 476–486

Schwarz-Friesel, Monika/Consten, Manfred (2014): *Einführung in die Textlinguistik.* Darmstadt: WBG.

Thurmair, Maria (2003): Referenzketten im Text: Pronominalisierungen, Nicht-Pronominalisierungen und Renominalisierungen. In: Maria Thurmair/Eva-Maria Willkop (Hg.): *Am Anfang war der Text. 10 Jahre „Textgrammatik der deutschen Sprache".* München: iudicium, S. 197–219.

Topalović, Elvira/Uhl, Benjamin (2014): „In der Gegenwart erzählen wir im Präsens!". In: *Die Grundschulzeitschrift* 277, S. 42–45.

If you have any concerns about our products,
you can contact us on
**ProductSafety@springernature.com**

In case Publisher is established outside the EU,
the EU authorized representative is:
**Springer Nature Customer Service Center GmbH
Europaplatz 3, 69115 Heidelberg, Germany**

Printed by Libri Plureos GmbH
in Hamburg, Germany